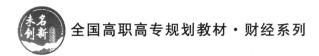

全国高职高专规划教材·财经系列

商务沟通(第二版)

主　编◎彭于寿

内 容 简 介

本书系统、全面地阐述了沟通的基本原理，紧密结合中国的商务环境介绍了商务沟通的各种手段和方法，以及商务组织的各项沟通活动；内容涵盖了商务沟通活动的大多数领域，且信息量大，体系新颖，案例丰富、经典，内容实用。每章附有思考题、实训题和案例分析题，帮助读者掌握商务沟通的基本技能，切实解决商务活动的沟通问题，提升读者的沟通艺术。

本书可作为高职高专商科各专业的教材，也可作为企业管理人员以及实践岗位上的商务人员的培训、自学用书。

图书在版编目(CIP)数据

商务沟通/彭于寿主编. —2 版. —北京：北京大学出版社，2011.8
（全国高职高专规划教材·财经系列）
ISBN 978-7-301-19268-9

Ⅰ.①商… Ⅱ.①彭… Ⅲ.①商业管理－公共关系学－高等职业教育－教材 Ⅳ.①F715

中国版本图书馆 CIP 数据核字（2011）第 145763 号

书　　　名：商务沟通（第二版）
著作责任者：彭于寿　主编
策 划 编 辑：桂　春
责 任 编 辑：桂　春
标 准 书 号：ISBN 978-7-301-19268-9/F·2830
出 版 发 行：北京大学出版社
地　　　址：北京市海淀区成府路 205 号　100871
网　　　址：http://www.pup.cn
电 子 信 箱：ycl@pup.cn
电　　　话：邮购部 62752015　发行部 62750672　编辑部 62765126　出版部 62754962
印 刷 者：三河市博文印刷有限公司
经 销 者：新华书店
　　　　　787 毫米×1092 毫米　16 开本　18 印张　464 千字
　　　　　2006 年 8 月第 1 版
　　　　　2011 年 8 月第 2 版　2019 年 7 月第 13 次印刷　总第 21 次印刷
定　　价：34.00 元

未经许可，不得以任何方式复制或抄袭本书之部分或全部内容。
版权所有，侵权必究
举报电话：(010)62752024　电子信箱：fd@pup.pku.edu.cn

第二版前言

对于商务人员来说,商务沟通技能是其重要能力之一。近些年来,财经类高职院校教育中,商务沟通技能训练已经成为核心课程之一。

为满足财经类高职院校教学的需要,编者集数十年企业实践经验及近十年教学经验之小成,编写了《商务沟通》一书,于 2006 年出版。该书自出版以来,蒙广大高职院校厚爱及北京大学出版社的大力支持,在高职教学中得以大量采用。能为我国高等职业教育贡献绵薄之力,也正是编者的初衷。

该书出版 5 年以来,许多教师在使用过程中,提出了许多中肯的意见,并希望续编第二版。鉴于此,编者于 2010 年年底,开始组织对《商务沟通》第一版进行修订。

第二版在第一版的基础上,更加突出实用特色,并对该书的绝大部分章节进行了修改和完善。有些章节修改内容高达百分之七十(第五章、第七章等)。第十一章,修改了百分之六十,第八章、第九章修改了百分之四十。根据调研显示,高职学生在工作中对电话沟通、网络沟通等方面要求较多,所以增加了第六章的内容,即特殊交流环境下的沟通。对于比较重要的内容如团队沟通,从原有的章节中专门抽出来,作为独立的一章进行介绍。本书在案例方面,也进行了大量的更新。

第二版的修订工作由彭于寿老师主持并做最后的总纂和审定。本书共分为十三章,其中温莺老师修订了第 1 章、第 3 章、第 6 章(第 2、3 节),傅冬青老师修订了第 2 章,贾慧英老师修订了第 4 章、第 6 章(第 1 节)、第 7 章,亢永老师修订了第 5 章、第 9 章、第 12 章,柯文昌老师修订了第 8 章、第 11 章。第一版中商务礼仪、公共关系危机沟通两章,原由甄珍老师编写,此次修订时,将前者合并到商务应酬沟通一章,后者仍予保留。对各位老师的工作,在此表示由衷的感谢。

由于编者水平有限,加之时间仓促,书中难免有疏漏和错误之处,敬请同行及广大读者批评指正。

编　者
2011 年 8 月

第一版前言

为满足商科学生学习、掌握和运用商务沟通的策略与技巧,提升同外部(客户、伙伴、媒体、大众)和内部(老板或上司、同事、下属)的交流、协调和谈判能力,掌握不同商务活动中的沟通技能的需要,本人结合十余年的实际商务活动经验和近几年的教学实践经验,在参考国内外有关著述的基础上,主持编写了这本《商务沟通》教材。

本书内容力图突出以下特色:

1. "商务"特色

本书无论是介绍沟通的基本知识,还是介绍各类活动中的沟通,都紧密结合"商务"环境进行编写,从而真正围绕"商务"活动开展教学。这个特色具体表现在:多列举商务活动中常见的沟通例子;章后的案例及分析多为企业商务活动的实际案例,从而使沟通活动更多地与商务活动接轨。

2. 中国特色

以中国文化为代表的东方文化与西方文化的巨大差异,决定了中国人与西方人在沟通方式上的许多差异。商务沟通教学,在中国起步较晚。因此,本书编写中注重结合中国文化背景和中国独特的商务环境下的商务沟通技巧,如:第三章"人际沟通"中的"中国特色的人际关系"内容;第五章"书面沟通"中的中式文本写作内容;第八章"商务组织外部沟通"中的中国企业与媒体、与政府的沟通内容;第九章"客户沟通"中的"应酬沟通"内容;等等。力图使学生所掌握的商务沟通艺术能够真正在中国商务环境下得到实际运用。

3. 全面性特色

本书不仅和其他书一样包括了沟通基础知识部分和一些主要商务沟通活动,还增加了许多全新的内容,如公共关系危机沟通、与政府的沟通、电子商务沟通等,使得本书的内容更加全面、实用。

4. 实训内容

实训是高职高专教学活动中不可缺少的重要环节,本书根据商务实战所需,在各章内容后面附有"实训练习"和"案例分析"内容。实训练习题大多是模拟实际商务活动中经常发生的事件,诸如商务陈述、商务演讲、商务谈判、处理客户投诉等。开展这些实训活动,对提高学生的实践技能有着明显的促进作用。

由于时间仓促,还有部分新内容未能写进本书,如:中西式商务写作的比较、中西方礼仪的区别、商务活动中常见的礼仪错误等。这些内容,有待于今后予以完善和丰富。

本书由彭于寿老师担任主编。全书共分为十二章,其中第六章、第十一章由石家庄职业技术学院甄珍老师编写,第十二章由北京吉利大学周涛编写,其余各章由彭于寿执笔。中国人民大学商学院博士生导师马龙龙教授对本书的初稿进行了全面的审定,在此致以真挚的谢忱。

编者虽极尽努力,但书中仍难免有不妥乃至错误之处,敬请广大读者批评指正。

彭于寿
2006 年 6 月

目 录

第一章 沟通基本原理 1
    第一节 什么是沟通 2
    第二节 沟通障碍与有效沟通 6
    第三节 商务沟通 8

第二章 自我沟通 13
    第一节 自我认识与分析 14
    第二节 自我沟通过程 16
    第三节 情绪的自我调节 17
    第四节 自我沟通艺术 21

第三章 人际沟通 31
    第一节 人际关系 32
    第二节 人际沟通艺术 39
    第三节 中国特色的人际关系 47

第四章 商务语言沟通 55
    第一节 商务语言沟通的原则 56
    第二节 商务语言沟通的技巧 58
    第三节 语言沟通艺术 64
    第四节 商务活动中的体态语言沟通 66
    第五节 商务活动中副语言运用 69
    第六节 商务演讲 69

第五章 商务写作 81
    第一节 书面沟通概述 82
    第二节 商务信函 85
    第三节 备忘录、会议纪要 86
    第四节 请柬、邀请书 89
    第五节 商务合同 90
    第六节 意向书 93
    第七节 市场调查报告 94

第六章 特殊交流环境下的沟通 97
    第一节 电话沟通 98
    第二节 网络沟通 104
    第三节 传统沟通方式与电话、网络沟通方式的有机结合 113

第七章 商务应酬沟通 117
    第一节 商务应酬礼仪 118

第二节　商务宴请　　128
　　第三节　商务应酬中的沟通艺术　　134

第八章　团队沟通　　141
　　第一节　团队的特征　　142
　　第二节　团队内部的有效沟通　　144
　　第三节　有效处理团队冲突　　147
　　第四节　团队沟通的误区　　152

第九章　商务组织内部沟通　　157
　　第一节　上行沟通　　158
　　第二节　下行沟通　　166
　　第三节　平行沟通　　169
　　第四节　斜行沟通　　171

第十章　商务组织外部沟通　　177
　　第一节　与传统媒介的沟通　　178
　　第二节　政府沟通　　185
　　第三节　跨文化沟通　　192

第十一章　客户沟通　　207
　　第一节　客户分类　　208
　　第二节　客户服务与沟通　　210
　　第三节　客户沟通策略　　213
　　第四节　客户投诉处理技巧　　219

第十二章　商务谈判沟通　　229
　　第一节　商务谈判概述　　230
　　第二节　商务谈判策略　　234
　　第三节　商务谈判各阶段的沟通　　241
　　第四节　商务谈判的语言和行为沟通艺术　　247

第十三章　公共关系危机沟通　　255
　　第一节　公共关系及公共关系危机　　256
　　第二节　公共关系危机沟通　　258
　　第三节　公关危机管理中的沟通策略　　263

参考文献　　279

第一章
沟通基本原理

第一节 什么是沟通

一、沟通的定义

让我们一起来回顾,在一个平常的日子里,发生在你生活里的平常故事——

早晨,闹钟叫醒了你。你打着呵欠,惺忪睡眼地向你下铺的同学咕哝道:"我入睡前想了很久,觉得你的观点很新奇,也很有道理,不过我也有一点自己的想法……"你一边表达看法,一边穿着衣服。

课堂上,你们几个精神不振,老师因此露出了疑惑和不悦的神色。于是课后你赶紧向老师解释:"很抱歉,我们昨晚在宿舍为老师提出的问题讨论到很晚,导致睡眠不足,影响了今天听课。非常不好意思。"

一天的功课结束了。你突然想起几个久未联系的中学同学,于是分别给他们打了电话或写了信或发了 E-mail,顺便委托他们帮你办些小事,并询问你可以帮他们做些什么。

今天是周末,没有晚自习,于是你约上了几个要好的朋友,喝喝茶、聊聊天。

……

上面列举的你这一天所做的事情,都可称作沟通活动。

从理论上给沟通下一个完美的定义是一件很难做到的事情,也没有必要,所以我们可以将沟通简单描述为:沟通是通过语言和动作来发送和接受信息的过程。沟通只有在人们对某些信息和环境享有沟通的知识背景时才能发生。简言之,是人与人之间的信息传递与交流。

例如,一个主管告知下属:"这个月每人发奖金 500 元。"下属问道:"是港币还是人民币?"答:"港币。"问:"什么时候发?"答:"后天。"

> 沟通,是指为达到一定的目的,将信息、思想和情感在个人或群体间进行传递、理解与交流的过程。

这就是一个简单的信息传递与交流的例子。

然而,人是一个感情动物,而不是机器。在交换信息的过程中必然掺杂着各自的情绪。比如在上例中,双方对答的声音是高还是低,语速是快还是慢,其含义就各不相同。

其次,人是有思想、有自己价值观的。对同一个信息可能会有不同的理解和看法。如在上例中,我们就很难断定,所有听到这个"好"消息的人,是不是都会欢呼雀跃。所以说,人与人之间信息交流实际上包含了多个方面的内容。一般而言,它包括:信息、思想、情感和观点。比如在本章的开篇,你一天的活动里:

和朋友谈话时,谈论的往往是对方感兴趣的话题,对方因此畅所欲言,或者你可能说得并不多,但可能发问多、倾听多,从而引导对方发言,以获得尽可能多的信息,并维持着良好的气氛。

你可能非常尊重对方的意见,很少直接否定或反驳对方。

交谈中你把最愉悦的神情,留给了对方。

你经常主动请教对方,并适度赞美对方。

……

因此,概括起来说,沟通,是指为达到一定的目的,将信息、思想和情感在个人或群体间进行传递、理解与交流的过程。它具有目的性、信息传递性和双向交流性等特点。

沟通是信息的传递与理解。首先沟通是一个信息传递的过程。如果信息没有被传送到,则意味着沟通没有发生。说话者要有听众,正如作者要有读者一样。其次,要使沟通成功,信息不仅要被传递,还要被理解,没有理解称不上是沟通。良好的沟通并不是达成协议,而是沟通双方能准确地理解信息的意义,如果有人与我们的意见不同,不能认为未能完全领会我们的看法,而只是双方的观点不同罢了,只要对方了解了自己的意图,就算做好沟通了。

现代社会,不善于沟通将失去许多机会,同时也将导致你无法与别人协作。人不是生活在孤岛上,只有与他人保持良好的协作,才能获取自己所需要的资源,才能获得成功。

二、沟通的类型

按照不同的标准,可以将管理沟通做以下分类。

(1) 按信息流向划分,可以将沟通分为:上行沟通、下行沟通,即在不同系统的不同管理层次之间进行的沟通。

(2) 按信息传递的途径划分,沟通可以分为:正式沟通与非正式沟通。前者指信息通过正式组织,按规定的正式程序与渠道传递;后者则是指通过非正式组织,进行私下传递。

(3) 按信息传递的媒介划分,沟通可分为:口头沟通、书面沟通和非语言沟通。后者是借助体态语言等非文字语言进行的沟通。

(4) 按信息传递的范围划分,沟通可分为:组织内部沟通和组织外部沟通。

三、沟通的基本要素

沟通过程由各种要素组成:发信者、听众、信息、渠道、噪音、反馈和环境。

沟通过程的一般模式可由图1.1来演示,表现的是人与人之间的沟通。

图1.1 沟通的一般模式

假如A是B的上司,要向B传递其最近工作表现异常的信息。A就得想用什么样的词汇、表情和动作,什么样的沟通工具(如当面、电话、电子邮件,还是备忘录或托人转告)表达这个信息能使B最准确理解A的意思,这个过程就是编码的过程。A想好之后就对B发出信息,B接收到这个信息后就会试图破译收到的信息,这个过程就是解码。

沟通受到个人情绪、处事风格等噪音的影响,导致编码和解码的过程很复杂,于是就会出现解码错误,沟通失败的情况。

图1.2为受到各个因素影响的沟通过程,即现实生活中的沟通过程。

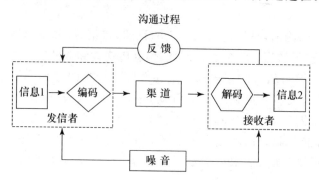

图1.2 现实生活中的沟通过程

下面具体分析上述因素。

1. 发信者

发信者是信息的发送者,是沟通过程的主要要素之一。发信者是利用生理或机械手段向预定对象发送信息的一方。发信者可以是个人,也可以是组织。发信者的主要任务是信息的收集、加工、传递和对反馈的反应。

2. 接收者

接收者是发信者的信息传递对象。因为人们有要分享的信息、思想和感情,所以必须进行沟通。然而,这种分享并非一种单向的过程,即一个人表达思想,其他人接收。这个过程可逆向进行。在大多数情景中,发信者与接收者在同一时间既发送又接收。在人际沟通中,发信者与接收者可以面对面地进行交流,接收者在交流中,可以及时地把自己的意见和情感反馈给发信者一方。因此,接收者的主要任务是把发信者的思想和情感接收,并及时地把自己的思想和情感反馈给对方。

3. 信息

信息就是发信者所发送的内容,是由发信者要与接收者分享的思想和情感组成的。所有的沟通信息都是由语言和非语言两种符号组成的,思想和情感只有在表现为符号时才得以沟通。

语言中每一个词都是表示某一种特定事物或思想的语言符号,语言符号也是非常复杂的。比如说:我们说"衣服",我们认同是用的某种东西,这样衣服就是一个具体的符号,一个代表物品的符号,然而当我们听到"衣服"这个词时,我们可能有一种不同的印象。可能是外套、毛衣以及内衣等各种不同的衣服。表达思想的抽象符号更为复杂。例如,我们理解挫折、饥饿、伤害这些词时的巨大差别,怎样解释这些词是由我们的经验决定的,因为人们的经验在一定程度上是有区别的,所以给予这些词赋的含义也不同。

非语言符号是我们不用词语进行沟通的方式。如面部表情、手势、姿势、语调和外表等。像语言符号一样,我们给非语言符号都赋予特定的含义。打哈欠意味厌烦或疲倦,皱眉表明疑虑、不看着别人的眼睛可能是隐瞒着什么东西等。像语言符号一样,非语言符号会误导别人。我们不能控制绝大多数的非语言行为,而且经常发出甚至连自己也不知道的信息。

许多非语言信息在不同的文化间有区别。在某种文化中,如果你跷起二郎腿,露出鞋底是一种极度的侮辱;在另一种文化中,尊敬人的举动是由鞠躬来体现的;而有些文化中,深层次的尊敬是通过触摸他人的脚来体现的。

一组数据表明,非语言信息占到了沟通过程中的93%,如图1.3所示。

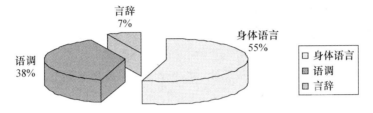

图1.3　身体语言在沟通中的重要地位

4. 渠道

渠道是信息经过的路线,是发信者把信息发出和接收者接收和反馈的手段。在面对面的沟通中,渠道主要是声音和视觉,我们相互听和看,我们熟悉的大众媒介中的收音机、电视机、报纸、杂志等渠道。还有其他渠道如利用非语言符号,握手(接触)、着装(视觉)、尊敬的语气(声音)。渠道的主要任务是保证沟通的双方信息传递所经过的线路畅通。

5. 反馈

反馈是接收者接收发信者所发出的信息,通过消化吸收后,将产生的反应传达给发信者称为反馈。例如,我给你说一个笑话,你付之一笑,这种就是反馈。在沟通中反馈是非常重要的一环,因为反馈让沟通参与者知道思想和感情是否按他们的计划方式来分享。面对面地发送与接受在没有干扰的环境中,我们有机会知道他人是否理解并领会信息传达的意思。例如,教师上课时,往往根据学生的面部表情和眼神来判断学生是否理解了;学生的坐立不安和注意力分散可以断定听的有些厌烦了等。

在沟通中参与的人数越少,反馈的机会越多;参与的人数越多,反馈的机会就越少。

6. 噪音

噪音是沟通过程中的干扰因素,它是阻止理解和准确解释信息的障碍。噪音发生在发信者和接收者之间,它分成三种形式:外部噪音、内部噪音和语义噪音。

外部噪音来自于环境,它阻碍听到或理解信息。你与你同宿舍的人推心置腹地交谈,可能被一群人的叫喊声、飞机声以及其他声音所干扰。另外,外部噪音不一定全部来自声音,如你在阳光下站着与人讲话,可能由于阳光对你的照射使你感到不舒服分散了你的注意力;在交谈中看到一些虫子乱爬,使注意力不能很好地集中起来。

内部噪音发生在发信者与接收者的头脑中,影响正确的沟通。沟通过程中,沟通双方任何一方的思想和情感在沟通以外的事情上。例如,还没有到下课的时间,一个学生就考虑吃午饭的事:"今天午饭不知有没有饺子?"没有好好地听讲。

内部噪音有时也来源于信念和偏见。例如,有些人不相信女性能获得比较高的职位,因此,如果自己的上司是女领导的话,对于女领导安排的事,就不愿意痛快地去做。

语义噪音是由人们对词语情感上的反应而引起的。在沟通中,一些人不愿听自认是冒犯尊严的一些语言。例如在《围城》中方鸿渐在给某大学演讲时,谈西方的梅毒与吸毒问题,一些老学究就认为这是对他们尊严的冒犯而拒绝听演讲。语义噪音和外部噪音一样,能干扰全部或部分信息。

7. 环境

环境是沟通发生的地方。环境能对沟通产生重大影响,正式的环境适合于正式的沟通。例如礼堂就是演讲和表演的好地方,但对于交谈,就不是合适的地方,如果更亲密的交谈,就要在小一点的光线好的比较舒服的屋子里,面对面地交谈。

上述发信者、接收者、信息、渠道、反馈、噪音和环境即是沟通的七大要素。

第二节　沟通障碍与有效沟通

一、沟通障碍

阻碍沟通的因素是十分复杂的,但可大致归纳为以下几方面:

1. 物理性沟通障碍。这是指环境方面的某些要素可能会减弱或隔断信息的发放或接收。

物理方面的障碍会使沟通受到干扰而突然中断,而且这种情况在沟通过程中可能会多次发生。例如:

阅读材料时,有同事走进来和你讲话。

与人会议时,秘书暂时离开她的办公桌,这时电话铃响了,不管你接不接电话,会谈已经中断了。

开会正在发言时,有人举起手发问。无论要不要停下来让他发问,他已经对你(发送者)和与会者(接收者)造成干扰。

会谈中,突然窗外传来消防车的警铃声。就算你们两人礼貌性地不去注意外面的骚动,尽力集中精神,但实际上仍然受到了干扰。

2. 管理性沟通障碍。即在沟通观念、领导方式、沟通体制,与沟通相关的权限、职责设置等方面影响沟通的顺利进行。

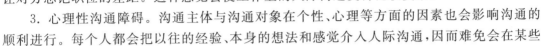

例如,主管对你说话的时候,你总会觉得他是上司;当你和下属沟通时,就算你是位非常擅长处理人际关系的人,你也无法让对方忘记职位的差距。这种感觉会使工作上的人际沟通变得比较复杂。

3. 心理性沟通障碍。沟通主体与沟通对象在个性、心理等方面的因素也会影响沟通的顺利进行。每个人都会把以往的经验、本身的想法和感觉介入人际沟通,因而难免会在某些议题上坚持自己的立场。对于已经做出的决定,则往往觉得不需要或不希望接纳新的资料。所以,接收到的新信息常会被个人的原则、道德标准和个人信仰所扭曲。

4. 语言性沟通障碍。语言沟通是最直接有效的。人在出生后的头几年,学习说话是主要工作之一,大部分的幼儿可以自己学会并熟练使用自己生活环境中所使用的语言。若因各种因素学得不好或学好了又被破坏,则会造成沟通方面的困难,称为语言性沟通障碍。语言是沟通中最基本的手段,它常由于语言表达不准确或接收者理解上的不同而导致信息失真,因而对学习、人际关系、情绪行为以及社会适应都有莫大的影响。据推估,至少有百分之五的人有暂时性或永久性的"语言沟通障碍"。

二、有效沟通的原则

1. 明确沟通的目标。沟通是作为一种有意识的自觉行为,必须在沟通之前,规定明确的目标。沟通的目标,决定沟通的具体内容与沟通渠道、方式方法。整个沟通过程都要按目标要求来设定。

2. 具备科学的思维。思维是沟通的基础。只有正确的思维,才会有有效的沟通,否则就不可能有成功的沟通。科学的思维,一是要正确处理信息,检验信息的真实性,并能认识事物的本质,抓住问题的关键;二是要形成清晰的沟通思路,构思出周密的沟通方案。

3. 管制信息流。沟通过程中,信息不足不行,而信息过多也不行。要对所沟通的信息进行科学处理,提高信息的质量,特别是真实性、准确性;同时,要对信息进行必要的过滤,去掉无关紧要的信息。以保证所传递的信息质量高,数量适当。选择恰当的沟通渠道与方式方法。为了有效沟通,就要根据沟通目标、沟通内容和沟通对象等方面的需要,正确地选择沟通渠道、媒介及相应的沟通方式与方法,从而保证信息在传递过程中的效率和质量。

4. 讲究语言艺术。语言是管理沟通最基本的手段,能否正确、有效地使用语言,对沟通效果影响极大。管理者要讲究语言艺术,提高沟通语言的简练性、准确性、针对性和趣味性,以提高沟通的有效性。

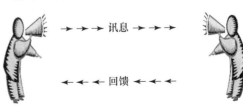

5. 了解沟通对象,增强沟通针对性。沟通对象的需要、心理、知识、个性等因素对沟通效果影响也是很大的。如果不了解沟通对象的情况,沟通时就如"盲人骑瞎马,夜半临深潭",必然导致沟通失败。在沟通前,应利用多条渠道,尽可能多地了解沟通对象多方面的情况,真正做到"知己知彼",然后,有针对性地进行沟通,方会取得成功。

> ERA是一个日资企业中的日籍雇员,在制造部门担任经理。ERA一来中国,就对制造部门进行改造。ERA发现现场的数据很难及时反馈上来,于是决定从生产报表上开始改造。借鉴日本母公司的生产报表,设计了一份非常完美的生产报表,从报表中可以看出生产中的任何一个细节。每天早上,所有的生产数据都会及时地放在ERA的桌子上。ERA很高兴,认为他拿到了生产的第一手数据。没有过几天,出现了一次大的品质事故,但报表上根本就没有反映出来。ERA这才知道,报表的数据都是随意填写上去的。为了这件事情,ERA多次找工人开会强调,认真填写报表的重要性,但每次开会,在开始几天可以起到一定的效果。但过不了几天又返回了原来的状态。ERA怎么也想不通。

ERA的苦恼是很多企业中的经理人一个普遍的烦恼。现场的操作工人,很难理解ERA的目的,因为数据分析距离他们太遥远了。大多数工人只知道好好干活,拿工资养家糊口。不同的人,他们所站的高度不一样,单纯的强调,开会,效果是不明显的。

站在工人的角度去理解,虽然ERA不断强调认真填写生产报表,可以有利于改善,但这距离他们比较远,而且大多数工人认为这和他们没有多少关系。后来,ERA将生产报表与业绩奖金挂钩,并要求干部经常检查,工人们才知道认真填写报表是与切身利益有关系,才重视起来。在沟通中,不要简单地认为所有人都和自己的认识、看法、高度是一致的,对待不同的人,要了解其不同的需求、心理等特征,增强沟通的针对性。

6. 及时地运用反馈。反馈,也称回馈。它可以排除噪声和信息失真,增强沟通的有效性。特别是在面对面的直接沟通中,更应及时注意反馈,随时把握沟通对象的反应、心态及沟通效果,及时地调整沟通策略与方法,以实现更为有效的沟通。

第三节 商务沟通

在商务领域,沟通是否有效,许多时候直接决定了商务活动的成败。如何清晰而有说服力地陈述你的观点,这和如何有效地分析数据或明智地规划行动同样重要。成功的商务沟通取决于对下列关键问题的回答:

面对客户或下属,你是否出言不逊,一语"伤"人?是否居高临下,盛气凌人?

你是否就事论事,见物不见人?

你是否只强调原则性,不讲究灵活性,大问题不严,小问题不放?

你是否对别人的话不感兴趣,要么心不在焉,要么扯别的?或一边听,一边干别的事,对别人的话不屑一顾？

你不同意对方的意见时，是否就立刻激动起来，马上表示反对？或随意打断或制止对方讲话？或表示不愿意听？

以上这些现象，均属于商务活动中的沟通技巧。要掌握商务沟通的技巧，首先要了解商务活动的含义。

一、什么是商务活动

任何组织和个人，为了生存和发展，都必然参加社会活动，并中从中获取各种物质、能量和信息，直接或间接地通过交换为社会提供产品或服务。这些与市场相关的活动，通常称之为商务活动或商业活动。那么，商务就是指参与市场活动的主体（厂商、政府、个人与家庭）围绕卖方以盈利为目的的出售和买方以生存和发展为目的商品购买的各种相关经济活动的集合。

需要说明的是：

（1）商务是涉及买卖商品的事务。一切买卖商品和为买卖商品服务的相关活动都是商务活动；一切旨在达成商品交易的相关行为都是商务行为。

（2）商务涉及各种经济资源，包括物质产品、劳务、土地、资本、信息等有偿转让的相关活动，这种资源通过交换方式实现所有权的转移过程就是商务活动过程。

（3）商务主要针对营利性组织而言，人们从事经济活动是以盈利为目的的，那么这种活动就是商务活动，它包括了商品买卖和生产活动，其他营利性服务活动，包括法律服务中的经济法范畴的服务。需要强调的是，政府作为不以盈利为目的的买方在市场中的"政府购买"行为也属于商务行为，必须遵循市场规律和相关行为准则行事，但也有其特殊性，政府机构对其"政府购买"活动有其管理要求，同时作为卖方的厂商也有相应的商务活动特点。

（4）商务涉及商务组织、政府部门（包括事业单位）、家庭和个人的市场交换活动。这些商务主体在市场中的所有往来活动及各种交换活动，有信息的，如贸易信函、合同文书等；有物质的，如商品、资金、房地产等；有服务的，如法律、生活服务、运输、金融与保险等。但各个买卖主体的市场行为具有不同的商务特性，如消费者在市场上购买自己所需的商品与商务组织在市场上购买用于进一步转售的商品是两种不同特性的经济行为，前者的商务行为是以自身的生存为直接目的，后者则是通过经营进行资本积累为直接目的的商务行为。我们明确商务活动的主体，是为了更好地分析研究其商务活动特点，以便开展有效的商务沟通。另外，作为卖方的主体需要把自己的商品或服务推销给买方，其商务活动特点与作为买方主体的商务活动特点截然不同。其中，营销活动主要指卖方行为，而商务包括了卖方行为和买方（包括为进一步转售或加工后出售的购买者）行为，是买和卖的统一体。因此，营销活动仅仅是商务活动的主要内容之一，但不能取代所有商务活动。由此可见，商务主要泛指商务组织、政府、家庭和个人的各种"外部的"市场行为。本书所涉及的买卖主体，主要是指现代商务组织、企业或公司。

因此，商务的概念包含以下三个层次：

第一，为保证生产活动正常运行所进行的采购、销售、储存、运输等活动，是商务组织最基本的商务活动。

第二,为稳定商务组织主体与外部的经济联系及有效开展购销活动所进行的商情研究、商业机会选择、商务洽谈、合同签订与履行、商务纠纷(冲突)处理等活动,是为生产和购销服务的商务活动。

第三,为保持自身的竞争优势和长期稳定发展所进行的塑造组织形象、制定和实施竞争战略、扩张经营资本、开拓新市场、防范经营风险等活动,是战略性的商务活动。

上述三个层次相互联系、相互影响,构成了一个完整的商务体系。

二、什么是商务沟通

商务沟通就是指商务组织为了顺利地经营并取得经营的成功,为求得长期的生存发展,营造良好的经营环境,通过组织大量的商务活动,凭借一定的渠道(亦称媒体或通道),将有关商务经营的各种信息发送给商务组织内外既定对象(接收者),并寻求反馈以求得商务组织内外的相互理解、支持与合作的过程。

总　　结

沟通,是指为达到一定的目的,将信息、思想和情感在个人或群体间进行传递、理解与交流的过程。它包括发信者、听众、信息、渠道、噪音、反馈和环境六个要素。它通过克服物理、管理、心理、语言等方面的障碍,从而实现有效沟通。

商务沟通就是指商务组织通过大量的商务活动,凭借一定的渠道,将有关商务经营的各种信息发送给商务组织内外既定对象,并寻求反馈以求得商务组织内外的相互理解、支持与合作的过程。无论是在商务组织内部,还是商务组织与外部组织之间,商务沟通都起着十分重要的作用。任何商务组织要实现其商业目的,离不开商务沟通。

 复习与思考

1. 什么是沟通和商务沟通?
2. 常见的沟通障碍主要有哪些?
3. 有效沟通的原则是什么?

 实训练习

1. 回顾你一天的学习、工作和生活,哪些是沟通活动?请一一列举,并简要描述其效果。
2. 通过媒体报道或其他途径,搜集相关资料,列举近期某组织(政府、企业、学校等等)所进行的沟通活动,简要评述其效果。

 **案例分析**

扁鹊与蔡桓公

我国古代春秋战国时期,有一位著名的医生,他的名字叫扁鹊。有一次,扁鹊谒见蔡桓公,站了一会儿,他看看蔡桓公的脸色说:"国君,你的皮肤有病,不治怕要加重了。"蔡桓公笑着说:"我没有病。"扁鹊告辞走了以后,蔡桓公对他的臣下说:"医生就喜欢给没病的人治病,以便夸耀自己有本事。"过了十几天,扁鹊又前往拜见蔡桓公,他仔细看看蔡桓公的脸色说:"国君,你的病已到了皮肉之间,不治会加重的。"蔡桓公见他尽说些不着边际的话,气得没有理他,扁鹊走后,桓公还闷闷不乐。再过十几天,蔡桓公出巡,扁鹊远远地望见桓公,转身就走。桓公特意派人去问扁鹊为什么不肯再来谒见,扁鹊说:"皮肤上的病,用药物敷贴可以治好;在皮肉之间的病,用针灸可以治好;在肠胃之间,服用汤药可以治好;如果病入骨髓,那生命就掌握在司命之神的手里了,医生是无法可想的了。如今国君的病已深入骨髓,所以我不能再去谒见了。"蔡桓公还是不相信。五天之后,桓公遍身疼痛,连忙派人去找扁鹊,扁鹊已经逃往秦国躲起来了。不久,蔡桓公便病死了。

分析与讨论:
1. 蔡桓公贵为国君,又有名医扁鹊在侧,却因为小病送掉了性命,原因是什么?
2. 如果你是扁鹊你会如何沟通?

第二章

自我沟通

自我沟通（Self-communication），也称内向沟通（Intrapersonal Communication），是发生在自身内部的沟通，包括思想、思维、情感、观点、价值观等。自我沟通是以自我为中心的沟通活动，因而沟通者是唯一的，即沟通主体与沟通对象均为自己，而大脑是渠道，自己发出信息，又接收信息并发出反馈。

如：公司这个新的任命我能接受吗？接受了对我有什么帮助？不接受老总会对我有何看法？思想斗争的最后必然会得出一个结论：接受任命或不接受任命。在自我沟通中，你并没有与别人交流，但你的经验或直觉却决定了你的选择。在沟通中，自我沟通是基础。

第一节 自我认识与分析

在日常生活中常常会问自己："我是谁？""我是一个什么样的人？"这是人类亘古至今都在思考的问题。自己究竟是一个什么样的人？是像他人所说的那样吗？这是一个非常难以回答的问题。怎样回答这个问题关键在于我们怎样看待和评价自己，在某种程度上，也取决于他人怎样看待自己，自我认识是自我沟通的基础。

一、自我认识

中国有一句谚语："知人者智，自知者明。"又有兵法云："知己知彼，百战不殆。"人类以其卓越的智慧登上了月球，但是，人类有时还不能很好地认识自己。做事根本的还是要先学会做人，既要做一个智者，又要做一个明者，才能在人际沟通中，使我们的各项事业达到"双赢"的结果。

自我认识包括个体身心状态的认知、体察、监控，最重要的就是情绪。这种自我认识似乎必须在大脑新皮质被激活的情形下才能发生。尤其是语言皮质区，因为你必须同时认知并指出是哪一种情绪被激发。所谓自我认识是指注意力不因外界或自身情绪的干扰而迷失、夸大而产生的过度反应，在情绪困扰中仍可保持中立自省的能力。

自我认识可以简单定义为：察觉到自己的情绪以及对这种情绪的看法。自我认识还可以解释为对内心状态不加反应或评价的注意。自我认识不见得都是冷静泰然的，有时候你会告诉自己："我不应该有这种感觉"、"不过是故作乐观"，表现出比较局限的自我认识，碰到极度令人不快的事情时，告诉自己"不要去想"。认知到心情不佳的人多是有意摆脱，不一定会克制冲动。例如，一个人因为同伴把自己喜爱的东西搞坏了，就生气地打了同伴，老师虽然制止他，但是他并未平息自己的怒气，总想寻求机会去报复。

良好的自我认识能力对一个人是否能成功，确实起着关键性的作用。你认为自己是怎样的人，就会怎样去表现，这两者是一致的。你觉得自己是个有价值的人，结果你就会变成有价值的人，做有价值的事，而且拥有一些有价值的事物。你觉得自己一文不值，你就不会得到有价值的事物。

智者探索世界，先探索自己。而探索自己，要让心灵之门，先向自己打开。良好的自我认识是产生良好动机、设定目标、积极思考的前提条件，是成功快乐的起点。

一个人能不能成功的决定因素,不在于他拥有多少条件,而在于他如何评价自己,这种自我评价,也决定了别人对他的评价。在人们的生存和发展过程中,情绪常常伴随左右,各种不同的情绪对人们事业的成功、爱情的甜蜜、家庭的温暖会产生巨大的影响。

在人们所表现的情绪中,一种情绪往往隐藏在与之对立的另一种情绪的后面。发现和研究那个秘密的、隐藏起来的情绪,对于人们很好地生存有着非常重要的意义。

认识自我是人提高生命意义和生活质量的一种必需的过程。在人的一生中,有了认识自我的基本本领,也就有了认识他人、认识社会的基础。认识自我的过程,就是认识"人"的过程。越了解自己,就越能理解他人,从而获得友谊和真爱。人生少不了困难、挫折和磨难,认识自我的丰富性,可以更好地看清自己的位置和做出相应的选择,避免人生历程中的庸碌和空洞,实现自己的目标和理想。

二、自我分析

所谓自我分析,就是运用自我认识能力,对自己进行全方位的解析和评价。

现代心理学认为,人对自己的基本分析,就是分析自己的优势和劣势。即我们通常说的SWOT分析方法。

SWOT分析是资源和环境分析中经常使用的功能强大的分析工具。其中,S代表优势(strength),W代表弱势(weakness),O代表机会(opportunity),T代表威胁(threat)。其中,S、W是内部因素,O、T是外部因素。自我分析时,将以上四个方面通过调查罗列出来,并依照一段的次序按矩阵形式排列起来,然后运用系统分析的思想,把各种因素相互匹配起来加以分析,从中得出一系列相应的结论或对策。具体分析步骤如下:

1. 评估自己的长处和短处

我们每个人都有自己独特的技能、天赋和能力。在当今分工非常细的市场经济环境中,每个人有可能在某一或某些领域游刃有余,而不可能样样精通。举个例子,有些人不喜欢整天坐在办公桌旁,而有些人则一想到要与陌生人打交道就心里发麻,惴惴不安。在一个表格里,列出自己喜欢做的事情和你的长处所在(如果你觉得界定自己的长处比较困难,可以找一些测试习题做一做)。同样,通过列表,你可以找出自己不是很喜欢做的事情和你的弱势。在列出这些后,要将那些你认为对你很重要的强项和弱势标示出来。

> 某甲不太喜欢和别人打交道,就爱埋头做一些工作,所以他不适合做销售、市场类的工作,相反他对技术类,特别是网络技术方面的比较感兴趣,因此从大学时代就开始了自己的职业技能提升计划:从大学时代学习和考取微软的MCSE,到后来系统地学习了NCNE一二级的内容,一直到现在主攻的NCNE三级的课程学习,同时还计划根据自己职业发展的需要,加强信息安全方面的学习。因此某甲已经通过了国家信息安全技术水平考试(NCSE)。通过自身的不断充电和学习,现在某甲已经成为一家中型公司的高级网络管理员。

找出自己的短处与发现自己的长处同等重要,因为你可以基于自己的长处和短处做两种选择:一是努力提高你的技能去弥补你的弱势;二是放弃对某些你不擅长的技能要求很高的活动。

2. 找出你的发展机会和威胁

我们知道,不同的行业(包括这些行业里不同的公司)都面临不同的外部机会和威胁,所以,找出这些外界因素是非常重要的。这些机会和威胁,可能会影响你的第一份工作和今后的职业发展,或者会影响你与客户的沟通和今后的业绩。

Strength	Weakness
➢ 利用你的优势 ➢ 加大你的优势	➢ 克服你的弱点 ➢ 设法弥补这些不足或使它们变得不那么重要
Opportunity	Threat
➢ 抓住你的机遇	➢ 防御或消除对你的威胁

认真做好 SWOT 自我分析,常常会使我们得到许多启迪,获得很多收益:

(1) 我们在人际沟通中通常是通过优势给对方于"我是对你有帮助的"和"我是有价值的"心理暗示,从而赢得对方的肯定,使得沟通顺利开展。这说明认识自己的优势就是为了更好把握沟通的机会和展开沟通。

(2) 弱势通常是我们在人际沟通中导致失败的致命因素。所以我们在人际沟通中一方面要较好的发挥优势,一方面我们还要不断的规避弱势和克服弱势,把弱势淡化或转化成优势。

(3) 人的成功主要由知识、技巧、机遇三大因素决定。"机会只给予那些有准备的人。"所以我们除了具备过硬和更多的知识,善于把握有效沟通等技巧,还要能够发现机会和把握机会。有的人面对机会,经常会犹豫、审度,明知道鱼和熊掌不可兼得,却又下不了决心。这是典型的对自我分析不够的表现。

(4) "人无远虑,必有近忧"。我们做任何一件事情都不可能一帆风顺,当我们在正式开始一项事情之前,我们都必须做好充分的准备。未雨绸缪,才能克服成长过程中的受到的威胁和挑战,使得事情顺利开展,而不是半途而废。

第二节 自我沟通过程

一、自我沟通过程

自我沟通也称内向沟通,既信息发送者和信息接受者为同一个行为主体,自行发出信息,自行传递,自我接收和理解。是一个认识自我、悦纳自我、提升自我和超越自我的一个过程。其过程可用以下简图表示:

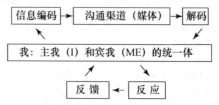

现实与要求之间的冲突产生、发展、缓解和最终解决过程称反馈;把面对冲突时表现出来的外在形态称为反应。成功的自我沟通就是要求有良性反馈和积极反应。

> 两艘正在演习的战舰在阴沉的气候中航行了数日。有一天傍晚,雾气浓重,能见度极差。舰长守在船桥上指挥一切。
>
> 入夜后不久,船桥一侧的瞭望员忽然报告:"右舷有灯光。"舰长询问灯光是正在逼近还是远离,瞭望员告知:"逼近。"舰长认为,这意味着对方有可能会撞上我们。后果不堪设想。舰长命令信号兵通知对方:"我们正迎面驶来,建议你转向二十度。"对方答:"建议贵船转向二十度。"
>
> 舰长下令:"告诉他,我是舰长,转向二十度。"
>
> 对方说:"我是二等水手,贵船最好转向。"
>
> 这时舰长已勃然大怒,他大叫:"告诉他,这里是战舰。转向二十度。"
>
> 对方的信号传来:"这里是灯塔。"
>
> 结果,战舰改了航道。

我们每个人的脑海中都有一些定势,它们束缚了我们的思想和行为,从而产生很多错误或苦恼、迷惑。而当我们一旦认识了这些可笑的思维定式,换一种思维,你将发现一个崭新的世界。

我们随着这位船长经历了一次观念转移。观念一旦转移,整个情况就完全改观。这位船长因为视线不良而昧于实情,其实我们就好比置身浓雾中的船长,在日常生活中认清事实、转换观念对对于进行成功的自我沟通而言同样重要。

二、自我沟通的特点

(1) 主体和客体同一性。"我"同时承担信息编码和解码功能;

(2) 自我沟通目的在于说服自己。自我沟通常在面临自我原来认知和现实外部需求出现冲突时发生;

(3) 沟通过程反馈来自"我"本身。信息输出、接受、反应和反馈几乎同时进行;

(4) 沟通媒体也是"我"自身。沟通渠道可以是语言,文字,也可以是自我心理暗示。

(5) 信息组织策略。如何通过学习寻找依据和道理进行自我说服。信息来自自身思考、他人经验或书本知识。

第三节 情绪的自我调节

情绪是一种相对独立的心理过程,它既可以有自身的信息加工过程,又可以参与到认知加工中去。这都对情绪本身、认知和人的行为有驱动的作用。

每个人可能都有这样的一个经历:当早晨起来时,不知怎的,对已经发生的一些尴尬事,回想起来情绪不高。一整天打不起精神来,在工作中总是闷闷不乐,对同事们对自己阴沉面容所显露的表情感到莫名奇妙,对自己遇到的不顺觉得无法理解。如果一个人对自己处于某种境遇时的负面情绪一无所知,或者在潜意识中没有一种乐观倾向,那么他就无法有效地控制自己糟糕的心情,不可避免地会遇到各种各样的麻烦,如果任凭某种恶劣情绪无限发展、变本加厉,就会最终彻底导致一个人身心失衡。

一、情绪调节技巧

1. 保持良好的心境

> 一位哲人单身时,和几个朋友一起住在一间只有七八平方米的小房子里。看他总是乐呵呵的,有人问他:"那么多人挤在一起,有什么可高兴的?"哲人说:"朋友们住在一起,随时可以交流思想、交流感情,难道这不是值得高兴的事吗?"
>
> 过了一段时间,朋友们都成了家,先后搬了出去,屋内只剩下他一个人,但他每天仍非常快乐。又有人问他:"你一个人孤孤单单的,有什么好高兴的?"他说:"我有很多书哇。每一本书都是一位老师,和这些老师在一起,随时请教怎不令人高兴?"
>
> 几年后,这位哲人成了家,搬进大楼,住一楼,仍是一副其乐融融的样子。有人便问:"你住这样的房子还能快乐吗?"哲人说:"一楼有多好啊!进门就是家,搬东西很方便,朋友来访很方便……特别让我满意的是,可以在空地上养花、种草。这些乐趣真好呀!"又过了一年,这位哲人把一楼让给一位家里有偏瘫老人的朋友,自己搬到楼房的最高层,而这位哲人仍是快快乐乐的。朋友问他:"先生,住顶楼有哪些好处?"他说:"好处多着呢!每天上下楼几次,有利于身体健康;看书、写文章光线好;没有人在头顶上干扰,白天黑夜都安静。"

心境是一种微弱的情绪,有积极和消极之分,一旦产生,可以持续相当长的时间,如心情舒畅,或闷闷不乐。如果心境是好的,即使是并不称心如意的事,也乐之陶陶。如果心境是悲伤的,就会见花溅泪,见月愁眉。所以心境决定心情,也直接影响着人的健康。

一个人的主导心境(具有基本倾向性、占核心地位的心境),主要还是由生活目的、事业理想决定的,一个理想远大、胸襟开阔的人,对生活充满了希望,不去计较个人得失,心境一定是乐观的。反之,毫无生活目标,心胸狭窄的人,偶有失意,就耿耿于怀,其心境一定是苦闷的。正如柏拉图说:"决定一个人心情的,不在于环境,而在于心境。"

2. 积极面对生活

一个人现在怎么生活将来如何发展,全都是由人生态度所决定的,当一件事情发生的时候,能摆正态度的人一定能成功,反之,不断失败所产生的悲痛的命运会伴随你周围。我们今天的生活、工作现状,是由我们过去的人生态度所决定的,未来我们要过怎样的生活,是我们现在的人生态度决定的。

人生发展一定要有人生目标,人没有目标就等于没有奋斗的方向,没有方向的行为,损失的不仅仅是金钱,也可能是终生遗憾,和懊悔。

心态决定我们人生的成败：我们怎样对待生活,生活就怎样对待我们；我们怎样对待别人,别人就怎样对待我们。这就是"种豆得豆种瓜得瓜"的哲学道理。

我们周围有许多人遇到不顺心的事情,就会抱怨生活,抱怨环境,抱怨没有机会。实际上抱怨是最无能的表现,抱怨一点用处都没有,不但浪费了自己的宝贵的精力,还加大了自身的消极因素。我们何不把抱怨的精力用在寻找机会发展自己的正确道路上来呢？

其实不是我们没机会,是因为我们没准备；不是我们没准备,是因为我们的态度不对。因为成功的轨迹永远不会改变的,需要改变的是我们的态度、观念、个性和习惯。

积极的人生态度,可以改变人生的一切。

人与人之间只有很小的差异,但这种很小的差异却往往造成了巨大的差异。态度消极和积极的小差异就会带来幸福与不幸的巨大差异。

学会自我激励,不断充实积极的人生态度。自我激烈是树立目标、排除干扰,并努力去实现它。人们本来就有人心的软弱,无论是多么大的伟人都是有与常人一样的缺点和错误,但是不同的是,他们善于战胜这种人心的软弱。人心软弱的一面是永远存在的,你要生存和发展,就必须每天都要进行自我激励,战胜人心的软弱。

3. 保持健康的心理

健康的心理实际是包含生理方面和心理方面的健康,一是身体没有缺陷和疾病；二是具有饱满的精神状态和很强的社会适应能力。

心理健康主要是指健康的精神状态,其目的是预防和矫正各种心理疾病,以及不良行为,保持个人与社会的心理平衡,也说就人能够适应环境才能够愉快地积极工作。

人体作为一个整体,身体的生理和心理互相依赖、彼此制约、互相影响。随着医疗卫生事业的发展,身体疾病对于人类健康的影响在逐步变小,而心理行为不良甚至失常者却逐渐增多。社会的发展,使人与社会、人与人、人与自然的关系也越来越复杂,比如升学就业问题、婚姻家庭问题、社会关系、上下级关系等诸多人际关系,都会产生这样那样的矛盾,由于矛盾所产生的挫折就会引起心理疾病。

人的心理疾病大多数是累积而成的,这就是说,幼年时的轻微的不良行为,可能酿成日后难以挽救的心理疾病。例如,在小学期间,老师一次叱责,或是一种尊重的伤害,会影响到成年的心理的正常发育,甚至心理畸形的发展。

当前,忧郁症已经成为一种常见心理疾病,是心理健康的大敌,特别是大学生,不少人患有不同程度的忧郁症。导致忧郁症的原因大都有遗传因素：忧郁症跟家族病史有关系；异常事件诱因：生活压力及失落感觉,例如：失恋、丧偶、离婚、突然失业、升学、就业、长期的疾病,失去健康等；自卑、悲观、过于依赖他人的容易得忧郁症；挫折耐力差,长期挫折,对生活失去信心的人容易患忧郁症。另外还有抽烟、饮食等也会诱发忧郁症。

忧郁症是多种因素引起的疾病,要预防得病,应减少不必要的压力,以乐观的态度面对生活,同时了解忧郁症的症状,及早治疗,以避免疾病恶化。

有报道运动有助于对抗及预防忧郁症,有运动习惯的人比较不会患上忧郁症。

对于忧郁症的人,要搞清楚诱发病因,积极的和其沟通,鼓励自信,首先从哲学的高度认识做人的意义,重新点燃美好生活的向往,激发其自己解决自己心理问题的勇气。当心理疾病的人拿起了自己治疗自己的武器,自己当自己的心理医生时候,这个病人就会很快从心理疾病中走出来。

4. 保持理智的情绪

在沟通人生过程中,情绪不断地伴随在身边,苦难和快乐的经历教育着我们,人的健康往往取决于能理智的对待出现的各种不同情绪。当我们悲痛欲绝的时候,就要想做些什么来结束痛苦。当我们快乐的时候,并不仅仅是为了逃避痛苦,快乐本身就是目的,苦难和快乐都是争取自身改变的巨大动力。

快乐、愤怒、嫉妒、烦恼、希望、爱情、拒绝、恐惧、忧虑、悲伤、仇恨等情绪状态基本涵盖了人们在生存和发展过程中的情绪变化。学会真实地了解我们的情绪,充分感受它们,恰如其分地反映它们,发现那些能够激起情绪的事件。只有这样,我们才能机敏地穿过表面情绪,发现隐藏于其中的真实内涵。

调节情绪的技巧——
保持良好的心境
积极地面对生活
保持健康的心理
保持理智的情绪

如果我们正视自己的情绪,它就不会再纠缠我们。当我们学着了解自己的情绪,并享有由此所获得的自知之明时,我们的情绪便从专制君主变成了朋友。人们获得了更大的情绪空间,生活也由此变得更加深刻,富有意义。

在神经生理学的研究中,人们发现,植物神经系统对人的情绪变化在起主要作用。情绪体验是人们在情绪发生时,心理上各种不同层次、不同水平整合后的感受。

当人们受到情绪的困扰时,情绪的倒嚼可以使一个人变得心平气和、性情陶然。只有善于思考、乐于冥想、嗜好沉静、严于自律的人才能懂得运用"情绪倒嚼"达到自知之明的境界。

恰当的自我表达关系到人的心理健康,更重要的是关系到事业的成败、人际关系的改善等问题。

缩减、夸张和替代是表情规则的三种类型。真诚坦率是表达情绪的最根本的原则,情绪冲动可以引起极端行为。

要能够在愤怒、悲痛、抑郁等不良的情绪状态中摆脱出来,维持快乐的心境;否则就会被这些情绪所困扰,并在某种刺激下出现行为失控。

一个人要善于调节自己的情绪,在亢进的情绪和低落的情绪之间保持一种动态的平衡,什么时候都要保持一个冷静的头脑和拥有一种好的心境。

人们在生存和发展中,情绪总是伴随和影响着人们的思维和行为。因此,如何控制和把握自己的情绪,是每个人都关心的重要问题。实践证明,人要成功,不仅要靠你的才能,更重要的是必须有一种能力,在受到打击时,能够调整自己的心态,仍能保持振奋精神,继续努力。

二、情绪倒嚼——摆脱情绪对自己的困扰

每个人可能都有这样的一个经历:当早晨起来时,不知怎的,对已经发生的一些尴尬事,回想起来情绪不高。一整天打不起精神来,在工作中总是闷闷不乐,对同事们对自己阴沉面容所显露的表情感到莫名奇妙,对自己遇到的不顺觉得无法理解。如果一个人对自己处于某种境遇时的负面情绪一无所知,或者在潜意识中没有一种乐观倾向,那么他就无法有效地控制自己糟糕的心情,不可避免地会遇到各种各样的麻烦,如果任凭某种恶劣情绪无限发展、变本加厉,就会最终彻底导致一个人身心失衡。

受到情绪的困扰时,要以联想为纽带,沿着自己的心灵发展轨道反向信步潮流而上,慢慢体味、细细咀嚼自己过去曾经体验到的各种情绪,这叫做情绪倒嚼;情绪的倒嚼可以使一个人变得心平气和、性情陶然。只有善于思考、乐于冥想、嗜好沉静、严于自律的人才能懂得运用"情绪倒嚼"达到自知之明的境界。

回望过去,有忧伤,也有幸福;有痛苦,也有快乐,有失败,也有成功……

凡是伟大的人物,都把情绪倒嚼成为思维习惯。把其成为自己立身行事的一种能力。它是有智者的一种心理习惯,是体验自我的思维定式,甚至是一种主要进行创造活动的手段和方式。

第四节 自我沟通艺术

一、认识自我

1. 在与别人的比较中认识自我

通常情况下人们认知自我都是通过与别人的比较来确认自己的。例如,公司里发工资,员工关心更多的是与他在一块工作的同事的工资是多少。我们每时每刻都在不知不觉地与周围的人进行比较,在比较中认识自己的价值,认识自己的优缺点。

2. 从别人的态度中了解自我

在儿童发展的早期,别人对于儿童的态度反应就像是一面镜子,儿童通过它们来了解和界定自己,并形成相应的自我概念。即使到了成人阶段,自己生活中的重要人物对我们的态度反应,仍是我们认识自我的一面镜子。成人阶段我们对这一面镜子的反应不像儿童时期那样被动,会变得较为主动,并做出有选择的吸收,作为认识评价自我的一条重要途径。

3. 通过个人成就了解自我

从个人的成就中最能发现自己的优势和特长,这是一个人建立自尊和自信的基点,能为自我的生涯规划提供有力的导向。

4. 与自己比较中了解自我

一个人要全面客观地了解自我,不要光进行横向对比,光和周围的成功人士比,这样容易使自我沮丧。因此,还要对自我的发展历程进行纵向分析。要看到过去的自我与现在的自我有什么不同,有哪些进步,从而对未来做出预测。

一位青年人拜访年长的智者。青年问:"我怎样才能成为一个自己愉快、也能使别人快乐的人呢?"智者说:"我送你四句话,第一句是:把自己当成别人。即当你感到痛苦、忧伤的时候,就把自己当作别人,这样痛苦自然就减轻了;当你欣喜若狂时,把自己当做别人,那些狂喜也会变得平和些;第二句话是:把别人当做自己,这样就可以真正同情别人的不幸,理解别人的需要,在别人需要帮助的时候给予恰当的帮助;第三句话:把别人当成别人,要充分尊重每个人的独立性,在任何情形下都不能侵犯他人的核心领地;第四句话是:把自己当做自己。"青年问道:"如何理解把自己当做自己,如何将四句话统一起来?"智者说:"用一生的时间、用心去理解。"

二、提升自我

1. 悦纳自我

这是提升自我的前提,一个人只有在悦纳自我,客观分析自己的优点和不足,以平常心态对待自己,保持乐观心态的情况下,才能与周围环境相适应。在此基础上可再进一步提升自我,超越自我。

一个人要与别人相处和谐,沟通良好,首先要进行自我沟通,充分认识自我、接纳自我,并不断地提升自我、超越自我,进而达到完善自我并与自我和谐相处。一个不能接纳自我的人,也很难接纳他人,与他人沟通也容易出现障碍。因此,一个健康、成熟的人要善于自我沟通。通过自我沟通,增强对自己的觉察,认识自己的优点和缺点,从内心深处要接受自己的一切,包括缺点、优点,这样才能使自身内部达到一种调和状态。在自身内部调和的情况下,人才能理智客观地评价自己,理智地分析来自外界对自我的评价,正确地认识自己的成败。一个人悦纳自我的本身就是对自我的一种提升。

2. 从"小我"走向"大我"

一个人在悦纳自我的同时,要走出去,从"小我"中走出去,延伸自我,去关心他人、关心社会、与别人交流,走向"大我",从而提高自己的人生境界。孤芳自赏姑且算作是一种人生境界,未免显得有些消极。一个人只有在不断地提升、拓展自己的生活、工作领域时,才会真正体验到人生的意义。要提高自己的生活、工作的意义,就要从狭隘的自我中走出去,去关注更为广阔的外在世界。帮助那些需要帮助的人;为社会环境、社会问题的改善尽自己的一份力量;去跟各种各样的人进行交流,在交流中增长自己的见识,有了见识,才会有胆识,有了胆识才会增加成功的机会。这样,从"大我"中,让自己的身心和灵魂得到真正的提升。

3. 提升自我

关键是保持自信,以积极的态度对待自己。许多人动辄自我贬低,对自己不自信,从而造成本来已到眼前的机会白白丢掉。例如,小王的一个朋友给他介绍了一个他喜欢的工作,并且薪水颇丰,但是他没有采取任何行动,不敢去面试,不敢去争取,因为他想:"我的能力恐怕不足,这么好的工作恐怕很多人去争取,何必自找麻烦!"几千年来,很多哲学家都忠告我们,要认识自己,但是,大部分的人都把此解释为"仅认识自己消极的一面。"大部分的自我评估都包括太多的缺点、错误与无能。

三、超越自我

1. 拓展比较空间

社会心理学研究发现,人的自我比较有一种自我服务的倾向,会使人们在许多情况下有意无意地被限制在一个有限的社会领域内。当自己在这一领域变得优秀时,人们会降低乃至放弃向更大成就冲击的努力。而当在这一领域中失败时人们会高度退缩,用与更为失败的人进行比较来安慰自己。这样会限制一个人的潜能的极大发挥。因此,要超越自我、发展一个健康的自我就要拓展自我比较的范围。

从横向范围来说,一方面,一个人不仅要跟自己所属小群体中的人进行比较,同时还要跟不同水平的跨群体的人进行比较。人们往往习惯于与自己所属小群体的人进行比较,在小群体中自认为表现出众就沾沾自喜,殊不知"天外有天",与其他更优秀的群体相比,就会觉得自己这点小成就在别人看来真是微不足道。因此,一个人要超越自我,就要走出狭隘的自我,才能成就更大的事业。另一方面,一个人还要扩展自己的交际范围。为防止自己限制在一个狭小的范围内,要真正地走出去,和更多的人进行交往沟通,在这样一个广泛的社会交往背景下,你就会不知不觉地把各种交往的对象作为比较的对象,就会开阔眼界,从而提升自己的目标。

从纵向来看,一个人还要善于自我比较,把理想中的我与现实中的我进行比较,找到差距,增强动力;把现实中的我与过去的我进行比较,看到进步,得到激励。

2. 对早期经验进行反省

我们脑海中有许多不切实际的自我信条来源于童年时代或好或坏的经历。童年时代是我们大多数自我信条产生的时期。在这个时间段内,我们形成并发展了自己的信条系统,它在我们身上起着长久的作用。小时候父母对我们过于简单的处理方式,在我们最初的成长发育过程中起着重要的塑造作用。找出并认识到你所持有的不实际的信条,并分析它们是如何而来的,这是一件十分重要的事情。随后你即可对它们的有效性提出疑问,进行重新认识,并在必要的时候改变它们。

小时候家长对你的不良的教养方式会影响你长大成人后与其他人的正常交往方式、待人处事的态度。如小王是家中四个孩子中最小的一个,他的父母认为孩子们应当"只看不必说"。作为最小的一个,在谈论某些事情时,他总被别人呵斥闭嘴,因为别人总是认为他什么也不知道。小王现在已经20多岁了,但他小时候学到的这些在潜意识中始终在影响着他,他害怕在会议中发言,因为他认为没有人会听他说话。结果是,每个人对他都不在意,他想出的好想法因为不敢提出来,都被忽略了。

这些来源于生活早期的不恰当的评价,会对我们后来的行为起着极大的限制作用,因此,对我们的早期经验必须重新进行认识,从而打破禁锢,超越自我。

3. 向自我挑战

有句格言说的好:"失败者引向失败,成功者创造成功"。格言强调,胜利者天生是倾向行动的人,他们将自己视为世界舞台的演员,而非被动地被他人行动牵制的受害者。如果无法避免失败,就轰轰烈烈地大干一场,那是成功者的处事方法。

人生,就是不断地超越自我!

> 在1964年,现代运动史上发生了一件很重要的事件。那时,教练诺马士预测他的球队:美国足球联盟纽约喷射机队,在第三届超级杯足球赛中,会打败国家足球联盟的巴尔的摩小马队。当时如此的预测似乎全然不按章法,原因是:首先小马队被专家预计会赢十九分,因为前两届超级杯,也都是国家足球联盟代表队轻取美国足球联盟的球队。但是让人对诺马士的预测感到震惊的是,当时根本没有球员会在赛前谈论此事,当喷射机队获胜时,人们除了感觉惊讶之外,还为他松了口气,因为全国的人都准备把诺马士痛揍一顿,因为他竟敢如此信口雌黄。如果喷射机队输了,他即使不用搬到西伯利亚那么远的地方,也得暂避至南美洲,但此时情形大变,诺马士创造了成功。

一个人要敢于向自我挑战,向自我挑战会为自我潜能的发挥造一个"势",在这种"势"的影响下,会为真正的成功创造机会。

4. 毅力超越自我

人的好多才能往往被自己人为地埋没,如"我不擅长管理"或"我干推销工作不行"或"我很难唱好一首歌"等,做事以前先为自己的行为寻找各种借口。但自己到底能不能做好,有没有这方面的才能,却从没有大胆地去尝试过,有的尝试过一两次,由于没有成功,就退了回来。

许多懒惰的人在心理态度上都有问题,他们不想在工作或职业上使出全力。觉得如果尽力而未能成功,就会很丢脸面,他们的理由是,既然未曾尽力,那么失败了也就不愁找不到借口。他们并不觉得失败又能怎样,因为他们从未认真地去做过.他们时常耸耸肩膀说:"这对我没有什么两样。"许多失败者都是这个样子。

四、自我暗示

自我暗示就是通过自己的认知、言语、思维、想象等心理活动过程,调节和改变自身身心状态,进而影响行为的一种心理方法。

自我暗示的作用对人的影响是巨大的。一个人走进了冷藏间,无意间被关在里面。开始他并不在意,也并未感到寒冷,后来当他抬头看到"冷冻"二字时,顿时心里紧张起来。一种死亡的威胁笼罩在他心头,他越想越怕,越想越冷,最后蜷缩成一团,在惊恐中死去。其实,车间的冷冻机并未打开,寒气远不能置人于死地。他完全是由于在自我暗示的作用下,因恐惧而导致肾上腺素急剧分泌,心血管发生障碍,心功能坏死而导致死亡的。可见,暗示的威力真可怕! 因此,不良的暗示,要立刻拒绝! 必须设法接受有益的建设性的暗示。

1. 调动潜意识的力量,突破自我,改造自我

潜意识最容易接受与情感有关的资讯,它包括愿望、信念、爱、热情、想象、希望等建设性情感,也包括恐惧、嫉妒、憎恶、报复、贪欲、愤怒等破坏性情感。建设性与破坏性情感绝对无法并立而存,潜意识内只要残存着任何一种破坏性情感,一切建设性情感就会被破坏殆尽。

研究表明，头脑里的想法会按事情进行的实际情况刺激人的神经系统。自我暗示能极大地调动起人的潜意识的力量，而人的潜意识力量能促使暗示中的情况得以现实性地发生。

美国一位医学教授对癌症的病因提出了新的理论，他认为癌症的发展主要不是客观上存在的癌细胞，而是主观情绪、自我暗示导致了癌变。这一理论虽未被广泛接受，但癌症患者一旦知道了自己患病的真相，病情便会急剧恶化却是不可否认的。

2. 改变自我意象，进而改变自己的个性和行为，达到自我沟通的目的

所谓自我意象就是指一个人对自己的看法，就是自己的"蓝图"，也就是对自己未来生活情况的指示图表，它对一个人的行为影响是巨大的。简单地说，你把自己想象成什么样的人，你就会不知不觉地按那种人行事。你把自己想象成一个失败者，你就会最终走向失败。例如，一个自以为没人喜欢的女生会发现自己在舞会上总是没人理睬。别人的排斥完全是她自己造成的：她那愁眉苦脸、低三下四的态度、急于取悦于人的焦虑，或者对周围人的下意识的敌意，都会把她本来能迷住的人拒于千里之外。如果一个推销员抱有同样的态度，他的产品也会被别人排斥。

自我意象是可以改变的，改变自我意象，就能改变人的个性和行为。"自我意象"决定了一个人成就的界限。扩大自我意象，你就能拓展自己的"潜在领域"。发展适当的自我意象能使个人富有新的能量、新的才华，并最终使失败转变为成功。

五、自我沟通的误区

1. 自卑心理

有些人容易产生自卑感，甚至瞧不起自己，只知其短不知其长，甘居人下，缺乏应有的自信心，无法发挥自己的优势和特长。有自卑感的人，在社会交往中办事无胆量，习惯于随声附和，没有自己的主见。这种心态如不改变，久而久之，有可能逐渐磨损人的胆识、魄力和独特个性。

> 自卑、怯懦、猜疑、逆反，这都是不健康的心理，会妨碍自我沟通与人际沟通。

2. 怯懦心理

主要见于涉世不深，阅历较浅，性格内向，不善辞令的人。怯懦会阻碍自己计划与设想的实现。怯懦心理是束缚思想行为的绳索，理应断之、弃之。

3. 猜疑心理

有猜忌心理的人，往往爱用不信任的眼光去审视对方和看待外界事物，每每看到别人议论什么，就认为人家是在讲自己的坏话。猜忌成癖的人，往往捕风捉影，节外生枝，说三道四，挑起事端，其结果只能是自寻烦恼，害人害己。

4. 逆反心理

有些人总爱与别人抬杠，以此表明自己的标新立异。对任何事情，不管是非曲直，你说好他偏偏说坏；你说一他偏说二，你说辣椒很辣，他偏说不辣。逆反心理容易模糊是非曲直的严格界限，常使人产生反感和厌恶。

5. 自我设限

科学家做了一个有趣的跳蚤的实验：

> 他们把跳蚤放在桌子上，一拍桌子，跳蚤迅速跳起，跳起的高度在它身高的 100 倍以上，堪称是世界上跳得最高的动物！然后在跳蚤头上罩一个玻璃罩，再让它跳。这一次跳蚤碰到了玻璃罩。连续数次后，跳蚤改变了起跳高度以适应环境，每次跳跃总保持在罩顶以下的高度。接下来科学家逐渐改变玻璃罩的高度，跳蚤都在碰壁以后主动改变自己所跳的高度。最后玻璃罩接近桌面，这时，跳蚤已无法再跳了。科学家把玻璃罩打开，再拍桌子，跳蚤仍然不再跳，变成"爬蚤"了。

跳蚤变"爬蚤"，并非它丧失了跳跃的能力，而是由于一次次受挫，学乖了，习惯了，麻木了。最可悲的地方在于，实际上的玻璃罩已经不存在了，它却连"再试一次"的勇气都没有。玻璃罩已经罩住了它的心灵。行动的欲望和潜能就这样被自己亲手扼杀！心理学家把这种现象叫做"自我设限"。

很多人的遭遇与此极为相似。在遭受过人生的挫折后，奋发有为的热情、欲望被"自我设限"所压制和封杀！既对失败惶恐不安，又对失败习以为常，丧失了信心和勇气，渐渐养成了懦弱、狭隘、自卑、孤僻、推卸责任、不思进取、不敢拼搏的精神面貌。

总　　结

善于与人沟通者，必然善于自我沟通。自我沟通，是一个认识自我、悦纳自我、提升自我和超越自我的一个过程。在这个过程中，我们要树立起正确的自我概念、自我形象、自尊和心理风险等自我知觉概念，善于识别自己各种不同的情绪状态，并掌握包括"情绪倒嚼"在内的自我调整技巧，以及包括"自我暗示"在内的自我沟通艺术。自我沟通中，要避免自卑、怯懦、猜疑、逆反等误区，为商务活动中与他人和组织的有效沟通打下良好的基础。

 复习与思考

1. 何谓自我认识？
2. 一般从哪些方面进行自我分析？
3. 自我沟通有哪些特点？
4. 人有哪些情绪状态？应该如何调节自己的情绪？
5. 什么是情绪倒嚼？如何运用？
6. 如何悦纳自我、提升自我、超越自我？

7. 如何进行自我暗示？
8. 自我沟通中常见哪些误区？

 实训练习一

填写下列《自我调查表》，全面地分析自己。

自我调查表一

我的长处	这一长处是怎样来的？	这一长处的获得主要受了谁的影响？	这些长处对自己今后的发展有什么好处？

自我调查表二

我的欠缺和不足	这一不足是怎样来的？	这些不足对自己今后的发展有什么障碍和限制？

自我调查表三

中学时的我是这样的：＿＿＿＿＿＿＿＿＿＿＿＿＿＿＿＿
现在的我是这样的：＿＿＿＿＿＿＿＿＿＿＿＿＿＿＿＿
想象中将来的我是这样的：＿＿＿＿＿＿＿＿＿＿＿＿＿＿

自我调查表四

项目	调查者	调查结果
父母眼中的我		
老师眼中的我		
同学、朋友眼中的我		
自己理想中的我		
现实中的我		

实训练习二

自我沟通技能诊断

评价标准:
非常不同意/非常不符合(1分)　　不同意/不符合(2分)
比较不同意/比较不符合(3分)　　比较同意/比较符合(4分)
同意/符合(5分)　　　　　　　　非常同意/非常符合(6分)

测试题:
(1) 我经常与他人交流以获取关于自己优缺点的信息,以促使自我提高。
(2) 当别人给我提反面意见时,我不会感到生气或沮丧。
(3) 我非常乐意向他人开放自我,与他人共享我的感受。
(4) 我很清楚自己在收集信息和作决定时的个人风格。
(5) 在与他人建立人际关系时,我很清楚自己的人际需要。
(6) 在处理不明确或不确定的问题时,我有较好的直觉。
(7) 我有一套指导和约束自己行为的个人准则和原则。
(8) 无论遇到好事还是坏事,我总能很好地对这些事负责。
(9) 在没有弄清楚原因之前,我极少会感到生气、沮丧或是焦虑。
(10) 我清楚自己与他人交往时最可能出现的冲突和摩擦的原因。
(11) 我至少有一个以上能够与我共享信息、分享情感的亲密朋友。
(12) 只有当我自己认为做某件事是有价值的,我才会要求别人这样去做。
(13) 我在较全面地分析做某件事可能给自己和他人带来的结果后再做决定。
(14) 我坚持一周有一个只属于自己的时间和空间去思考问题。
(15) 我定期或不定期地与知心朋友随意就一些问题交流看法。
(16) 在每次沟通时,我总是听主要的看法和事实。
(17) 我总是把注意力集中在主题上并领悟讲话者所表达的思想。
(18) 在听的同时,我努力深入地思考讲话者所说内容的逻辑和理性。
(19) 即使我认为所听到的内容有错误,仍能克制自己继续听下去。
(20) 当我在评论、回答或不同意他人观点之前,总是尽量做到用心思考。

自我评价:

将你的得分与三个标准进行比较:(1)比较你的得分与最大可能得分(120)。(2)比较你的得分与班里其他同学的得分。(3)比较你的得分与由500名管理学院和商学院学生组成的标准群体的得分。在与标准群体比较时,如果你的得分是:

100 或更高　　你位于最高的四分之一群体中,你具有优秀的沟通技能;
92—99　　　　你位于次高的四分之一群体中,具有良好的自我沟通技能;
85—91　　　　你的自我沟通技能较好,但有较多地方需要提高;
84 或更少　　　你需要严格地训练自己以提升沟通技能;

选择得分最低的6项,作为本部分技能学习提高的重点。

 **案例分析**

不同的两个小李

第一个小李

小李今年25岁,学富五车、风度翩翩、英俊潇洒、一表人才、多情多义。小李同时是一个销售人员,在公司业绩还算不错。有一天他和女朋友逛公园时,女朋友说"小李,我们分手吧"!

回到家里,小李心理非常的难受,不停地自言自语道:"我怎么这么倒霉?她为什么不要我了?为什么我不如别的男人?为什么我从小就被别人抛弃?我被抛弃八次了,现在已经第九次,到底我还要被抛弃多少次?为什么找不到爱我的人?"小李越说越难受,给自己一巴掌,敲自己的胸,抓头发,躲在棉被里哭,做出一连串的痛苦伤心的动作。

小李妈妈过来问小李怎么啦?小李伤心地说"没事,不要管我",于是带着伤心的心情去酒吧喝酒。小李一连喝了一打啤酒,烂醉了,盯着旁桌的一个女孩说"来,喝酒,干杯,你长得好难看哦,哈哈!"此时的小李烂醉如泥。结果过来一个男的拽着小李的就打,说欺负他女朋友,暴打一顿后把小李扔出去了。

小李稀里糊涂的回到家睡下了,一睡不见醒。第二天下午老板打电话来:"小李,怎么今天没来上班?"小李还在烂醉中,说"上什么班?"老板说:"小李你醒醒,我是你老板"。烂醉的小李说:"什么老板,别管我,上什么班啊"!一个小时后,客户王经理打来电话:"小李吗?我是王经理啊!"小李说:"什么王经理,有什么事啊?"王经理说:"你不是说上午送货过来吗?怎么现在还没送过来?马上给我送过来。"小李说:"送什么货,你自己送去,送你自己去。"

后来小李的酒醒了,但客户丢了,工作也丢了。

第二个小李

小李和女朋友逛公园。女朋友跟小李说:"小李,我们分手吧!"

被抛弃的小李,因为学会了情绪控制,开始问自己:"我是不是最棒的?是的,我是最棒的!她抛弃我是她的损失,我只是少了一个不爱我的人,她却少了一个爱她的人,我根本没有损失,而且我得到什么好处呢?我自由啦!我可以找到一个更好的,我可以找到一个更爱我的人!"

小李心态很好,回到家里开始照镜子,穿衣服,系领带,整头发、修眉毛、喷香水、擦皮鞋,十分自信地去酒吧去喝酒。帅气十足的小李问一位漂亮的女孩:"可以跟你喝杯酒吗?"那女孩答应了,于是两个人开始喝酒。小李又问:"可以跟你挑个舞吗?",那女孩又答应了。在跳舞时,小李问漂亮的女孩:"你很漂亮,你有男朋友嘛?"漂亮女孩回答说"没有"。小李说:"告诉你一个好消息,我刚刚跟我女朋友分手了,你很像我以前女朋友!"女孩说:"真的吗?"小李说"我可以跟你跳支慢舞吗?"女孩说"可以。"于是两人跳起了慢舞。小李说"你有没有一点喜欢我?"女孩说"有一点"。小李说"我带你去看电影好不好?"女孩说"什么时候?"小李说"现在"。于是小李带着漂亮女孩去看了场电影。

就这样小李结交了这位漂亮的女友。两个人开始谈恋爱,在谈恋爱的过程中,小李在工作上也进步很快,业绩倍增,被提升当了公司的销售经理。半年后他们俩走进了结婚的礼堂,过着幸福快乐的日子。

分析与讨论:
同是失恋为诱因,为何以上两个小李的结局截然不同?

第三章

人际沟通

第一节　人际关系

在日常生活中,有些人常有这样的感受:总容易被人冷落;总难得到他人的理解;总难与周围的人愉快相处;自己的观点总是遭到排斥;带着热忱去交朋友,却遭遇冷淡……这样的情况经常发生的话,那么一定是人际关系出了问题。

人际关系,指人与人之间一切直接或间接的通过动态的相互作用形成的情感联系。它是通过交往形成的一种心理关系。

> 天堂与地狱的哲理故事讲:有个人遇到一位天使,天使说:"来,我带你到天堂和地狱看看。"那个人高高兴兴随着天使去了。首先,来到地狱参观,正好到了吃饭时间,中间是一排长长的桌子,两边坐满了人,拿的筷子都有一公尺长,才喊一声开动,两边的人争先恐后的夹起菜想要往自己的嘴里送,然而由于筷子太长了,到了中间,筷子就打起架来,大家互不相让,打得头破血流,菜掉满了一地,结果是谁也吃不成,那个人看得兴趣索然,对天使说:"我们还是到天堂看看吧"。于是跟着天使来到天堂,也是开饭时间,奇怪的是,桌子还是那些桌子,筷子还是那些筷子,两边还是坐满了人,结果喊一声开动,大家都夹起菜来往对方的口里送,有一个人缘好的,好几双筷子都夹到他的嘴边,他还在说、慢慢来、慢慢来。那个人恍然大悟,原来天堂与地狱在自己一念之间:一念为己,是地狱;为别人,是天堂。

一、影响人际关系的核心因素——情商

> 某甲大学毕业之后,凭着优异的成绩成了一家知名企业的员工。刚刚上班,领导就找某甲谈话,言下之意很明白,就是让某甲好好干,前途不可限量,同事对某甲也很友好。某甲于是踌躇满志起来,似乎看到了机遇在天花板上向他招手。
>
> 可是工作了不过一个月,情况就变了。领导看到某甲,会习惯性地皱眉叹气,同事对他客客气气却疏远得很。没有什么项目会派给某甲负责了,谁也不愿意与某甲合作。
>
> 于是某甲找一朋友聊天。这个朋友比他早工作三年,现在已混到了部门经理。听了某甲的诉苦和百思不得其解,朋友却笑开了,问某甲:是不是曾在公众场合让领导难堪过?是不是应该和别人合作的项目却一个人大包大揽?是不是觉得自己的意见最好,听不进别人的?
>
> "真是神了!"某甲承认情况确实如此。看着某甲吃惊的表情,朋友说:"你的问题是情商比较低。"

情商(EQ)是对应于智商(IQ)而言的一个概念。如果说,智商指的是智力商数,那么情商则是指情感商数。具体地说,情商主要是指人在情绪、情感、意志、耐受挫折等方面的品质。它不是天生的,而是在后天的社会活动和人际交往中逐渐培养起来的。以往认为,一个人能否在一生中取得成就,智力水平是第一重要的,即智商越高,取得成就的可能性就越大。但现在心理学家们普遍认为,情商水平的高低对一个人能否取得成功也有着重大的影响作用,有时其作用甚至要超过智力水平。美国耶鲁大学心理学家彼得·萨洛韦甚至认为情商对个人成功的作用达到80%,而智商只占20%。因此,现代商务人员必须注重自己的情商培养。

一般,一个人的情商由四个方面构成:自我认知、社会认知、自我调节和影响力。

1. 自我认知

中国有句俗话:"人贵有自知之明"。这就是说,每个人都应当对自己的素质、潜能、特长、缺陷、经验等各种基本能力有一个清醒的自我认识,对自己在社会工作生活中能够扮演的角色有一个比较准确的定位。这种自我认知的能力在心理学上称之为"自觉",它通常包括察觉自己的情绪对言行的影响,了解并正确评估自己的资质、能力与局限,相信自己的价值和能力等几个方面。

前微软全球副总裁、微软亚洲研究院创始人李开复先生接受记者采访时讲了这么件事:

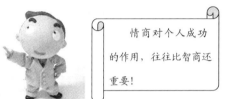

情商对个人成功的作用,往往比智商还重要!

> 我有一个员工,他在自我评估中写下这么一句话,"虽然谦虚如我,但是我也要说自己这一年的表现实在是异常的了不起"。当我看了这一句话,我心里第一个想法就是这个员工要走,并不是说他做得不好,而是他这么没有自知之明。一个人如果没有自知之明,他就不可能自我批评,就不能修补存在的问题。果然他要求升职,但最后他失去了工作。他并不是不能做那份工作,但是因为他姿态太高。所以说自觉非常的重要。(摘自搜狐网站:http://job.sohu.com/article/20040712/n220959920.shtml)

这个事例告诉我们,能否"自觉",对个人事业的影响有时是致命的。一个有自我认知能力的人,应该既能够展示自己的特长,又不会刻意掩盖自己的缺点。很多时候,向他人坦诚说明自己的某些不足之处,不仅不会损害自己的形象,反而可以表示出自己对个人能力的自信,赢得他人的好感。例如,一个部门主管对某个职员说"业务方面你是行家,我不如你,我要多向你学习"的时候,职员一定会认为这个领导非常谦虚,也一定会对这个领导更加信任。

在微软公司,大家在技术上互帮互学,在工作中互相鼓励,没有谁天天都摆出盛气凌人的架子,也没有谁自觉矮人一头,这就自然营造出了一种坦诚、开放的工作氛围。

2. 社会认知

社会认知在心理学上被称为"同理心",就是说,在社会活动中,要能够感知他人的想法和感受,包括个体、群体和组织三个层面。通俗地讲,就是人们常说的设身处地、将心比心的做法。在产生矛盾、误解的时候,各方当事人如果能把自己放在对方的处境中想一想,也许就更容易地了解对方的初衷,消除误解。现在流行的说法"换位思考"以及人们常说的"人同此心,心同此理",都是这个道理。

> 台湾一家大型公司女总裁的看法很明智:不要指望别人的见识都如你一样。她经常向人们讲述自己亲身经历的一个故事。
>
> 她女儿上幼儿园时,有一天,她作为家长去参观幼儿园的书画比赛。在一幅名为《陪妈妈上街》的画前,她驻足了很久,画里面没有高楼大厦,没有车水马龙,也没有琳琅满目的商品,有的只是数不清的大人们的腿。她为此感到奇怪,末了还是幼儿园老师帮她解开了疑惑,老师说,幼儿园的孩子身高几乎还不到大人的腰部,你说他们上街看到的不是大人的腿还能是什么?
>
> 于是她想,孩子们上街时看到的只是大人们的腿,这是他们的身高决定的;同样的道理,公司员工们能看到的是他们自己的工作、利益和前途,并不是每个人都像总裁一样思考公司的未来,这是由于他们所处的环境决定的。因此不要指望别人都和你的见识一样。与其埋怨员工,倒不如帮助他们提高认识;与其责骂员工,倒不如主动接近他们联络彼此的感情。于是,她以和颜悦色的崭新形象出现在员工面前,公司的业绩也随之突飞猛进(选自《博瑞管理在线》http://www.boraid.com/darticle3/)。

个体、群体和组织之间的关系,以及它们各自的内部关系,均没有固定的公式可循。只能从关心对方、体谅对方的角度出发,做事时为对方留下空间和余地,发生误会时要替对方着想,主动反省本方的过失,勇于承担责任。通过培养自己的社会认知能力,个人和组织在工作和生活中就能避免许多抱怨、责难、嘲讽、猜疑和分裂,大家就可以在一个充满鼓励、谅解、支持和尊重的环境中愉快地交往和合作。缺乏社会认知能力,就可能出现类似齐景公在暖房内困惑下雪天为何不寒冷、晋惠帝不能理解老百姓没饭吃为何不吃肉糜式的笑话。

3. 自我调节

自我调节指的是自我调整和自我节制的能力。它包括:根据环境和情况的变化,调整自己的情绪、调整自己的定位;控制自己不安定的情绪或冲动,在压力面前保持清晰的头脑;以诚实赢得信任,并且随时都清晰地理解自己的行为以及将带来的影响和结果。

对于商务人员来说,没有较好的自我调节能力,面对市场变化,就会手足无措;面对竞争对手的攻击,就会进退失据;面对客户的商务纠葛,就会"剪不断、理还乱"。

对于管理者来说,缺乏自我调节能力,要管理别人,要让下属信服,就会困难重重。因为领导的做法通常是大家效法的榜样,领导的言谈举止都会给下属留下深刻的印象,如果处理不好的话,可能会造成负面的影响。特别是当公司或团队处于危急时刻,需要领导带领大家克服困难、冲出重围的时候,如果领导表现得比职员还要急躁,翻来覆去拿不定主意,大家就会对领导丧失信心,公司或团队也会因此而走向失败。

4. 影响力

这里所说的影响力,是指能促使他人产生有效及所需的反应的能力。个人的影响力,在某些方面是与生俱来的,这主要表现在先天性格方面,如豁达、豪爽、大方、具备领袖气质,很容易感染周边的人,获得有效反应。但更多的影响力则是通过后天努力形成的,如诱导、说服等沟通能力,也能影响周边的人,获得有效反应。

无论是先天的性格,还是后天训练的沟通技巧,最高境界应是通过不断提升影响力,并形成良好的个人人格魅力。这种具备人格魅力的影响力,包括它所涵盖的亲和力、号召力、凝聚力等,虽然没有建立在影响者的合法权利和综合能力的基础之上,但由于它是对方在心理认同的基础上产生的对影响者的崇敬、钦佩和信赖,因而这种影响力是其他因素无法比拟的。

李嘉诚——美国《时代》周刊评选的全球最具影响力的商界领袖之一、香港《资本》杂志评选的香港十大最具权势的财经人物之首、闻名世界的商业巨子、从一无所有到世界华人首富⋯⋯在这些荣誉和名望的背后,李嘉诚越来越成为世人心目中一个凝聚和代表着中国人奋斗的精神、领先商界、与时俱进、不断创造新纪录的卓越商人和企业家。

李嘉诚赢得财富的历程,其实是一个典型的青年奋斗成功的励志故事:一个年轻小伙子,赤手空拳,凭着一股干劲,勤勉好学,吃苦耐劳,创立出属于自己的事业王国。数年前,李嘉诚便成为香港历史上首位"千亿富翁"。如今,他的财产仍以几何级数增长,他在商业领域的每一个动作,都为世人极度关注。对于千千万万正在为事业前程苦苦奋斗的年轻人来说,李嘉诚的故事将成为他们人生道路上的一盏明灯。

听其言,观其行,我们可以发现,李嘉诚把儒家的情义与西方的进取精神很好地结合在一起,外圆内方,刚柔相济。他重信诺、重诚意、讲义气、宽厚待人,他和平、勤奋、坚忍,这一切,把中国文化中的立身之道发挥得淋漓尽致。他的成功经验,最适合中国人学习和借鉴;他白手起家的历史,最适合普通人研究和模仿。(节选自2005年4月《世界商业评论》)

二、人际关系的三种基本需要及六种取向

美国心理学家舒茨(Schutz)1958年对大量有关社会行为的资料进行分析后发现,提出了以人际需要为主线的人际关系的三维理论,他认为有三种基本的人际需要,即包容需要、控制需要和感情需要。

1. 包容需要

包容需要是指个体想要与人接触、交往、隶属于某个群体,与他人建立并维持一种满意的相互关系的需要。在个体的成长过程中,若是社会交往的经历过少,包容需要没有得到满足,他们就会与他人形成否定的相互关系,在行为表现上倾向于内部言语,倾向于摆脱相互作用而与人保持距离,拒绝参加群体活动。如果个体在早期的成长经历中社会交往过多,包容需要得到了过分的满足,则在人际交往中,会过分地寻求与人接触、寻求他人的注意,过分

地热衷于参加群体活动。如果个体在早期能够与家庭成员和他人进行有效的适当的交往，就不会产生焦虑，就会形成理想的社会行为，会依照具体的情境来决定自己的行为，决定自己是否应该参加或参与群体活动，形成适当的社会行为。

2. 支配需要

支配需要是指个体在影响力方面与别人建立并维持良好关系的需要，即控制与被控制的需要。个体在早期生活经历中，若是成长于既有要求又有自由度的民主气氛环境里，个体就会形成既乐于顺从又可以支配的民主型行为倾向，他们能够顺利解决人际关系中与控制有关的问题，能够根据实际情况适当地确定自己的地位和权力范围。而如果个体早期生活在高度控制或控制不充分的情境里，他们就倾向于形成专制型的或是服从型的行为方式。专制型行为方式的个体，表现为倾向于控制别人，但却绝对反对别人控制自己，他们喜欢拥有最高统治地位，喜欢为别人做出决定。服从型行为方式的个体，表现为过分顺从、依赖别人，完全拒绝支配别人，不愿意对任何事情或他人负责任，在与他人进行交往时，这种人甘愿当配角。

3. 情感需要

情感需要是指个体在感情上与别人建立和维持亲密联系的需要。当个体在早期经验中没有获得情感满足时，则他们表面上对人友好，但在个人的情感世界深处与他人保持着距离，总是避免亲密的人际关系。若个体在早期经历中，被过于溺爱，则他在行为表现上，强烈地寻求爱，并总是在任何方面都试图与他人建立和保持情感联系，过分希望自己与别人有亲密的关系。在早期生活中经历了适当的关心和爱的个体，则能形成理想的个人行为，他们总能适当地对待自己和他人，能适量地表现自己的情感和接受别人的情感，又不会产生爱的缺失感，他们自信自己会讨人喜爱，而且能够依据具体情况与别人保持一定的距离，也可以与他人建立亲密的关系。

舒茨在他的三维人际需要理论的基础上，进一步提出满足人际需要的方式有两种基本取向：一是主动表现，二是被动接受。这两种取向和三种基本需要结合起来，就形成了六种基本人际关系取向（参见表3.1）。

1. 主动包容式。主动与他人交往，积极参与社会生活；
2. 被动包容式。期待他人接纳自己，往往退缩、孤独；
3. 主动支配式。喜欢支配他人，喜欢运用权力；
4. 被动支配式。期待他人引导，愿意追随他人；
5. 主动感情式。表现对他人喜爱、友善、同情、亲密；
6. 被动感情式。对他人显得冷淡，但期待他人表示亲密。

表 3.1 基本人际关系取向

基本人际需要	满足方式	
	主动	被动
包容需要	主动与他人交往	其他人接纳自己
控制需要	支配别人	期待他人引导自己
情感需要	对别人表示亲密	对人冷淡、期待他人表示亲密

三、人际关系的特点

通过前述内容的学习,可以看出人际关系具有以下特点:

1. 个体性

在人际关系中,人的角色并不显得十分重要,因而退居到次要地位,而对方是不是自己所喜欢或愿意亲近的人才是最主要问题。

2. 直接性

人际关系是人们在直接的交往过程中形成的,个体可以亲身感受到它的存在。没有直接的接触和交往,人际关系就不可能产生。一旦建立了人际关系,人们就会直接体会到其喜悦或烦恼。也就是说,建立了密切的人际关系,个体之间在心理上的距离拉近了,彼此会感到心情舒畅。反之,若发生了矛盾和冲突,个体则会感到孤立和抑郁。

3. 情感性

人际关系是人与人之间的信息与情感的传递过程,其基础是人们彼此间的情感活动。没有感情的人际关系是根本不存在的,事实上没有感情本身就是一种情感的反应。因此情感因素是人际关系的主要成分。人际间的情感倾向有两类:一类是使彼此接近和相互吸引的情感;另一类是使人们互相排斥分离的情感。

四、相互关系的建立与破裂

1. 相互关系的建立

人际关系的建立,在形式上是多种多样的:有的是邻居,有的是同学,有的有着共同的经历……但绝大多数都是从表面沟通开始,然后相互喜欢,进一步相互了解。一般说来,相互关系的建立经历着以下五个阶段:

(1) 始创阶段

茫茫人海,有的对面相逢,有的擦肩而过。有了一定的交往动机,互相之间开始谈话并初步有了了解,此时就进入了人际关系的始创阶段。这个阶段,通过服装、外表、信念和态度等方面给对方留下第一印象,并根据第一印象得出初步结论:这个人是否有趣,是否愿意与其发展相互关系。

(2) 试验阶段

在这个阶段,人们有意识地努力找出彼此的共同点。各自会通过表达自己的观点、态度和价值观,来试探对方的反应。如果发现有共同的兴趣和价值观等,则会进行更多的交谈和了解。这个阶段仍然属于表面沟通阶段(比如同学、同乡聚会),来则聚之,去则散之,没有进一步的感情上的融合。

(3) 加强阶段

经过一段时间的交往，各方从熟悉到了解，从了解到主动热情地关心和帮助对方，彼此的关系进入了加强阶段。这个阶段的交往会表现出一些特点，例如彼此开始使用昵称，开别人不能理解的玩笑，彼此间的信任变得很重要等。此时，彼此间的情感依赖性不是很强，分开后，可能彼此就淡漠了。

(4) 融合阶段

在这个阶段，大家的个性开始融合。旁人如果看见其中一人，就会想起另一个人。这个阶段的最大特点就是其同一性：大多数的时候一起相处、参加同样的晚会、有许多共同的朋友……彼此间的情感依赖性比较大，他们每一个人都能预计和解释另一个人的行为。

(5) 知交阶段

到了这个阶段，彼此在对方心目中占有极高的地位，相互间无话不谈，彼此引为知音。双方的观点、态度、志向、目标等都趋向一致。他们彼此间有着强烈的情感依恋，任何一方想脱离这种亲密关系都会很困难，很痛苦。这个阶段是人际关系的最高境界。

2. 相互关系的破裂

人际关系的维持和发展，有赖于双方的共同努力。如果任何一方不能以令人满意的方式来处理，那么这种人际关系就会走向破裂。人际关系的破裂有以下步骤：

(1) 出现差异

人际关系的差异表现为当事人各方出现差别或产生分歧。前者产生的原因可能源于习惯的不同而逐渐出现差异；后者产生的原因可能源于对某些事物的态度出现分歧，甚至价值观出现差异而且不能努力去认同或化解。差异的出现，会逐渐影响彼此的感情。差异如果太大，共同的情感就会消失，彼此关系就走向破裂。

(2) 沟通停滞

当相互关系出现裂痕时，彼此交流的信息就会越来越少。这个时期即使有交流，也大多是停留在表面上，而且彼此的交谈次数减少，交谈的时间缩短，讨论的深度变浅。由于沟通受到了限制，相互关系变得越来越淡泊了。

但是，如果处在这个阶段的各当事人在一个宽松的环境里，大家尝试着通过讨论来解决问题，避免谈论容易引起冲突的话题，则这种消极的局面可能得到改善，不至于使关系进一步恶化。

(3) 情感冷漠

到这个阶段，人际关系的气氛开始变得冷淡。当事人之间在主观上不太愿意进行直接的沟通，即使是有机会沟通，大多也会像陌生人一样谈话，缺乏热情。这种情况一般持续的时间比较长，甚至长达数年，令一些当事人在情感上感觉惆然，甚至痛苦。他们可能发现很难分开，因而抱有仍然把事情处理好的希望。

(4) 行为回避

这个阶段，双方开始避免直接接触，对待在一起，建立任何种类的相互关系或任何沟通渠道都不感兴趣。这个阶段常常出现不友好、敌意和对抗现象。如果是夫妻，就会在生活空间上产生分离：一人睡卧室，一人睡沙发，甚至一人睡家里，一人搬出去住；如果曾经是知交的同事，则会有意识地彼此回避，开会时彼此离的远远的。

(5) 关系终止

回避一段时间后，彼此发现没有和好的可能，或者经过一次直接的、激烈的冲突，最后导致彼此关系的终止。关系破裂期间，各方都要经受较大的情感痛苦，但也同时获得一定程度上的心理解脱。

第二节 人际沟通艺术

一位阿拉伯哲人说过："一个没有交际能力的人，犹如陆地上的船，是永远不会漂泊到壮阔的人生大海去的。"因此，没有交际能力，便不可能有良好的人际关系。

人际关系的好坏，与人际沟通的技能技巧、自我意识、换位思考的能力、非言语行为的敏感度以及早期形成的人际关系模式等因素有关。很多人怀着美好的愿望去与别人交往，但实际过程中却屡屡受挫，这就存在着人际交往的技巧性和人际沟通的艺术性问题。

一、人际交往的原则

1. 平等原则

人际交往，首先要坚持平等的原则。要想拥有和谐融洽的人际关系，就必须给人以充分的尊重。对于真心喜欢我们，接纳我们的人，我们也更愿意接纳对方。愿意同他们交往，并建立和维持关系。无论是公务还是私交，都没有高低贵贱之分。要以朋友的身份进行交往，诚心对待别人，才能够得到别人的真诚对待。切忌因工作时间短，经验不足，经济条件差而自卑，也不要因为自己学历高、年轻、美貌而趾高气扬。这些心态都会影响人际关系的顺利发展。

2. 相容原则

相容原则主要是心理相容、即人与人之间的融洽关系，与人相处时的容纳、包涵以及宽容、忍让。从心理学上讲，每个人都是天生的自我中心者，个体都希望别人能承认自己的价值、喜欢和支持自己。人际交往中，要学会设身处地多为对方着想，学会换位思考，能够容忍别人的缺点和过错。要主动与人交往，广交朋友，交好朋友，不但交与自己相似的人，还要交与自己性格相反的人，求同存异、互学互补、处理好竞争与相容的关系，更好地完善自己。

3. 互利原则

互利原则是指交往双方的互惠互利。人际交往是一种双向行为，故有"来而不往非礼也"之说，只想单方获得好处的人际交往是不能长久的。人际交往必须能够双方都受益，这不仅是指物质方面，也指精神方面。所以，交往的双方都要讲付出和奉献。

4. 诚信原则

交往离不开诚信。诚信指一个人诚实、不欺、信守诺言。古人有"一言既出、驷马难追"的格言，现在有"以诚为本"的原则。平时不要轻易许诺，一旦许诺，要设法实现，以免失信于人。言过其实，投机取巧，最终只会"搬起石头砸自己的脚"。朋友之间，言必信、行必果、不卑不亢、端庄而不过于矜持,谦虚而不矫饰诈伪,不俯首讨好位尊者,不藐视位卑者,显示自己的自信心,取得别人的信赖。

二、人际交往基本技巧

人际关系"黄金定律":你希望别人怎样待你,你就怎样待别人。即将心比心。

人际关系"白金法则":别人希望你怎样对他,你就怎样对他。即投其所好。

人际交往是人类社会中不可缺少的组成部分,人的许多需要都是在人际交往中得到满足的。如果人际关系不顺利,就意味着心理需要被剥夺,或满足需要的愿望受挫折,因而产生孤立无援或被社会抛弃的感受。因此我们必须注意掌握以下人际交往的一般方法。

1. 尊重别人

戴尔·卡耐基讲过这样一个故事:

> 哈佛大学校长查尔斯·伊里特博士是一个杰出的大学校长,他无限地对别人尊重、感兴趣。一天,一个名叫克兰顿的大学生到校长室中申请一笔学生贷款,被获准了,克兰顿万分感激地向伊里特道谢。正要退出时,伊里特说:"有时间吗?请再坐一会儿。"接着,学生十分惊奇地听到校长说:"你在自己的房间里亲手做饭吃,是吗?我上大学时也做过。我做过牛肉狮子头,你做过没有?要是煮得很烂,这可是一道很好吃的菜呢!"接下去,他又详细地告诉学生怎样挑选牛肉,怎样用文火焖煮,怎样切碎,然后放冷了再吃。"你吃的东西必须有足够的分量。"校长最后说。
>
> 了不起的哈佛大学校长!有谁会不喜欢这样的人呢?

尊重别人,让对方认为自己是个重要的人物,满足他的成就感,是人际交往中十分重要的方法。

每一个人都有自尊心,都希望别人能够承认自己的价值,希望别人的言行不伤及自己的自尊心。心理学家强调,在同别人交往时,必须对他人的自我价值感起积极的支持作用,维护别人的自尊心。如果在人际交往中伤害了别人的自我价值感,那么就会激起对方强烈的自我价值保护动机,引起人们对我们的强烈拒绝和排斥情绪,这样也就无法同别人建立良好的人际关系,已经建立起来的人际关系也会遭到破坏。

2. 会听会说

与人交谈,首现应该学会如何倾听。"积极地聆听"是倾听中的较高层次,积极倾听他人说话是一种品德,是一个人良好素养的体现。学会倾听的前提是有好的心态,用心去感悟别人的喜、怒、哀、乐,而不是想着你如何去作答,如何表达自己的意思,这些只是技巧。通过倾听来表达对别人的尊重,换位思考,通过语言安慰受创伤的人,鼓励失败的人,恭维真正取得成就的人,帮助有困难的人。尤其要忌讳言过其实、好为人师的表现。即使是比别人强,也不要炫耀;对方讲话时,要专注地倾听,不要轻易打断对方。很多时候,耐心当一个好的倾听者,会意外地获得许多人的好感。

总之,说的时候不要啰嗦、语无伦次、词不达意,听的时候不要漫不经心,甚至不耐烦。这方面对于商务人员来说,尤其重要(参见本书第四章"商务语言沟通")。

3. 注重礼仪

与人交往,讲究礼仪是最起码要求。尤其是面对交往不深的人,"礼多人不怪"。待人接物时,态度诚恳,讲究礼仪,给人一种舒适、友好、温馨的感觉,可以营造一种良好的人际关系氛围(参见本书第六章"商务礼仪")。

4. 豁达大度

人际交往中,以一种豁达的胸怀去结交朋友,往往有很好的效果。实际生活中,有些人唯恐自己吃亏,处处斤斤计较,总期待占到一点便宜,或者心眼儿较为狭窄,容不得对方有超过自己的对方,不能宽容对方的些微不是之处。这都是人际交往的大忌。其实,人际交往的吃亏恰恰会使自己感觉自己很大度、豪爽、有自我牺牲精神,从而提升了自己的精神境界。事实上,各个社交圈子里,凡是核心人物或领袖人物,无不具有豁达大度的品性。

当然,我们还应注意到,大度、大方,并不等于应该过多付出。过多的付出,对于对方来说,是一笔无法偿还的债,会给对方带来无法偿还的压力,导致心理天平的失衡,最终损害人际关系。

> 一位女士结婚不久就离婚了。离婚的原因听起来像天方夜谭。用她丈夫的话说:"你对我们太好了,我们都觉得受不了。"原来这位女士非常喜欢关心照顾别人(母性过强的人都有这种特点),甚至到了狂热的地步。每天除了正常的工作外,所有的家务,包括买菜、做饭、洗衣服、擦地板等,都由她一个人包办,别人决不能插手,弄得丈夫、公公、婆婆觉得像住在别人家里一样。好事几乎都被她做尽了。久而久之,全家人对其忍无可忍,终于提出要让她离开这个家庭。因为他们都感到心理不平衡。

5. 保持合适的距离

管理学界有一种"刺猬理论",说的是每当天冷时,刺猬就会彼此靠拢在一起,但它们之间却始终保持着一定的距离。原来,距离太近,身上的刺就会刺伤对方;距离太远,它们又会感到寒冷。保持适当距离,才能既保持理想的温度,又不伤害到对方。"刺猬理论"理论就是针对人际交往的度而言的。

现代人更看重自己的独立空间,朋友之间的兴趣爱好、审美层次不可能完全对接,如果冒昧地过分强调那种表面上的亲密无间,难免令人不适,甚至走向反面,因为做到亲密容易,做到无间很难。

6. 让对方能够控制情境

人在一个新的情境下,总有一个适应的过程。这个适应过程本身,就是一个对情境逐渐实现自我控制的过程。对情境不明确或不能把握,人就会处于一种焦虑或高度紧张的自我防卫状态。在人际交往中,若想让对方从心眼里接纳自己,就必须保证对方在与你相处时能够实现对情境的自我控制。通俗地说,就是要让对方和你在一个平等的、自由的气氛中进行交往。假如双方对情境的控制不是均衡的,一方必须受到另一方的限制,那么交往就不可能深入进行。例如一个领导,当他以权威身份出现在别人面前时,无论他多么恳切地希望了解别人的内心世界,别人都很难真正信任他并向他敞开心扉。

三、人际沟通艺术

人生活在一个社会群体中,人际关系是你和社会交往的一个纽带。人际关系并不是凭空建立起来的,沟通在其中起了非常重要的作用。

美国石油大王洛克菲勒说:"假如人际沟通能力也是同糖或咖啡一样的商品的话,我愿意付出比太阳底下任何东西都珍贵的价格购买这种能力。"由此可见沟通的重要性——成功者都是懂得人际沟通,珍视人际沟通的人。

人际关系建立起来后,必须经常加以维护。当你给别人留下的美好印象随着时间推移而慢慢褪色时,当你曾经极力掩饰的东西暴露无遗时,当你和朋友之间发生某些不愉快时,你的人际关系就会遇到困难。因此,人际关系需要通过沟通来进行维护。

人际沟通一般要注意以下几个方面:

1. 如何应对争论

人际交往中,大多数的争论都是逞一时的口舌之能。十之八九,争论的结果会使双方比以前更相信自己绝对正确。结果要是输,当然你就输了;但如果争赢了,其实还是输了,因为人际关系受到了损害。

释迦牟尼说:"恨不消恨,端赖爱止",争强雄辩绝不可能消除误会,只能靠技巧、协调、宽容,以及用同情的眼光去看别人的观点。

戴尔·卡耐基

林肯一次斥责一位和同事发生激烈争吵的青年军官。"任何决心有所成就的人,"林肯说,"决不肯在私人争执上耗费时间。争执的后果不是他所能承担得起的,而后果包括发脾气,失去了自制。要在跟别人拥有相等权利的事物上多让步一点;而那些显然是你对的事情就让步少一点。与其跟狗争道,被它咬一口,倒不如让它先走。就算宰了它,也治不好你被咬的伤。"(选自靳西:《卡耐基人际关系学》)

怎样才能做到不与同事和朋友发生争吵呢?卡耐基认为有以下几种方法。

(1) 欢迎不同的意见。如果有些地方自己没有想到,而有人提出来的话,你就应该衷心感谢。不同的意见是自己避免重大错误的最好机会。

(2) 不要相信自己直觉的印象。当有人提出不同意见的时候,你第一个自然的反应是自卫。因此要慎重,要保持平静,当心自己的直觉反应可能是自己表现最差劲的时刻,而不是你最好的时候。

(3) 控制自己的脾气。动辄发脾气无疑是十分不成熟的表现。一个人的度量和成就与脾气通常是成反比的。

(4) 先听为上。让反对者有说话的机会。让他们把话说完,不要抗拒、防护或争辩,否则只会增加彼此沟通的障碍,加深误解。

(5) 寻找同意的地方。听完了反对者的话以后,首先想想对方与自己意见一致的地方。

(6) 诚恳地承认自己的错误。承认自己的错误并致歉,有助于解除反对者的武装和减少他们的防卫。

(7) 同意考虑反对者的意见。同意应该出于真心,因为反对者提出的意见可能是对的。所以表示愿意考虑他们的意见是比较明智的做法。如果等到反对者说:"我们早就要告诉你了,可是你就是不听。"那就是难堪的时刻了。

(8) 为反对者关心你的事情而真诚地感谢他们。任何肯花时间表达不同意见的人,必然和你一样对同一件事情感到关心。

(9) 延缓采取行动,让双方都有时间把问题考虑清楚。暂时停止争论的话题,双方的争辩情绪会得到很大的缓解。如果是重要的议题,建议当天稍后或第二天再议,这样所有的事实和相关问题双方都会更慎重、更理性地去考虑,效果比当时带着抵触情绪讨论要好得多。

2. 如何批评对方

> 战国时期的官员黄喜微服私访,路过田间,看到农夫驾着两头牛正在耕地,就大声问:"这两头牛,哪一头更棒?"农夫一言不发,到了地头,农夫才在黄喜耳边小声说:"边上的那头牛更棒些。"黄喜很奇怪,问他为何这么小声说话?农夫回答:"如果我大声说这头牛真棒,它们能从我的眼神、手势、声音里分辨出我对它们的评价,那头虽然尽了力但不够优秀的牛心里会难过。"

人无完人。在这个世界上,没有人不会犯错误。在错误面前,有些人可能忍不住大发雷霆。但狂风暴雨过后,你可能会沮丧地发现,自己的"善意"并没有被对方所接受,甚至换来的结果可能让人追悔莫及。批评对谁来说,都不是一件让人愉快的事。如果能够掌握适当的批评技巧和方法,与人沟通就会更容易些。

(1) 不要指责性地批评

批评是否"成功",很大程度上决定于批评者采用的方式。没有人喜欢被批评,大多数人做不到"闻过则喜"。一味地指责别人,除了让对方产生厌恶和不满外,其他将一无所获。当然,必要的严肃批评不能混淆,但是,严肃批评的前提是你必须指出其错误的症结,导致后果的严重性,使其能做出深刻的反思。如果对方感觉到你是来解决问题纠正错误的,而不是仅仅来发泄你的不满,那么批评就是成功的。

(2) 用暗示、启发、期待的方法替代批评

> 战国时季梁听说魏王欲攻邯郸,忙去劝止说:"我在大路上看见一个人,说要到南方的楚国去,却驾车往北走,我问他:'你往南,为什么要北走。'他说:'马好,钱多,驾车的人熟练。'我说'这三种优势,恰好使你离目的地愈远。'"

季梁的一番话正是暗示魏王：你所依仗的是国大、兵多，这样频繁的进攻，一定要消耗你的力量，这就离你称霸的目的越来越远，无异于南辕北辙。含蓄、委婉的进谏，既保全了君王的颜面，又及时纠正了错误。面子是做人的尊严的一种外部表现，保住他人的面子也不仅仅是一种批评的艺术，同时表明我们会做人。有些道理很简单，或者对方悟性很高，或者对方对事物比较敏感，都可以用暗示的方法提醒对方，而不必要直接提出批评。俗话说"响鼓不用重锤"，就是这个道理。

戴尔·卡耐基说：用建议的方法容易让人改正错误，因为他可以保持个人的尊严和自觉。如果发现对方有缺点或不良习惯时，可以化批评为期望和建议。这样既保护了对方的自尊，又启动了其自我奋发向上的内驱力。

（3）从自我批评入手

在批评对方之前，先做自我批评，诚恳地检讨自己对某个事件应承担的责任，或者主动袒露自己的弱点和不足，然后随着谈话的深入，酌情指出对方的不足之处或错误。由于自己主动采取了自我批评的高姿态，对方往往能够心平气和地接受对自己的批评，从而达到沟通的目的。

（4）从称赞和诚挚感谢对方入手

心理学研究发现，在错误已知的情况下，再针对错误进行重复式批评，并不会起到好的教育效果，反而会使犯错误者要么产生逆反心理，对错误不以为然，我行我素，要么产生自卑心理，对未来失去信心，自暴自弃。在这种情况下，首先对犯错误者在其他方面的贡献进行称赞，并致以真诚的谢意，然后再回到正题，对其错误进行批评，将会收到良好的效果。即使是对方并没有意识到自己的错误，预先对其积极方面进行称赞和致谢，也能营造一种和谐融洽的氛围，对后面即将展开的批评，起一个积极的铺垫作用。

（5）批评人时要注意场合

每个人都有自尊心，维护自尊是每个人的正当行为。任何人被批评时，都会产生一种自我保护本能。领导要批评属下，但属下的属下在场，这时对其批评会严重损害他在下属中的威信；有的人特别爱面子，领导却一定要当众或当他朋友的面批评他，可能会激起他的激烈反抗，即便是不当场反抗，也一定会从心里记恨批评者。因此批评别人时，要特别注意场合，变当众批评为个别批评，变公开批评为私下批评。

（6）"有所为，有所不为"

> 春秋时，楚庄王与群臣会宴，到黄昏酒兴正浓之时，忽然灯烛被风吹灭，有人趁机牵美人的衣裳。美人顺手将其帽带扯了下来，对庄王说："刚才烛灭，有人牵我的衣裳，我顺手把他的帽带扯了下来，请点灯火上来，看谁的帽带断了。"庄王听了，连忙命令手下先不要点燃蜡烛，却大声向各位臣子说："我今天晚上，一定要与各位一醉方休，来，大家都把帽子脱了痛快饮一场。"
>
> 众人都没有戴帽子，也就看不出是谁的帽带断了。后来楚庄王攻打郑国，有一健将独自率领几百人，为三军开路，斩将过关，直通郑国的首都，而此人就是当年揩美人油的那一位。他因庄王施恩于他，而发誓毕生孝忠于庄王。

俗话说：退一步，海阔天空。与人交往，不能纠缠于一些无关紧要的小事，而忘记了自己的大目标，从而误入歧途。对对方的某个无关主旨的小错误、非原则问题的小毛病，忍一忍，让一让，就能避免因小失大。这里的忍让不是软弱，而是一种明智、顾大局的表现。特别是一些有专长的人，难免会有一些小毛病，只要不影响大局，就不应对其求全责备，动辄批评，事事苛求。

3. 如何有效解决人际冲突？

相信人人都愿意朋友之间能够和睦相处，但有时往往事与愿违，朋友间常常会发生一些令人不愉快的冲突。有的人因为和别人意见不同，而与对方争得面红耳赤、甚至拍桌叫骂；有的人曾经因为不知如何化解冲突，而失去了要好的朋友。

人际冲突，不外乎因竞争、某些特定的行为、个性不合与某些角色规范而引起。但冲突并非必然伤害人际关系，它也可以有正面的意义：它能提供一个机会，使彼此澄清自己的看法，并讨论双方在关系中所扮演的角色。一般来说，冲突能指出问题的症结、能使我们有所改变，帮助我们更清楚地认识自己、使冲突双方彼此有情绪宣泄的渠道。

人际冲突包含以下四个阶段，我们无法控制它的发生，但可以适当运用，引导其朝向建设性方向发展。

（1）潜伏期

从内心知觉到有冲突发生，到"爆发"的那一刻，即进入人际冲突阶段。此阶段需加强对潜伏期的"侦测"，就能预知或控制冲突的方向及程度，使其朝向建设性冲突的方向发展，进而减缓冲突的程度，使大家较为平和、理性地解决冲突。此阶段的策略可使用温和坚定与诚恳的态度处理事件，谈话中多用"我"字开头，少用"你"字开头等。

（2）爆发期

冲突爆发时，无论是口头或肢体的冲突，都会令人遗憾。伤害既已造成，往往需要更多的弥补。无法抹平的伤痛，可能会发展到触犯法律的程度。无效的处理冲突，不如暂时不去处理，设法控制愤怒的情绪，让自己冷静下来，其实暂时"不处理冲突"就是最好的处理。学习接受无法接受的事情，不代表永远无法解决问题。

（3）扩散期

人际冲突爆发后，不要责备它、阻断它或否认它。应该静观它的变化，思考可能应对的策略和办法。也许当事双方都有悔意，也许后面还会余震不断。留一些时间、空间，让彼此有个缓冲也很好。当初没有替对方留面子，现在或许可以慢慢释出诚意，看看对方的反应再做下一步打算。

（4）解决期

这是一个作抉择的时机，好让事情告一个段落或有一个结局。

冲突最终总要解决。有效解决人际冲突，一般从以下方面入手：

① 要有正确的心态。

要相信冲突是正常的、不可避免的，而且一切冲突都是可以解决的。

② 积极倾听。

多花点精力听听对方的观点，尽量寻找彼此意见相同的部分开始沟通，往往能产生良好的效果。另外,在认真倾听的过程中,对方的情绪也会逐步变得稳定下来,变得较为理性,为双方寻求解决问题的途径做好了铺垫。

③ 巧妙陈述。

> 有家电子公司急需工程师200人,结果人事部门只招来120人。年终考核时,人事经理绩效被评为"差"。人事经理一查,原来是工程部主管打小报告,说他觅才不力。人事经理喊冤,怒斥工程部主管领导无能,留不住人。从此部门嫌隙扩大。直到公司请专家上课,训练员工说话技巧,情况才好转。工程部主管改口:"我知道现在人才难找,人事部费尽心力找来120人,值得肯定。只是如果能多找80位工程师,对公司整体获利以及业绩成长,将会更有帮助。"听了这番话,人事部门当然愿意努力觅才,冲突也随之消弭无形。

上述资料中,工程部主管后来陈述时,先是站在对方的立场上考虑问题,体谅对方的难处,并给予适当的肯定。然后再委婉地表达自己的观点,结果效果大不一样。

④ 讨论并寻找变通解决办法。

也就是说,不是说服对方同意你的观点,也不是试图去操纵别人,而是通过协商,寻求双方都能接受的解决办法。最后的结局,可能是双方都能基本接受的妥协方案,也可能是双方均满意的"双赢"结果。形成此结局的基础,是基于双方有着共同的利益或者存在互补利益。如果双方为立场性问题争执不休,不仅找不到解决的方案,而且还会进一步地损害双方的关系。

⑤ 寻求第三者协助。

当双方协商不成,找第三者介入是一个方法。第三者介入有两种形式,一是帮助冲突双方,以合作的态度来沟通解决问题,而不对冲突作仲裁,例如心理医师、婚姻治疗师等;另一种是找公正的第三人来仲裁,帮助双方作决定,当然这位公正人士必须是双方都信服,而且是有能力为此事作决定的人。如果双方决定找人仲裁,就必须遵守仲裁的决定,否则就不必多此一举。

⑥ "不解决的解决"。

对于一时不能化解的冲突,不妨放弃寻求解决问题的想法,暂时接受对方的观点或方法,等待时机和条件的变化。

> 有一家家族式企业,几年前为适应信息时代的需要,身为副总经理的儿子提议花一大笔钱购买一批电脑。但这个采购案并没有得到古板的父亲——董事长的批准,父子俩为此发生了冲突。但儿子没有用网络科技、信息管理等道理与父亲理论,因为他知道,守旧思想严重的父亲是听不进这些道理的。于是儿子不再提及此事,"接受"了父亲因循守旧的思想。在后来的工作中,儿子有空就教父亲如何使用计算机、如何发E-mail、如何在网上搜集商业信息等,让父亲自己感受高新科技带来的便利和价值。过了一段时间,父亲感受到了信息时代设备更新的重要性,主动提议为公司采购一批电脑。

"不解决的解决",其实就是学习接受无法接受的事情,让时间去解决。要做到"接受"并不容易,但它往往是解决问题的一个不错的方法。

⑦ 注重语言技巧。

"良言一句三冬暖,恶语伤人六月寒"语言在解决冲突中极为重要。冲突,可以因为言语不当而引起,也可以运用语言技巧而予以化解。化解冲突时,应该少用对方感觉被否定、被质问和被批判的用语,多用非对抗性语言,如:多用"并且",少用"但是";多用"我"少用"你";多用"没想到"少用"为什么"等。(有关沟通的语言艺术,参见本书第四章)。

第三节 中国特色的人际关系

一、中国传统人际关系特点

中国秉承着东方五千年的文明,中国人有自己传统的处世之道。最近四十多年来,特别是近十几年来,中国内地经历了较大的社会变迁,传统的人际关系模式亦随之发生了一定的变化。但总的看来,中国的人际关系仍然深受传统观念的影响,其特点表现在人际交往中特别注重以下几个方面。

1. 重德性

孔子倡言"君子谋道不谋食"、"君子忧道不忧贫",认为"知、仁、勇,天下之达德也",并以此建构起中国文化传统中的道德规范体系。作为中国传统文化的重要组成部分,儒家主张以道德实践为第一要义,由此形成了中华民族道德至上的价值取向与文化精神。中国百姓在其处世观念及其行为中,讲究"做事先做人"。"诚实正直"、"光明磊落"、"襟怀坦荡"、"克己奉公"、"言行一致"、"忠厚善良"、"廉正俭朴"等等,都是这种以"做人"为处世前提与基础的处世观念,体现了浓厚的重德特征。

孔子

2. 重亲情

《论语》中《里仁》有,子曰:"父母在,不远游,游必有方。"重人伦是中国儒家文化的一个突出特点。以儒家道德哲学为核心的中国文化,具有强烈的道德倾向性。儒家文化重视"亲缘"关系,并把它扩展到人际关系的各个方面。儒家认为社会的基本关系就是夫妇、父子、兄弟、君臣、朋友五伦。那么对没有血缘的朋友怎么办呢?很容易,将其模拟为亲缘关系:朋友间往往以兄弟姐妹相称,不是同胞胜似同胞。虽然中国现代化的进程已经对这一模式提出了挑战和冲击,但并没有真正动摇它的根基。这主要源于根基深厚的儒家文化传统。因此,家庭生活是中国人第一重的社会生活,亲戚邻里朋友等关系是中国人第二重的社会生活。这两重社会生活,集中表现了中国人重视亲情的人际关系特点。

3. 重诚信

儒家把仁、义、礼、智、信"五常"作为基本的人伦,规范着人与人之间的关系。在儒家伦理看来,言行一致、表里如一为"诚";言如其实、不欺人诓人为"信"。基本要求是"言必信,行必果"。说话算数,言行一致,讲究信用。"一诺千金"、"一言九鼎"等成语以及孔子所说的"人而无信,不知其可也"的名言,生动显示了信用在中国人心目中的价值和地位。内心诚挚、言而有信是儒家提倡的人们建立正常人际关系的准则。

4. 重和谐

中国人把"和为贵"作为待人处世的基本原则,极力追求人与人之间的和睦、和平与和谐。"和"既是人际行为的价值尺度,又是人际交往的目标所在。宽厚仁爱待人是为了"和";各守本分互不干涉、"井水不犯河水"也是为了"和";"和而不同",求同存异,谋求对立面的和睦共处更是为了"和"。

尽管受市场经济的冲击,当前中国社会人与人之间的疏离感日益加重,但中国儒家文化所强调的人与人之间相互信任、谦让及重视人际和谐与统一的传统在现实社会中并没消失,追求"和谐"仍是当代中国人际交往的目标。

二、当代中国人际关系变化趋势

正处在转型期的当代中国,由于市场经济的建立和发展、网络和信息技术的快速发展以及居民社区的出现,使得现今社会的人际关系发生了很大变化。具体主要表现在三个方面:

1. 市场经济强烈冲击着传统的人际关系

传统向现代的转型,对原有的人际信任产生了强烈的冲击。在市场经济条件下,我国人际关系已明显倾向工具性,人们更加看重实利。在市场经济大潮的冲击下,传统的理念、理性正在发生变化。其主要表现就是传统人际关系的作用趋向弱化。

过去,人们对既有关系,如亲朋故旧,有着朴素的信任。但在今天的商品经济大潮中,由于社会流动性的增强,人际关系网络的异质性、松散性也越来越高,其对个人的约束力也就随之而降低。这一现象可能使人们对泛泛的人际关系网络不敢认同与信任,对核心关系网的依赖感增强。此外,人们还可能在人际关系网络之外寻求新的信任保障。

市场经济的发展不可避免地导致人们的独立意识、公平交换意识和相应的法制意识的强化,而传统人际关系作用的弱化,又刺激了人们对法制的需求,这两股力量相结合,终将催生中国社会信任的制度化与形式化,从而使原有的人际信任模式发生质的改变。

2. 人际关系的网络化与信息化

近年来,信息技术高速发展,网络得到普及运用。社会进步使人们获得了空前的自由和解放,个人的选择机会增多,机会更加均等。人们在交往中重利、重法律、重契约、讲究平等,越来越不大注重情面、年龄、资历、亲缘关系和乡土地域关系。尤其是新一代青年,越来越疏于面对面的人际交流,热衷于通过网络建立人际关系,彼此的交流更多地通过信息及通讯工具(如电话、网络等)来实现。另外,人们也认识到需要建立多方面的人际关系,不再像过去那样,交往圈子大多局限于至爱亲朋、同学同事同乡范围,而是利用现代信息网络,尽量扩大交往面,从而建立起网络化、信息化的人际关系。

但是,在市场经济条件下,许多人际关系的建立带有很强的功利性,这种关系通常是用财富和社会地位的纽带来维系的。一旦对方的这种利用价值降低,关系就会很快冷淡下来。

3. 人际交往的开放性与相对狭窄性的统一

随着社会的进步和发展,人的社会分工越来越细,生产力的提高需要社会结构组织更加有序化。社会的需要规定和调节了人与人之间的关系,建立了合理的社会行为规范。一方面,这些规范使得人们交往越来越具有公开的、正式场合的意义,增强了人际交往的开放性;另一方面,人们的行为不得不受到更多的约束,越来越多的个人意志逐步被社会规范和社会、集体的目标所代替,所以个人之间直接的感情交流和情绪发泄渠道越来越狭窄,这就产生了人际交往的相对狭窄性。

人际交往的开放性为人们营造了一种理性的关系环境。在这个环境下,交往各方可以无顾忌地显示自己的风度和学识才能,可以尽情宣扬个性。这种环境对个人外表和言谈举止有吸引力的人特别有利,它可以掩盖个人在近距离交往时的许多坏毛病和性格弱点,让人体验自尊和自我价值,感觉自己高大起来。因此这是一种宽容的人际交往环境。

但是,这个理性环境,在保护人的内在的毛病和弱点的同时,却较多的阻隔了人与人之间的情感交流。人们在获得开放性交往环境的同时,个人的心理却越来越封闭,人与人之间的心理距离变大,交往频率下降,个人之间的关系不稳定。这就导致了人际交往的相对狭窄性。人际交往的开放性和相对狭窄性共生共存,既矛盾又统一。

三、人际关系误区

中国是一个十分重视人际关系的国度。中国传统的人际关系对社会发展的影响非常明显,也起到了非常积极的作用。但由于受到民俗中的一些消极因素以及近些年来的一些负面因素的影响,有些人走进了人际关系误区。

1. 过于依赖关系

良好人际关系,无疑可以为组织和个人的业务、工作或生活带来便利,并有一定收效,但这应当是在遵循合理的社会行为规范的前提下发生的。但许多人却痴迷于人际关系,期望完全依靠关系来达到个人和群体的目的,即便其目的是十分正当的。如某些企业在经营管理活动中,深信一个有着广泛社会关系的人要比一名高级管理人员或营销精英重要得多,因此不去提升企业管理水平和拓展市场营销业务,而是依靠关系为企业拉来项目;又如某些人为了晋升、加薪等目的,不靠努力工作、做出成绩去实现,而是依靠上面的"关系"来达到目的。有些"关系迷"就连生病去看门诊,也宁愿费很大周折在医院找熟人托关系,而不愿挂号排队就诊,哪怕因此多花了钱也在所不惜,因为他不在乎看病的费用,在乎的是"面子"。

2. 热衷于编织关系网

在发展市场经济过程中,一些人将人际关系当成财富或货币一样的商品交换媒介。在他们看来,关系可以变成财富,财富可以换来关系,如此循环往复。抱着这样的观点,他们异常热心地找关系、拉关系,编织着人际关系网,重点对象是那些有公权力的部门和官员。特别是上层官员、高干子女,更是让关系网的编织者趋之若鹜,力图让公共权力变成私人关系。其直接后果就是使得许多简单的事情变得错综复杂,严重破坏社会行为规范,甚至催生包括行贿受贿在内的违法犯罪行为。

3. 纯粹功利性的人际关系

互利互惠，本是人际关系的原则之一。互相帮助、互相提高、真诚相待是朋友关系的基本准则。但是，现实生活中，有些人认为交朋友的目的就是为了"互相利用"，功利性目的构成为其人际关系的全部内涵，朋友只是他们实现目的的工具。因此他们只结交对自己有用、能给自己带来好处的人，而且常常是"过河拆桥"。这种人际交往中的占便宜心理，会使自己的人格受到损害。

4. 把探询别人隐私当作是关心

许多人有爱打听和了解别人的隐私及弱点的习惯，而且这个习惯早就成了他们生活中不可缺少的一个部分，他们把这种习惯当成一种好的德性，认为是对朋友的关心。如果对方不愿意袒露自己的隐私，就会被视为对朋友的不信任；如果一个人在圈子内不愿过多让别人了解自己，就会被认为不合群，人际关系不好。"好朋友就应该无话不谈"，许多人很少意识到这是人际关系中的一大误区。

5. 商业活动中滥用亲情友情

中国人重亲情重友情，讲究为朋友"两肋插刀"。于是有些人就走进了"利用亲友关系经商"的误区：开商店专门做熟人生意，推销商品专找亲朋好友。尤其是某些从事非法"传销"的公司，明确指示在亲友中发展下线，以图牟取暴利。

非法传销：用亲情发展下线害人

广东省江门市新会区检察院日前依法对朱晓阁、秦庆霞、夏华强、刘华利涉嫌非法拘禁一案向该区法院提起公诉。这已是该院今年以来办理的第6起因非法传销而引发的刑事案件。

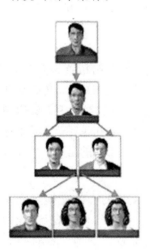

非法传销人员以十多岁至二十多岁的年轻人为主。这类人往往家境不富裕或在刚涉足社会时遇过挫折，收入少，挣"快钱"的欲望十分强烈，若加上法制、道德观念淡薄，就往往会铤而走险。牵涉一宗敲诈勒索案的湖北女青年黎慕文本是某私立学校的一名教师，因觉得做教师收入少，于是请在外面工作的朋友帮忙找一份工作。不久其朋友吴绍剑来电，叫她到江门来一起搞软件开发。于是黎慕文毫不犹豫地辞掉学校的工作来到江门，随即陷入传销陷阱，后来还因急于"弄钱"而伙同他人一起勒索钱财，落入法网。

非法传销人员之间往往是亲戚、朋友、同学甚至战友关系，他们的言行极具欺骗性。传销分子抓住老百姓重视和信任亲情、友情的特点，专从自己熟悉的亲戚朋友处下手，并往往能顺利得手。河南青年薛协克和党建军曾一起在部队当兵,退伍后不久,党建军叫薛到江门当保安。薛到新会后才知道党建军和一些战友是在搞传销。今年2月,薛协克按照上线的指使,又将战友兼老乡任某从河南骗到江门搞传销,并与党建军把任某关在出租屋内,对其施以暴力做传销"思想工作"。任某就这样被非法拘禁了好几天,后才伺机逃走并报案。

非法传销组织的手法极具煽动性和迷惑性,容易诱使一些不明真相的人受骗沉迷。(摘自《检察日报》2003年10月8日)

实际上,中国传统的亲情观念最忌讳扯不清的金钱关系。许多人之间,原本是其乐融融的至爱亲朋关系,就是因为金钱纠纷而导致反目为仇。有句古话叫"亲兄弟,明算账",正是在这个问题上警示人们。

总　　结

人际关系是人与人之间一切直接或间接的通过动态的相互作用形成的情感联系。它是通过交往形成的一种心理关系。其中,情商是影响人际关系的核心因素,它包括自我认知、社会认知、自我调节和影响力四个方面的内容。人际关系具有个体性、直接性和情感性的特点。相互关系的建立和破裂都要经过几个不同的阶段。

人际交往应遵循一定的原则并掌握其基本技巧,人际沟通的重点在于处理争论、批评和冲突的艺术。中国的人际关系有自己的传统性特色,并随着当今社会的变革而发生着较大的变化。但是,由于受到民俗中的一些消极因素以及近些年来的一些负面因素的影响,少部分人陷入了人际关系误区。因此,建立和发展人际关系,必须发挥其积极作用,避免其负面影响。

 复习与思考

1. 什么是情商?它由哪几个方面构成?
2. 相互关系是如何建立和破裂的?
3. 人际交往需要掌握哪些基本技巧?
4. 人际沟通中,如何处理与别人的争论?
5. 试结合你身边的实例,谈谈批评人的艺术。
6. 人际冲突是如何发生的?谈谈有效解决冲突之道。
7. 中国传统的人际关系有什么特点?当今有什么变化趋势?
8. 当今中国,一部分人陷入了哪些人际关系误区?就你所知道的有关现象谈谈看法。

实训练习

1. 回顾你与同宿舍或同班同学的相处情况,是否经常发生争论?是否发生过冲突?结果如何?请进行总结。

2. 以上总结的结果如果是积极的,请分析其原因;如果是消极的,则请写出一个建设性的解决方案。

 案例分析

案例一 小潘的困境

常言道:礼轻情谊重。小潘过完春节回到打工的公司时,从家乡带去了大包的土特产,准备送给同事们品尝品尝。

公司里的领导很多,除同事外各部门头头都打点了一下。小潘在公司跟过的领导有两位:前任和现任(出于职业发展的需要,前任领导把小潘推荐到现任领导的手下做事)。由于人多手杂及一时的疏忽,礼物送完之后,小潘发现漏了那位原本要感谢的前任领导,而此时在当地又买不到完全一模一样的礼物来补充。这涉及该领导的面子和权威问题,好事没成反而办糟。看着前任领导尴尬的表情,小潘陷入了困境。

分析与讨论:

在这件事情上,小潘应如何补救,才能挽回在前任领导心目中的失分?

案例二 马林和小刘的冲突

小刘刚办完一个业务回到公司,就被主管马林叫到了他的办公室。

"小刘哇,今天业务办得顺利吗?"

"非常顺利,马主管,"小刘兴奋地说,"我花了很多时间向客户解释我们公司产品的性能,让他们了解到我们的产品是最合适他们使用的,并且在别家再也拿不到这么合理的价钱了。因此很顺利地,就把我们公司的机器推销出去一百台。"

"不错,"马林赞许地说,"但是,你完全了解了客户的情况了吗?会不会出现反复的情况呢?你知道我们部的业绩是和推销的产品数量是密切相关的。如果他们再把货退回来,对于我们的士气打击会很大。你对那家公司的情况真的完全调查清楚了吗?"

"调查清楚了呀,"小刘兴奋的表情消失了,取而代之的是失望的表情,"我是先在网上了解到他们需要供货的消息,又向朋友了解了他们公司的情况,然后才打电话到他们公司去联系的,而且我是通过你批准才出去的呀!"

"别激动嘛,小刘,"马林讪讪地说,"我只是出于对你的关心才多问几句的。"

"关心?"小刘不满道,"你是对我不放心才对吧!"

分析与讨论:
分别站在马林和小刘的角度,谈谈如何解决与对方的冲突。

案例三 玛丽的工作

玛丽毕业后在一家银行工作,为了向他人证明雇佣她绝对是值得的,她工作一直很努力,与同事相处得很愉快,跟经理的关系也很好。

玛丽和其他五位同事一起研究一个技术项目。其中三位年纪比她大,她的工作年限最短。团队中没有指定的领导,几个星期后,她发现由于团队成员个性上的差异很大,拖延的拖延,迟到的迟到,聊天的聊天,问题很难决策,项目进展缓慢。玛丽很失望,但由于资历浅,不敢指出问题也不想向老板汇报。于是她想:"为什么进展得这么慢?为什么他们不能都像我一样努力工作、在意项目的成败?"

玛丽开始怀疑自己是否来错地方了。

分析与讨论:
1. 为什么玛丽很沮丧?
2. 玛丽同事的工作风格与她的有什么不同?是什么造成了这种不同?
3. 这些分歧能得到解决吗?为什么?
4. 如果你是玛丽,你会如何面对这一处境?

第四章

商务语言沟通

1990年1月25日晚9点34分,耗尽燃料的阿维安卡52航班飞机发生坠毁空难,机上73名工作人员和旅客遇难。

让我们看看空难前两个小时发生的事情吧。晚7点40分飞机起飞,在正常情况下,飞抵纽约肯尼迪机场不到半小时,机上油量可维持近2个小时的航程。晚8点整,肯尼迪机场管理人员通知52航班,由于严重的交通问题,他们必经在机场上空盘旋待命。晚8点45分,52航班的副驾驶员向肯尼迪机场报告他们的燃料快用完了。管理员收到了这一信息,但在晚9点24分之前没有批准飞机降落。晚9点24分,52航班被迫降落,但由于飞行高度太低以及能见度太差,第一次试降失败。而后在第二次试降中发生了前述空难。

调查人员根据机上"黑匣子"和与当事管理员的交谈,发现导致这场悲剧的原因是沟通障碍,是油料状况这一简单信息未被清楚地表述又未充分接收所至。首先,机场管理人员告诉调查人员,"燃料不足"是飞行员们经常使用的一句话。当被延误时,管理人员认为每架飞机都存在燃料问题。但是,如果飞行发出"燃料危急"的呼声,管理员有义务和责任为其优先导航,并尽可能迅速地允许其着陆。如果飞行员表明情况十分危急,那么所有的规则程序都可以不顾,管理员会尽可能以最快速度引导其降落。但令人遗憾的是,52航班的飞行员从未说过"情况紧急",所以肯尼迪机场的管理员一直未能理解到飞行员所面对的真正困境。

其次,52航班飞行员的语调也并未向管理员传递燃料紧急的严重信息。许多管理员接受过专门训练,可以在这种情况下捕捉到飞行员声音中有极细微的语调变化。尽管52航班的机组成员相互之间表现出对燃料问题的极大忧虑,但他们向肯尼迪机场传达信息的语调却是冷静而职业化的。

这种欠缺有效性的表达的形成是与联邦飞行管理局的管理制度有关系的:发出紧急报告之后,飞行员需要写出大量的书面汇报;如果发现飞行员在飞行过程中对需要多少油量的计算有疏忽大意时,就会吊销其驾驶执照——这些制度极大阻碍了飞行员发出紧急呼救,而宁愿以专业技能和荣誉感作为赌注。

通过这个案例,我们发现有效的口头表达在实际工作中是十分重要的,表达不当或者表达错误往往会给工作带来极大的麻烦,甚至于酿造悲剧。

第一节 商务语言沟通的原则

沟通时,首先要明白我们想说什么。假如连自己都不知所云,那么顾客就会更糊涂了。因此,语言沟通要遵循以下原则:

1. 语言表达清楚

有一天,一个业务员宴请客户。开宴时间快到了,客人只来了一半,业务员有些着急,忍不住自言自语道:"怎么该来的还没来呢?"

有的客人一听,心里凉了一大半:"他这么说,想必我们是不该来的。"于是有一半人拍拍屁股走了。

业务员一看许多客人离开了,着急地说:"怎么不该走的走了?"剩下的人听了,心里特别有气:"这不是当着和尚骂秃驴吗?看来我们是该走的。"于是剩下的客人又走了一半。

业务员急得直拍大腿:"嗨!我说的不是他们啊!"余下的人听了,这是什么话?不是说他们,那是说我们啦!"于是在座的客人全走了,客房里只剩下一位平时和业务员关系较密切的客人。最后这位客人奉劝业务员:"说话前要先用脑子想想,不然说出去的话就收不回来了,覆水难收啊!"业务员一听,急忙辩解:"我并不是叫他们走啊!"

这位客人一听也火了:"不是叫他们走,那就是叫我走了!"说完,头也不回,扬长而去。

话要说得清楚是沟通的首要一环,说话模棱两可,就会造成对方的误解。有时因句子结构错误,我们要表达的意思不清楚,而影响沟通,特别是一些正式场合,例如演讲,必须要清楚,因为你没有第二次去澄清自己观点的机会。

2. 说话果断有力

有力的说话方式可以直接表明自己的观点。说话有力,可以表现出演说者的激情和热情,而且更可信,更有吸引力和更有说服力,容易感染顾客或客户。为了获得有力的说话方式,你应该避免一些特定的沟通行为。

首先,避免讲模棱两可的话和用比较含糊的修饰词语,比如"我猜想"、"某种……"这些表达方式容易削弱说话的威力。

其次,消除像"啊"或"你知道"这些含糊的表达形式,这些词语也使说话者听起来不确定。

再次,避开附加提问,即以陈述开始,以问题结束的表述,如"搞一次聚会非常重要,是吗"?这样的附加提问使说话者显得不果断。

最后,不要使用否认自己的表白。否认自己的表白是指那些辩解或请求客户原谅自己的词语或表达方式。例如"我知道你或许不同意我的观点,但是……"以及"我今天确实没有做什么准备"等。

除了使用有力的语言外,在说话中用一些行动性的词语来沟通,会造成一种紧迫的感觉。有些句子安排成主动语态而不是被动语态时,语言就更加鲜明。"这个男孩击中了球"就比"球被这个男孩击中"更有力。

3. 表达生动

以讲故事的方式,用第一人称说话,以"我当时在场"、"发生在我身上"的角度来叙述是特别生动的,为客户重造一种经验,通常能使他们犹如身临其境。

4. 语言文明

我们在演说或交谈中要避免用一些侮辱性词语,如把人贬低成"肥胖"、"三只手",或形容别人是"猪""鸡""狗",或说对方是"乡巴佬"、"乡下人"等,以及一些不尊重他人的语言:"你说的我都知道,没什么稀奇"等。

第二节　商务语言沟通的技巧

一、陈述

陈述成败,主要取决于陈述者本人是否拥有自信心与热忱。周全的准备与丰富的陈述经验,可为陈述者带来高度的自信心。因此,陈述者应尽量把握陈述的机会,以便培植这一方面的自信心。至于热忱有无,则除了受陈述者本人天生资质所决定外,仍然要看陈述者对陈述的信息是否具有高度评价而定。倘若陈述者认为他所陈述的信息不但是正确的,而且值得听众听取,则他的热忱将油然而生。基于此,为了使自己对陈述产生热忱,陈述者应慎选自认有益于听众的信息,作为陈述的内容。

1. 陈述的一般要求

(1) 准确。一是选择正确的陈述内容,二是不同阶段都有陈述的重点,三是用词要准确。如果对方发现你提供的信息有误,就会使你陷入误导之嫌,就会对你产生警觉,甚至可能产生相反的行动,使你被动,甚至陷入困境。如果对方认为你提供的信息不够充分,就会暂时搁置或不会产生你期待的回应,就会使你的愿望落空。

在本章开篇的案例中,燃料不足,燃料危急,燃料十分危急是三个程度不同的概念,"不足"的表述当然不可能引起"危急"表述的回响,更不可能引起"十分危急"表述的回响。可以看出,52航班上飞行员作为沟通信息的发出者未能使他的信息具备"准确"的基本特征。

(2) 清晰。许多人认为清晰就是简单,主张在商务沟通上要坚持简单易懂的原则。实际上大多数商务业务并非简单就可以理解,简单要以信息被清晰地表达为准。

在上述案例中,"油料不足"的表述非常简单,但并未清晰地表述事实的实际情况。如果说"油料只能维护20分钟","油料最多只能维持20分钟",虽然对比起来不太"简单",但却十分清晰。

实现清晰必经满足以下方面的要求:

第一:逻辑清晰

整个表达应当有逻辑的思路,有一根主线贯穿。切忌甲乙丙丁无谓的罗列:虽然每句话都很清晰,但对方不知道你到底要干什么,反倒弄不明白了,若干个清晰的组合倒成了模糊一片。

在上述案例中,如果飞行员能多次发出信息,由第一次的"油料不足"或"油料最多只能维持20分钟"到第二次的"油料危急"或"油料最多只能维持10分钟",表现出逻辑的发展,则空难是可能避免的。

第二:表达清晰

首先不能在口头表达中病句不断,不良语病连篇,这肯定使表达不清晰,肯定会使别人对你处理信息的能力提出质疑。另外,要使这些正确的句子完整地表现事情的各个方面。不然,还是使人们不能形成整体认识,如同看到一件华丽的衣服穿在一个不干净的人身上,产生不悦之感。

第三:简洁

清晰不等于简单,但是,我们要在清晰的基础上追求简洁。良好的商务沟通追求简洁,追求以少量的话传递大量的信息。无论是同董事长、高级总裁还是客户、一般员工进行沟通,简洁都是一个基本点。每一个人的时间都是有限的、有价值的,没有人喜欢不必要的、繁琐的沟通。大文豪鲁迅指责制造长而臭的文字无异于"谋财害命"。简洁不是指在形式上采用短句子,也不是指在内容上省略重要信息,而是指"字字有力",乃至于"字字千金"。

(3)生动。陈述应该新颖别致,与众不同,富于感染力,使顾客易被说服。

2. 陈述技巧

陈述者须讲究下列九种技巧:

(1)与听众保持视线接触。这即是说,陈述者应尽量减少念读文稿。

(2)灵活运用"停顿"技巧,以便令听众得以深思及判断所听到的信息,并作出反应。

(3)尽量使用听众有切身经验的与听众易于体会的实例或轶事。

(4)适当地改变音量、音调或语气。这样做不但有助于消除听众的沉闷感,而且可令陈述本身显得更加生动。

(5)善用幽默性话语。有些人善于运用既诙谐又不失庄重的话语;这些人在陈述时可尽量发挥这方面的所长。欠缺这方面才华的人,则不必勉强自己。值得注意的是,幽默性话语并不等于轻佻的话语或是浅薄的话语。轻佻的与浅薄的话语应绝对避免。

(6)克制足以令听众分心的各种举止。这是一项很难界定的个人行为特征。有些人一边在陈述,一边在听众面前随意走动并挥舞双手,他们不但不会令听众分心,反而足以唤起听众注意并维持其兴趣;但另一些人在陈述时只要稍微走动,听众即无法集中精神听讲。有些人在陈述时手中不停地玩弄物品,听众并不以为然;但另一些人的类似动作,却足以引起听众的不快。回避足以令听众分心的举止的最佳方法,便是向听众探寻实情,并设法改正。其次,便是设法令自己的陈述变得极度精彩有趣,以便令听众因全神贯注聆听,而意识不到自己的举止。

（7）注意措辞,并述说符合听众的程度与听众要求的层次的语言。

（8）以投影片、幻灯片、挂图或派发讲义充当讲稿。切忌一边陈述,一边翻阅讲稿,因为这样做不但浪费时间,而且很容易令顾客丧失兴趣与耐性。

（9）与顾客保持互动。设法凭发问让顾客介入,避免从头到尾都唱独角戏。

二、提问

1. 提问的一般方式

（1）鼓励性提问。提问应该能鼓励对方做出较深入、较详尽的回答。如:"您是否听说过我们公司的情况?"回答只会是"是"或"不是"。而"关于我们公司,您了解哪些情况?"这个问题就富于鼓励性。有的提问本身没有多少实际含义,却很有鼓励性,如:"是吗?""真的吗?""后来呢?"等。

（2）分阶段提问。洽谈中,应该把一系列问题分割开来,有计划地分不同阶段提问,避免连续性提问给对方带来不快。

（3）简明提问。所提问题应该很容易被对方理解和回答,不要提出过于复杂和繁琐的问题。譬如这样的问题就应该避免:"请问你们多长时间订货一次并全部销售出去?""有这么多复杂的资料要准备和翻阅,你很难确定什么时候去展销会看我们的样品和技术资料吧?"

（4）委婉提问。这类提问往往不是征询答案,而是借提问委婉表达己方的意见并从侧面否定对方的意见,或者是解脱眼前的困境。如:对方建议下次谈判定在星期三,如不同意则可以回答"定在星期五怎么样?"又如对方要求更多的赠品,如打算拒绝,则回答"请允许我回去向主管请示一下好吗?"等。

（5）提问的忌讳:避免提出超越对方回答能力的问题;避免不适当或不合时宜的提问（如"你的残疾使你烦恼吗?""现在你的丈夫死了,你准备如何计划?"等);不要总问为什么;不要借助提问来强迫对方同意;不要提有关对方私生活和侮辱对方的问题。

三、商务活动中的提问技巧

（1）洽谈时用肯定句提问。

在开始洽谈时用肯定的语气提出一个令顾客感到惊讶的问题,是引起顾客注意和兴趣的可靠办法。如:"你已经……吗?""你有……吗?"或是把你的主导思想先说出来,在这句话的末尾用提问的方式将其传递给顾客。"现在很多先进的公司都构建自己的局域网了,不是吗?"这样,只要你运用得当,说的话符合事实又与顾客的看法一致,会引导顾客说出一连串的"是",直至成交。

（2）询问顾客时要从一般性的事情开始,然后再慢慢深入下去。

向顾客提问时,虽然没有一个固定的程序,但一般来说,都是先从一般性的简单问题开始,逐层深入,以便从中发现顾客的需求,创造和谐的推销气氛,为进一步推销奠定基础。

(3) 先了解顾客的需求层次,然后询问具体要求。

了解顾客的需求层次以后,就可以掌握你说话的大方向,可以把提出的问题缩小到某个范围以内,而易于了解顾客的具体需求。如顾客的需求层次仅处于低级阶段,即生理需要阶段,那么他对产品的关心多集中于经济耐用上。当你了解到这点以后,就可重点从这方面提问,指出该商品如何满足顾客需求。

(4) 提问的语言艺术。

第一,要掌握可以问什么。不提明知对方不能或不愿回答的问题,不提对方避而不答或拂袖而去的问题。如一个保险推销员向一名女士提出这样一个问题:"您是哪一年生的?"结果这位女士恼怒不已。于是,这名推销员吸取教训,改用另一种方式问:"在这份登记表中,要填写您的年龄,有人愿意填写大于廿一岁,您愿意怎么填呢?"结果就好多了。

第二,提问者不可故作高深,卖弄知识,要有谦逊的态度,并对对方有赞许的一笑。

第三,提问采用陈述语气+疑问语气的合成方式。在陈述语气中提炼出问题。这样可以不限制对方,可拓宽对方思路,可让对方打开话匣子,实现获取信息、形成沟通的目的。

四、倾听

某日上午,某营业厅里座无虚席,突然行情中断了,客户杨女士气冲冲地走到客户服务部。

杨女士(厉声地):"你们的行情怎么总是中断?让我们怎么做股票?"

员工:"真对不起,最近太阳黑子活动频繁,经常造成几分钟或十几分钟的行情显示中断,我们在营业部的告示栏里贴出了通知,可能您没注意。"

杨女士(皱眉):"唉,怎么最近做什么事情都不顺啊!"转身欲走。

员工赶紧起身拉住杨女士:"杨姐,别急着走,来坐一会儿喝杯茶吧。"

员工接着递了杯热茶过去:慢慢听她叙来……

10分钟后。

杨女士(略带歉意):"真不好意思,有些烦心的琐事闹得我心情烦躁,加上股票做的又不顺利,火气太大,委屈你了。这会儿我好多了,谢谢你。"

倾听也许是所有沟通技巧中最易被忽视的部分,一位优秀的商务人员应该多听少讲。有不少研究表明,也有大量事实证明,商业交易失败的原因,很多时候不在于你说错了什么,或是应该说什么,而是因为你听的太少,或者不注意听所致。比如,顾客的话还没有说完,你就抢口强说,讲出些不得要领不着边际的话;顾客的话还没有听清,你就迫不及待的发表自己的见解和意见;顾客兴致勃勃地与你说话,你却心荡魂游目光斜视,手上还在不断拨弄这个那个。如此这般,有哪个顾客愿意与这样的人在一起交谈?有谁喜欢和这样的人做朋友?一位心理学家曾说:"以同情和理解的心情倾听别人的谈话,我认为这是维系人际关系,保持友谊的最有效的方法。"

倾听是保证语言沟通有效性的重要手段,良好的倾听技巧有助于解决许多实际问题。很多商务人员只重陈述和提问,不重倾听,丧失了许多成交机会。

1. 主动倾听

商务活动中,商务人员必须更多地运用主动式倾听,才会更多地获取有用信息。具体来说,要做到以下几方面:

(1)响应。即主动地而不是被动地听对方陈述,而是应该恰当地使用有声和无声语言回应对方的陈述,让对方感受到倾听者很关心很重视他们的问题,鼓励他们讲话。响应的方式有:

① 轻轻点头回应;
② 以目光注视正在说话的对方,专注倾听而不做其他动作;
③ 以尽量少的言辞表示出自己的意思,如"我了解"、"嗯哼"、"是那样"、"很有趣"等;
④ 偶尔重复对方刚说完的一句话的最后几个字,表示对对方意思的肯定。等等。

商业交易失败的原因,很多时候不在于你说错了什么,或是应该说什么,而是因为你听的太少,或者不注意倾听所致。

(2)澄清。为了避免遗漏或误解对方发出的信息,选择适当的时机和技巧进行核实和澄清。澄清时,常用"我不完全了解你的意思,能否告诉我……"或"你的意思是不是……"等语句。

(3)引导。有时对方由于表达能力的原因不能清晰、准确地传递信息,有时是对方不愿意透露某些信息。这时,倾听人应对对方进行引导。引导的办法包括转述和提问。转述不等于重复,而是对对方的话加以概括、解释、推理之后,再以陈述或提问的方式表达出来,以得到确认。

(4)反应。对方陈述后,倾听人应尽快有所反应,以免使对方陷入尴尬或失望。

(5)礼节。上述倾听中的几种配合方式除了起鼓励作用以外,也是一种倾听礼节。倾听中的礼节还有:集中精力;适当使用手势或表情表示对对方的理解;不东张西望或心不在焉;不随意打断对方的陈述;插话时征得对方的同意。等等。

2. 批判式倾听

一个出色的商务人员,不能仅仅满足于表层的听知理解,而要从说话者的言语中听出弦外之音,话中之话,从其语情语势,身体的动作中演绎出隐含的信息,把握说话者的真实意图。这就要求在倾听中注重一个"细"字。客户无意的话语中都有可能透露出某些需求,或者是不便于直接言明的某些意图,所以要求商务人员仔细揣摩,并敏锐地觉察所需的服务。

销售员在拜访客户时,一个重要的工作就是倾听。这在拜访高层客户时尤为重要。因为领导的讲话总是比较简洁,所以对于销售员而言,除了运用提问技巧,和记住字面的意思外,还应该注意客户的语音、语调、语速和身体语言等多方面的因素。这样才能从客户的言语间挖掘出最丰富最准确的信息。

在批判式倾听中,听者还应该对听到的内容进行估量和质疑。一个顾客对你的商品从外形、质量等各方面进行挑剔,其真实目的到底是什么?是真的对商品不满意,还是准备砍价的前哨战?这些质疑可以在听者的头脑中进行,或者可以直接向说话者表达。在理想的状态下,所有沟通中的倾听都应该是批判式的。然而,当你在接受新的信息时,因为你对这个话题,对这个说话的顾客所知甚少,所以很难去做批判式的估价。因此,一方面要判断说话者的动机,另一方面要纠正自己的偏见,不断修正所得出的结论。

3. 移情式倾听

为了情感而倾听的最好方式是情感移入式倾听。商务人员应该设法从顾客的角度来理解他的感受,并把这些情感反馈回去。作为听者,你所要做的是把你自己的感情放到一边,投入到对方的情感中去。为了做到这一点,你需要识别情感,让顾客告诉你到底发生了什么,然后和顾客一起商讨解决问题的办法。

优秀的商务人员一定是出色的倾听者,当客户提出投诉时,他一定是首先站在客户的角度去倾听,而不是加以指导,去理解而不是去影响,去顺应而不是控制甚至反驳。

客户:"我在12月18日新入网预交了388元,但是我拨打客服热线查询为什么没有像你们当初说的赠送200元话费呢?"

营业员:"小姐,请问您的手机号码是多少?我帮您查询一下,请稍等一分钟。"查询之后向客户解释:"小姐,不好意思让您久等了,您当时入网的是A套餐,而不是B套餐,B套餐才可享受新入网预交200元赠送200元的优惠。"

客户:"没办法解决?那为什么我入网的时候告诉我有优惠啊,现在又说不行,你们这不是骗人嘛,我要投诉。"

营业员说:"小姐,给您造成麻烦,真的不好意思,这件事我今天会帮您解决的,请稍等5分钟好吗?"

随即联系了相关部门,反映了客户的情况,认为该客户的信用度较高,有利于客户在网,同意赠送200元。

快步走向客户说:"小姐,真不好意思,让您久等,我请示了相关部门。因为您的信用度很高,是我们公司的优质客户,我们破例让您享受此优惠。给您造成麻烦真的不好意思,赠送的话费我们会在24小时之内赠送,到时您可以拨打客服热线查询,放心,我会跟进此事的。您慢走,欢迎下次光临!"

该客户可能对此优惠的理解有所误会。营业员可能当时对此优惠政策没有详细地向客户解释清楚,以至于客户理解错误。按照公司规定是不能享受该优惠政策的。问题是该客户听到客服热线的解释后,已经知道该政策所优惠的内容,如果再详细解释,只会引起客户的反感。本案例的受理营业员态度不错,不死守公司规定,而是站在客户的角度着想,为客户解决问题,最终圆满解决了客户的投诉。

第三节 语言沟通艺术

社交的扩大是社会进步的一种表现,也是社会进步的一种力量,公众的社交水平是思想、品德、知识、气质、修养、语言表达等因素的总和。语言表达是诸因素中一个最重要的因素。

就语言表达而言,它也包含着许多紧密联系的方面。语言所包含的信息是语言的内核,语言的艺术表达是语言的外衣,语言的礼仪是语言通向外界的桥梁和窗口。合理的内核穿上了华丽的衣裳是一个美丽的待嫁姑娘。但若没有透明的窗口,人们会看不到她;没有诱人的桥梁,人们会无法走近她;封闭的窗户,带刺的松果会使人们拒绝她。她会因此表现不出她的特质,她会终老闺房。因此,有效的口头表达离不开语言礼仪。

一、打招呼的语言艺术

见面要打招呼早已成为人人皆知的常识,在日常工作和生活中都是不可缺少的。见面不打招呼、不理人,就是在家庭生活中都是难以维持正常程序的。在社交场合那就更是重要的了,周恩来伸出的手被愚蠢地拒绝和尼克松首访中国时对此的反思就是非常经典的事例。

（1）称谓

打招呼的第一步是要给对方一个恰当的称谓,这是十分重要的开始。社交场合,人们对别人如何招呼自己是十分敏感的。称呼得当,双方产生良好的第一印象和心理上的相容性,创造出良好的气氛,交际就会变得顺利。称呼不当,最严重的是刚刚相会就不欢而散。一般而言,也会使气氛不融洽,不得不花力气做许多补救工作,使交际平添不必要的麻烦。

一般而言,恰当的称谓取决于双方的身份、年龄以及双方关系的性质,深度和所处的交际场合。选择恰当的称谓必经考虑这三个基本的方面。特殊而言,应在有了一定了解后,考虑对方的特殊癖好。如有的年龄较大,但不喜欢被人尊称得"老"。又如有的人,本来年龄不大,但不愿被人小视而称呼得"少"。

称谓的形式有泛称和尊称两种。

泛称是对人一般的称呼,常用的有以下几种形式。第一种形式是姓＋职称、职务或职业,如:王教授,王厂长,王老师。第二种方式是直呼姓名。第三种形式是泛尊称,如适用于女性的小姐,男性的先生,男女性都可用的同志等。第四种形成是受尊敬或令人羡慕的职业＋泛尊称,如大使先生等。此外,还有非正式场合下的一些形式:老或小,加姓——老王、小王;姓＋辈分——王伯伯,王阿姨;名＋同志。这些形式各有各的适用场合,如:一、三两种形式适用于初交,二适用于有较多的交往。不恰当的使用就会给人一种无礼的感觉或相反的使人有一种疏远的感觉。

尊称是对人表示尊敬的称呼。常用以下一些形式来表示:"贵"——贵姓、贵人、贵公司;"大"——大名、大作;"老"——老总,"您"——使用率最高、应用范围最广的称呼。

泛称的使用要注意不能过泛,不能滥用泛称。尊称的使用也要注意一定的界限,同样不能滥用。例如,"师傅"是对一切行当有专长的人的尊称。这些行当主要指传统意义上的工、商、戏剧等行当,对于教师、医生、记者等泛称为"师傅",往往会引起不快。例如,除了前面提到过的特殊癖好之外,对于一般的年长女性尊为"小姐"是会引起不快的。

(2) 寒暄

打招呼的第二步是在称呼后进行最初的对话,我们一般称之为寒暄。只有称呼无寒暄就好像在文件上只签字,而无具体批示,使人感到别扭和不易理解。寒暄的作用有多个层次,最浅的层次是应酬,讲一些并非完全没有意义的话语;较高的层次是沟通感情,创造和谐的气氛,体现人的亲和需求;最高的层次是逐步升华人与人之间的亲和需求,逐步达到水乳交融般的关系,进入交往的佳境,达到预期的交际目的。

寒暄的常用形式有如下三种。第一是问候型。典型的例子是"你好"、"早上好"、"春节好"之类。官场、商界常用的例子是"幸会!幸会!"、"幸甚、幸甚!"。中国传统型的例子是"吃饭了吗?""上哪儿去呀?"之类,在这里貌似提问的话语并不表示真想知道你的起居行为,不过传达说话人的友好态度而已。这三种类型也是各有各的作用,因而也要注意运用得当。例如,在国际交流场合不要使用中国传统式的寒暄,因为外国人并不一定了解中国的民情风俗。又如,官场、商场中常用的"幸会"也并非在一般场合下禁用。在一般交往中,它有时也能创造出一定的气氛。第二种寒暄形式是攀认型。只要愿意,人们之间总可以找到这样或那样的"亲"、"友"关系,如"同乡"、"同学"、"同事"、"同宗"、"同门"等这类沾亲带故的关系。它们在初次见面时往往能成为建立交往、发展友谊的契机。第三种寒暄形式是敬慕型,即用敬重、仰慕表示出自己的热情和礼貌。如:"王先生,久仰大名","大作早已拜读,得益匪浅。"

寒暄不论采取何种类型,使用不宜过多,过多的使用会使人厌烦;寒暄的使用要注意分寸,恰到好处;过分的吹捧会使人感到虚伪和警觉。

招呼的语言艺术有时可辅以体语式。体语式指的是使用面部表情和身体姿势等作为招呼语的方式。最常见的是微笑和点头。体语式招呼的含义因发出人本身的社会特征和交际双方之间关系的不同而异,比较模糊。女士们使用这种方式表现出稳重、端庄;男士们使用这种方式表现出随意、矜持。关系疏远或洽谈时可用这种方式,淡忘或一时想不起对方的姓氏、身份时,也可借用,以作掩饰。

二、自我介绍的语言艺术

人与人之间的相识相知离不开自我介绍。自我介绍是推销自己形象和价值的一种重要方法与手段。从某种意义上说,自我介绍是进入社会交往的一把钥匙。运用得好,可助你在社交活动中一帆风顺;运用不好,则可能会使你在社交活动中麻烦不断。因此,在社交活动中善于自我介绍,是至关重要的。

有利的自我介绍,要注意四个方面。第一,必须镇定、自信。清晰地表述自己的特征,流露出友善、关怀、自信的眼神。人们对自如、自信的人充满信心和好感,对局促不安的人产生怀疑和阻隔。第二,注意繁简有度,自我介绍包括姓名、年龄、籍贯、职业、职务、单位、住址、履历、特长、兴趣等要素。要素的选取和繁简的确定要适合于交往的目的。第三,掌握分寸。介绍自己的长处时不可流露出自得。介绍自己的弱点时可配合自谦、自嘲、幽默的语气。第四,在语言之外,可辅以证明材料:身份证、工作证、获奖证等,以增加信任程度。

三、拒绝的语言艺术

高超的拒绝手法能使对方高高兴兴地接受你说的"不",或者至少是让对方的不快保持在最小限度之内,从而使和谐的气氛不受影响或影响不大。常用的手法有如下一些。

第一种手法是在倾听中保持沉默,用无言的"不"传达给对方。首先,你必须让对方感受到你是处在认真倾听之中。其次,你要让对方感觉到你是在该说话的时候不说话却保持沉默。第二种方法是让对方自我否定,放弃原来提出的问题。你在对方提出问题后,不作正面回答,只是提出一点看法、理由、条件,或者提出一个启示对方的问题,让对方心领神会或者有重新的认识。第三种手法是形式上肯定而实质上否定。先说是予以肯定,再转折一下,用"然而"作实质性的否定。这样做,可以使对方不因一个拒绝而使精神、肉体处于收缩状态,从而拒绝接受别人的意见。这样做,可使对方处于开放状态,容易继续接受信息。

第四节　商务活动中的体态语言沟通

在人们的交往和信息传递中,有两种语言,一种是前面所介绍的口头语言,即我们所说的话;另一种就是体态语言。

体态语言,又名肢体语言,它是通过人体的动作、表情来表达含义的符号或代码系列。例如我们常说的"摇头不算,点头算",就是用摇头或点头来表达同意或不同意的信息;又如我们常用竖起大拇指表示"好";用微笑表示满意;用咬牙切齿表示愤恨;再如聋哑人完全是通过手势语传递信息的。俗称手势、表情。它与口头语言,均为传情达意的手段。

美国心理学家艾帕特·梅拉别恩从许多实验中取得了这样一个公式:

信息的效果＝7％文字＋38％的音调＋55％的面部表情。

我们从中可见体态语言在信息传达中所起的重要作用。有时,体态语言还能传达某些无法以口头语言表达的信息。在信息交流中,体态语言是一种不可或缺的形式。

一、体态语言的特点

(1)动作性。体态语言不同于口头语言:口头语言凭借语音、词汇、语法构成的语言体系传递信息,而体态语言则依靠举止神态传情达意。

(2)微妙性。体态语言的传情达意,多凭面部表情,特别是用眼睛说话,仗眼波传情。因为这样的活动是在无声的情态中进行的,就带着含蓄性与隐蔽性。而且,眼睛还具有很大的灵活性,由眼睛可以带出其他的种种表情,形成复杂的感情世界。在一颦一笑之间,往往可以传递各种信息,其作用是微妙的。

(3)感染性。体态语言的传情达意,时而含而不露,时而极富鼓动,这就从两个极端叩动感情的心弦,引发人们积极地去思考问题。语言的感染力,也就油然而生。

手势、表情,它们与口头语言一样,都是传情达意的手段。

(4) 辅助性。体态语言与口头语言往往结合使用,体态语言在人们传情达意的过程中,主要起辅助的作用。它的辅助功能:一是可以提高口头表达的生动性,二是可以提高信息传递的准确性,三是可以提高传情达意的明确性。

二、几种主要的体态语言

1. 眼神

人的眼神可以表达丰富的思想,交流喜怒哀乐。因此,商务人士要善于运用"眼语"来说话。凡是与人交谈时,都要善用目光语向对方传递各种信息,让对方感受到沟通者目中有人,心中有情。与顾客初次交谈,视线落在对方的鼻部是最令人舒服的,直接注视对方眼睛的时间反而不宜过久,因为长时间凝视对方会令人不自在。当然,如果完全不注视对方的眼睛,会被认为是自高自大、傲慢无礼的表现,或者试图去掩饰什么。所以,学会察言观色是非常重要的。当你盯着对方双眼看时,发现对方在谈话时目光从专注变得游移,这就说明对方可能因为你的注视而觉得不太自在了,这时不如就将视线移到对方的鼻部或者嘴部。

同理,在交谈中,也应该从顾客的眼神中获取信息:

如对方回避你的视线,或眼睛闪烁不定者往往是对交易没有诚意或者内心有愧疚,不愿意对方察觉到自己的行动。

如顾客瞪大眼睛注视着你,则是对你或产品感兴趣,说明注意力集中。从这个眼神可以了解到你的陈述或演讲是否受顾客的欢迎,是否对你介绍内容有兴趣,从而调整介绍的内容和方法。

眨眼:一般每分钟5~8次,通常顾客眨眼的时间如果超过1秒,则表示对你的厌烦、不满,有藐视的意思。在交谈中我们一定要避免使用这种眼光,否则会给顾客带来心理上的刺激。

2. 面部表情

嘴和眼一样都有传情达意的作用。面部表情是内心感情的真实流露,是富有表现力和感染力的,切勿表演或矫揉造作。在社交活动中,谈话时尽量少努嘴和撇嘴,因为这样的动作容易流露出不屑的意味,而显得不够有涵养。站立、静坐或握手时,嘴可以微闭,不要露出牙齿,如果能保持微笑状就更完美了。

3. 手势

手势可以使语言更生动、形象、富于表现力。如果说语言是红花,那么手势就是绿叶。例如在戏剧、电影以及各种讲演中,讲演人总是以手势助说话,为讲演烘托气氛,增加感染力。试想,一个被捆绑上双手的人进行讲演,那又将是怎样的一副场面?在与顾客的交流中,语言要有抑扬顿挫,动作也应该有轻重缓急。丰富的手势语可以激发顾客的兴趣,吸引顾客的注意力,增强沟通效果。

在手势语中,表示兴奋和激昂的情绪,手势位置总是向上、快速;表示低沉、气愤的情绪时,手势的位置总是向下;表示坦率、直接的信息时,最好让对方看清手掌,表示隐蔽和被动时则用手背;双手摊开,手掌向上表示欢迎和公开;双手握拳放在胸前则表示防卫和敌意,双手叉腰,挺胸抬头表示傲慢和自负……

4. 轻抚

轻抚可以表达对人的关爱,一般是轻拍对方的肩膀或胳膊。不过就我国的传统习惯而言,轻抚一般是长辈对晚辈的行为。异性之间、同龄但关系并不亲近的熟人、生意伙伴间等,运用轻抚这种肢体语言一定要慎重。

三、体态语言在商务沟通中的运用

1. 体态语言的运用,必须是内在的,而不是外加的

体态语言是人类语言的一部分,运用这种语言,应该完全出于说明事物、阐明事理、传达思想感情的内在需要,体现出手势、表情的自然流露,做到体态语言与口头语言的自然结合,融二为一,使两种语言相互作用,相得益彰,从而提高语言的表达力量。反之,如果不是出于内在表达的需要,使用手势、表情时带有盲目性,那就只能给人以矫揉造作的感受,产生不了提高表达力量的效果。

2. 体态语言的运用,必须与口头语言协调、配合

体态语言作为一种语言,具有自身的传情达意的功能,而在信息交流中,它经常与口头语言结合使用,对口头表达起着辅助、强化的作用。要使体态语言发挥好这种作用,就必须在表情达意中,与口头语言协力配合。比如为了显示某事物出现的方位,如需要运用手势、表情,那口说与手指、眼示必须协调一致,不能口说东,手指西,眼望其他的方向。口、手、眼之所以要协调配合,是为着促使二者之间相互感应,互相作用,以提高表达的效应。

3. 体态语言的运用,必须遵循顾客的心理规律,讲究表达的方式方法

比如,在与顾客的交流中,双方的关系的建立与维持,眼睛起着中介的作用。你和顾客之间,往往通过目光交流信息,沟通感情。

又如,倾听顾客的陈述时,有时以体态语言来替代赞同与否的简单化的表示,效果也许会好很多:以"点头"、"微笑"表示赞同,这就不是简单的肯定,而对陈述者的一种鼓励;用"沉默"与"摆头"来表示不赞同,则会使学生挫伤顾客陈述的积极性,从而影响真实信息的获取,等等。

体态语言的使用,没有固定的方式方法,商务人员可根据具体的商务活动与客户的心理特征自行创造。

4. 体态语言的运用,必须调动身体各部位的协力配合

体态语言的表达,可以调动、发挥身体各部分的功能。举止神态,涉及人体各个部位的活动,诸如头、脸、手、臂、腿、脚,等等,都可用以表情达意。在人体各部位中,脸部是传情达意的主要部分,其中眼睛是尤为重要的。眼睛是心灵的天窗,一个人的神态、情感、内心活动,常从眼色、眼神中显示出来。沟通中,不论是推介产品,还是磋商价格,如能发挥眼睛的作用,让眼睛说话,必然能提高传情达意、增强感染力的效果。

当然,体态语言的功能发挥有其整体性,要提高其表达效果,就需身体各部分活动的协力配合。例如,要表达一个人的欢乐情绪,不仅要着力从眼神中显示出飞扬的神采,而且还

可以通过眉毛、胡子、脸面部位来显示,必要时可辅之以拍手等动作。人体的各部位,是互相联系的,我们在运用时,就应促使它们相互作用,以收得相得益彰的效用。

第五节　商务活动中副语言运用

　　副语言沟通是指伴随话语发生或对话语有影响的人的有声现象,也称辅助语言,如说话时的音高、语调、音质,此外,诸如喊、叫、哭、笑、叹气、咳嗽、沉默等非言语内容来实现的沟通。它包括发声系统的各个要素:音质、音幅、音调、音色等。

　　心理学的最新研究结果表明,副语言在沟通过程中起着十分重要的作用。一句话的含义不仅取决于其字面意思,还取决于它的弦外之音。语音表达方式的变化,尤其是语调的变化,可以使字面相同的一句话具有完全不同的含义。

　　在商务活动中,这些特点的单个或结合运用就可以表达语言的特定意思,或友好的,或嘲讽的;或兴奋的,或悲哀的;或诚恳的,或虚假的,甚至自觉不自觉地打开情绪状态的"密码",展示一个人的身份和性格。就以礼貌用语中用的比较多的一个"请"字来说,语调平稳,会显得客气,满载盛情;语调上升,并带拖腔,便意味着满不在乎,无可奈何;而语调下降,语速短促,就会被理解是命令式的口气,怀有敌意。事实上,人们在语言沟通时,同一句话,同一个字,就因为使用不同的副语言而造成人们不同知觉的事例还有不少,比如,人们往往倾向于把说话语速较快、口误较多的人知觉为地位比较低且又紧张的人,而把说话声音响亮,慢条斯理的人知觉为地位较高、悠然自得的人。说话结结巴巴、语无伦次的人会被认为缺乏自信,或言不由衷;而用鼻音哼声又往往会表现出傲慢、冷漠和鄙视,令人不快。不仅如此,一个人激动时往往声音高且尖,语速快,音域起伏较大,并带有颤音;而悲哀时又往往语速慢,音调低,音域起伏较小,显得沉重而呆板;同样,爱慕的声音往往是音质柔软,低音,共鸣音色,慢速,均衡而微向上的音调,有规则的节奏以及含糊的发音;而表示气愤的声音则往往是声大、音高,音质粗哑,音调变化快,节奏不规则,发音清晰而短促。比如,我们在收听球赛广播时,尽管看不见播音员的面容和动作,有时也不完全听清说话的内容,但却能从尖锐、短促、乃至声嘶力竭的语调中知觉其兴奋或紧张的心情;而从低沉、叹息声中知觉出惋惜之情。

　　副语言中的沉默所具有的含义也非常丰富:它可以是无言的赞许,也可以是无声的抗议;它可以是欣然的默认,也可以是保留己见;它可以是威严的震撼,也可以是心虚的无言;它可以是毫无主见,附和众议的表示,也可以是决心已定,无需多言的标志。

　　这些事例充分表明,副语言确实是一种感知别人或被别人感知的沟通手段。

第六节　商务演讲

　　商务演讲的适用范围:商业和社交场所中的正式和即兴讲话,如:主持会议、汇报工作、发布新产品、大型促销活动、服务项目推广等。

一、演讲前的准备

一般,成功的演讲都是经过了精心的准备的。演讲前的准备通常有以下几个方面:

1. 了解你的听众

(1)题目对听众是否有吸引力。听众在没有听到你的演讲之前,主要从演讲的题目来判断是否值得来听这次演讲。

(2)听众为什么来听你演讲?他们是慕名而来?为求知而来?为解疑而来?为欣赏而来?还是不得不来?这些问题对演讲者无疑是重要的。

(3)听你演讲的是些什么人?事先了解听众的基本情况,比如知识结构、文化背景、身份背景等问题,对你演讲的准备有极大的作用。人们常用"对牛弹琴"来比喻听话人的愚昧。其实,弹琴的人事先知道对方是"牛"的话,为什么还要对其弹琴呢?这就是说话不看对象的后果。

2. 目的准备

进行了听众分析以后,则要把它运用到的讲稿的准备中。首先,要知道我们商务演讲的主要目的是什么。

对客户的交流或讲座主要有以下四个目的:

传递信息:希望听众明白我们的意图、目的、产品、技术;

刺激思维:希望听众注意到我们的优势,比较与其他公司产品的不同;

说服听众:希望听众赞同我们的优势,理解我们的不足,相信我们的承诺;

付诸行动:希望听众以实际行动支持我们的观点。

听众分析和目的准备是一直贯穿于演讲始终的,在演讲中我们的脑子里始终要有这样两根弦紧紧地绷着。有时在演讲中,需要我们根据听众的情况和现场的气氛对演讲的重点和方式进行适当的调整,我们的一切行动都是为了最终目的的达成。

3. 搭建架构

任何一种形式的沟通,如报告、文章、信或是书等,都需要良好的架构,才能把自己想要传达的信息成功地传递给对方。听众只有一次机会来了解我们所说的话,如果你让他们失掉了这个机会,即使再有类似的机会出现,他们也不愿意再听你发言了。因此你最好事先就搭建好架构。有了架构,再往上添加素材和内容就容易多了。有了良好的架构,就能吸引听众的注意力,帮助听众理解,同时让自己所传递的信息能更深刻地铭记在听众的脑海中。在搭建架构中,一是要决定大纲、主要内容,二是要做好时间分配。例如,我们教师在做课程开发时,首先要做的一项工作就是填写一张教学设计表。在这张教学设计表中,有课程名称、目标、时间、对象,还有课程大纲、课程内容、教学方法和器材及每项内容的时间分配。有了这样的一张设计表,讲课的教师就会对授课胸有成竹了。做演讲,虽然不要求每个人都填写类似的表格。但演讲者必须也要有个提纲和初步的时间分配。

演讲架构有三种:逻辑架构、故事体架构及正式架构。逻辑架构一般适用于我们在法庭上向法官陈述某个案件。在公司做技术演讲我们常用的架构一般是正式架构,即三部曲:

① 把自己想要说的话扼要地告诉听众；② 详细地告诉听众内容；③ 把自己说过的主题再次告诉听众。此架构提供演讲的三个必要步骤：简介，传递主旨和结论。这样重复的诉说有助于听众对你说的话有所了解以及加强他们的记忆。三者所占的分量一般是简介10％,主旨85％,结论5％。

4. 收集素材

在做了以上各项工作后,那我们就应该着手收集素材,组织材料了。如何收集素材呢？

我们首先要问,在搭建架构、理清思路后,我们就会清楚手边素材到底有多少已变得更明晰？只有这样我们才可以知道还需要增加些什么样的素材,才足以支持我们的演讲。

我们不要因为害怕素材枯竭而呆立现场,就准备太多无法演讲的资料,最后延误自己太多的时间。

在素材准备上应给自己更大的弹性空间,素材分为以下三类：

核心素材——演讲时所必须提出的素材；

可任意处理的素材——如因演讲时间不足而加以省略的话,也不会对整个演讲造成伤害的那些素材；

辅助素材——如果时间足够的话就不妨把这类素材发表出来,这样做一定是有益无害,或者是在回答别人问题时也不妨运用这些素材。

5. 撰写讲稿

收集完素材,我们开始撰写讲稿。一篇好的讲稿,是我们演讲系统性、完整性、有效性的必备要素。讲稿的撰写一定要具体,切忌过多的概念。前面我们也讲了要做听众分析,目的也就是为了我们的内容能迎合听众,做到有的放矢。这是要成为一名演讲高手的必要条件。我们一定要谨记这十六字原则：深入实际、内容具体、迎合听众、有的放矢。

6. 预演

（1）预演的好处：

➢ 降低自己的紧张不安；

➢ 改善绩效；

➢ 帮助判断时间是否会太长或太短；

➢ 使内容能更加强化。

古希腊演说家德摩斯梯尼对事先演习抱着非常重视的看法。他把自己关在地下室书房长达三个月之久,学习演讲的技巧。为了保证自己不会在达不到目标之前出来,他把自己的头发剃光。等头发长出来,德摩斯梯尼走出地下室,成为一个造诣颇深的演讲家。当然我们现在不要求这样去演练,也没有这样的演练条件。那我们该如何进行演练？

➢ 以严肃的态度面对演练。

➢ 掌握并控制好时间。在演练时必须计算出它所占用的时间,再看看它是过长或过短。大部分演练都比正式发表时要快,正式发表的时间比演练要多出25％—50％。

➢ 部分演练。如果时间不够,就应该只针对一些重要部分进行演练,如开场白、结论、关键处或特别困难的地方。

➢ 要认真准备,多次演练。至少四次。

➢ 认真选择演练的听众。

最后一次演练的时间,越近越好。

二、开场白

文章开头最难写,同样道理,作演讲开场白最不易把握,要想三言两语抓住听众的心,并非易事。如果在演讲的开始听众对你的话就不感兴趣,注意力一旦被分散了,那后面再精彩的言论也将黯然失色。因此只有匠心独运的开场白,以其新颖、奇趣、敏慧之美,才能给听众留下深刻印象,才能立即控制场上气氛,在瞬间里集中听众注意力,从而为接下来的演讲内容顺利地搭梯架桥。

通常有以下经典开场白:
(1) 提问法

提出一个针对听众或某一类听众的问题,让听众帮助共同思考,可以立即引导听众进入共同的思维空间。你提出的问题,既可以是需要听众立即回答的,也可以是不用回答的,仅仅是为了吸引他们的注意。至于选择哪种形式的问题,则有根据你的演讲主题的需要而定。例如,在谈《如何避免疲劳》时,你可以用下面的问题开头:

"让我们来举手瞧瞧,各位当中有多少人,在觉得自己该疲劳前就早早地疲劳了。"

但注意:请听众回答时,应先给他们一点提示,告诉他们你要他们这么做。不要劈头就说:"这里有多少人相信所得税应该降低的?让我们举手瞧瞧。"应该这样说:"我要请各位举手回答一个对各位而言十分重要的问题。问题是这样的:'有多少人相信货品赠券对消费者有好处?'",记住:无论你提什么样的问题,在提出后要把自己的意见讲出来。

(2) 摆事实法

说出一个令人吃惊的统计数字或者一个很少有人知道的事实。请看下面的例子:

> 亚当斯是美国宾州州立大学婚姻顾问主任,他在题名《如何挑选配偶》的文章中这样写道:"今天,我们的青年从婚姻中获得快乐的机会真是微乎其微,离婚率的高涨令人触目惊心。1940年时,5~6桩婚姻中有一桩会触礁;到了1990年,比例已经变为2:1了。"演讲一开始就出惊人之语,能震撼听众的心灵。

在陈述惊人的事实时,可以采用倒叙的方法,即先把事情结果讲出来,然后再叙述事情的经过,这样最容易引起听众的好奇心。例如:

> 1978年12月底的一天,在南美圭亚那的一个丛林中,忽然响起了一阵清脆的枪声,附近的人们都预测可能发生了什么不样的事件。12个小时后,圭亚那军队开进该地区,呈现在人们眼前的是一幅血淋淋的场面,到处都是横七竖八的尸体。男的、女的、老的、少的,都被子弹穿过,看得出,有些是一家人,他们脸朝地趴下,手拉着手,惨不忍睹。原来这是"人民圣殿"教的教徒集体自杀,这次一共死了900多人。

(3) 幽默诙谐开头法

开场白里,使用诙谐的语言巧妙地自我介绍,这样会使听众倍感亲切,无形中缩短了与听众间的距离。胡适在一次演讲时这样开头:"我今天不是来向诸君作报告的,我是来'胡说'的,因为我姓胡。"话音刚落,听众大笑。这个开场白既巧妙地介绍了自己,又体现了演讲者谦逊的修养,而且活跃了场上气氛,沟通了演讲者与听众的心理,一石三鸟,堪称一绝。

1990年中央电视台邀请台湾影视艺术家凌峰先生参加春节联欢晚会。当时,许多观众对他还很陌生,可是他说完那妙不可言的开场白后,一下子被观众认同并受到了热烈欢迎。他说:"在下凌峰,我和文章不同,虽然我们都获得过'金钟奖'和最佳男歌星称号,但我以长得难看而出名……一般来说,女观众对我的印象不太好,她们认为我是人比黄花瘦,脸比煤炭黑。"这一番话戏而不谑,妙趣横生,观众捧腹大笑。这段开场白给人们留下了非常坦诚、风趣幽默的良好印象。不久,在"金话筒之夜"文艺晚会上,只见他满脸含笑,对观众说:"很高兴又见到了你们,很不幸又见到了我。"观众报以热烈的掌声。至此,凌峰的名字就传遍了祖国大地。

(4) 讲故事法

用形象性的语言讲一个简单的、人性化的、与演讲内容相关的有趣故事。作为开场白会引起听众的莫大兴趣。选择故事要遵循这样几个原则:要短小,不然成了故事会;要有意味,促人深思;要与演讲内容有关。

> 1962年,82岁高龄的麦克阿瑟回到母校——西点军校。一草一木,令他眷恋不已,浮想联翩,仿佛又回到了青春时光。在授勋仪式上,他即席发表演讲,他这样开的头:
>
> 今天早上,我走出旅馆的时候,看门人问道:"将军,你上哪儿去?"一听说我到西点时,他说:"那可是个好地方,您从前去过吗?"

这个故事情节极为简单,叙述也朴实无华,但饱含的感情却是深沉的、丰富的。既说明了西点军校在人们心中非同寻常的地位,从而唤起听众强烈的自豪感,也表达了麦克阿瑟深深的眷恋之情。接着,麦克阿瑟不露痕迹地过渡到"责任—荣誉—国家"这个主题上来,水到渠成,自然妥帖。

著名教育工作者李燕杰在《爱情与美》的演讲中这样开场:"我不是研究爱情的,为什么会想到要讲这么一个题目呢?"然后讲了一个故事:北京一家公司的团委书记再三邀请李老师去演讲,并掏出几张纸,上面列着公司所属工厂一批自杀者的名单,其中大多数是因恋爱问题处理不好而走上绝路的。"所以,我觉得很有必要与大家谈谈这方面的问题。"这个故事一下子把听众的注意力集中起来,使他们感到问题的严重性和紧迫性。

(5) 触景生情法

一上台就开始正正经经地演讲,会给人生硬突兀的感觉,让听众难以接受。不妨以眼前人、事、景为话题,引申开去,把听众不知不觉地引入演讲之中。可以谈会场布置,谈当时天气,谈此时心情,谈某个与会者形象……

> 1863年,美国葛底斯堡国家烈士公墓竣工。落成典礼那天,国务卿埃弗雷特站在主席台上,只见人群、麦田、牧场、果园、连绵的丘陵和高远的山峰历历在目,他心潮起伏,感慨万千,立即改变了原先想好的开头,从此情此景谈起:
> 站在明净的长天之下,从这片经过人们终年耕耘而今已安静憩息的辽阔田野放眼望去,那雄伟的阿勒格尼山隐隐约约地耸立在我们的前方,兄弟们的坟墓就在我们脚下,我真不敢用我这微不足道的声音打破上帝和大自然所安排的这意味无穷的平静。但是我必须完成你们交给我的责任,我祈求你们,祈求你们的宽容和同情……

这段开场白语言优美,节奏舒缓,感情深沉,人、景、物、情是那么完美而又自然地融合在一起。据记载,当埃弗雷特刚刚讲完这段话时,不少听众已泪水盈眶。

即景生题不是故意绕圈子,不能离题万里、漫无边际地东拉西扯。否则会冲淡主题,也使听众感到倦怠和不耐烦。演讲者必须心中有数,还应注意点染的内容必须与主题互相映,浑然一体。

三、演讲过程

在开场白之后,就该进入演讲的主体部分,即展开主题,对演讲的内容加以阐述和论证。这部分直接决定着演讲的成功与否。在演讲的展开阶段,演讲者要力求保持演讲内容的丰富、生动、全面和准确;同时应随着内容的变化而变化,时而是论点的阐发,时而是动人的故事,时而是知识的传授,时而是激情的迸发。

(1) 合理利用提纲

一般来说,演讲不一定有讲稿,但必定有提纲。演讲稿只是提纲的丰富。所以演讲的展开,应该按照提纲的顺序进行,不宜随意增减。

① 坚持提纲的安排

提纲是在演讲之前经过深思熟虑、认真准备而写成的,已经较集中、较有条理地论证了某一主题思想,按这样的提纲内容和逻辑顺序去演讲,比较有把握取得较好的效果。如果脱离提纲的逻辑顺序,临场随意增减内容,即兴发挥较多,客观效果往往并不好。其结果是:或者弄得条理紊乱、层次不清;或者材料不当,论证无力;甚至造成思想、观点上的错误。

② 带而不念提纲

演讲时对于提纲最好的办法是带提纲而不念提纲。带上提纲并把它摆放在讲台上,一方面可以表示你郑重其事,有充分的准备;另一方面,也可以在偶尔忘掉了演讲内容时,随手翻看提纲获得提示。

> 20世纪50年代,有一次陈毅外长在上海文化广场作报告,黄佐临坐在主席台上,碰巧在陈毅的背后。陈毅一边讲话一边拿着发言提纲不时举起来看看。但黄佐临却发现那只是一张白纸,上面一个字也没有。会后,黄佐临问:"陈总,你怎么用一张空白的稿纸呢?"陈毅回答说:"不用稿纸人家会说我不够严肃,信口开河,你们做戏,我也做戏嘛!"

(2) 充分展现主题

如果说开场白是为了吸引听众,那么展开阶段就是为了保持听众的注意力。其目的是使听众听有所得、听有所思、听有所动。展开是演讲的主体,主题主要在这一阶段展示,听众的兴奋点也在这一阶段得以激发和凝聚。所以,要充分展现主题,使演讲充实饱满。

演讲的主体部分要重点突出,层次分明,论证问题,环环相扣;叙述事情,层次分明。只有这样,才能引起听众思维上的连锁反应,顺着你的思路去领会演讲内容的精神实质。李燕杰在《爱情与美》这篇演讲中,首先指出研究爱情与美的关系是当代社会青年的迫切需要;然后从《红楼梦》中宝黛爱情入手,揭示爱情的内涵与真谛,围绕真正的爱情展开讨论。

(3) 融合情理

如果在展开部分只有道理而没有生动事实的话,那么这样的演讲就会空洞乏力;如果演讲只讲事实而无道理,那么演讲就会没有深度。只有两者有机融合,才会既有深刻的思想,又生动感人,有血有肉。例如,人民的好医生周礼荣在巡回演讲时,常以自己治病救人的事例和切身体会阐述哲理,他说:"人生的价值在于贡献而不是享受,在于给予而不是索取。当我把自己的鲜血输给病人,当我用自己的双手救活了垂危的病人,治愈了被病魔折磨的患者时,我感到无比的幸福,我认为实现了人生的最大价值。"

(4) 不时制造点小高潮

在你展开演讲时,如果不去有意识地掀起两三次高潮,就不能有力地论证观点,展现你的主题,也不能维持听众的注意力。

(5) 利用辅助工具

① 图表;② 实物展示;③ 多媒体工具(投影、音响等);④ 现场演示。

这些主要负责在演示文稿动态运行的状态下,对页面进行跳转、定位、显示时间和页码、局部放大、屏幕设置选择、动态标注和打印操作,从而大大增强演讲的效果。

四、结尾

"结尾是一场演讲中最具战略性的部分,好的结尾,在演讲结束后,演讲者最后说的那几句话仍然在听众的耳边回响,这些话将在听众心目中保持最长久的记忆。"这是戴尔·卡耐基说的。可见结尾在一场演讲中是多么的重要,因而,演讲者必须重视结尾的言辞,要认真准备。一般情况下,可选择以下一种或几种方式结束演讲:

(1) 激情收尾

这种方式的结尾,可以拨响听众的感情之弦,引起听众的共鸣。以下是闻一多先生在昆明解放前夕的演讲结尾:

> 正义是杀不完的,因为真理永远存在!
> 历史赋予昆明的任务是争取民主和平,我们昆明的青年必须完成这任务!
> 我们不怕死,我们有牺牲的精神!我们随时像李先生一样,前脚跨出大门,后脚就不准备再跨进大门!

(2) 诙谐幽默收尾

在演讲结束语中,幽默式可算其中极有情趣的一种。一个演讲者能在结束时赢得笑声,不仅是自己演讲技巧十分成熟的表现,更能给本人和听众双方都留下愉快美好的回忆,也是演讲圆满结束的标志。

> 我国著名作家老舍先生是很喜欢幽默的,他在某市的一次演讲中,开头即说"我今天给大家谈六个问题",接着,他第一、第二、第三、第四、第五,井井有条地谈下去。谈完第五个问题,他发现离散会的时间不多了,于是他提高嗓门,一本正经地说:"第六,散会。"听众起初一愣,不久就欢快地鼓起掌来。

老舍在这里运用的就是一种"平地起波澜"的造势艺术,打破了正常的演讲内容,从而出乎听众的意料,收到了幽默的效果。

(3) 提出令人深思的问题

演讲者也可以在结尾时提出问题,让听众有更深层次的思考。以下是一篇名叫《泥土的联想》的演讲结尾:

> 或许,你不会留意,因为它是那样的默默无闻,终生只知奉献,不计个人的得失。尽管人们不愿意正视它,对它的事业嗤之以鼻,但它仍然甘当花木的培养者,视培养花木为己任为乐事。这种对事业始终不渝的责任心,不能不说是泥土的可贵之处。我常想,我们护士这个职业,不正是具有泥土的这种高品格吗?

(4) 总结自己的主要观点

即在演讲结束时,对整个演讲的内容做出提纲挈领的归纳。这也是一种行之有效的常用结尾方式,例如:

> 在座各位,总的说来,这一年本公司在体制变革方面进行了有益的尝试,在拓宽营销渠道方面、在改善客户关系管理方面等都做了大量的工作,在提高产品质量方面上下同心下了大功夫。最重要但是,这些都取得了很好的成效。这些,与大家的支持和关心是分不开的,我代表公司向大家表示诚挚的谢意!

(5) 请求或号召采取行动

演讲结束时,可以向听众提出明确的要求,号召大家采取行动。

> 1921年,时年17岁的巴金,在题为《怎样建设真正自由平等的社会》的演讲稿的结尾处,激情奔放地号召:"劳动界的朋友们!你们看无强权的社会何等自由啊,何等平等啊!你们想建设这种自由平等的社会吗?那么就请你们实行社会革命,推翻万恶的政治……"。

总　　结

商务沟通中,语言技巧的运用十分重要。语言沟通技巧主要体现在陈述、提问、倾听和体态语言四个方面。这些技巧的运用贯穿于所有商务沟通活动之中。

陈述应该遵循简洁、流畅、准确、生动的要求,并讲求一定的技巧;提问一般分为鼓励性提问、分阶段提问、简明提问和委婉提问四种方式,而且要注意提问的忌讳;倾听分为主动式倾听、批判式倾听和移情式倾听。除此之外,沟通活动中要充分利用体态语言动作性、微妙性、感染性和辅助性特点,进行信息的发送或理解,并掌握其运用技巧。

商务演讲是语言沟通技巧在商务活动中的综合运用。演讲必须实现进行精心的准备。在演讲过程中要注意开场白的设计、演讲过程的掌控和选择演讲结束的方式。

 复习与思考

1. 商务语言沟通有哪些原则?
2. 商务陈述有哪些技巧?
3. 提问有哪些方式和技巧?
4. 什么是主动倾听、批判式倾听和移情式倾听?
5. 什么叫体态语言?它有什么特点?
6. 沟通中有哪些主要的体态语言?在商务活动中如何与语言沟通结合运用?
7. 商务演讲应做哪些准备?有哪几种方式的开场白?
8. 商务演讲过程中和结束时应注意些什么?

 实训练习

选择一款产品,熟悉其性能特征后,按照本章商务演讲的要求进行加工润色,在全班组织模拟商务演讲会。

案例分析

戴尔·卡耐基的说服之道

全球最知名的成功学家戴尔·卡耐基先生曾经成功地说服了一位企业家来参加他的演讲会。

在戴尔·卡耐基打算拜访这位企业家之前,他的朋友们都劝他不要自讨没趣了,因为和这位企业家有过交往的人都知道那是一个脾气十分古怪的老头儿,而且这位上了年纪的企业家还十分倔犟,他从来就不愿意听什么演讲,据说通常人们和这位企业家说不上三句话就会被赶出来,但是戴尔·卡耐基却不打算放弃这次说服工作。

第二天一大早,卡耐基就来到了这位企业家的办公室,这位企业家正在亲手浇灌他的花朵。把卡耐基请进门之后这位企业家并没有对他进行礼貌的招待,而是一边浇花一边在那里自言自语,卡耐基一直在沙发上耐心地等待,后来这位企业家终于和卡耐基说话了,但是他说的内容全是一些有关企业内部员工消极怠工方面的问题,对于这些问题卡耐基虽然有些了解,但是他知道自己此时不便发表意见,于是,他只是坐在一旁耐心地倾听企业家的高谈阔论。

企业家一直在谈论他认为有趣的企业员工管理话题,卡耐基除了在企业家问他意见的时候提出了一个"企业内部员工的管理应该从员工自身素质抓起"的意见之外,其他什么话也没有说,而且他也没有向对方提起去听自己演讲的事情。

时间就这样很快过去了,午餐时间到了,卡耐基先生向这位企业家告辞,但是这位企业家却十分诚恳地挽留卡耐基先生同他共进午餐。在吃午餐的时候,这位企业家对卡耐基说:"听说你的演讲不错,而且从今天咱们的交谈来看,你确实是一位最有意思的谈话对象,所以我打算让公司的所有员工去听你的下一次演讲"。就这样,戴尔·卡耐基几乎没费什么口舌就"说服"了这位企业家,实现了自己的拜访目的,而且还得到了更多的演讲听众。

分析与讨论:
戴尔·卡耐基为什么能够成功地说服这位企业家前来参加他的演讲会?如果戴尔·卡耐基直接向这位企业家推销演讲会,会是什么情景?

 阅读资料

如何完美演讲

澳大利亚人 Neil Flett 是 Regen 咨询有限公司的主席。日前当他出现在上海外滩18号,对众多企业高层进行"如何完美演讲"的培训时,很多人对他的名字依然感到十分陌生。但在澳大利亚,他可是个著名人物,由他撰写的大部分演讲稿以及为有关要员进行的培训,促成了悉尼在1993年蒙特卡洛举行的2000年奥运会申办陈述中最终胜出。

CEO演讲应与他人不同

与强调技巧的一般商业演讲培训不同,Neil在培训中始终强调"魅力"二字的重要性。他强调说,高层特别是CEO的言谈举止,能影响外界对其企业营运情况的看法,甚至可以影响其股价;同时也对其能否有效地领导其团队,同心协力创造更高业绩起重要影响。

在Neil看来,在进行"完美的演讲"之前,需要四个方面的准备:第一,知道和谁在说话,听众是谁;第二,确定沟通的目的;第三,灵活运用适当的资讯,提高说服力;第四,组织语言。

对于大多数企业员工而言,以上四点均是"基本功",通过一定的训练都能掌握其中的技能。但对企业高层而言,这些还远远不够。

他们尤其是CEO所需要的沟通能力和普通中层不同,数据的堆砌和逻辑的推理当然是演讲所需要的,但并它们并不是全部。因为聆听高层演讲的往往是企业中不同层面的人,而不是"小范围受众"。在这样的情况下,大量运用有针对性的数据和资料去说服他们效果并不大。

这时,CEO们需要通过演说展现自己的个人魅力,并在演讲过程中贯穿一种能够激发人内在力量的激情,打动听众。先要相信自己的话

传统上,大多数商务演讲者主要依赖各种理性技巧来设计、铺排其演讲,希望以此说服、影响听众。然而,一个有经验的CEO会将平铺直叙的讲辞变成生动形象的表演,也就是所谓的"将自己的艺术气质融入演讲。"

要做到这一点,CEO们需要注意两方面的问题:

第一,演讲时的声音、手势、动作,包括音量、语速、语调等都会影响听众的印象。适当运用表情、手势、动作能使演讲更生动、更自然、更清晰、更有感染力。

第二,演讲者本身必须有激情,相信自己所要说的话。感染力的关键在于演讲者是否能身心合一,调动自己的创造力和想象力,让人感觉很"真"。就如同有高收视率的电视剧一样,优秀的演员全心投入,总能调动观众的情绪。

所以,Neil总结说,作为一名企业领导,一名CEO,如果平时表现得精力充沛、朝气蓬勃,日常言行自然流露出对企业的自豪感,那么,即使他只简单讲几句话,加上到位的技巧,他的演说就能很有感染力,流露"真"的魅力。否则,不论讲稿写得再激奋人心、辞藻再富丽堂皇,都会让听众觉得苍白无力。

(选自《每日经济新闻》2005年5月16日)

第五章

商务写作

商务写作是商务活动中书面沟通的主要形式。俗话说"好脑筋不如烂笔头",通过写作进行沟通是至关重要的,它是影响你在客户、同事心中印象的关键。通常,对于备忘录与会议纪要等内部交流形式,人们只是匆匆草就。而对于信件、电子邮件、传真与新闻稿这些外部交流形式,至多也不过是稍加注意而已。在通过这些形式进行交流、沟通的过程中经常会出现各种各样的不规范,严重影响了企业的形象。因此我们必须通过语言精练、内容丰富的商务文书有效地树立企业、个人形象,确保获得最大的收益。

商务文书的体裁很多,本章只介绍一部分常用的文体。

第一节 书面沟通概述

商务写作的内容大体上可以分成中式商务写作、西式商务写作以及粤语写作。在很多国有企业、民营企业或者政府机关里,常用的是中式商务写作,在很多外企,常用的是西式商务写作,在广东、福建、香港的公司、企业多使用的是粤语写作。

中式商务写作和西式商务写作的主要区别是:

(1) 格式不同。东方语言和西方语言在格式上有显著的不同。

(2) 语言习惯不同。如:信件的结尾,中式的一般采用"此致敬礼",或者"请领导批复为盼"等礼貌用语,在西式信件的结尾经常写"你忠实的某某"等。

本书主要介绍中式商务写作。

一、商务写作所表达的信息

商务写作要表达的信息即商务写作的目标,大致分为四类:

(1) 通知型的写作包括通知、通告、通报,还包括日程安排、会议安排、课程时间安排等。

(2) 说服型的写作包括项目提案、申请、广告宣传册等,比如:购买一套光华管理培训课程的光盘,需要先写一个购买申请,说明购买原因以及重要性和必要性。给产品写广告宣传册,说服客户购买产品等,都属于说服性写作。

(3) 指导型的写作包括用户手册、操作指南、业务流程等。

(4) 记录型的写作包括工作总结、个人总结、会议记录、备忘录等。

本章侧重介绍几种主要文件的写作,如商务信函、商务合同、意向书、会议纪要、可行性研究报告等。

二、商务写作的基本文体

1. 公务文体

公务文体又称行政公文文体,是行政机关在行政管理过程中所形成的具有法定效力和规范体式的公务文书。各企业、商业单位日常管理中产生的大量文书,大都属于这一类。新中国成立以来,我国对行政公文有过多次修订,并日臻完善。现在执行的是 2000 年 8 月 24 日国务院颁布的《国家行政机关公文处理办法》,此办法自 2001 年 1 月 1 日起施行。

2. 事务文体

事务文体又称事务性文书,比如工作计划、工作总结、调查报告、信函、简报等,它们虽然没有公务文体那么强的法定效力,但也具有一定的行政约束力和比较明显的规范性,广泛应用于各类组织及个人。

3. 专用文体

专用文体是指由一些具有专门职能的部门在一定的业务范围内使用的文书,具有很强的专业性,如经济、司法、外交、军事等部门使用的一些文书。商务活动中使用的文体,以公务文体、事务文体为主,这是我们介绍的重点。为了行文方便,我们姑且称之为商务应用文体。

三、商务写作的基本要求

1. 客观性要求

所谓客观性要求,就是指应用文的内容必须具备事实真实性,正面观点必须符合客观真理,有关办法、措施必须具有准确性和针对性。具体体现在以下几方面:

(1) 准确可靠

应用文的内容要真实可靠、确凿无误,要符合客观事实,要反映事物的本质、主流,不能以偏概全,更不能以假充真。无论所写的内容是多是少,涉及的问题是大是小,反映的情况是秘密的还是公开的,提到的事情是昨天发生的还是今天出现的,提供的信息是上传下达、下情上呈还是平行发送的,都必须切实保证情况和材料的真实可靠,不应有任何想象和虚构的成分。一是一,二是二,是好就说好,是坏就说坏;不好定性就说不好定性;有喜报喜,有忧报忧;不夸大,不缩小;不虚美,不隐恶;不渲染,不轻描;不歪曲,不捏造;不唯上,不唯书,只唯实。分析推断要符合实际,不应带主观臆断色彩。简而言之,事实要真,态度要真,情感要真。

(2) 真实客观

应用文中提出的和作为正面反映的观点,所阐述的方针、政策,必须是符合客观实际的真理,不可以偏概全,不可主观臆断,不可任意上纲上线,不可哗众取宠,危言耸听。当然,我们提倡实事求是,绝不是说在一篇文章中囊括所有的事实而不能有所选择、有所取舍,但这种选择和取舍必须符合上述客观真实的要求。

(3) 符合相关政策的法规

应用文中提出的有关解决问题的办法、措施等,必须符合有关方针、政策、法律和法规。

(4) 忌主观

应用文中提出问题、分析问题、解决问题都要有的放矢,切合实际,所提的建议、办法和措施都必须切实可行,不从私利出发,不搞强迫命令,不搞长官意志,不搞"土政策"。

如何才能让我们的商务应用文符合客观性要求呢?概括地说,符合客观要求就是要做到调查研究、广采博收、实事求是、核对无误。具体要求如下:

① 日常积累。在日常工作、学习、生活中随时随地收集积累材料。参加会议或听取汇报付,应不放过会议参加者及汇报者反映的任何重要又有用的情况,及时记在心里,写在纸

上,以备不时之需。

② 广泛开展调查研究。调查研究是商务应用文写作的基础,是符合文体客观性要求的根本保证和重要途径。在强调运用调查研究的结果进行商务应用文写作时,建议遵循十个要点。这十个要点是:要有客观的观点,忌主观;要有全面的观点,忌片面;要有深入的观点,忌表面;要有具体的观点,忌抽象;要有灵活的观点,忌一刀切;要有比较的观点,忌自以为是;要有反复的观点,忌过急;要有辩证的观点,忌形而上学;要有发展的观点,忌一成不变;要有群众观点,忌个人决定。

③ 深入分析,综合考虑,提出切实可行的对策、措施。

④ 表达准确。

⑤ 选择真实、典型、具体的材料。真实是应用文的生命,所以,应用文材料的选择应当符合主题。运用典型材料是指选用具有代表性的材料。正是由于这些材料具有代表性,所以才能说明和证明它所代表的一般情况和普遍规律,并能以一当十。如果不用典型材料,而以少数个别情况来证实一般,不仅缺乏说服力,而且还会违背真实,犯"以点带面"的错误。比如写商务报告时,不要观点加例子,而要选取典型材料说明问题,其余的则统统舍弃掉。

⑥ 表达详尽,用词准确。应用文的表达一定要周全、详尽、严密。

⑦ 反复核对,确保无误。对引用的实例、数据、有关言论和文件,要找到原始出处,核实准确后方可引用。应用文写作完成后,要仔细校对抄写稿或打印稿。电脑打印给我们带来了极大的便利,但也产生了不少麻烦,如由于文字输入的格式不同,造成打印稿差错多等。因此,一定要认真核对文本,消灭文字、标点、数字的一切差错。

2. 规范性要求

公务及事务文体写作的规范性要求主要包括以下六个方面:

(1) 体式规范

应用文有严格的体式限制,包括文章的形体、规定和格式。一种体式规范是"约定俗成"的,比如私人书信等文体的格式并不是由个人或法规规定死的,而是社会大众自然地、逐步地"约定"形成的;另一种体式规范则是"法定使成"的,即由法律机关或权威部门以法律、条例、办法、规定等规约性形式制定,个人无权任意确定或更改这种形式,也无权不按照此形式写作,否则便是违规、违法。

(2) 程序规范

公务文体的写作是一项程序性的工作,各类文体的行文都少不了拟稿、审核、签发和印制等几道严格的程序,其中协约型和规约型文体的制作程序要求更加严格。一般性的公文按规定必须由负责人对文稿做全面审核后履行签发手续,联合发文必须履行完整的会签手续。经会议通过方能生效的会议文件,必须经会议正式讨论通过,否则无效。法规性文件和其他规约性、重要的指导性文件,需经法律规定的程序制定、起草、审核后交发布机关正式会议通过,再由机关主要负责人签署或签发,其中特别重要的文件还需报请上级机关审批后再发布。其他应用文的签发也必须履行法定程序和审批手续。

(3) 语言规范

应用文的语言表达要规范,即符合约定俗成或明文规定的标准。首先要使用普通话,不要使用方言。其次语法要规范。语言表达方面还要求书写规范,即用字、用词规范。用字应遵守国家语言文字委员会1986年重新颁布的《简化字总表》的规定，不滥用繁体字，不乱造简化字，不使用已被文化部、文字改革委员会于1955年发布的《第一批异体字整理表》中被淘汰的异体字。

(4) 数字规范

关于商务应用文中如何使用数字，可以按照国家语言文字工作委员会、国务院办公厅秘书局等中央七部门于1987年颁布的《关于出版物上数字用法的试行规定》和1996年6月1日起开始实施的《中华人民共和国国家标准出版物上的数字用法的规定》执行。

(5) 标点符号规范

具体标准见国家技术监督管理局于1995年批准、1996年6月1日实施的《中华人民共和国国家标准标点符号用法》。

(6) 计量单位规范

1984年，国务院颁布了在我国实行法定计量单位的命令。《国家行政机关公文处理办法》第二十八条规定：必须使用国家法定计量单位。一切应用文都必须符合上述规定。

商务公文是商务组织为处理公司事务、发布经营管理信息而制作的公务文书，它包括通知、商务信函、商务传真、备忘录、请柬、邀请书、商务合同、意向书等。

第二节　商务信函

商务信函是不相隶属的各组织之间洽谈商务，询问和答复问题使用的文书。其写作要求如下：

(1) 行文目的要明确。去函一般是为商洽工作、询问情况、请示支援或帮助解决问题、说明问题而写。因此，要向对方介绍有关情况，但侧重点是把商请的事项或要求写得具体、清楚、明确，询问情况要把问题提得具体、明白。复函是为了答复来函的询问、商请事项而写的函件，因此，复函一定要有针对性，要针对来函所提的问题、要求，给予明确、具体的答复。如果是上级机关对下级机关请求批准的复函，实际上是行使"批复"的职能，因此所答复的内容应带有规定性、指示性。

(2) 行文语言要恳切朴实，感情要真挚，内容要简明。无论是联系工作、商洽事情，还是询、答问题，都应实事求是，如实说明。态度要诚恳实在，语言要朴素自然，语气要谦和文明，既要在行文中体现出本机关、本单位的职权范围，又不必用故作谦卑的寒暄、客套。对上级机关可以直称机关名称，或简称对方为"你处"、"你部"或"贵处"，自称可用"本局"、"我处"，而不必用"敝局"、"寒处"之类的谦卑用语。在上行函中对上级表示尊重是应该的，但不必情虚意假，言过其实；在平行函中，措词应有分寸，要用平和商榷的语气，忌用命令、指示口气。

(3) 要正确使用结束语。公函可以说是用于公务活动的信件，结束用语应讲究文明礼貌。去函正文的结束语有"为要"、"为盼"等用于表示希望；有"为感"、"为荷"、"是荷"等用于表示感激。其中"为要"、"是荷"一般只用于下行函，不用于平行尤其是上行函；"为感"只用于平行函，不用于下行函和上行函。复函正文的结语有"特此回复"、"此复"等，其中"此复"只用于下行复函。

> **商务信函范例：**
>
> 尊敬的先生/小姐：
>
> 昨天收到你的来信,抱怨你新家的中央加热系统未按规定时间装好,对此我非常关心。参考较早的通信,我发现我搞错了完成日期。错误完全是我的,对此我非常抱歉。
>
> 认识到我们的疏忽给你造成的不便,我们将竭尽全力避免再耽搁。我已指示这项工作优先做并让工程人员加班。这样安排会于下周完成安装。
>
> 你诚挚的：×××
×年×月×日

第三节 备忘录、会议纪要

1. 备忘录

备忘录是一种用以备忘的公文。在公文函件中,它的等级是比较低的,主要用来提醒、督促对方,或就某个问题提出自己的意见或看法。在业务上,它一般用来补充正式文件的不足,用于说明某一问题在事实上或法律方面的细节;陈述、补充自己的观点、或反驳对方的观点,交涉中为使对方便于记忆谈话内容或避免误解,既可将谈话内容预先准备妥当,谈后当面交对方,也可在事后送交。可作为照会的附件,也可单独使用。

备忘录,也是书面合同的形式之一。但不具有法律约束力。

备忘录用第三人称写成起首和结尾,不用致敬语,开头就叙述事实。面交的备忘录无抬头和落款,也无编号(送交的有),但有发文日期、地点。说帖、非文件、工作文件,也属于备忘录。

(1) 备忘录的写法

它的内容分为书端、收文人的姓名、头衔、地址、称呼、事因、正文结束语和署名。

(2) 注意事项

书端部分包括发文机关的名称、地址、发文日期,有的还包括电报挂号、电传号、电话号码等。许多机关有自己特制的信笺,在写书端时,其格式和标点符号的使用与一般信件的相同。收文人(或收文单位)的姓名、头衔、地址一项写在左上角编号处的下面,其格式与书信的写法相同。

称呼从左边顶格写起,对一般机关、团体的负责人一般用"尊敬的××先生",对政府官员可用"××先生"。

"事因"一项目前采用得较少。它可放在称呼语之前,也可放在其后。如果此项写在称呼语之前,多从左边的顶格写起;若放在称呼语之后,一般写在信笺正中。它多采用不完整的句子,只需很少几个词,甚至一个词,目的在于使收文人对文中的主要内容一目了然,便于及时处理。

正文、结束语和署名等项与一般信件的格式相同。

备忘录范例:

甲方:
乙方:

本备忘录于_____年___月___日在_____签订。

甲方_____,一家根据中国法律成立并存续的_____,法定地址位于_____;与乙方_____,一家根据_____法律成立并存续的_____,法定地址位于_____;

甲方和乙方以下单独称为"一方",合成为"双方"。

前言(鉴于)
1. 甲方情况简介
2. 乙方情况简介
3. 双方拟从事的交易情况简介
4. 双方同意,在本项目实施前,双方需各自取得公司内部所有必要批准以签订具有约束力的合同(以下统称"项目合同")。项目合同具体条款待双方协商达成一致。
5. 双方希望通过本备忘录记录本项目目前的状况,本项目具体内容经过随后谈判由双方签署的项目合同最终确定。

基于上述事实,双方特达成协议如下:
1. 双方已达成初步谅解的事项
2. 双方需要进一步磋商的事项
3. 双方签订备忘录以后应采取的行动
4. 保密资料

在本备忘录有效期内以及随后_____年(月)内,受方必须:

A 对保密资料进行保密;
B 不得用于除本备忘录明确规定的目的外其他目的;
C 除为履行其职责而确有必要知悉保密资料的该方雇员(或其关联机构、该方律师、会计师或其他顾问人员)外,不向其他任何人披露,且上述人员须签署书面保密协议,其中保密义务的严格程度不得低于本协议第____条的规定。

5. 本备忘录的修改

对本备忘录进行修改,需双方共同书面同意方可进行。

6. 本备忘录的生效和终止

> 7. 适用法律和仲裁
> 双方正式授权代表已于文首所载日期签署本备忘录,以兹证明。
> 甲方:　　　　　乙方:

2. 会议纪要

会议纪要是记载和传达会议情况和议定事项使用的一种行政公文。会议议定事项是本单位、本地区、本系统开展工作的依据。有的会议纪要的精神也可供别的单位、别的系统参考。

(1) 特点

内容的纪实性。会议纪要如实地反映会议内容,它不能离开会议实际搞再创作,不能搞人为的拔高、深化和填平补齐。否则,就会失去其内容的客观真实性,违反纪实的要求。

表达的要点性。会议纪要是依据会议情况综合而成的。撰写会议纪要应围绕会议主旨及主要成果来整理、提炼和概括。重点应放在介绍会议成果,而不是叙述会议的过程,切忌记流水账。

称谓的特殊性。会议纪要一般采用第三人称写法。由于会议纪要反映的是与会人员的集体意志和意向,常以"会议"作为表述主体,"会议认为"、"会议指出"、"会议决定"、"会议要求"、"会议号召"等就是称谓特殊性的表现。

会议纪要有别于会议记录。二者的主要区别是:第一,性质不同:会议记录是讨论发言的实录,属事务文书。会议纪要只记要点,是法定行政公文。第二,功能不同:会议记录一般不公开,无须传达或传阅,只作资料存档;会议纪要通常要在一定范围内传达或传阅,要求贯彻执行。

(2) 写法

会议纪要的写法因会议内容与类型不同而有所不同。就总体而言,一般由标题、正文、落款、日期构成。下面主要讲讲标题和正文的写法。

① 标题。会议纪要的标题有单标题和双标题两种形式。

➢ 单标题:由"会议名称+文种"构成。

➢ 双标题:由"正标题+副标题"构成。正标题揭示会议主旨,副标题标示会议名称和文种。

② 正文。会议纪要的正文大多由导言和主体构成。具体写法依会议内容和类型而定。

➢ 导言。主要用于概述会议基本情况。其内容一般包括会议名称、会期会址、参加人员、主持人和会议议程等。具体写法常见的有两种:

第一种,平列式。将会议的时间、地点、参加人员和主持人、会议议程等基本情况采用分条列出的写法。这种写法多见于办公会议纪要。

第二种,鱼贯式。将会议的基本情况作为一段概述,使人看后对会议有个轮廓了解。

➢ 主体。这是会议纪要的核心部分。主要介绍会议议定事项。常见的写法有三种:

第一种,条文式写法。就是把会议议定的事项分点写出来。办公会议纪要、工作会议纪要多用这种写法。

第二种,综述式写法。就是将会议所讨论、研究的问题综合成若干部分,每个部分谈一个方面的内容。较复杂的工作会议或经验交流会议纪要多用这种写法。

第三种,摘记式写法。就是把与会人员的发言要点记录下来。一般在记录发言人首次发言时,在其姓名后用括号注明发言人所在单位和职务。为了便于把握发言内容,有时根据会议议题,在发言人前面冠以小标题,在小标题下写发言人的名字。一些重要的座谈会纪要,常用这种写法。

会议纪要范例:

北京大学××学院关于×××会议纪要

时间:××年×月×日××:00—××:00
地点:×××
主持人:×××
参加人员:×××、×××……
记录人:×××
会议议题:×××××
导言
正文

××年×月×日

第四节 请柬、邀请书

商务请柬、邀请书也称为"请帖""柬帖"。商务请柬既是我国的传统礼仪文书,也是国际通用的社交联络方式。它是单位或个人为邀请有关单位或人士前来参加重要的纪念活动或庆典活动,为表示庄重而使用的礼仪文书。其特点是文字较少,内容相对简单,印制较为精美。商务请柬在商务活动应用广泛,商务请柬一般都有固定的格式,可方便他人阅读,一个典雅时尚的商务请柬一定会给你的公司树立良好的形象,同时能吸引更多的合作机会。

1. 请柬、邀请书结构

请柬或请帖的结构和写法有横式和直式两种,一般由以下几部分组成:

(1)封面(正面)。如果是寄送的请柬,封面的写法跟信封的写法一样,收件人不仅要有姓名,还要加上称谓,如"先生""女士""总经理"等。如果是亲自送呈,一般不用封面。

(2)称谓。称谓要注意准确,比如职务、性别等。

(3)正文。正文是请柬的主题,要把事情说明白,并把活动的时间地点写清楚,结尾一般有"欢迎您的光临"的字样。

(4)落款。落款和称谓一样,自己的单位或个人名称要规范和全面。

2. 商务请柬、邀请书书写注意事项

（1）被邀请个人或单位名称应写全，不用略写。如：北京大学党委，不能写成北大党委。

（2）有关信息的交代要清楚。活动举办的时间、地点要交代清楚。

（3）措辞讲究。措辞不能随意，要用书面语，不用方言、地方话，用词要注意对象。如：用"您"，不用"你"等。

（4）制作宜精美。不管是买现成的请柬，还是自己制作的请柬，都要尽量的精美，给人的第一个印象很重要。

（5）文种选择需根据使用的场合和情况而定。

（6）如有需要注意的事项，要在"请柬"或"邀请书（信）"上适当的位置注明，如：联系人、联系电话、住宿或携带物品、交通路线等。

第五节 商务合同

1. 商务合同概述

商务合同是契约的一种，指的是自然人、法人或其他组织之间（双方或多方），为实现各自的经济目的，按照法律规定，彼此确定一定权利和义务的协议。它具有法律效力。

2. 商务合同种类

商务合同的种类很多，按照不同划分标准，可以分为不同类型。

按照形式分，有条款式、表格式、条款与表格结合式。

按照期限分，有长期合同、中期合同、短期合同。

按照合同内容分，有买卖合同、赠与合同、借款合同、租赁合同、保管合同、委托合同等等。

3. 商务合同格式和写法

商务合同的格式包括标题、当事人、正文、落款。

（1）标题。标题位置在首行居中，通常直接使用合同名称以表明合同的性质。如"租赁合同"、"棉花供销合同"等。

(2) 当事人。标题下空一行顶格起，当事人（立合同者）要写明单位全称或个人真是姓名。通常各方当事人要以相同形式分行并列，并注明当事人在合同活动中的地位。如"卖方"或"买方"、"出租人"或"承租人"等。

(3) 正文。正文的构成是"引言＋主体＋结尾"。

① 引言。引言要简明说明双方订立合同的依据和目的，引言也可以省略。

② 主体。主体写明合同内容，包括标的、数量和质量、价款和酬金、履行期限、违约责任、解决争议的办法等，还包括当事人商定的其他条款。每项都应尽可能写得具体、明确，将各方的责任和义务规定的一清二楚。

③ 结尾。结尾要写明合同的份数、效力。如"本合同一式两份，具有同等效力，双方各执一份"等。合同正文的每个部分和每项内容，在条款式合同中都要另起一段，在表格中都要另占一格，复杂的合同还要划分章目，并在前面列出目录。

(4) 落款。落款位置在合同书的最后，除了写明当事人单位全称及代表人（或代理人）姓名并加盖公、私印章，注明签订日期外，通常还要注明地址、电话等。

4．商务合同写作要求

为了订立好合同，保证合同顺利履行，实现各自的预期目的，要求遵循以下原则：

(1) 自由、自愿原则是合同的基本原则。

(2) 遵守国家法律和政策的原则。

(3) 平等互利、公平合理的原则。

(4) 诚实、信用原则。

(5) 全面履行原则。

(6) 根据不可抗力可适时变更原则。

(7) 追究过错责任，保护当事人合法权益的原则。

商务合同范例：

甲　方：　　　　　　　　　　　　　乙　方：杭州易网工作室
联系人：　　　　　　　　　　　　　联系人：
电　话：　　　　　　　　　　　　　电　话：

甲、乙双方本着友好协商、互惠互利的原则，根据《中华人民共和国合同法》《中华人民共和国计算机信息网络国际互联网管理暂行规定》等有关条例，友好签订本合同，双方共同信守执行。

一、服务内容：

服务项目　数量　费用条款及说明　备注

备注：

以上服务内容费用合计（大写）：　　　　　（人民币小写）¥

二、付款期限及方式：

1. 甲方须在本合同签订之日起按照约定向乙方缴付相关费用，并且将款项汇入指定的银行账号。

2. 甲方向乙方支付合同额50％的网站预付费用，作为制作定金，余款在甲方验收合格正式发布时结清。

3. 付款方式请向易网公司的业务专员索取或登录我们的网站查查询。

三、双方的权利和义务：

1. 甲方须按本合同的规定向乙方按约定日期支付全部应付款项；

2. 甲方应如实填写并向乙方提供企业资料，并确保所提供资料的合法性与真实性，乙方在收到甲方交纳全部（预付）费用后，及时向甲方提供相关商务应用服务和其他服务；

3. 乙方在完善上述服务内容时，无须另行通知甲方；

4. 乙方须严格按双方的协议和双方的协商来完成甲方的相关互联网服务要求。

5. 乙方可根据甲方的相关要求作灵活的服务变动，以更适应甲方对网站制作等相关网络需求的变化。

6. 可以根据甲方的要求帮助甲方免费举办培训和技术咨询，具体的操作方式双方另行签署协议确认。

四、违约责任：

1. 乙方如违反本合同有关规定，甲方有权停止向其支付相关应付款项；

2. 甲方在乙方为其完成服务项目后，逾期未将未付款付给乙方，经乙方催讨仍未将款付清，超过付款时间十五天，乙方有权停止为甲方提供服务，并撤销为甲方在网络上的服务。同时甲方一切已付费用将不获返还；

3. 任何一方由于不可抗力的因素，致使合同无法履行时，经双方协商，可以变更或解除合同，并免除承担违约责任。

五、合同的终止：

甲乙双方有一方违反其在本合同中所作出的声明及保证或有其他违约行为，致使不能实现本合同目的，另一方有权单方解除本合同；如因不可抗力导致乙方向甲方提供的相应服务无法实现，甲乙双方经协商确认后可以解除本合同。

六、法律适用及争议的解决：

合同的订立、效力、解释就履行均受中华人民共和国法律保护和管辖。如甲乙双方执行本合同过程中发生任何争议或纠纷，双方应通过友好协商解决，如协商不成，可向当地仲裁委员会申请仲裁。

七、如有具体实施解决方案细节和双方协商的其他文件，将作为本合同附件，附件为本合同不可分割的一部分。

八、本合同一式二份，甲乙双方各执一份，具有同等法律效力。（包括附件内容）本合同有效期限从＿＿＿＿年＿＿＿月＿＿＿日到＿＿＿＿年＿＿＿月＿＿＿日。自签订之日起正式生效。

甲方：（签章） 乙方：（签章）
授权代表签字： 授权代表签字：
日期： 日期：

第六节 意 向 书

意向书是双方当事人通过初步洽商,就各自的意愿达成一致认识而签定的书面文件,是双方进行实质性谈判的依据,是签定协议(合同)的前奏。

意向书的格式:

(1) 开始写双方单位名称,代表人姓名、身份、洽商时间、地点及洽谈的主要事项。

(2) 主体:写双方的意图即达到一致认识的条款。

(3) 各方代表签名、时间。

意向书范例:

意向书

××厂(甲方)　　　　　　　　××××公司(乙方)

双方于×年×月×日在×地,对建立合资企业事宜进行了初步协商,达成意向如下:

一、甲、乙两方愿以合资或合作的形式建立合资企业,暂定名为××有限公司。建设期为×年,即从×年—×年全部建成。双方意向书签订后,即向各方有关上级申请批准,批准的时限为×个月,即×年×月×日—×年×月×日完成。然后由×××厂办理合资企业开业申请。

二、总投资×万(人民币),折×万(美元)。××部分投资×万(折×万);××部分投资×万(折×万)。

甲方投资×万(以工厂现有厂房、水电设施现有设备等折款投入);

乙方投资×万(以折美元投入,购买设备)。

三、利润分配:各方按投资比例或协商比例分配。

四、合资企业生产能力:……

五、合资企业自营出口或委托有关进出口公司代理出口,价格由合资企业定。

六、合资年限为×年,即×年×月—×年×月。

七、合资企业其他事宜按《中外合资法》有关规定执行。

八、双方将在各方上级批准后,再行具体协商有关合资事宜。

本意向书一式两份。作为备忘录,各执一份备查。

××厂(甲方)　　　　　　　　××××公司(乙方)

代表:　　　　　　　　　　　　代表:

　　　　　　　　　　　　　　　　　　×年×月×日

第七节 市场调查报告

市场调查就是搜集、记录、整理和分析市场对商品的需求情况以及与此有关的资料。

1. 市场调查的内容和方法

市场调查所涉及的范围很广,凡是直接或间接影响市场经营销售的情报资料,都是市场调查的内容。譬如,消费者和消费行为的调查,产品及其价格的调查,销售环境、流通渠道、需求量的调查,销售方式和服务质量的调查,技术发展和竞争结构的调查等。企业应根据不同时期和要达到的不同目的确定调查内容。一般说来,带有共性的基本内容有四点:

(1) 对消费者购物心理状况的调查。目的为了掌握消费者需要商品的心理变化规律。

(2) 对产品销售后有关情况的调查。包括听取消费者对产品的意见(对产品质量、规格、价格、性能、包装、交货期限的意见),了解消费者对产品的评价,产品在市场中的地位,商标的效果等;看消费者对产品使用方法是否正确,有什么要求(目的是为了研制新产品)。

(3) 对有关销售能力的调查。包括销售渠道是否合理,成本与收入的比率是否合理,广告效果、费用如何等,这对制订生产计划,安排生产大有帮助。

(4) 对竞争对手的调查。

市场调查的基本方法有普查、抽样调查、典型调查和重点调查等,具体方法有观察法、询问法(口头询问、书面询问、电话询问、样品征询)、实验法、资料调查法等,这些方法可以单独使用,也可以结合使用。

2. 市场调查报告的结构与写作

市场调查报告结构一般包括标题、前言、主体、结尾四部分。

(1) 标题

标题应与内容相符,文字要精练简洁,提法要新颖醒目,发人深思。主要形式有以下几种:

① 直叙式标题(也称公文式标题),在标题中以概括性的文字点出调查的内容、范围,并直接使用"调查"或"调查报告"点明文种名称,如"天津自行车在国内外市场地位的调查"。

② 结论式标题。把调查报告的主要观点概括为一个短语作标题,如"市场定位准确是取得经营成果的关键"、"红富士苹果在南阳市场热销"。

③ 问题式标题。如"湖南农民人均纯收入距小康标准还有多远"。

④ 复合式标题。正标题揭示主题,副标题说明调查的地点、内容范围,如"泥巴换外汇——陶瓷品出口情况的调查"。

(2) 前言

前言一般交代调查的目的、时间、地点、对象、范围和方法,说明调查的主旨和采用的调查方法。也可概括全文内容和观点。

(3) 主体

主体一般包括三部分:

① 情况部分。一般情况用简洁的语言介绍即可;具体情况要详细地阐述,还可以用数字、图表加以说明,如图 5.1 所示。

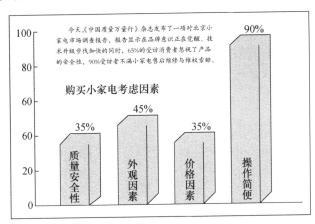

图 5.1　调查报告中的图表

② 分析预测部分。应通过对资料的分析、研究,推断出市场今后的发展趋势。层次要特别清楚,可用分列小标题形式,也可用"一、二、三……"等数字作为序号,分若干个部分。

③ 建议部分。这是在预测之后,建议采取的行动计划与措施,可供决策机构参考。

(4) 结尾

可根据内容需要来写结尾,可以照应前文或归结全篇,如果前面正文对问题已阐述清楚了,也可不再写结尾。

文尾右下方可署上调查人员名字或单位名称,并注明报告完成日期。

3. 市场调查报告的写作要求

(1) 重点要突出。市场调查的内容广泛,涉及问题较多,撰写市场调查报告,必须突出重点,有所侧重,不可面面俱到。

(2) 资料要可靠。资料可靠是保证市场调查报告质量的前提,必须坚持实事求是的原则。对于报告中引用的重要数据,须反复核实、测算,做到准确无误。

(3) 要注重分析。市场调查报告不仅要反映市场情况,更要通过深入分析,形成科学结论,表明作者对市场情况的看法和市场前景的推断,因此,写作市场调查报告要注重分析。

(4) 要讲求时效。市场行情瞬息万变,市场调查报告贵在及时。否则,时过境迁,就失去了报告的意义。

总　　结

商务写作是商务活动中书面沟通的主要内容。商务写作要表达的信息即商务写作的目标,它大致分为通知型、说服型、指导型和记录型四种类型。本章将商务写作分为商务公文和商务报告两大类别进行了介绍。

商务公文是商务组织为处理公司事务、发布经营管理信息而制作的公务文书,它包括商务传真、商务信函、备忘录、请柬、邀请书、商务合同、意向书、商务报告等。写作时,立意要注意主题明确;结构要布局严谨,层次清楚;语言要准确、简洁、庄重。

商务报告是商务人员个人或商务组织向上级组织、政府或公众汇报工作、分析或反映情况、提出意见建议、答复询问所使用的陈述性文件。它包括的内容很多,本章介绍了市场调查报告、可行性报告。掌握这些报告的写作方法,对商务人员与相关组织、部门或公众的沟通作用,无疑是十分重要的。

 复习与思考

1. 商务写作要表达的信息通常有哪几类?
2. 商务写作有哪几种文体?
3. 商务写作的基本要求是什么?
4. 公文写作的一般规范是什么?
5. 通知分为哪几种?各自的用途是什么?
6. 商务信息有哪些种类?
7. 商品说明书可分为哪几类?
8. 广告写作中,通常应考虑哪些问题?
9. 商务报告主要有哪几种?各自的作用是什么?

 实训练习

1. 对本校的校园饮食市场做一次调查后,写一篇市场调查报告,然后再根据调查材料撰写一则商务信息。
2. 为本地某品牌酒做三则广告(两则标语式,一则诗歌式)。
3. 搜集几篇经济活动分析报告,分析其结构规律。

第六章
特殊交流环境下的沟通

第一节 电话沟通

电话是现代企业对外展现自己形象的窗口,在社会组织赢得公众美誉方面发挥着独到的作用。随着电子商务的发展,电话已不仅仅是通信工具,更已成为市场营销、商务拓展的重要工具。

一、电话沟通的特点

电话沟通具有实时性,瞬间可与受信人通话联系,速度而言,没有其他沟通工具可拟比。另外它具有简便性,操作简便,任何人会使用。同时具有沟通的双向性 电话沟通可立即接收到对方回音。

二、电话交谈礼仪

电话的语言直接影响着一个公司的声誉;在商务活动中,人们通过电话也能粗略判断对方的人品、性格。因而,掌握正确的、礼貌待人的打电话方法是非常必要的。随着科学技术的发展和人们生活水平的提高,电话的普及率越来越高,人离不开电话,每天要接、打大量的电话。看起来打电话很容易,对着话筒同对方交谈,觉得和当面交谈一样简单,其实不然,打电话大有讲究,可以说是一门学问、一门艺术。

1. 电话接听礼仪

通过电话,给来电者留下这样一个印象:键桥通讯是一个礼貌、温暖、热情和高效的公司。当我们接听电话时应该热情,因为我们代表着公司的形象。

(1) 接听电话前

① 准备笔和纸:如果大家没有准备好笔和纸,那么当对方需要留言时,就不得不要求对方稍等一下,让宾客在等待,这是很不礼貌的。所以,在接听电话前要准备好笔和纸。

② 停止一切不必要的动作:不要让对方感觉到你在处理一些与电话无关的事情,对方会感到你在分心,这也是不礼貌的表现。

③ 使用正确的姿势:如果你姿势不正确,不小心电话从你手中滑下来,或掉在地上,发出刺耳的声音,也会令对方感到不满意。

④ 带着微笑迅速接起电话:让对方也能在电话中感受到你的热情。

(2) 接听电话

① 及时接听。听到电话铃声,应迅速地拿起听筒,一般来说,以在电话铃响三次左右拿起话筒最为恰当。过早会显得突兀,过迟则会给人以怠慢之感,三遍后就应道歉:"对不起,让你久等了。"如果受话人正在做一件要紧的事情不能及时接听,代接的人应代为解释。如果既不及时接电话,又不道歉,甚至极不耐烦,就是极不礼貌的行为。

② 自报家门。接听电话者首先应当向拨打电话者问好,然后报出自己的单位或姓名,如"您好!我是某某公司商务部"。万一在处理重要事情或接待重要客人期间有人打进来电话,此刻不宜与对方深谈的话,可在接听电话时向其讲明原因,表示歉意,并且约上一个具体

时间后再由自己主动打电话过去。

③ 认真清楚记录。接电话时最好是左手拿话筒,这样做是为了便于右手记录或查阅资料。在接听电话时,如遇重要内容,应作好详尽笔录,然后及时转给有关部门负责人,不得拖延,以免给工作造成损失。若对所询问内容不甚了解或不应由自己答复时,应请相应的部门主管答复,注意自己不可越权。电话记录既要简洁又要完备。在记录时应牢记5W1H技巧,详细记下"When—何时、Who—何人、Where—何地、What—何事、Why—为什么、How—如何进行"等内容,并保留相关资料。认真记录对接、打电话,具有相同的重要性。

④ 礼貌热情。代接、代转电话应注意尊重别人隐私,对方所找的人不在,需代转电话时,应记录准确对方的姓氏和联系电话,或告之对方何时在打来。若电话是找其他人,要用手轻捂送话筒,然后在呼喊远距离的送话人。善待打错的电话,可礼貌地告诉对方打错了,请对方重拨一次,不要粗暴的挂掉话筒。

⑤ 使用礼貌用语。通话过程中,应当根据具体情况适时选择运用"谢谢"、"谢谢贵公司的信任"、"请问您还有其他需要吗"、"请"、"对不起"一类礼貌用语。

⑥ 认真聆听,弄清来电的目的、内容。每个公务电话都重要,不可敷衍。如果对方要找的人不在,切忌只说"不在"就把电话挂了。要尽可能问清事由委婉地探求对方来电目的,如自己无法处理,也应认真记录下来,避免误事,这样还可以赢得对方的好感。

⑦ 复诵来电要点。电话接听完毕之前,不要忘记复诵一遍来电的要点,防止记录错误或者偏差而带来的误会,使整个工作的效率更高。例如,应该对会面时间、地点、联系电话、区域号码等各方面的信息进行核查校对,尽可能地避免错误。

⑧ 最后道谢。最后的道谢也是基本的礼仪。来者是客,以客为尊,千万不要因为电话客户不直接面对而认为可以不用搭理他们。实际上,客户是公司的衣食父母,公司的成长和盈利的增加都与客户的来往密切相关。因此,公司员工对客户应该心存感激,向他们道谢和祝福。

⑨ 轻挂电话。感谢对方来电,并礼貌地结束电话:在电话结束时,应用积极的态度。同时要使用对方的名字来感谢对方。如果主动结束通话一般应征求对方意见,如:"就谈到这里,好吗?""您看,这样行吗?"然后轻缓地挂上电话。不管是制造行业,还是服务行业,在打电话和接电话过程中都应该牢记让客户先收线。因为一旦先挂上电话,对方一定会听到"咔嗒"的声音,这会让客户感到很不舒服。因此,在电话即将结束时,应该礼貌地请客户先收线,这时整个电话才算圆满结束。

⑩ 当你正在通电话,又碰上客人来访时,原则上应先招待来访客人,此时应尽快和通话对方致歉,得到许可后挂断电话。不过,电话内容很重要而不能马上挂断时,应告知来访的客人稍等,然后继续通话。

2. 拨打电话礼仪

(1) 选择恰当的时间打电话。通话的最佳时机有:双方预定的时间或接听电话者方便的时间。一般不宜在他人休息或用餐的时间内给对方打电话。白天应在8点以后(假日9点以后),夜间九点以前,最晚不要超过10点)。一般中午13点—15点也不适合。

(2) 做好打电话前的准备,如通话内容、相关资料、记录本等。

(3) 注意语气。在电话接通后,应口齿清晰、音量适中、语气友好。首先问候对方:"您好"或者"你好",接着是要向接听电话者酌情进行自我介绍,报出自己所在单位、姓名或职务。终止通话时,要道上一声"再见!"。

拨打电话时,要注意语言文明,态度友好。假如自己所找的人不在现场,需要别人代为寻找或转告时,要说"请"、"麻烦"、"谢"等礼貌用语。要是自己拨错了电话号码,一定要当即向接听者说明原因,表示歉意,不能一言不发的挂断电话。通话之中,嗓门不宜过高,嘴与话筒之间保持3厘米左右的距离。

(4) 言简意赅。注意通话长度,宁短勿长。每次通话,简单问候后即可转入正题,力求长话短说,简明扼要。因此每次通话前,应当尽量想好通话的内容,理好思路。作到有的放矢。

(5) 轻挂话筒。终止通话时,应将话筒轻轻地放下。若是同上级、长辈、贵客、主叫通话时,应等对方挂掉话筒后,自己再把话筒挂掉。

(6) 要掌握通话时间。通话内容表达要尽量简洁明了,注意控制时间,一次电话的通话时间一般控制在三分钟为宜。打电话前,最好先想好要讲的内容,以便节约通话时间,不要现想现说,"煲电话粥",通常一次通话不应长于3分钟,即所谓的"3分钟原则"。

(7) 拨号后如无人接听,应待电话声响六七声后再挂断。如果要找的通话对象不在要道谢,拨错电话要道歉。

3. 接打电话的共同要求

(1) 用语文雅礼貌

使用文雅、礼貌的语言是对通话对象尊重的直接体现,也是个人修养的基本功。

(2) 用语准确规范

力求语音标准、吐词清晰,用词规范、表达准确。

(3) 语调自然,语气温婉

为了达到良好的通话效果,通话中要注意语音、语调、语气等方面问题,力求语调自然,语气温婉。另外,通话中注意让话筒与嘴部保持2～3厘米的距离,能帮助保持音量的适度。

(4) 面带微笑

面带微笑虽然不是对语言的直接要求,但能够直接影响有声语言的声音色彩及情感表达。

(5) 拨打电话过程中应该始终保持正确的姿势

一般情况下,当人的身体稍微下沉,丹田受到压迫时容易导致丹田的声音无法发出;大部分人讲话所使用的是胸腔,这样容易口干舌燥,如果运用丹田的声音,不但可以使声音具有磁性,而且不会伤害喉咙。因此,保持端坐的姿势,尤其不要趴在桌面边缘,这样可以使声音自然、流畅和动听。

(6) 左手持听筒、右手拿笔

大多数人习惯用右手拿起电话听筒,但是,在与客户进行电话沟通过程中往往需要做必要的文字记录。在写字的时候一般会将话筒夹在肩膀上面,这样,电话很容易夹不住而掉下来发出刺耳的声音,从而给客户带来不适。为了消除这种不良现象,应提倡用左手拿听筒,右手写字或操纵电脑,这样就可以轻松自如地达到与客户沟通的目的。

4. 电话转接礼仪

当我们接到一个外线电话要求转接时,应该遵循以下礼仪:

不同的来电者可能会要求转接到某些人。任何找管理者或领导的电话必须首先转到相关的秘书或助理那里。这样可以保证管理者或领导们不被无关紧要的电话打扰。如果秘书的电话占线或找不到秘书——你必须回答:"对不起,××先生电话正占线,您要等一下吗?"如果对方回答"是",请保留来电者的电话不挂断,但等到快一分钟时,你必须跟来电者确认是否还要继续等候。你必须说"××先生的电话还在占线,您还要等候吗?"如果回答"否",你必须说:"请问您有什么事我可以转告吗?"

如果你知道相关的人员现在不在办公室——你必须说:"对不起,××先生暂时不在办公室,请问有什么事情我可以转告吗?"或者说"对不起,××先生去香港出差了,请问有什么事情可以转告吗?"千万不要在不了解对方的动机、目的是什么时,随便传话,更不要在未授权的情况下说出指定受话人的行踪或将受话人的手机号码或家庭电话号码告诉来电者。

如果来电者不希望和具体某个人或者不确定和谁通话时,你必须说"有什么可以帮到您的吗?"通过与他的对话了解来电者的目的。如果是投诉电话,你应该仔细聆听后,帮他们找到可以帮助的人,但不能将电话直接转到公司领导那里。如果是一般性的推销电话,你必须说:"对不起,××先生外出香港了,他的秘书暂时联系不上,您需要我转达什么信息吗?"

如果来电者拨错了号码,你必须说"对不起,您是不是打错了呢?这里是×××公司"。如果有必要你还可以告诉来电者"这里的号码是×××××××"。

如果一次通话占用了较长时间又有其他电话进来时,你必须说:"对不起先生,您能稍等一会,让我接听另外一个电话吗?"

三、电话沟通艺术

电话销售只靠声音传递信息,电话销售人员只能靠"听觉"去"看到"准客户的所有反应并判断销售方向是否正确,同样地,准客户在电话中也无法看到电话销售人员的肢体语言、面部表情,准客户只能借着他所听到的声音及其所传递的信息来判断自己是否喜欢这个销售人员,是否可以信赖这个人,并决定是否继续这个通话过程。

电话销售人员必须在极短的时间内引起准客户的兴趣:在电话销售的过程中如果没有办法让准客户在20~30秒内感到有兴趣,准客户可能随时终止通话,因为他们不喜欢浪费时间去听一些和自己无关的事情,除非这通电话让他们产生某种好处。

电话销售是一种你来我往的过程:最好的销售过程是电话销售人员说1/3的时间,而让准客户说2/3的时间,如此做可以维持良好的双向沟通模式。

电话销售是感性的销售而非全然的理性销售 电话销售是感性销售的行业,销售人员必须在"感性面"多下工夫,先打动客户的心在辅以理性的资料以强化感性销售层面。

四、电话销售活动中沟通策略的运用

(1) 首先,必须明确此次电话访谈的目的。

一位专业的电话销售人员在打电话给客户之前一定要预先订下希望达成的目标,如果没有事先订下目标,将会使销售人员很容易偏离主题,完全失去方向,浪费许多宝贵的时间。通常电话销售的目标可分成主要目标及次要目标:主要目标通常是你最希望在这通电话达成的事情,而次要目标是如果当你没有办法在这通电话达成主要目标时,你最希望达成的事情。

许多电话销售人员在打电话时,常常没有订下次要目标,因此在没有办法完成主要目标时,就草草结束电话,不但浪费了时间也在心理上造成负面的影响觉得自己老是吃闭门羹。

常见的主要目标有下列几种:
- 根据你销售商品的特性,确认准客户是否为真正的潜在客户
- 订下约访时间(为面访业务人员订约)
- 销售出某种预定数量或金额的商品或服务
- 确认出准客户何时作最后决定
- 让准客户同意接受商品/服务提案

常见的次要目标有下列几种:
- 取得准客户的相关资料
- 销售某种并非预定的商品或服务
- 订下未来再和准客户联络的时间
- 引起准客户的兴趣,并让准客户同意先看适合的商品/服务文宣资料
- 得到转介绍

(2) 电话沟通事前准备工作。从事任何行业如果要获得良好的成效,一定要在事前做好完善的规划,否则必定事倍功半,电话销售也不例外,一样需要事前妥善规划,其中有四件重要准备工作:了解真客户购买动机;整理一份完整的商品功能/利益表;研究准客户/老客户的基本资料。

(3) 在拨打电话之前,应该对达到预期目标的过程进行设计,可以准备一张问题列表,并对可能得到的答案有所准备。

(4) 可以给一个公司或组织的多个部门打电话,这不仅可以帮你找到正确的访谈对象,还可以帮助你了解该公司的组织运行模式(例如项目的决策过程、采购流程等)。如果你需要给许多类似企业打相同的电话,这些信息就会大有帮助。人力资源部、总裁办、采购部、投资部等都是可以进行首次接触的部门。

(5) 选择一家公司的较高行政部门(例如总裁办)开始进行电话访谈是一个较好的选择。因为公司总裁或总裁秘书通常会清楚地知道公司中哪个部门或谁负责这些工作。考虑到他们的工作很忙,开门见山地提出问题是一个好的选择,例如:"您好,请问是××公司吗,现在接电话方便吗,我是×××,请问贵公司由谁负责××工作?"

(6) 如果你从一个较高职位(例如从总裁办)获得一个较低职位的联系信息,在开始访谈时,你应该说出较高职位人的姓名或职位,以提高访谈的可信度和重要性。例如:"贵公司王总让我打电话给您,了解一下……"。

(7) 在进行完你个人和公司的简短介绍后,应首先征询受访者的许可,然后再进入电话访谈的正式内容。

(8) 如果受访者此时很忙,尽可能与受访者约定下次访谈的时间。约定时应采用选择性的问题,如使用"您看我们的下次访谈定在明天上午还是下午呢?"、"是下午两点还是下午三点呢?"。

(9) 电话访谈进行中要注意倾听电话中的背景音,例如:有电话铃声、门铃、有人讲话等,此时应询问受访者是否需要离开处理,这表明你对受访者的尊重。

（10）提高你提问和听话的能力。通过提问去引导你们的电话访谈,在听取受访人回答时正确理解客户的意图,包括话外音。

（11）要经常称呼对方的名字,这样表示对对方尊重。

（12）最后一点,也是最重要的。一定要有信心和恒心,坚持下去,你一定能够找到那个向你提供信息或者购买产品的人。

案例演示：电话谈判

王玉松：M乳品公司大客户经理

宋卫东：华惠(化名)大型连锁超市采购经理

周一晨,王玉松拨通了陈经理办公室的电话。

王玉松：早上好,宋经理,我是M乳品公司大客户经理王玉松,想和您谈一谈我产品进店的事宜,请问您现在有时间吗？（通过前期了解,王玉松已经知道卖场的负责人姓名及电话）

宋卫东：我现在没有时间,马上就要开部门例会了。（急于结束通话,很显然对此次交谈没有任何兴趣）

王玉松：那好,我就不打扰了,请问您什么时间有空,我再打电话给您。（这时一定要对方亲口说出时间,否则你下次致电时他们还会以另一种方式拒绝）

宋卫东：明天这个时间吧。

王玉松：好的,明天见。（明天也是在电话里沟通,但"明天见"可以拉近双方的心理距离）

周二晨,王玉松再次拨通了宋经理办公室的电话。

王玉松：早上好,宋经理,我昨天和您通过电话,我是M乳品公司大客户经理王玉松。（首先要让对方想起今天致电是他认可的,所以没有理由推脱）

宋卫东：你要谈什么产品进店？

王玉松：我公司上半年新推出的乳酸菌产品,一共5个单品,希望能与贵卖场合作。

宋卫东：我对这个品类没有兴趣,目前卖场已经有几个牌子销售了,我暂时不想再增加品牌了,不好意思。（显然已经准备结束谈话了）

王玉松：是的,卖场里确有几个品牌,但都是常温包装,我产品是活性乳酸菌,采用保鲜包装,您当然了解消费者在同等价格范围内肯定更愿意购买保鲜奶；其次我产品已全面进入餐饮渠道,销售量每个月都在上升,尤其是您附近的那几家大型餐饮店,会有很多消费者到卖场里二次消费；我公司采用"高价格高促销"的市场推广策略,所以我产品给您的毛利点一定高于其他乳产品。（用最简短的说辞提高对方的谈判兴趣,在这段话中王玉松提到了产品卖点、已形成的固定消费群体、高额毛利,每一方面都点到为止,以免引起对方的反感从而结束谈判）。

宋卫东：（思考片刻）还有哪些渠道销售你的产品？（对方已经产生了兴趣,但他需要一些数据来支持自己的想法）

> 王玉松：现在已经有100多家超市已经在销售我们的产品了，其中包括一些国际连锁，销售情况良好，我可以给您出示历史数据。（通过事实情况的述说增强对方的信心）
>
> 宋卫东：好吧，你明天早上过来面谈吧，请带上一些样品。
>
> 情景演示小结：在首次通话时，买方没有给王玉松交谈的机会，很多销售人员在此刻只能无奈地结束通话，而王玉松表现出灵活地应变能力，争取了一次合理的致电机会。在第二次通话时，面对买方的拒绝，王玉松按照电话谈判的要点，在很短的时间内简洁地向对方告之产品的独特卖点与竞争优势，成功地提高了对方的谈判兴趣，最终赢得了双方常规谈判的机会。

第二节　网络沟通

一、网络沟通的类型和特点

1. 网络营销沟通

麻省理工学院和马里兰大学的一份研究报告表明网上商业的现实并非如人们的想象。这份研究报告对网上商业的四个特征进行了分析：价格水平、价格弹性、标价成本和价格差异。

（1）价格水平

随着网上商业的发展，网上的价格经历了一个从比传统市场价格高到低9％～16％的过程。市场会因为竞争而成熟。1997年5月19日，当Barnes & Nobel（美国最大的书刊零售商）也上网卖书后，Amazon一下子就降价近10％以对付竞争对手。

（2）价格弹性

价格弹性是指价格的上下波动能引起需求量相反变动的幅度。在一个竞争充分、消费者对价格信息全面了解的市场上，价格弹性比较大，即谁便宜（价格低），消费者就向谁购买（销量大）。但价格弹性对于不可比的商品就不太适用。他们发现就不可比较的商品而言，如果相关产品信息较少时，顾客会很关注价格，而当向消费者提供较多的产品信息时，价格竞争就变得不太明显而且更容易成交，也就是说价格的高低对销量的影响减小了。

（3）标价成本

标价成本是指商家改变定价时产生的费用。在传统市场上标价成本主要是对货品重贴标签的材料成本、印刷成本和人工成本。而在网上的标价成本则很低，仅仅是在数据库中做一下修改。较高的标价成本会使价格比较稳定，因为每一次价格变动所带来的利润至少要超过价格变动所产生的费用，所以传统商家就不太愿意做小的价格变动。而网上商家做价格变动的次数要远远大于传统商家，愿意调价的幅度只是传统商家的百分之一。

（4）价格差异

即在同一时间同一商品市场上有不同的价格。作者发现，和传统市场相比，网上的价差并没有缩小。网上的书籍和CD的价差最多可达50％，书籍和CD的平均价差分别为33％

及25%。他们认为其中的原因包括市场不够成熟以及网上零售商本身的一些不同,如它们在公众中的知名度及公众对它们的信任程度。有人则研究了网上旅行社出售的机票的价差。尽管剔除了不可比性,价差还是达20%。他们没有拿这个价差和传统市场的价差作比较,但认为这个价差还是超出他们的预料。他们认为这是商家的市场分化策略及价格歧视所致。

(5) 价格差异原因分析

迄今为止,关于价格水平、价格弹性和标价成本的研究都证实了互联网可以提高市场效率的假设,唯独网上零售市场上巨大且持久的价格差异为网上零售市场未来的竞争提出了一些有趣的问题。导致网上价差的原因会是:

① 产品的不可比较性。如果比较的商品有一些不同,它们的价格有些不同也就不足为奇。还可以认为即使是同一种商品,它们也不是完全可替代的,因为它们可能出现在不同的场合和时段。同样一瓶酒,在超市和在饭店具有不可比性。还可以进一步认为,同一种商品,如果客户对它的服务、广告的认知程度不同,它的价格也会不同。也就是说,商品的不可比性不仅表现在它的物理性质上的不同,还可以是附加在它身上的商业服务,如商品的退货政策等的不同。经济学中有个数学模型可以量化商品的不可比性,以使商品可以比较。他们利用这个模型调整了商品的可比性后发现还是存在价格差异。经过研究,他们发现价差的另外一个重要原因是商家本身的一些差异,如它们在消费者中的知名度以及公众对它们的信任度。

② 购物的便利程度及购物经验。较易浏览的网页、好用的搜索工具、客观的购物建议、详细的商品信息尤其是样本(如一本书的简介或章节,CD 的试听等,消费者在购买这类商品时,往往会被商品介绍所吸引并顺便购买。也有消费者在这样的网站浏览信息再到价格低的网站购买,但这样耗时较多,所以并不普遍)、方便的结算手续和快捷的交货,这些都会使商家在定价时有优势。研究还发现有些背景颜色能使顾客产生愉悦感进而影响他们的购物行为。同样,消费者在浏览过程中看到的商品的先后顺序也会影响他们的购买行为。

③ 商家的知名度。传统零售商的三个成功的因素常常被称为地点、地点,还是地点。这对网上零售商同样适用。所以他们都会在各大门户网站上占据显要位置以吸引人们的注意力。网上零售商越多,这种注意力的价值就越大。他们发现 Amazon 和 CDNow 的定价要比 Books 和 CDUniverse 的高 7%~12%。

④ 品牌和公众对商家的信任度。现在网上有不少价格比较、价格搜寻或购物蠕虫(Shopbots)的软件专门替消费者在网上寻找最低价,但出人意料的是并不是每个找到最低价的人都会以最低价成交。尤其是在购买小额商品时,如果价差不大,他们宁可选择自己较信任的网站成交。因为不同于在传统市场上钱货两清的交易方式,网上交易的风险较大,不少人不愿意冒这种风险。文中提到了几种增加信任度的方法:主办网上社区、和著名的网站链接、提供客观的商品信息、和传统的知名品牌合作。顾客如果在传统市场上对某个品牌比较信任的话,在同样品牌的网站就不太在乎合理的价格差异。传统市场的知名品牌在网上的定价可以比纯粹的网上零售商的同类产品的价格高 8%~9%。

⑤ 锁定顾客。航空公司常常用"奖励飞行"的方法来锁定顾客,使他们在调换航空公司时会有一定的损失。网上商家也有一些锁定顾客的手段。消费者一般愿意在熟悉的购物环

境中购物,如果他已熟悉了一个设计独特而又便于浏览的网页,他再去其他网站时就会有些不适应。有些网站实行"一键成交"制,即客户预先在商家那里登记好所有的个人信息及财务信息,在正式成交时就很方便了。由于网上交易存在风险,客户不可能在每个网上商家那里预先登记,能够得到这些资料的商家在某种意义上锁定了顾客。但如果商家不讲策略,强迫客户登记的话,则会适得其反。商家还可以用特殊的软件,对消费者的浏览和购物行为进行分析,然后投其所好,向该客户推荐度身定做的商品信息。这种个人网页是需要时间积累的,如果客户转到一个新的网站,就要从头来做。

⑥ 价格歧视。价格差异是指不同的商家对同一商品制定不同的价格,而价格歧视则是同一商家在同一时间对同一商品制定不同的价格。这是商家的价格利器。原因是互联网可以让商家方便地搜集消费者的信息并且在网上改变价格的成本很低。商家可以根据消费者的支付意愿制定价格和便利程度的组合表,即让消费者在省钱但麻烦和不省钱但方便中间做选择。商家的手段一般是:让选择不同价格的消费者浏览不同的界面。出价高的消费者能看到比较明了方便的界面,而出价低的看到的界面往往浏览起来比较麻烦费时。另一种比较隐蔽的手段是价格比较机制。即某个网站保证它的定价最低。在它的标价旁边有一个价格比较按钮,消费者按下按钮后就能让网站去自动比较价格,如果找到更低的价格,商家会自动调低价格。这看起来是激烈竞争的产物,其实却是商家的一条"苦肉计"。首先,降价不是绝对的,只有当客户要求时才有可能;其次,降价只在个案中发生,后来的消费者还是需要重复询价;最后,询价的过程很费时(可能需要一分钟甚至几分钟)。最近的调查表明,消费者希望通过这种方式得到的价格优惠大概是每本书15美分。大概只有十分在乎价钱的人才会花费一分钟甚至几分钟的时间去使用这个系统。网上拍卖则提供了另一个根据消费者支付意愿对消费者进行分类的例子。一般来说,从网上拍卖来的东西会比较便宜,但整个过程很耗时,它需要顾客花费时间去竞标并关注整个拍卖过程。根据这点,商家可以判定这个消费者的支付意愿和消费习惯。就像互联网向消费者提供了强有力的价格搜寻工具一样,它也向网上商家提供了细分客户群的工具,甚至可以做到个别推销并因人定价。这样,在某些场合下,买卖双方间的"斗智斗勇"就使得"价格公道,童叟无欺"不太可行了。

2. 网上客户服务沟通

网上客户是目前电子商务领域的主要服务对象。与客户的良好沟通可以在短时间内赢得客户的信任和订单,也可以在长时间内保持良好的业务关系。那么怎样才能在网上做到良好的沟通呢?

首先要做到"知己知彼"。做到这一点其实并不容易。在很多案例中我们发现现在的服务提供商并不知道自己的优势和劣势在哪里,只是一味地宣传自己的产品本身。遇到再多的网上潜在消费者仍然在宣传着同样的内容"我们的产品有多么好!"这样做的结果是使人产生乏味的感觉,既而失去了与消费者的进一步沟通的机会。另外要了解客户需要什么。客户的需要是产品销售的前提。能像了解自己的产品一样了解客户,就意味着你与客户的沟通比较有效。

其次要借助先进的技术宣传品牌,拓展服务领域。在商务活动中,企业能提供的服务有多少,那么它能带给企业的效益就有多少。在当前崇尚服务的年代,实质性的产品所能带来的利润已经趋于饱和,服务才是真正的利润增长点。如果企业还不能意识到这一点就无法长期在商海中生存。那么在电子商务时代,企业又能通过先进的技术提供哪些服务呢?比如企业在网络上推广自己产品的同时可以通过声音、图片或者动画宣传自己的经营理念,让更多的消费者认识到该品牌的价值。我们来看看台湾品牌明基是怎么做的吧!他们在推广自己的笔记本电脑的时候,经常提到科技是为生活带来快乐的产品。

那种让人一谈到高科技就与工作联系在一起的思想被彻底打破。那么这种理念带给人们的观念就是科技也是能够带来快乐的,它是生活的一部分!借助这种理念的宣传反过来促进了明基产品的销售,可见产品本身并不具有长久的生命力,品牌所具有的理念才是恒久的。通过网络可以带给新一代消费群体一个消费观念,那么企业就会在较长时间内保持良好的业绩。目前我国的消费群体主要是青少年。他们对新鲜事物和网络充满了好奇。所以培养新的消费群体也可以通过商务网站来运作。随着商务网站本身的发展,提供更多功能的需求也越来越强烈。所以服务领域的扩大对宣传网站自身和更有效的宣传产品都具有很大的帮助,能够吸引更多的潜在消费者对该产品产生兴趣,同时稳定住现有的消费者,让客户感受到企业在不断的成长。

再次是做到有效的信息反馈。在产品销售出去以后,顾客会有不同的反应。如果他们对产品的反应不能很快地反馈到生产企业,那么企业会因此失去改进的机会。长久下去,企业就不会再有发展。顾客也会因为企业对他们意见的漠视而流失。这种现象在我们国家比较普遍。做到信息反馈及时准确是进行有效沟通的前提。比如在企业的商务网站上一定要建立专门的邮箱或者意见反馈区,保证客户可以在最短的时间内发表他们对产品或者服务的意见。另外,要保证专人负责意见的收集整理,并负责将这些意见通过企业内部网尽快通知相关各部门,尽快拿出解决问题的方案。这些方案,也要尽快通知客户,让客户看到企业所采取的措施。沟通渠道的畅通是保证有效信息反馈的必备条件。有效的沟通可以很快的解决问题,但需要双方的共同努力。

最后是进行不定期的登门拜访。尽管技术不断进步,人们的沟通方式有了很大的改变,但传统的沟通方式仍然是比较有效的。人们对于登门拜访看成是最高的礼遇。特别是在中国这样一个讲求礼节的国家,登门拜访被认为是最正式的沟通方式。如果有什么意见建议,可以当面解决,让客户看到企业解决问题的诚意。在被客户认可以后,问题一般都能很快的得到解决。企业也会在不断的登门拜访中得到最直接和最真实的资料。这对于巩固现有的客户和发展更多的客户是极为有利的条件。

3. 网络广告沟通

网络广告的优势是传播速度快,形式活泼多样,范围广,费用低廉。劣势是受众群体受到限制。传播手段在一些技术不发达地区不容易被接受。

做好网络广告沟通需要注意以下问题:

(1)受众群体的确定。网络广告发布的地点在网络上,只有经常上网的人才会浏览这些内容。对于那些缺乏上网条件或者对网络一无所知的人来说,网络广告不能起到什么作用。经常上网的大部分是青少年和知识层次较高的中年人。面对这样一个群体如何发布广告是企业需要考虑的问题。如果产品主要的消费对象是这些人,那么做网络广告将是明智的。因为既省钱又省力,传播范围又广。假如要推销的产品是面向老年人和婴幼儿的,那么这样一种方式恐怕就很难奏效。在广告发布前,受众群体的确定将决定产品是否能打开网络销路。

(2) 广告形式的多样性。网络广告在确定受众群体后,就应当根据受众群体的特点确定广告的形式。面对音乐、图像、图形、动画等多种形式的选择,广告需要采用怎样的形式需要根据多方面因素来确定。好的广告形式会引起消费者对产品的购买欲望,从而通过网络广告与消费者建立起沟通渠道,进一步赢得消费者对产品内在价值的认可。当前国内的网络广告主要采用的是 Flash。它集合了声音和图文,给广告增色不少。在国外,广告比较平实,没有太多的修饰成分,重点强调产品的特色。不管广告采用怎样的形式,目的只有一个,就是能够让商家通过广告与消费者产生共鸣,促进产品的销售,树立品牌的形象。

(3) 互动内容的加入会增加网络广告的沟通效果。在网络广告中,互动内容可以让广告增加亲切感,拉近了商家和消费者之间的距离。另外,互动内容让消费者有了选择自己满意商品的机会,能更多的了解产品之间的不同,对商家也会产生好感。可以说,通过增加互动内容,让商家也对产品是否适销对路有了了解,也让客户有机会对商家的产品提出意见和建议,为产品的更新和发展奠定了基础。

(4) 网络调查会增加客户对网络广告的印象。

4. 网络调查

网络调查是与客户做电子商务沟通的必要环节。它在售前、售中和售后都能起到至关重要的作用。假如你对市场前景并不了解,可以通过网络调查了解顾客的需求,拓展顾客对产品的认知度;销售过程中客户的意见可以很快反馈到生产研发部门,不断并且及时的对产品做出调整以满足顾客对产品的需求;售后要通过网络调查了解客户对产品是否满意,还有哪些意见,为稳定客源和开拓新的市场打下基础。

在实施网络调查的过程中需要注意以下问题:

(1) 做到调查内容全面

(2) 做到调查形式简练

(3) 注重客户意见的搜集整理

(4) 及时向相关部门反馈调查意见,采取改进措施

(5) 尽快对客户提出的意见做出回应,使客户感到他们的意见是受重视的。

5. 网络博客

新技术为企业开启了新的信息沟通传递方式。B2B 企业的营销人员开始利用新的媒体如博客(BLOG)、播客(podcasts)和 RSS 来接触并与他们的客户、员工、潜在客户和商业合作伙伴进行沟通。最近 JupiterResearch 发现博客等新兴媒体已经在广告客户中占据一席之地,如一些金融服务、媒体及旅游行业开始使用博客,podcasts 和 RSS 进行广告或宣传试验。

一些知名 IT 公司如 Hewlett-Packard,IBM,SUN 和 Oracle 都是博客营销等新技术的积极实践者。下面介绍 Visa USA,Oracle 和 IBM 等知名企业的博客营销应用案例。

Visa USA 在 2005 年 10 月份发布了他们的第一个博客,叫做都灵之旅:www.journey-totorino.com,该博客网站以冬奥会体育新闻为内容主题,包含采访运动员的 podcasts 音频内容。值得注意的是,Visa 没有特意推广这个博客站,同时除了网站 logo 和页面底部的说明'Brought to you by Visa USA.',内容中也没有提到 Visa 公司。他们的目的是想考察通过病毒性传播手段,这个博客宣传能够达到何种传播效果。结果显示,网站用户数从一小部分读者开始发展到每天 300 人,2006 年 1 月份第一周读者人数达到 1 万人。

Oracle 在营销领域一直热衷于尝试新技术应用。2005 年 4 月,Oracle 就制作了一个 podcasts 节目,内容是技术专家讨论公司的技术和应用,放在 Oracle Technology Network 的 podcast 中心,用户可以自由下载到桌面或 MP3 播放器中。

同时,Oracle 还拥有一个大的博客社区,目前有 60~70 篇博客文章,都是由 Oracle 的客户和合作伙伴发布的,讨论他们如何使用公司的技术产品。Oracle 还计划改用第三方提供的博客系统,以加大对博客的利用。

不过,要测量这些新兴媒体的投资收益率是比较困难的。Oracle 使用网页浏览数指标来判断博客达到的沟通和传播效果,以及通过 podcast 的下载量等进行效果评估。

IBM 也是新营销的积极实践者。2005 年 8 月份,他们发布了专门针对投资人的 podcasts 站点:www.ibm.com/investor。其中讨论商业和技术主题,如银行业、购物和网络游戏等。IBM 也在公司内部网上提供博客系统以鼓励员工使用博客和 podcasts。IBM 的发言人称,员工对于这些社会化网络和沟通方式的活跃状态让他们意识到新兴技术应用的极大潜力。

到目前为止,约 15000 个 IBM 员工注册了公司博客,2200 个员工定期维护其博客。博客主题从技术讨论到寻求项目帮助,应有尽有。

但 IBM 也发现不少潜在的问题,如机密信息泄露或可能危害公司声誉的信息等。为了降低风险,IBM 还专门针对员工发布博客拟订了发布指南,包括员工不得泄漏公司机密信息、未经客户许可不得提及客户,不可使用侮辱性或亵渎性语言等。

前面提及的 IT 公司实际上并不是最早尝试博客营销的公司,相对于一些 IT 顾问咨询公司的博客应用来说,甚至是比较迟钝的。

企业博客的发展状况表明,2006 年企业博客营销将获得更大的发展——尽管很多公司的博客营销实践应用水平可能还很不专业,但毕竟走出了革命性的一步。鉴于博客营销的影响力日渐重要,而博客营销实践中的问题也非常突出。

二、网络即时沟通的策略和艺术

拉拉手电子商务网(www.lalasho.com,如图 6.1)是企业运营资源交易网,采用 B2B 的电子商务模式,为企业提供多种网上商务服务。拉拉手率先采用的"买方先询价、卖方后报价"的交易模式,为企业交易运营资源提供了先进的在线商务平台,降低了运营成本,增强了企业的竞争力。"比较购物"、"电子优惠券"、"集体竞买"等让消费者获得了物美价廉的商品和服务,为企业创造了新的商业机会。拉拉手创造的多项独特 Internet 软件技术,使众多加入拉拉手电子商务网的企业在电子商务应用浪潮中领先一步。

图 6.1 拉拉手主页

拉拉手企业运营资源交易网本身并不直接参加销售,而是提供优秀的交易平台和先进的交易模式,让买、卖双方自由比较和选择。使用互联网平台,交易更加省时、省力、省钱;采用"买方先询价、卖方后报价"的模式,交易目标更明确,把传统市场中只有大宗交易才可能使用的招、投标机制引入电子商务,通过网站,买、卖双方拉拉手。企业运营资源是指企业经营所需要的非生产原料性的服务与产品,主要包括财税工商、法律咨询、广告展览、印刷设计、网络服务、营销策划、人力资源、储运进出口、后勤行政、保险金融、电脑硬件、电脑软件、办公用品、办公设备、办公家具、电脑升级。目前,在拉拉手企业运营资源交易网可以交易218种服务和104种产品。拉拉手比较购物的口号:网上商店大比拼,货比三家最舒心。在数百家网上商店、数十万种商品中,做出最佳的购买选择几乎是不可能的。拉拉手不卖东西,不是网上商店,而是网上商店比较中心,每时每刻搜索所有的网上商店,提供所需商品在不同网上商店的价格、服务等信息,帮助优秀的商家和目标消费者进行沟通。网上明智购物,从拉拉手开始。

1. 拉拉手资源交易网的功能

(1) 价格比较

当消费者决定购买某种商品时,只需首先登录拉拉手网站,就可以了解所有出售该商品网上商店的价格,明智选择。

(2) 商品比较

当消费者决定购买某一价位商品时,只需登录拉拉手网站,就可以了解所有该价位商品的各项性能指标,轻松比较。

(3) 服务比较

当消费者确定购买某种商品时,只需首先登录拉拉手网站,就可以了解网上商店的信誉、配送、付款等信息,理智选择。

拉拉手电子优惠券为中国首创电子优惠券,即帮助消费者获得最新、最多、最好的优惠信息,又帮助服务型企业宣传、销售。拉拉手创造网络时代消费新模式。目前,有5000多个优惠信息。

拉拉手集体竞买为中国首创网络集体竞买模式,帮助众多不熟悉的网上购买者一起直接与商家砍价,以批发价格直销商品,减少传统销售的中间环节。拉拉手首次在中国推出B2B的集体竞买平台。

2. 隐私政策

为保护买卖双方的合法权益,拉拉手网还制定了完善的隐私保护条例,从信息收集、信息使用、密码控制和安全性四个方面进行了严格的保护。拉拉手向你郑重保证:绝对尊重你的隐私。你可以得到拉拉手就隐私方面的如下保证:

(1) 信息搜集

当你注册时,我们将向你询问姓名、电子邮件地址和其他个人资料。另外,我们可能会问到其他一些信息用于在线调查、信息确认、竞赛、抽奖等等。我们无论在什么地方搜集到这种信息,它都受到隐私条款的保护。

在使用我们站点的时候,我们将自动跟踪包括你的 IP 地址、使用的浏览器以及 URL 在内的一些信息。

拉拉手使用 cookies 向你传送有关你的利益和活动的专门内容。cookies 储存在你的硬盘驱动器中,这样,在使用拉拉手的期间,你就不会被频繁地要求输入密码以确认身份。大多数 cookies 是"短期 cookies",到期它们会被自动删除。如果你的浏览器允许,你可以选择使 cookies 不能发挥作用,但是,你可能在短时间内被经常要求输入密码。

如果你寄给我们你的个人通讯方式,如电子邮件地址或信件地址,或者其他用户或第三方传送给我们有关你在网上活动的通讯联系方式,我们会将这些信息收集在一个为你设立的专门文件中。

(2) 信息使用

我们分析使用用户的信息,来进行市场营销和网站升级,帮助我们提高网站的内容和服务。我们可以使用用户资料做市场调查,并且撰写关于购买趋势、利润分析和市场行为的综合报告。通过你提供的信息,我们可以通知你有关拉拉手新提供的商品情况和其他一些可能对你有用的信息。如果你愿意收到这类信息,可以在你的注册页面上申明。

我们使用你的 IP 地址是为了判断我们服务器是否有问题并管理我们的网站。

我们使用你的电子邮件地址,或者在某种情况下使用你的邮政地址、电话号码、传真号码,是为了在必要时与你保持联系。

在拉拉手企业运营资源交易网,我们向用户提供必要的信息以促进买方和卖方之间询价和报价的递交。换句话说,作为核心业务,我们向我们网站上的其他用户提供你在询价或报价中递交的信息。买方的联系信息只能告知经买方同意的卖方。这些联系信息的内容也要经买方同意,例如是否包括联系人姓名、公司名称、电子邮件地址和电话号码等等。

除非有非常特殊的状况,不经你的特别许可,我们不会将你的资料交给其他任何第三方,但我们可能会将合成处理过的信息分发给其他方用于市场营销和促销目的。你不会从合成信息中被单独辨认出来。某些特定信息,例如你的密码、信用卡号码和银行账户号码等等绝对不会被透露。

有时我们会与其他公司有特殊关系,即我们把他们作为合伙人。这意味着我们网站的一部分将被合并入我们合伙人的网站或者与他们的内容或品牌密不可分。由于我们与合伙人联合经营网站,作为我们与其正式书面合同的一部分,我们可能会同意与他们共享你的信息。

然而,如果我们共享这种信息,我们将严格保守机密并将在这方面设定相应的权利和义务。

当法律要求时,我们可能会在特殊情况下透露用户信息。

"告诉朋友"这项服务也适用于这项规定。你不能用此服务来传送垃圾邮件。你提供的电子邮件地址只是用于"告诉朋友"这一项功能,我们不会出租或出售这些电子邮件地址。我们在发送了你的电子邮件之后就会删除这些地址。

(3) 对密码的控制

在"用户协议"中已有描述,请严格掌握密码。如果你忘记了密码,请到"登录"区,在"忘记密码?"栏目中输入你的电子邮件并且点击运行,随后你的密码就会发到你的电子邮箱中。

注意:拉拉手从不会在未经证实的电话或电子邮件中询问你的密码,遇到这种来历不明的查询,请你小心行事。

(4) 安全性

由于互联网不是一个封闭的环境,在互联网上传递信息不可能保证100%的安全。但是拉拉手高度重视安全和隐私权,并采取了有力的措施。我们采用SSL来给你上传的敏感支付数据加密。进入我们的网站有密码保护,一座坚实的防火墙保护我们的数据库不受外界破坏。运行拉拉手的有形设备存放在我国目前最受瞩目的主机托管服务商处。

(5) 同意

要使用我们的网站,你就要同意拉拉手收集和使用上述信息。

(6) 其他

本网站可能有一些与其他网站的链接。拉拉手不对这些网站的隐私政策和内容负责。你有权改变或修改以前提供的信息,可以自己直接在页面修改你的资料或者通过电子邮件与拉拉手联系来加以修正。

第三节　传统沟通方式与电话、网络沟通方式的有机结合

Dell 公司的沟通模式

Dell 公司(http：//www.dell.com.cn，图6.3)CEO 迈克尔·戴尔的经营思想是："绕过分销商等传统价值链中的中间环节，按单定制并将产品直接销售到客户手中"。Dell 公司以客户为中心并与之建立直接的联系、与供应商建立合作伙伴关系、大规模按单定制、实时生产和零库存，这些都已是相当熟悉的概念了。Dell 公司的成功更在于将新观念与网络创造性地结合。正是这种结合推动了 Dell 得以与其客户和供应商之间更高效地进行直接的沟通，更紧密地合作与分享信息。

图 6.3　dell 主页

传统价值链中生产厂商与供应商以及与最终客户之间的界限正在变得模糊，Dell 模式的核心就是与客户进行直接沟通。通过直接沟通，Dell 不仅避免了中间环节的加价和时滞，减少了产品的销售费用和库存的成本与风险，还使公司与客户之间建立了一种直接的联系，这种联系带来了有价值的信息，这些信息又进一步加强和巩固了 Dell 与客户以及与供应商之间的关系。Dell 与客户的沟通方式主要有：

1. 电话沟通

公司向客户提供800免费电话服务。直销人员通过电话针对不同技术层次的客户回答各种问题并引导客户选择配置。

2. 网络沟通

客户只要到公司的 Web 站点就可以获取有关 Dell 的信息并可在线订购产品。Dell 同时还提供在线支持工具以帮助客户解决各类常见的技术问题。此外，Dell 还与全球200多家最大的客户建有特制的企业内部网站(Premier Pages)。在防火墙的安全保护下，这些大客户可以直接进入网站订购并获取相关技术信息。

> Dell 为 5000 多个有 400 名以上员工的美国公司建立了首页,这些首页同客户的 Internet 联接,让获准的雇员在线配置个人计算机和付款,跟踪交付情况,每天约有 500 万美元的 Dell PC 以这种方式订货。
>
> 作为使用新观念、新技术的先锋,Dell 将网上销售看作其直接销售模式的一种自然延伸。网上销售意味着客户在不与销售商见面的情况下,在线自主完成购物的全部过程——从收到产品信息、选择、比较乃至付款订购(除了提货)。尽管如此,Dell 仍很重视传统面对面的人员沟通方式。Dell 的逻辑是借助信息技术使技术人员摆脱简单的琐事,以便投入到复杂的咨询工作中。
>
> 3. 面对面的人员沟通
>
> (1) 销售人员拜访客户,了解和引导需求
>
> Dell 的销售人员经常拜访客户,这样做可以使 Dell 更好地倾听客户的需求,了解他们的问题与困难,并增进与客户之间的信任和联系。
>
> (2) 技术小组驻扎客户内部,面对面解决问题
>
> 对于大客户,Dell 则索性派出技术小组驻扎在客户内部,以便随时协助客户解决复杂的技术问题。例如,Dell 在波音公司(该公司已购买了 10 万台 Dell PC 机)派驻了 30 名技术人员,与波音公司人员一起亲密合作共同进行 PC 机及网络的规划和配置。
>
> 几年来,Dell 的销售额每年都以两位数、甚至三位数的速度迅速增长,令业界刮目相看。

那么,Dell 是靠什么来达到如此快速的发展的?从 Dell 公司 CEO 迈克尔·戴尔先生的多次讲话中可以归纳出三条最基本的法宝:

(1) 靠直销模式:在此模式中有两条基本的实施方法:通过与客户洽谈实施面对面销售,这主要针对大客户,如政府机构、大企业、银行等;通过 800 免费热线电话订销产品。

(2) 靠按订单加工生产:这种方法是用户订购什么样的产品,我就生产什么样的产品,绝对满足需求。

(3) 网上销售:近年 Internet 的飞速发展,电子商务、网上商店成为一种时髦的交易方式。Dell 公司在 1996 年便不失时机地设立了网上商店,当时每天的销售额约为 100 万美元。现在每天的网上销售额达 600 万美元,Dell 网址每周约有 200 万人访问。

直销减少了中间环节的开销,节省了成本。目前 Dell 公司收入的 65% 来自 800 免费电话;按订单进行生产,减少了库存,加速了产品的上市时间;网上商店方便了客户浏览厂家的产品和服务,进一步扩展了直销渠道,降低了成本。

互联网时代的商务沟通所具有的高效性和可交互性,彻底改变了传统的经营方式。对用户来讲,通过互联网络可以得到自己想要得到的东西;对企业来讲,无论是营销还是直接的销售行为,或者是服务,完全可以根据用户的需要来定制专项的服务或者产品。而这种方式,在传统的工业时代是不可能实现的,因为成本太高。而在互联网时代能够实现,因为只

要通过鼠标的点击,用户就可以定制自己需要的任何东西。

可见电子商务的沟通是离不开传统商务模式下的沟通方法,并且由于新的通信技术的引入,使得沟通方式对技术层面的要求越来越高。

<h2 style="text-align:center">总　　结</h2>

电子商务是随着电子技术和因特网的发展被引入到商贸活动中来的。它是通过计算机网络按照一定的标准开展的商务活动。由于电子商务不同于传统商务模式,使得它的应用和发展呈现出与技术同行的特点。伴随着网络技术的不断发展,企业与企业之间的电子商务、企业对消费者的电子商务以及企业和政府之间的电子商务都将蓬勃的发展起来。在这中间,沟通技巧和沟通方法至关重要。我们不仅需要传统的沟通渠道,还需要现代的沟通渠道,方便快捷地完成电子商务活动中的每个环节。应当说,在信息时代的今天,谁掌握了现代沟通技巧和方法,谁就掌握了开启宝藏的金钥匙。

复习与思考

1. 电子商务的定义是什么?
2. 电子商务与传统商务模式有哪些不同?
3. 列举哪些商品更适合在网络上销售。
4. 企业内部如何能利用电子商务更有效地进行沟通?请举例说明。
5. 企业如何能更有效地得到顾客的反馈意见?
6. 说明 B2C 中电子商务的交易过程。
7. 电子商务的沟通特点是什么?
8. 电子商务沟通模式有哪些?
9. 网上客户服务沟通应注意哪些问题?
10. 网络调查应注意哪些问题?

实训练习

以下是一则调查报告:

网吧:网龄以 2～4 年的人居多,年龄集中在 18～25 岁之间,网吧人群多属中低薪阶层者。每周上网时间以 11～15 小时的用户最为多。

新闻业:在使用互联网时间问题上,基本上集中在二到四年,他们的总数超过了一半;在上网的频率上,有近六成的人至少每天一次或一次以上,其次是 2～3 天一次;在每周上网的时间问题上,30%的被调查者达到 6～10 个小时,平均每天上 1.5 个小时左右,上三十个小时有将近二成,这部分人几乎每天要挂在网络上 5 个小时。

广告业:调查结果显示,在被调查的 114 位从业者中对于网络的使用,18～25 岁的年轻人所占比例最高,达到 63%,中低收入使用者仍然占据主体。33%的被调查者接触互联网的时间在 2～3 年,25%的被调查者接触互联网的时间在 3～4 年。另外分别有 32%的使用者每天多次上网或 2～3 天上网一次,46%的使用者每周上网时间在 5 小时以内。

网络业:每天都上网的人占 75%;50%左右的调查者网龄在 2～4 年,53%的人每周上网时间在 30 小时以上。

1. 请根据以上调查内容,请设计一则网络广告宣传语,要求反映出产品的特点,并能得到很好的效果。(说明:产品内容不限,可以根据自己的喜好选择要宣传的产品,如电脑、服装等。)

2. 假如你是客户服务中心的一名员工,请问你会用什么方法来和客户沟通,从而完成该产品的推广和意见反馈?

第七章
商务应酬沟通

"用兵之道,攻心为上,攻城为下;心战为上,兵战为下"。商战场上,亦要攻心为上,玩转商务应酬,才能赢得商机,谋得商业利益。应酬场上,一言一行,直接决定着你是胜利或是出局。商务活动中,通过商务应酬建立、发展和巩固人际关系,已经成为事业能否成功的重要软件资源。本章将和您分享商务应酬礼仪、商务宴请、商务应酬中的沟通艺术,助您运用高超的应酬技巧成为商务应酬达人。

第一节 商务应酬礼仪

一、仪表礼仪

仪表是指人的容貌,是一个人精神面貌的外观体现。仪表,即人的外表,包括容貌、举止、姿态、风度等。在社交场合,一个人的仪表不但可以体现他的文化修养,也可以反映他的审美趣味。穿着得体,举止大方,能给人留下良好的印象,赢得他人的信赖,反之,则会降低

身份,损害形象。从广义的角度看,仪表包括了仪容和仪态。我们评价一个人仪表出众,其中所包括的内涵是相当丰富的。仪表至少包括人的容貌、发型、姿态、服饰、举止言谈、体态、神态等内容,它是人的天然形象、外饰形象、行为形象的综合,是人的精神面貌的外观。

(1) 仪容礼仪

仪容是一个人的外表在空间上的静态体现,仪容主要指人的容貌,而且是经过修饰以后能给人以良好知觉的容貌。仪容之美体现了自然美和修饰美的和谐统一。俗话常说,"三分长相,七分打扮",恰到好处的修饰,能弥补自身的某些缺陷,展现一个人的仪容之美。

① 讲究卫生:清洁卫生是仪容美的关键,是礼仪的基本要求。每个人都应该养成良好的卫生习惯,经常洗澡常刷牙,讲究梳理勤更衣。不要在人前剔牙齿、掏鼻孔、挖耳屎、修指甲、搓泥垢等,男士鼻腔要随时保持干净,严禁鼻毛外现。

② 化妆规范:化妆要淡而美,切不可浓妆艳抹。嘴唇勿用太鲜艳的口红,避免过于刺目;眼睛四周不能描得太黑太深,可适当用棕色顺着结构加以过渡,不要露出过分修饰的痕迹;眉毛要精心修整,虚实结合,自然对称。选择香水要与自身的气质相配,香味宜淡。

> 日本的著名企业家松下幸之助从前不修边幅,企业也不注重形象,因此企业发展缓慢。一天,理发时,理发师毫不客气地批评他不注重仪表,说:"你是公司的代表,却这样不注重衣冠,别人会怎么想,连人都这样邋遢,他的公司会好吗?"从此松下幸之助一改过去的习惯,开始注意自己在公众面前的仪表仪态,生意也随之兴旺起来。

（2）仪态礼仪

仪态是指一个人举止的姿态与气质风度。姿态是指一个人身体显现出来的样子。如：站立、行走、弓身、就座、眼神、手势、面部表情等。而风度则是一个人内在气质的外在表现。人的内在气质包含许多内容，如道德品质、学识修养、社会阅历、专业素质与才干、个人的情趣与爱好、专长等。它主要是通过人的言谈举止、动作表情、站姿、坐相、走态等方面体现出来的。

仪态属于人的行为美学范畴。在人际沟通与交往过程中，它用一种无声的体态语言，向人们展示出了一个人的道德品质、礼貌修养、人品学识，文化品位等方面的素质与能力。

大方优雅的举止是人有教养，充满自信的完美表达。美好的体态，会使人看起来神采奕奕，精神干练。培养自己良好的举止，定会受益匪浅。

① 举止礼仪

➢ 谈姿：谈话的姿势往往反映出一个人的性格、修养和文明素质。所以，交谈时，要目视对方、认真倾听、切忌东张西望、心不在焉。

➢ 站姿：站立是人最基本的姿势，是一种静态的美。站姿是其他姿势的基础，俗话说，"站如松"，是指规范的站姿，应体现出人在站立时应像松树一样的挺拔。

正确的站立姿势应该是：抬头，挺胸，收腹，提臀，两腿稍微分开，双肩水平，两臂自然下垂，或在体前交叉，眼睛平视，面带笑容，充满自信，给人以挺拔的感觉。女士可双腿并拢，呈丁字步站立或调节式站立。其要领是两腿稍分开，将身体重心轮换移至左腿或右腿，但幅度不宜过大。男士站立时也可将两脚分开与肩同宽，双手垂于体侧，体现出男士的阳刚之美。在一些正式场合不宜将手插在裤袋里或交叉在胸前。

舍宾标准站姿训练

➢ 五点一线：即脚跟、小腿、臀、肩胛骨、头在一条线上。
➢ 目光平视，微收下颚，头部尽量向上顶。
➢ 脊背挺直，收腹、挺胸，将呼吸控制在胸膈以上。
➢ 尽量将臀部收紧，微微向后翘。
➢ 膝关节伸直，小腿尽量向后靠。
➢ 身体重心要在脚的中点稍向后的位置，如果穿靴子，可将重心稍向前移。

上面几种练习，在您刚开始练习时，坚持时间可以稍微短一些，时间可以掌握由5分钟持续增加到10分钟、30分钟、40分钟甚至更长时间。循环渐进直到养成优美的站立习惯为止。

➢ 坐姿：端庄优美的坐姿，会给人以文雅、稳重、大方的美感。标准的坐姿应该：腰背挺直，肩放松。上身都要保持端正，如古人所言的"坐如钟"。女性应两膝并拢；男性膝部可分开一些，但不超过肩宽。双手自然放在膝盖上或椅子扶手上。在正式场合，要落座无声，起座稳重，不可猛起猛坐，弄得桌椅乱响，造成尴尬气氛。

女士坐姿有标准式、前伸式、前交叉式、曲直式、后点式、侧点式、侧挂式、重叠式。男士坐姿有标准式、前身式、前交叉式、曲直式、斜身交叉式、重叠式。

> 走姿:走姿是一种动态的美。"行如风"就是用风行水上来形容轻快自然的步态。正确的走姿是:轻而稳,胸要挺,头要抬,肩放松,两眼平视,面带微笑,自然摆臂,步幅适度,步速平稳。

② 表情礼仪:人的喜、怒、哀、乐、恐惧、愤怒、厌恶、蔑视等都是通过表情来传达的。表情礼仪中使用频率最高的是人的眼神和笑容。最主要的是眼睛,"眼睛是心灵的窗户",很多人都是通过眼神来与人交谈的。商务交往中,尤其是谈话双方眼睛应注视对方,眼神热情大方,切忌长时间盯住对方,或上下打量、左顾右盼。

此外是笑容,微笑的人总是不容易让人拒绝的,真诚自然的微笑能拉进人与人之间的距离,微笑时以露出上边的六至八颗牙齿为宜。

二、着装礼仪

服饰,指衣服及其装饰。服饰是一种文化,而穿着则是一门"艺术",得体的服饰与装饰可以画龙点睛、烘云托月,将人体的曲线美、协调美、韵律美衬托的更加光彩照人,将女性的天生丽质和男士的英俊潇洒展示的更加淋漓尽致。人的仪表在相当程度上同服饰有关,正所谓"人看衣服马看鞍"。在现代社会,有一些比较讲究的餐厅、饭馆,谢绝服装不整的人入内用餐。有一些公共场所也禁止衣冠不整的人进入。剧院、音乐厅更是要求比较严格。可见,服装已不仅是为了保暖的需要,而且代表一定的文化,具有一定的礼仪要求。

因此,着装要有章法,要符合着装的"TPO(Time、Place、Object 的缩写)"原则,服装不但要与自己的具体条件相适应,还要努力在穿着打扮的各方面与时间、地点、目的保持协调一致。

1. **着装原则**

(1) 穿着规范。服装要保持清洁,并熨烫平整,鞋面要光亮,穿起来就能给人以衣冠楚楚、庄重大方的感觉。整洁并不完全为了自己,更是尊重他人的需要,因此这是良好仪态的第一要件。正式场合的着衣配装有一定的礼仪规范。女士着裙装、套装应配以皮鞋或不露脚趾的皮凉鞋。不能赤足穿鞋,鞋袜不得有破损。

(2) 符合身份。着装要符合自身的身份、年龄。在商务场合,如果忽略自己的社会角色而着装不当,很容易造成别人对你的错误判断,甚至会引来误解。比如艺术家在正式场合着装也可以不拘一格,而官方人员代表政府出席某些正规场合,就应该穿得传统或保守些,以示庄重。

(3) 美化体型。每个人的高矮胖瘦各不相同,因此着装意识应有所区别。应该借助于服饰,掩盖体形的某些不足,创造出一种身材美妙的视觉效果。

高大的人切忌穿太短的上装,色彩宜选择深色、单色为好;较矮的人上衣不要太长、太肥,裤子不能太短,裤腿不要太大,服装色彩宜稍淡、明快柔和些为好,上下色彩一致可造成修长之感;较胖的人不能穿太紧身的衣服,衣服领以低矮的"V"形领为最佳,在颜色上以冷色调为好,忌穿横条纹、大格子或大花的衣服;偏瘦的人不要穿太紧身的服装,服装色彩尽量明亮柔和,太深太暗的色彩反而更显瘦弱。可穿一些横条、方格、大花图案的服饰,以达到丰满的视觉效果。

(4) 注重场合。注意衣着与场合的协调。无论穿戴多么华丽,如果不考虑场合,也会被人耻笑。如果大家都穿便装,你却穿礼服就欠妥当。在正式的场合以及参加仪式时,要顾及传统和习惯,顺应各国一般的风俗。

(5) 注意时段。遵守不同时段着装的规则这对女士尤其重要。男士出席各类活动有一套质地上乘的深色西装或中山装足矣,而女士的着装则要随一天时间的变化而变换。出席白天活动时,女士一般可着职业正装,而出席晚5点到7点的鸡尾酒会就须多加一些修饰,如换一双高跟鞋,戴上有光泽的佩饰,围一条漂亮的丝巾。出席晚上7点以后的正式晚宴等,则应穿中国的传统旗袍或西方的晚礼服。

(6) 遵守成规。重大的宴会、庆典和会见等比较正式和隆重的场合,尤其是涉外活动,组织者所发请柬上如注有着装要求,参加者就应按规定着装。即使组织者没有提出具体的着装规定,参加者也应穿着较正式的服装。在我国,男士较正式的服装为上下同色同质的毛料中山装、西装或民族服装等;女士可穿各式套装、民族服装、旗袍或连衣裙等。

(7) 和谐统一。服装美的最高境界是外在美和内在美的和谐统一。穿着打扮要符合自己的气质、性格、文化修养。

> 列夫·托尔斯泰在《安娜·卡列尼娜》中有这样一段情节:在安娜和渥伦斯基相识的舞会上,安娜穿着全黑的天鹅长裙,长裙上镶威尼斯花边,闪亮的边饰把黑色点缀得既美丽安详,又神秘幽深,这同安娜那张富有个性的脸庞十分相称,当安娜出现在舞会的门口,吸引了在场所有人的视线,安娜的黑色长裙在裙海中显得高贵典雅、与众不同,与安娜蔑视世俗的个性融为一体。

2. 服装的分类及穿着规范

随着人们生活水平的提高,服装的分类越来越细。可以按性别、年龄分,也可以按季节来分,还可以按服装的面料,穿着服装者的风格分类等。从交际学的角度看,最有意义的是按场合进行分类。

按人们出席的场合,服装可分为三大类,即工作装、社交装与休闲装。工作装即人们在上班时或工作中穿着的服装;社交装即人们在参加正式的社交活动时穿着的服装,如出席宴会、舞会,看演出等;休闲装即人们在除以上两种场合以外的时间或场合穿着的服装。其中,工作装和社交装统称正式服装,也叫正装。休闲装也叫非正式服装。

(1) 男士的正式服装及穿着规范

① 男士的正式服装。男士的正式服装主要有:西服套装、中山套装、民族服装、特殊制服。其中以西服套装最常用。

在一般比较正式的社交场合,男子多穿黑色或深色西服,白衬衣,黑领结,穿黑色硬底皮鞋。商界人士穿藏蓝色西服的居多,因为它给人以稳重干练之感,另外深灰色西装也可以,它给人以端庄儒雅之感。一般来说,黑色西装可在各种场合穿,而其他颜色,如红、橙、紫等颜色,只能做休闲服,不能在正式场合穿。西装的质地必须是纯毛、麻、棉、丝、皮,化纤成分要少;西服套装最好配系带黑色皮鞋和线、棉、丝、毛袜,袜子的颜色要深。

在正式场合,男士穿着西服套装时,要注意"三个三":

第一,三色原则。

三色原则是选择正装色彩的基本原则。它主要是要求正装的色彩在整体上以少为宜,最好控制在三种颜色内。这样可使正装保持庄重、保守的整体风格,同时使正装在色彩上显得规范、简洁、和谐,从而提升西装档次。

第二,三一定律。

即男士在正式场合穿西装时,鞋、包、腰带应为同一颜色,并以黑色为佳。否则会给人以繁杂、低俗之感。

第三,三大禁忌。

即男士在正式场合穿着西装时,要注意领带不要与衬衣同色;衬衣不要与西装同色;不要穿尼龙袜和白色袜子。因为西装的美感之一在于层次感,领带与衬衣同色、衬衣与西装同色都是犯了色彩含混不清的错误。而尼龙袜、白色袜子都是与西装的庄重、高雅的风格不相适应的。

俗话说:西装七分在做,三分在穿。因此,如何穿着西装是很有讲究的。

② 西装的穿着要领

第一,整体干净、平整,裤子要有裤线。

第二,穿西服参加活动,一般均应系领带。领带被称为西装的灵魂。

> 据说,领带的前身是领巾,出现于17世纪。当时,有一支克罗地亚的骑兵部队来到巴黎,他们的脖子上都系有一条传统的彩色围巾。法国军官看后争相仿效。巴黎街头爱时髦的贵族和公子哥儿们也纷纷系起围巾来。一次,一位大臣上朝时,也按流行方式在颈上围了一条白围巾,并在前面打了一个漂亮的结。国王路易十四见了这种新奇饰物,大为赏识。于是宣布以领巾作为高贵的标记,下令凡尔赛的上流人士都这样打扮。领带的前身——领巾就这样诞生了。18世纪工业革命兴起,资产阶级大量生产时髦服装,这时领带才真正问世。从此,领带风靡了整个西方世界,并逐渐传遍全球,成为男子喜爱的装饰品。

美国有些大公司规定职员上班必须打领带。夏天在办公室,可以脱去外衣,穿着衬衫,但也要打上领带。不系领带,敞着领口去参加社交活动,被视为衣冠不整,是缺乏礼貌的。领带的颜色花样一般可与衣服颜色搭配,与衣服颜色调和或与之形成鲜明对比,均可由各人爱好选择。领带要系好,要挺,不要歪歪扭扭。领带的最佳长度是:领带的大尖头正好抵达腰带扣,过长、过短都不雅观。领带的正式隆重场合要系黑领结或白领结。若西装里面穿羊毛背心,领带须放在背心里面;领带只能配西装、制服,若穿夹克打领带不适合出席涉外场合；领带的长短、宽窄也很重要,领带的宽窄随西装领及衬衫领的宽窄而变。原则是：衬衣的领角越大,领带结扎得越大；领角越尖,领带结扎得越小。

西装、领带、衬衣三者的色调应该是和谐的,而领带是三者中最醒目的。领带的主色调一定要与衬衫有所区别。但领带选择与外衣同色系时,颜色要比外衣更鲜明；当领带采取与西装对比色的搭配方法时,领带颜色的纯度要降低。单色、条纹、圆点、细格、规则图案,都是最常规的。穿礼服时领带颜色尽可能庄重些,像大花图案、色彩斑斓的就不合适。如果不是特殊或特定场合,最好不要用鲜红色的领带。

穿西装要讲究西装、衬衫、领带三者之间的配色。根据西—衬衫—领带三者之间的程序,可排列出三种配法。第一种,深—浅—深,如西装深蓝色、衬衫淡蓝色、领带又是深蓝色。这是当前最普遍的配色方法。第二种,浅—中—浅,如西装驼色,衬衫棕色,领带又是驼色。这种配色给人明快舒适的感觉。第三种,深—中—浅,能给人留下优雅美观的印象。此外,配色还可选择对比法,即衬衫和领带中,必须有一种颜色特别鲜艳,和西装的颜色形成强烈对比。

第三,衬衫。每套西装一般需有两三件衬衫搭配。衬衫的领子不可过紧或过松,袖口的长度应该正好到手腕,以长出西装袖口1厘米为宜。系领带时穿的衬衫要贴身,不系领带时穿的衬衫可宽松一点。衬衫的领要硬挺、清洁,衬衫领略高于西装领,衬衫袖子略长于西装袖子,以显示穿着层次。

穿西装要注意四点：一是西装领要贴背,并低于衬衫领1厘米左右；二是西装口袋不要放任何杂物。三是注意鞋袜配套。四是正式场合勿穿夹克打领带。

第四,领带夹。一般可不用,位置在六粒扣衬衫从上朝下数第四颗扣的地方。

第五,扣子。西装扣的扣法很有讲究。穿双排扣西装,扣子要全部扣上；单排两粒扣西装,只扣第一粒,也可以全不扣；单排三粒扣西装,只能扣中间一粒或全不扣；单排一粒扣西装,扣与不扣均可；如果穿三件套西装,则应扣好马甲上所有的扣子,外套的扣子不扣。

第六,口袋。西装的上衣袋及裤袋一般只做装饰,西装上衣口袋里不许装东西,胸内侧口袋可装笔或名片。

第七,鞋袜。穿西装一定要穿皮鞋,而且皮鞋要上油擦亮。在正式场合穿黑皮鞋,一般应穿皮底鞋,不穿软底胶鞋等。在穿正装皮鞋的时候,不能穿运动袜,而要穿羊毛袜或丝袜。袜子的颜色以黑色、深灰色为佳,忌讳浅色,勿带图案。而且袜筒要高,弹力要好,以免坐下后露出脚腕。

我国的民族服装是中山装。在隆重正式场合,着黑色或深蓝色的中山装,内穿白衬衣,穿黑皮鞋,扣好风纪扣,就是我们的礼服了。在国外,当主人要求正式礼服时,我们穿着黑色中山装赴会,别人都会表示尊重和接受。在国内,夏天炎热季节,正式场合也可穿硬领短袖衬衫系领带或质地较好的短袖敞领衫。

（2）女士的正式服装及穿着规范

① 女士的正式服装。

女士的服装,比起男士更加丰富多彩、新颖别致。她们不仅要借服饰来显示自己美好的体态,还要以此来表现自己的修养和风格。而且,她们除了衣服以外,还要从头到脚,进行协调搭配,包括帽子、披肩、手提包、皮鞋、袜子等也都要与衣服相配。女士的正式服装有西服套裙、旗袍、民族服装和连衣长裙。西服套裙比较适合于工作场合,而旗袍、民族服装和连衣长裙则比较适合社交场合。

② 女士着装的基本规范

女士着裙装、套装应配以皮鞋或不露脚趾的皮凉鞋。不能赤足穿鞋,鞋袜不得有破损。外出观光旅游、逛街购物,或者进行锻炼健身时,女性一般以穿着休闲装、运动装等便装为宜。穿旗袍,须穿高跟鞋,或半高跟鞋。

③ 首饰的佩戴

在社交场合,人们往往爱佩戴一定的饰物,以此增加自己的魅力。但是要切记,饰物是为了展示你的形象和品位,而不是为了展示你的财富。所以在饰物的选择上要费心思,巧搭配。在选用珠宝首饰时,必须考虑时间、场合、对象服装、等环境,以及自身的因素,尽量使你所佩戴的珠宝首饰与之和谐,这样才能形成整体的美感。

注意选择的项链和耳环要与自己的体形和脸型、服装相和谐。个子偏矮且圆脸型的人,可戴长项链;个子高且瘦的人,可戴短粗项链。服装考究,应佩戴金银或珍珠项链,穿羊毛衫、套头衫应佩戴工艺项链。圆脸型的人适合戴长型、叶型、"之"型等垂钓式耳环,长脸形的人适合戴圆形或方形的耳环。在比较正规的社交场合,应选用高档的耳环。

戒指是爱情的信物,富贵的象征,吉祥的标志。在西方的大多数国家,戒指是希望、快乐和同心的象征。戒指要戴在左手,并且只戴一枚戒指为好,指甲不要涂的色彩斑斓。戒指戴在不同的手指上,有不同的含义:戴在食指上,表示想结婚即表示求婚;戴在中指上,表示已有意中人,正在恋爱;戴在无名指上,表示已结婚或订婚;戴在小指上,表示独身。选择戒指,应和自己手型相配。女性手指短粗者,宜戴椭圆形或梨型戒指,手指纤细者,可选圆形或心型戒指佩戴。男性可选正方形或长方形的戒指。

有位女财税专家有很好的学历背景,在财税方面常能为客户提供很好的建议。但当她到客户的公司提供服务时,对方主管却不太注重她的建议。一位时装大师发现这位财税专家在着装方面有明显的缺憾:她26岁,身高156厘米、体重45公斤,喜爱着童装,看起来机敏可爱,给人的感觉像个小女孩,其外表与她所从事的工作相距甚远,所以客户对于她所提出的建议缺少安全感,也就很少采纳她的建议了。这位时装大师建议她用服装来强调出学者专家的气势,用深色的套装,对比色的上衣、丝巾来搭配,甚至戴上黑边的眼镜。女财税专家照办了,结果,客户的态度有了较大的转变。

可见,随着社会经济、文化的发展,如何得体,适度的穿着已成为一门大有可为的学问。尤其在商务往来中,打扮过于时髦的女性,并不吃香,人们对服装过于花哨怪异者的工作能力、工作作风、敬业精神、生活态度,一般都会持有怀疑态度。因此,作为商务人员一定要注意自己的服饰打扮,以给人可信赖感。

三、见面礼仪

1. 称呼礼仪

称呼在商务交往中非常重要,恰当得体的称呼是对对方的尊重,使商务交往顺利进行。过去我们一律称呼他人为"同志"。随着社会的发展,人们的称谓也发生了变化。现在常用的称呼有:

西式称呼——"先生""小姐""太太"等;

职务称呼——经理主任等;

职业称呼——"医生""老师""律师""师傅"等;

职称称呼——"教授""工程师"等;

直呼其名或姓——仅适用于关系密切的人之间。在涉外交往中,如对方又有职衔又有学衔,通常应重学衔。部长以上称"××阁下",国王、王后称"陛下",王子、王妃、公主称"殿下",但王室这些成员第二次均可只称"先生"、"夫人"。办公室工作人员在迎送交往中,应多称呼对方,不能只打一次招呼就怠慢下来。

2. 握手礼仪

握手是人们在商务场合中不可缺少的礼节,能做到既大方又优雅地与人握手,是一种交际艺术。请记住:轻轻一握,包含了是否令人愉快、信任、接受的契机。

与他人握手时,目光注视对方,微笑致意,在正常情况下,握手的时间不宜超过3秒,必须站立握手,以示对他人的尊重、礼貌。

握手顺序:讲究"尊者决定",即先尊者,后响应者;一般是女士、年长者、身份高者、主人、先到者先伸手,男士、年轻者、身份低者、客人、后到者响应;如是多重身份者,一般社交场合按女士优先原则,单位内以身份高低为序。当年龄与性别有冲突时,如果男性年长,是女性的父辈年龄,在一般的社交场合中仍以女性先伸手为主,除非男性已是祖辈年龄,或女性未成年在20岁以下,则男性先伸手是适宜的。但无论什么人如果他忽略了握手礼的先后次序而已经伸了手,对方都应不迟疑的回握。别人伸手同你握手,而你不伸手,是一种不友好的行为。若一个人要与许多人握手,那么有礼貌的顺序是:先上级后下级,先长辈后晚辈,先主人后客人。

握手的禁忌:握手时不可心不在焉、左顾右盼;握手时不要看着第三者或与第三者讲话。不可戴帽子、墨镜和手套与人握手。握手力度适中。男方与女方握手更不能握得太紧,初次见面男方往往只轻握一下女士的手指部分即可。男士握手时应先脱下手套、帽子,女士如着套装可不摘手套、帽子。

致意:致意是一种不出声的问候礼节,常用于相识的人种场合打招呼。在社交场合里,人们往往采用招手致意、欠身致意、脱帽致意等形式来表达友善之意。

3. 介绍礼仪

在商务工作中,介绍是最常见的与他人认识、沟通、增进了解的方式。分为自我介绍和为他人作介绍两种。

（1）自我介绍。在商务活动中寻求建立联系，想要结识某人或某些人，而又无人引见，此时必须向对方作自我介绍。自我介绍应选择适当的时间和机会，当对方无兴趣或忙于处理事务时，切忌去打扰，以免尴尬。尽量讲普通话，语言要简洁、清晰，充满自信，态度自然，语速适中，目光正视对方，要注意对方是否听懂了你的意思，是否对你的话感兴趣。

正式的自我介绍的内容应该有姓名、单位、职务，缺一不可。

（2）为他人作介绍。由中间人引见的两人间介绍顺序要注意遵守以下习惯：

① 先把客人介绍给主人
② 先把职位低的介绍给职位高的
③ 先把年纪轻的介绍给年龄大的
④ 先把男士介绍给女士
⑤ 先把一般人物介绍给重要人物
⑥ 按位置远近逐个介绍

4. 名片礼仪

现在名片使用越来越频繁，是交往联络的重要手段之一。在现代涉外活动中，也可以用名片作为简单的礼节性通信往来，表示祝贺、感谢、介绍、辞行、慰问吊唁等，可以在名片上写上简短的一句话，或送礼、献花时附上一张名片。

（1）名片的递交。递交名片时，一定要注意用双手或与对方相同的姿势交换名片，先正视对方致意，然后接过对方的名片认真审视，最好能读出对方的名字，以示重视和认真。切忌随手乱放。双方交换名片时，最好是双手递、双手接。除非是对有"左手忌"的国家（如印度、缅甸、泰国、马来西亚、阿拉伯各国及印尼的许多地区，他们的传统认为左手是肮脏的）。名片正面朝对方，如是对外宾，外文一面朝上，字母正对客方。递名片时要恭敬有礼。

（2）名片的接受。接受别人名片时，应该起身站立，面带微笑，注视对方，双手或右手捧接，勿只用左手。接过名片后应点头致谢，并认真地看一遍。最好能将对方的主要职务、身份轻声读出来，以示尊重，遇到不太清楚的地方可马上请教。切忌接过名片一眼不看就收起来，也不要随手摆弄，这样不恭。而应认真收好，让对方感到受重视、受尊敬。名片放在桌上时，上面不要压任何东西。事后，如有必要可在名片上注上结识的时间、地点、缘由，以免以后光有名片对不上人和事来。

（3）名片的索取：若索取他人名片，不宜直言相告，可采主动递上本人名片或者询问对方。向尊长索取名片可以询问对方"今后如何向您请教？"向平辈或晚辈索要名片，可以向询问对方"今后如何与你联系？"

（4）交换名片的顺序：在多人交换名片时，应该讲究先后顺序：由远而近，或由尊而卑。

四、坐次礼仪

（1）乘坐轿车。乘坐轿车时，位次的安排有以下几种情况：

公务用车，司机驾驶时，上座为后排右座；社交应酬中，主人亲自驾车时，上座为副驾驶座；接待重要客人时，上座为司机后面之座或斜对角线的位置。

图 7.1　乘车的座次安排

（2）宴会位次。宴请往往涉及席位的安排，大致遵循以下几种方法：

① 距离定位。离主桌越近的位次越好，离主位越近的位次越好。

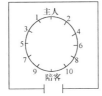

中式圆桌排法之一　　　　　　中式圆桌排法之二

主人居中，而以左右两边为　　　主宾与主人相对而坐，
主宾，自上而下，自右而左　　　高位自上

图 7.2　中餐的座次安排

② 面门为上。用餐时，有人面对正门而坐，有人背对正门而坐，依照礼仪，面对正门者为上座，背对正门者为下座。

③ 观景为佳。在高档餐厅就餐时，能看到优美景致或高雅演出的最佳角度的座位为上座。

④ 中位为尊。三人同时就餐时，中间的位置高于两边的位置。

五、交谈礼仪

言谈作为一门艺术，也是个人礼仪的一个重要组成部分。交谈中要注意：

（1）态度礼貌：态度诚恳亲切；声音高低适中，语调平和沉稳，真正尊重他人。

（2）多用敬语，表示尊敬和礼貌的词语。如现在我国提倡的礼貌用语"您好"、"请"、"谢谢"、"对不起"、"再见"。另外一些敬语，如初次见面为"久仰"；很久不见为"久违"；请人原谅称"包涵"；请人批评为"指教"；麻烦别人称"打扰"；赞人见解称"高见"；求给方便为"借光"；托人办事为"拜托"等，要努力养成使用敬语的习惯。

（3）慎选话题：交谈中不宜对男士询问的话题有收入、履历，对女士不宜询问婚否、年龄、体重等等。可以选的话题有天气、社会新闻、风土人情等。

第二节　商务宴请

一、商务宴请概述

自古以来,无论庆功贺会还是会朋交友,设宴款待都是最常用的好方法,美食开杯,往往会达到人意想不到的效果。现在,商业邀宴成为非常有潜力的商业工具,许多人相信餐桌是绝佳的会谈地点,愉悦放松的用餐状态非常有利于进一步达成共识。

但是,如果你不懂得宴请礼仪,其危害性也是巨大的。不但令人耻笑,而且会使公司形象大打折扣。钱钟书先生说过:"吃饭还有许多社交的功用,譬如联络感情、谈生意经等等。"确实,对于中国人,所谓人脉,所谓圈子,所谓社会关系,所谓资源,所谓一个人的能量,所谓友谊,所谓生意和交易,最后通通绕不开饭局。酒肉虽然穿肠过,交情自在心中留。这就是饭局的力量。

本节总结和剖析了中国人请客吃饭求人办事过程中的礼仪、沟通技巧和注意事项等,从多个角度举例阐述应酬过程中常见的问题和解决的方法,让尽显绅士风度和淑女风范,有助于你在觥筹交错间结交贵人,轻松成事。

二、中西式商务宴请的不同特点及沟通方式

1. 中餐宴请特点

封建社会的餐饮活动,不但座位安排很有讲究,"面东为尊""左为上",而且迎接宾客要打躬作揖,席间宾主频频敬酒劝菜,筷要同时举起,席终"净面"后要端茶、送牙签等,礼仪十分繁缛。现在时代不同了,过去那一套礼仪制度当然不适用了。但是,我国是礼仪之邦,人们在宴饮活动中重视礼节、礼貌,几千年来已形成了一套传统,其中表现伦理美、形式美的一些规律,一直沿用到现在。

(1) 桌次座次

① 主桌有两种,一种是长方形横摆桌,主客面向众席而坐;一种是大圆桌,圆桌中央设花坛或围桌,主客围桌而坐。主桌的座位应摆放席卡签名。

② 一般说来,台下最前列的一两桌是为贵宾和第一主人准备的,赴宴者如果不是主宾,最好不要贸然入坐。

③ 中式宴会多使用圆桌,如果是多桌中餐,则每桌都有一位主人或招待人负责照应,其两侧的座位是留给本桌上宾的。除非受到邀请,赴宴者也不宜去坐。

④ 如果桌数较多时,则将排列序号放在餐桌上。隆重的中餐还为每位客人准备一份菜单。

⑤ 在国际交往场合和商务交际场合,中餐习惯于按职务和身份高低排列席位;如果夫人或女士出席,通常将女士排在一起,即主宾坐在男主人右上方,其夫人坐在女主人右上方。

⑥ 如遇主宾身份高于主人时,为表示对主宾的尊重,可以请主宾坐在主人的位子上,而主人侧坐在主宾的位子上,第二主人坐在主宾的左侧或按常规排列。

⑦ 主宾偕夫人,而主人的夫人因故不能出席时,可请与主人有联系且身份相当的女士作第二主人;若无适当的女士出席,可把主宾夫妇安排在主人的左右两侧。

(2) 中餐的餐具及使用礼仪

① 中餐的餐具主要有杯、盘、碗、碟、筷、匙等。

在正式的宴会上,水杯放在菜盘左上方,酒杯放在右上方。筷子与汤匙可放在专用座子上或放在纸套内。公用的筷子和汤匙最好放在专用的座子上。要备好牙签和烟灰缸。

② 中餐有别于西餐的餐具主要是筷子。

在中国几千年的饮食文化中,用筷子形成了基本的规矩和礼仪,如:忌敲筷子。在等待就餐时,不能坐在桌边一手拿一根筷子随意敲打或用筷子敲打碗盏或茶杯。忌掷筷,在进餐前发放筷子时,要把筷子一双双理顺,然后轻轻地放在每个餐位前,相距较远时,可请人递交过去,不能随手掷在桌子上,更不能掷在桌下。忌叉筷,筷子不能一横一竖交叉摆放,不能一根大头,一根小头。筷子要摆在碗的旁边,不能搁在碗上。忌插筷,用餐者因故须暂时离开时,要把筷子轻轻搁在桌上或餐碟边,不能插在饭碗里。忌挥筷,夹菜时,不能把筷子在菜盘里挥来挥去,上下乱翻。遇到别的宾客也来夹菜时,要注意避让,避免"筷子打架"。忌舞筷。用餐过程中进行交谈,不能把筷子当成道具,在餐桌上乱舞,也不要在请别人用菜时,把筷子戳到别人面前。用餐完毕,筷子应整齐地搁在靠碗右边的桌上,并应等众人都放下筷子后,在主人示意散席时方可离座,不可自己用餐完毕,便扔下筷子离席。

(3) 夹菜的礼仪

一道菜上桌后,通常须等主人或长者动手后再去取食。若需使用公筷或公用调羹的菜,应先用公筷将菜肴夹到自己的碟盘中,然后再用自己的筷子慢慢食用。夹菜时,要等到菜转到自己面前时再动筷,不可抢在邻座前面。夹菜一次不宜过多,不要刚夹一样菜放在盘中,紧跟着又夹另一道菜;也不要把夹起的菜放回菜盘中,又伸筷夹另一道菜;夹菜偶尔掉下一些在桌上,切不可将其放回菜盘内。遇邻座夹菜要避让,谨防筷子打架。若同桌有外宾,对他不要反复劝菜,也不要为其夹菜,因为外宾一般没有这个习惯。

(4) 上菜方式

① 中餐菜是一道一道分先后次序上的。

上菜的一般顺序是:拼盘或点心、热荤、鱼翅或羹、炒炸品、汤或扒品、鱼类、饭面、甜菜、甜点心。菜式有时不那么齐全,有时厨师炒菜也不一定按此顺序,然而基本原则是:拼盘先上,鲜嫩清淡先上,名贵的食品先上,本店名牌菜先上,易变形、走味的菜先上,时令季节性强的菜先上。如有两桌或两桌以上的宴席,上菜要看主桌,但上菜的数量和时间应大体一致,不可有厚此薄彼之嫌。一般情况下,上一道新菜就要把旧菜撤下去,但遇到特殊情况,如有的客人还想吃这道菜,或主人喜欢桌上丰盛,或两道热菜一起上的,应将旧菜推向副主位一边,把新上的菜摆在桌中或主宾处。撤去旧菜前须事先经主人同意。

如果上鸡、鸭、鹅、鱼、全猪、全羊等有头有尾的菜或椭圆形菜盘,头的一边或椭圆形菜盘纵向的一边,一定要朝向正主位。如果所上的菜有配作料食用,一定要配齐再上,一般是先上作料后上菜,也可以作料、菜一起上。

各道菜肴上齐后,服务人员应告诉主人,然后换上小碗送饭。

客人用餐后,送上热茶,放在每一餐碟的右边,随即撤去餐具,只留下酒杯、茶杯,后上甜菜、甜点心,最后上水果。

② 中餐上菜的方式大体有三种:把大盘菜端上,由各人自取;招待服务人员托着菜盘逐一往每一个人的食盘中分让;用小碟盛放,每人一份。

③ 中国人一向以热情好客闻名于世,主人会向客人介绍菜的特点,并反复向客人劝菜,希望客人多吃一点。有时热情的主人还会用公筷为宾客夹菜,这是主人热情好客的表示,出于礼节的需要,宾客应表示感谢,并根据自己胃口适量享用。主人也会反复向宾客劝酒,希望宾客能酒足饭饱。这在西餐上是绝对没有的。

(5) 中餐招待外宾应注意的礼仪

① 中餐招待外宾,首先应根据外宾所在国的宗教、民族和文化习惯,选择恰当的宴请日期。宴请欧洲国家或加拿大、美国客人时,应避开每月的 13 日,尤其是 13 日与星期五是同一天的。应避免使用 13 号房间,就餐人庭应避开 13 人。

宴请深受伊斯兰文化影响的各国穆斯林客人,则应避免伊斯兰教历九月,因为伊斯兰教九月是斋月;假如必须在斋月宴请穆斯林客人,也宜在日落后进行。

② 中餐宴请外宾,应充分考虑到外宾的饮食结构和饮食特点。

例如,德国人忌食核桃,美国人忌食动物内脏,匈牙利人不吃形状奇异的食物,如海参和带壳的虾、蟹等。

③ 中餐宴请外宾,切记不可反复劝菜和劝酒。

西欧人、美国、加拿大人一向崇尚独立、自由、讲究个性,不可反复劝菜和劝酒。否则,这种中国式的热情好客会被误认为是一种外来强迫,从而引起反感,影响宴会的友好气氛。

(6) 赴宴应注意事项

赴宴时应注意仪表整洁。无论天气如何炎热,不能当众揭开纽扣脱下衣服。小型便宴如主人请客从宽衣,男宾可脱下外衣搭在椅背上。

赴宴不宜过早或过迟,如果迟到,要进行解释道歉后方可入席。

进餐时,使用筷子不能交叉;夹菜应先拣离自己最近的菜下箸,夹菜时不要在碗碟里乱翻找,较远的菜应等主人或同座客人表示请用后再下箸。端碗时,不要大把托着。

吃饭时,切忌狼吞虎咽,吧嗒嘴。席上谈话不应含着食物,要知道饮屑四射是极不文明的。汤和食物如果太熟,不可用嘴吹。席中不要酗酒。

客人不得中途退席,如确有急事,要向主人说明原因,表示歉意,同时要向其他客人示意,方可离席。客人餐毕,一般不要离席,应等其他客人吃完。散席时,客人要向主人等致谢意,然后握手告别,并与其他客人告别。

除主人特别示意作为纪念品的东西外,各种招待品,包括糖果、水果、香烟等都不能拿走。有时在出席私人宴请活动之后,往往致以便函或名片表示感谢。首先致谢女主人,但不用说过谦的话,如"太丰盛了","太美了"。离席时让身份高者、年长者和妇女先走。

2. 西餐宴请特点

(1) 吃西餐的六个 M

吃西餐最讲究 6 个 "M"。

第一个是 "Menu"(菜单) 菜单被视为餐馆的门面,看菜单、点菜已成了吃西餐的一个必不可少的程序,第二个是"Music"(音乐)　豪华高级的西餐厅,要有乐队,演奏一些柔和的乐曲,一般的小西餐厅也播放一些美妙的乐曲。讲究的是乐声似听到又听不到的程度,即要集中精力和友人谈话就听不到,要想休息放松一下就听得到。

第三个是"Mood"(气氛)　西餐讲究环境雅致,气氛和谐。

第四个是"Meeting"(会面)　一起吃西餐一定是亲朋好友,趣味相投的人。

第五个是"Manner"(礼俗)　正确使用刀叉,讲究"女士优先"的原则,表现出对女士的殷勤。

第六个是"Meal"(食品)　西餐是以营养为核心。

(2) 吃西餐的礼仪

西方就餐的礼仪以自然、实际为主,不讲客套、谦让,但用餐中的规矩却很多。西餐桌上的餐具很多,吃每一样东西要用特定的餐具,在享受西餐雅致的就餐氛围时,举止更要正确得体,进餐有条有"礼"。

① 席次安排

西餐的位置排列与中餐有相当大的区别,中餐多使用圆桌,而西餐一般都使用长桌。如果男女二人同去餐厅,男士应请女士坐在自己的右边,还得注意不可让她坐在人来人往的过道边。若只有一个靠墙的位置,应请女士就座,男士坐在她的对面。如果两位男士陪同一位女士进餐,女士应坐在两位男士中间。如果两位同性进餐,那么靠墙的位置应让给其中的年长者。西餐还有个规矩,即是:每个人入坐或离座,均应从座椅的左侧进出。举行正式宴会时,座席排列按国际惯例:桌次的高低依距离主桌位置的远近而右高左低,桌次多时应摆上桌次牌。同一桌上席位的高低也是依距离主人座位的远近而定。西方习俗是男女交叉安排,即使是夫妻也是如此。

➤ 西餐的坐席排列,同一桌上席位高低以距离主人座位的远近而定,右高左低,男女交叉安排。

➤ 非官方接待时,以女主人的席位为准。主宾坐在女主人右首;主宾夫人坐在男主人右首。

➤ 举行两桌以上的西式宴会,各桌均应有第一主人,其位置应与主桌主人的位置相同,其宾客也依主桌的座位排列方法就座。

② 餐具的排列

➤ 西餐的餐具一般在开餐前已在桌上摆好。每人面前是食盘或汤盘。

➤ 左边放叉,右边放刀(刀叉数目与菜的道数相当,使用顺序按上菜顺序)。

➤ 食盘上方放匙(用小匙吃冷饮,大匙喝汤)。

➤ 再上方的酒杯,从左到右,由小到大,排成一排。

➤ 匙的左方是面包碟,右方是黄油碟(碟内有专用小刀)。

➤ 餐巾放在汤盘上或插在水杯里。

③ 餐具的使用礼仪

➤ 餐具的用法。

刀:右手拿刀。如果用餐时,有三种不同规格的刀同时出现,一般正确的用法是:带小小锯齿的那一把用来切肉制食品;中等大小的用来将大片的蔬菜切成小片;而那种小巧的,刀尖是圆头的、顶部有些上翘的小刀,则是用来切开小面包,然后用它挑些果酱、奶油涂在面包上面。

叉:左手拿叉,叉起食物往嘴里送时动作要轻。捡起适量食物一次性放入口中。叉子捡起食物入嘴时,牙齿只碰到食物,不要咬叉,也不要让刀叉在齿上或盘中发出声响。

勺子:在正式场合下,勺有多种,小的是用于咖啡和甜点心的;扁平的用于涂黄油和分食蛋糕;比较大的,用来喝汤或盛碎小食物;最大的是公用于分食汤的,常见于自助餐。

酒杯:用三根手指轻握杯脚。为避免手的温度使酒温增高,应用大拇指、中指、食指握住杯脚,小指放在杯子的底台固定。

餐具的摆放:餐具的摆放是根据上菜先后顺序从外到内摆放。有的菜用过后,会撤掉一部分刀叉。餐桌上一般以三套刀叉居多,用餐时由外向内依次取用。冷盘用叉,吃鱼用银刀叉,吃肉用钢刀叉,吃生菜用叉,布丁或点心用叉或匙,水果用刀叉。只用叉时,可用右手拿。使用刀时,不要将刀刃向外。更不要用刀送食物入口。切肉应避免刀切在瓷盘上发出响声。吃面条时,可以用叉卷起来吃,不要挑。不要把自己的餐具伸进供全桌用的大容器中,应用公用叉匙,用完归位,不要顺手将其放入自己盘中。

刀叉放的方向和位置都有讲究。刀叉放在垫盘上呈八字形,刀口朝内,叉尖向下就表示你还要继续用餐;刀叉平行摆放在垫盘上刀口向外,叉尖向上则表示你不要用餐。汤勺横放在汤盘内,匙心向上,也表示用汤餐具可以拿走。

➢ 餐巾与"洗指碗"。西方人用餐,第一件事就是打开餐巾平铺在自己的膝盖上。餐巾是用来擦嘴和手的,切勿用其擦脸或鼻子。进餐中,餐巾应始终放在腿上,如果暂时离开,可将餐巾折起,放在位子上或盘子旁。餐毕离开前,应把餐巾叠好放在桌子上。"洗指碗"通常在上必须用手拿的菜或甜点之前送上,碗内盛有温水,还有一些小花般的饰物,用时可将双手的手指在水中洗一下,然后用餐巾擦干。

➢ 正确使用汤匙的方法。用右手拇指与食指持汤匙柄,手持汤匙,使其侧起,不要使汤滴在汤盘外面。餐桌上的小匙是用来调饮料的,无论喝什么饮料,用毕应将其从杯中取出放入托盘。

➢ 牙签。用过的牙签可以放在托盘上,千万别放回去。蘸过酱的牙签也不能放到酱里再蘸。

④ 西餐的上菜次序

西餐的基本上菜顺序是:

开胃菜—汤—鱼或肉—蔬菜沙拉/奶酪—甜食/水果—咖啡/菜。

正式的全套餐点上菜顺序是:a. 菜或汤;b. 鱼子酱;c. 水果;d. 肉类;e. 奶酪;f. 甜点和咖啡;g. 水果,还有餐前酒和餐酒。没有必要全点,点太多却吃不完反而失礼。稍有水准的餐厅都不欢迎只点前菜的人。前菜、主菜(鱼或肉择其一)加甜点是最恰当的组合。点菜并不是由前菜开始点,而是先选一样最想吃的主菜,再配上适合主菜的汤。

⑤ 用餐礼仪

➢ 应等全体客人面前都上了菜,主人示意后才开始用餐。在主人拿起他的勺子或叉子以前,客人不得食用任何一道菜。这是美国人的习惯,同欧洲有些国家不同。

➢ 坐姿端正。就座时,身体要端正,手肘不要放在桌面上,与餐桌的距离以便于使用餐具为佳。

餐台上已摆好的餐具不要随意摆弄。将餐巾对折轻轻放在膝上。由椅子的左侧入座,最得体的入座方式是从左侧入座。用餐时,上臂和背部要靠到椅背,腹部和桌子保持约一个拳头的距离,两脚交叉的坐姿最好避免。

> 男宾还有照顾女宾的义务。比如入席时,男宾应替身边的女宾移开椅子,等她入座后自己才好坐下;进餐时,也得随时照顾她。女宾在接受服务后,不要忘记向男宾道谢。

> 吃肉:切开刚好一口大小的肉,然后直接以叉子送入口中。不可一开始就将肉全部切成一块一块的,否则好吃的肉汁就会全部流出来了。

> 肉饼、煎蛋、沙拉,都不用刀,只用叉。

肉盘中如有肉汁,想吃的话,可用面包蘸着吃。吃面包不能用刀叉,只能用手撕着吃。炸薯片、炸肉片、芹菜、芦笋等物,也不用刀叉,跟面包一样,可用手拿着吃,但取食时,仅限于用拇指和食指拈取,食后可用摆在面前的小手巾抹手。吃甜点可用叉或匙,可依其性质而定。

> 面包。取面包应该用手去拿,然后放在旁边的小碟中或大盘的边沿上,绝不要用叉子去叉面包。吃面包时应一手拿面包,一手撕下一小块放入口里,不要拿着整个面包咬。抹黄油和果酱时也要先将面包掰成小块再抹。取黄油应用黄油刀,而不要用个人的刀子。黄油取出要放在旁边的小碟里,不要直接往面包上抹。

> 吃鱼。不要将鱼翻身,要吃完上层后用刀叉将鱼骨剔掉后再吃下层。已经入口的肉骨或鱼刺,不要直接吐入盘中,而要用叉接住后轻轻放入盘中,或者尽可能不引人注意地用手取出,放在盘子的边沿上,不能扔在桌上或地下。水果核也应先吐在手心里,再放入盘中。

> 要喝水时,应把口中的食物先咽下去。不要用水冲嘴里的食物。用玻璃杯喝水时,要注意先擦去嘴上的油渍,以免弄脏杯子。

> 进餐时不要将碗碟端起来。喝汤可以将盘子倾斜,然后用汤匙取食。喝茶或喝咖啡不要把汤匙放在杯子里。

> 喝酒的方法。喝酒时绝对不能吸着喝,而是倾斜酒杯,像是将酒放在舌头上似的喝。轻轻摇动酒杯让酒与空气接触以增加酒味的醇香,但不要猛烈摇晃杯子。此外,一饮而尽,边喝边透过酒杯看人,都是失礼的行为。不要用手指擦杯沿上的口红印,用面巾纸擦较好。

> 喝浓汤:勺子应横拿,由外向内轻舀,不要端起汤盆来喝。汤将喝完时,左手可靠胸前轻轻将汤盆内侧抬起,汤汁集中于盆底一侧,右手用勺舀起。汤匙的底部放在下唇的位置将汤送入口中。汤匙与嘴部呈45度角较好,身体的上半部略微前倾。

> 吃饭,特别是喝汤,不要发出响声。咀嚼时应该闭嘴。

> 不要在餐桌前擤鼻涕或打嗝。如果打喷嚏或咳嗽,应向周围的人道对不起。

> 在饭桌上不要剔牙。如果有东西塞住了牙非取出不可,应用餐巾将嘴遮住,最好等没有别人在场时再取出。

> 进餐时始终保持沉默是不礼貌的,应该同身旁的人有所交谈,但是在咀嚼食物时不要讲话,即使有人同你讲话,也应咽下口中食物后再回答。谈话时可以不放下刀叉,但不可拿刀叉在空中摇晃。

> 抽烟:在进餐尚未全部结束时,不可抽烟,直到上咖啡表示用餐结束时方可。如在左右有女客人,应有礼貌地询问一声"您不介意吧!"

➢ 喝咖啡：如愿意添加牛奶或糖，添加后要用小勺搅拌均匀，将小勺放在咖啡的垫碟上。喝时应右手拿杯把，左手端垫碟，直接用嘴喝，不要用小勺一勺一勺地舀着喝。

➢ 吃水果：不要拿着水果整个去咬，应先用水果刀切成四或六瓣再用刀去掉皮、核、用叉子叉着吃。

用餐时还要注意以下情况：

吃鱼、肉等带刺或骨的菜肴时，不要直接外吐，可用餐巾捂嘴轻轻吐在叉上放入盘内。吃面条时要用叉子先将面条卷起，然后送入口中。

就餐时不可狼吞虎咽。对自己不愿吃的食物也应要一点放在盘中，以示礼貌。

不可在餐桌边化妆，用餐巾擦鼻涕。取食时不要站立起来，坐着拿不到的食物应请别人传递。

第三节　商务应酬中的沟通艺术

一、打破应酬场合的冷场局面

交谈过程中，由于话不投机或不善表达，也常出现冷场的情况，冷场无论对于交谈、聚会，还是议事、谈判，都是令人窘迫的局面。在人际关系中，它无疑是一种"冰块"。打破冷场的技巧，就是转移注意力，另换话题。

冷场一般出现在双方对谈话缺乏内在动力、不感兴趣的情况下。在交际活动中，如果当事人一时没有什么需求的欲望，那么，会话在这个时候就成了多余的事，冷场便不可避免。另外一些易引起冷场的原因还有：在交际场上，当人际吸引力不强或存在沟通的心理障碍时，当心境影响人际认知与情感交流时，当情境因素发生作用（如环境使人产生共同的压抑感或沉默情境感染旁人等）时，等等。

聚会者之间存在以下十种情况时，最容易因"话不投机"而出现冷场：

① 彼此不大相识；
② 年龄、职业、身份、地位差异大；
③ 心境差异大；
④ 兴趣、爱好差异大；
⑤ 性格、素质差异大；
⑥ 平时意见不合、感情不和；
⑦ 互相之间有利害冲突；
⑧ 异性相处（尤其在单独相处时）；
⑨ 因长期不交往而比较疏远；
⑩ 均为性格内向者。

谈话的话题是否对方所关心是否感兴趣，话题是否有趣有益和冷场的出现有很大的关系。"曲高和寡"，会导致冷场："淡而无味"，同样会引起冷场。作为主人你可以用下面的做法打破冷场：第一，立刻向对方介绍一个人、一件事或一样东西，以转移大家的注意力，激发他们重新开口的兴致;第二,提出一个人人(至少是多数人)都感兴趣并有可能参与意见、发表看法的问题,重引话题,话题可以是对方个人爱好、对方事业上的成就、体育运动、影视戏剧、新闻趣事、日常生活中的"热点"、旅游等;第三,开个玩笑,活跃一下气氛,再巧妙地转入正题;第四,用聊天的方式,同一两个人谈谈家常,问问情况,引出众人关注的话题;第五,故意挑起一场有益的争论;第六,就地取材,对环境、陈设等发表看法,引起议论。

通常年龄大的人喜欢回忆往事,同他们聊聊本地市政的沿革、民情的变迁、风俗的演化等,他们往往会油然而生浓郁的谈兴。年轻人性格活泼,爱好广泛,音乐、电视、美容、旅游等都可激起他们的谈兴。同女士谈话,可选择一些家庭趣事;卓有成就者愿意畅谈奋斗的历程……总之,打破冷场的话题,"聚焦点"要准,"参与值"要高,即话题应是共同关心、能引起注意、人人可参与意见的话题。另外要注意如果话题可能使在场者(哪怕只有一位)窘迫或不快,即使可立即引起众人议论,也不宜作为打破冷场的话题。比如,某人近期丧子,一般就不要当着他的面大谈儿女之事,以免勾起他的伤感。否则,"一人向隅,举座不欢。"

关心、体谅、坦率、热情,是打破冷场的最有力"武器"。只要以这样的态度去努力,"坚冰"可以融化,僵局不难打破。从根本上讲,打破冷场最有力的武器是谈话对方的内在动力,是双方的热情、坦率。

二、巧妙拒绝对方的无理提议

商务人士尤其销售人员,与客户打交道是每天必须要做的事情。在与客户打交道的过程中,由于买卖双方立场难以完全相同,当客户提出了过分的要求或者你满足不了客户所要求的服务时,应该予以拒绝。在这种情况下,如何巧妙维护公司的利益,又不伤害双方感情,需要丰富的经验和高度的智慧。经验丰富的销售人员能够充分运用各种因素,协调公司、客户之间的利益关系,不但能够为客户着想,也能够为公司谋利。所以商务人士在进行应酬过程中,一方面要满足客户的期望值,另一方面要拒绝客户的无理提议,而拒绝则需要技巧。

1. 用肯定的口气拒绝

在肯定对方观点和意见的基础上,拒绝对方,例如:"好主意,不过恐怕我们一时还不能实行。"用肯定的态度表示拒绝,可以避免伤害对方的感情。

2. 用恭维的口气拒绝

拒绝的最好做法是先恭维对方。例如当客户喜欢你的商品又想压价的时候,你可以婉转地说:"您真有眼光,这是地道的××货,由于进价太高了,我很遗憾不能给您让价。"这样就不会让对方觉得不快。

3. 用商量的口气拒绝

如果有人邀请你参加集会,而你偏偏有事缠身无法接受邀请,你可以这样说:"太对不起了,我今天实在太忙了,改天行吗?"这句话要比直接拒绝好得多。

4. 用同情的口气拒绝

最难拒绝的是那些只向你暗示和唉声叹气的人。但是,你若必须拒绝,用同情的口气可能会好一些。

5. 用委婉的口气拒绝

拒绝客户，不要咄咄逼人，有时可以采用委婉的语气拒绝他，这样不至于使双方都尴尬。

三、交谈禁忌及规避尴尬话题

成功的商务交谈，是建立良好的商务关系的重要保证。我们提倡更有效的交谈，提倡交谈艺术，首先要做到的就是不能误入"雷区"。否则，会引起他人的反感、排斥，不利于商务交往。所以，掌握交谈礼仪，注意交谈禁忌，避免交谈"雷区"非常重要。

1. 忌打断对方

双方交谈时，上级可以打断下级，长辈可以打断晚辈，平等身份的人尽量不要打断对方的谈话。万一你与对方同时开口说话，你应该说"您请"，让对方先说。

2. 忌补充对方

有些人好为人师，总想显得知道得比对方多，比对方技高一等。出现这一问题，实际上是没有摆正位置，因为人们站在不同角度，对同一问题的看法会产生很大的差异。当然如果谈话双方身份平等，彼此熟悉，有时候适当补充对方的谈话也并无大碍，但是在谈判桌上绝不能互相补充。

3. 忌纠正对方

"十里不同风，百里不同俗。"不同国家、不同地区、不同文化背景的人考虑同一问题，得出的结论未必一致。一个真正有教养的人，是懂得尊重别人的人。尊重别人就是要尊重对方的选择。

4. 忌质疑对方

对别人说的话不随便表示怀疑。所谓防人之心不可无，质疑对方并非不行，但是不能写在脸上，这点很重要。如果不注意，就容易带来麻烦。质疑对方，实际是对其尊严的挑衅，是一种不理智的行为。人际交往中，这样的问题值得高度关注。

5. 六不谈

第一不要非议党和政府。第二不要涉及国家秘密与商业秘密。第三不能随便非议交往对象。第四不在背后议论领导、同行和同事。第五不谈论格调不高的话题。第六不涉及个人隐私问题。在现代生活中，哪些个人隐私不大适合去随便打探呢？一般是五个问题，我们称为个人隐私五不问：

第一不问收入。在现代社会上，一个人的收入往往是他个人实力的标志，你问这个人挣多少钱，实际上是问这个人本事如何，这是不合适的。

第二不问年龄。在现代市场经济条件下，竞争比较激烈，那么一个人的年龄的问题，实际上也是个人的资本，不问年龄。

第三不问婚姻家庭。家家都有一本难念的经，别去跟人家过不去。

第四不问健康问题。跟年龄一样，现代人的健康其实也是一个资本，你要谈的事有时正是别人比较忌讳的。

第五不问个人经历。老家是哪里的，什么专业毕业的，哪所大学出来的，现在是干什么的,以前在哪里干过的。英雄不问出处,个人的学科背景,学校重点非重点之类,其实都是实力问题,有教养的人不谈。

四、正确处理应酬与商务目标与生活的关系

当今社会是一个瞬息万变、竞争激烈的社会。物竞天择、适者生存的自然法则,迫使人们为成功而奋斗,为人生而规划。要做到这些,就不得不和形形色色的人打交道。于是,应酬也就成了人生的一大必备功课,应酬文化或者应酬现象已经成为现代商务人士生活中难以规避的一部分。但应酬的确是一件很让人头疼的事情。大多数人都不喜欢应酬,因为需要说很多应酬话,陪吃、陪喝、赔笑,还要赔上自己的时间。过度的饭局、麻局、牌局、歌局、舞局、球局等,过度的身体和精力的消耗,已经上升为危害健康的大敌,不仅导致应酬者酒精肝、啤酒肚、肥胖症、体质下降等亚健康症状,还会引发更麻烦的富贵病,不可避免地影响到正常生活。

面对应酬的态度,也就是面对生活的态度。作为身兼个体与社会双重属性的人,不可能完全生存于规则之外,但千万要把握好这个度。但是,我们可以运用一些管理应酬时间的技巧,让我们的时间安排得更加科学合理。

1. 来自合作伙伴的应酬

(1) 为应酬做好准备工作

在应酬之前,我们要充分准备应酬所讨论的内容,要充分了解对方的观点、想要达到的目标、可能采取的措施等,从而根据自己的具体情况制定出几个可行的方案做好应对。这样,我们在应酬中才能做到有的放矢,在最短的时间内解决问题。

(2) 会谈时,尽快步入正题

如果你的应酬是出于商务或者工作上的目的,那么就在简单问候、寒暄之后直接步入主题,让有限的时间发挥最大的价值。

2. 来自下级的应酬

(1) 尽量做到向下级充分授权

对于来自下属的应酬,最好的办法就是用制度禁止那些无关紧要的应酬,以节省你的时间,提高效率。其次,你对于下属要充分授权,这样能够使他们有权独自决定、处理自己工作职责范围之内的事务,而不必再来打扰你了。

(2) 在固定时间集中处理意外情况

再充分的授权也无法避免下属不能独自作决定的情况发生。因此,你应该每天或者是每周拿出一段固定时间,处理下属的问题。

(3) 有效地利用面谈以外的其他沟通方法

许多公司都装有内部局域网和内部管理软件,这为上下级之间有效及时的沟通提供了方便。你应该充分利用这些工具,尽量通过局域网和管理软件所提供的管理功能与下属沟通。

3. 来自上级的应酬

在所有的应酬中,来自上级的应酬是最难处理的。因为你应酬的对象是你的上级,你要

服从他的安排。为了有效利用你的时间,提高应酬的效率,你应该采取一些必要的技巧。

(1) 向你的上级汇报你的日程计划和安排

你要做到定期向上级汇报自己的工作,同时把你下一阶段的计划告诉他,并请他参与到计划的详细制定中。这样,上级就知道你在什么时候忙碌,什么时候相对轻松。

(2) 参照上级的工作安排制定你的工作计划

把你自己的工作节奏、预定日程与上级的协调起来,这样可以减少因为步调不一致而出现的冲突。

(3) 时刻牢记自己的工作职责

每个公司中会有很多部门和职位,每一个部门、每一个职位都有明确的工作职责和范围。有时上司可能会让你做自己工作职责以外的事情。如果这有可能会影响到你的本职工作,那么就要坚决而礼貌地对上级说"不"。

4. 来自突访者的应酬:做适当回避;会见重要客人时要把会见时间控制好

总　　结

在商场这个没有硝烟的战场上,成功离不开一个人的天分,离不开一个人的努力,更离不开一个人运筹帷幄、左右逢源的应酬技巧。只有做一个商务应酬达人,才能挖到人生的一桶又一桶金。

商务人士如何在日常商务活动中体现相互尊重,如何宾主尽欢,了解和掌握正确的商务交往规则和技巧,能使我们在商务交往活动中赢得良好的第一印象,使商务交往活动顺利进行。本章主要介绍了仪容礼仪、仪态礼仪、着装礼仪、见面礼仪、座次礼仪、交谈礼仪、中西餐商务宴请等,以使商务人员提高商务应酬能力,促进商务工作的展开。

 复习与思考

1. 介绍和握手应该注意哪些礼节?
2. 如何交换和索取名片?
3. 中西餐宴请应该遵守哪些礼仪?
4. 如何遵循交谈的礼仪?

 实训练习

分小组进行各种礼仪的模拟训练,可以采用竞赛形式。

案例分析

案例一

我国某经贸代表团去德国进行访问,代表团李团长身穿一名牌夹克,打着领带,出现在欢迎仪式上。李团长在欢迎仪式上正跟对方负责人握手时,突然发现旁边有自己以前进行来访时认识的熟人汉斯,于是忍不住在握手的同时又跟汉斯热情地打招呼。

分析与讨论:
李团长有哪些不符合礼仪的地方?

案例二

王雪是一名白领丽人,她机敏漂亮,工作出色。有一回,王雪前往东南亚某国洽谈业务。在欢迎宴会上,主人亲自为每一位来自中国的嘉宾递上一杯当地特产的饮料,以示敬意。轮到主人向王小姐递送饮料之时,一向是"左撇子"的焦小姐不假思索,自然而然地抬起自己的左手去接饮料。而此情景,主人骤然变色,对方没有把那杯饮料递到王雪伸过去的左手里,而是非常不高兴将它重重地放在餐桌上,随即理都不理王雪就扬长而去了。

分析与讨论:
1. 东道主为何不高兴了?
2. 王雪怎样做才符合礼仪要求?

案例三

凯恩集团正在招聘副经理。研究生刚毕业的小林对此信心百倍,因为他专业对口,而且其他条件也非常符合。面试当天,小林与其他面试者一起在办公室外等候。当看完发下来的题目后,小林更觉得胜券在握。他松松垮垮地站在门口准备上场,回头看见有一排沙发,便坐在沙发上,跷起二郎腿,悠闲地抽起烟来。突然,一位衣着朴素的老者问他是否看见接待面试的办公室主任。小林白了老者一眼,没有起身,只用一个手指一指:"看,在那。"然后又低头随手翻看起报纸来。老者有点尴尬,转身而去。

面试时,赫然发现老者坐在主考官旁边的椅子上,小林才意识到有点失礼,不禁开始紧张起来。在回答完规定题目后,老者自我介绍说,他是公司董事,并提出了一个新题目。小林看到题目有点生,忍不住挠头抓耳,在座位上扭来扭去。面试完毕,结果可想而知。

分析与讨论:
小林在礼仪方面的失败之处在哪里?如果小林问题回答得很出色,而您是主考官,是否同意小林成为副经理人选?

案例四

赵宠志先生创办商贸公司已经有两年多了。虽然事业上小有成就,但是他一直都被太多的应酬困扰着。一周5个工作日,他至少有4个晚上都要约客人会谈合作项目。就是周末,赵先生的时间也不能完全由自己来支配,常常要陪客户活动。虽然已经四十出头的赵先生还保持着南方人精瘦的身材,但是慢性胃炎、高血脂这些问题已经开始困扰他。而且,他最头疼的是没有足够的时间来考虑更多的问题,因为公司里总是有一堆问题等着他去解决,而他却分身乏术。无奈之中,他只能牺牲自己原本已经少得可怜的休息时间。

分析与讨论:
赵先生面对商务应酬和工作生活的冲突,您觉得他该如何处理?

第八章

团队沟通

第一节 团队的特征

每当秋季来临,北美的大雁都会成群结队的南迁,飞往温暖的南南美去过冬。

雁群是一支完美的团队,由许多有着共同目标的大雁组成。雁队在飞翔时总是排成"人"字形,一只头雁在前面飞,顶着气流,其他大雁就省力些。若雁队中有大雁体力不支,大家就会一起降落。如果遭遇风暴,丢失的大雁会加入另一个雁群继续前进。雁队的头雁体力消耗大,大家就轮流来当。在组织中,它们有明确的分工合作。当队伍中途飞累了停下休息时,它们中有负责觅食、照顾年幼或老龄的青壮派大雁,有负责雁群安全放哨的大雁,有负责安静休息、调整体力的领头雁。在雁群进食的时候,巡视放哨的大雁一旦发现有敌人靠近,便会长鸣一声给出警示信号,群雁便整齐地冲向蓝天、列队远去。而那只放哨的大雁,在别人都进食的时候自己不吃不喝,有着一种为团队牺牲的精神。

据科学研究表明,组队飞要比单独飞提高22%的速度,在飞行中的雁两翼可形成一个相对的真空状态,飞翔的头雁是没有谁给它真空的,漫长的迁徙过程中总有人带头搏击,这就是一种牺牲精神。而在飞行过程中,雁群大声嘶叫以相互激励,通过共同扇动翅膀来形成气流,为后面的队友提供了"向上之风",而且V字队形可以增加雁群70%的飞行范围。如果在雁群中,有任何一只大雁受伤或生病而不能继续飞行,雁群中会有两只自发的大雁留下来守护照看受伤或生病的大雁,直至其恢复或死亡,然后它们再加入到新的雁阵,继续南飞直至目的地。大雁就是靠着这种团队精神,千里迁徙,飞达目的地。

雁阵之优,在于目标一致、前后呼应、强势超达,正所谓:"众人拾柴火焰高"、"众志成城"。

如果只有一只大雁,是永远也达不到长途迁徙的目的的,中途就可能会失去生命。它可能忍受不了飞行的孤独,也可能忍受不了寒风的侵袭。犹如一个企业如果没有团队精神,将成为一盘散沙。只有形成一个完美的团队,才能保证每一个成员都可以完成南迁的飞行目标。

每个人都有缺点,团队就是由一群有缺点的人构成的,但当他们互相搭配、优势互补,目标一致时就能产生巨大的、甚至是无可阻挡的力量。

科林利康崇尚:没有完美的个人,只有完美的团队;唯有团队工作才能使每一个个体"梦想成真"。

高效的团队,必须具备以下特征:

1. 清晰的目标

高效的团队有着清晰的目标和共同的意图,对要达到的目标有清楚的理解,并坚信这一目标包含重大的意义和价值。而且,这种目标的重要性还激励着团队成员把个人目标升华到群体目标。他们公开和坦诚的彼此交流,并努力达成团体共识来做出决定,创造性的思考问题。在有效的团队中,成员清楚地知道希望他们做什么工作,以及他们怎样共同工作并实现目标。

2. 相互的信任

成员间相互信任是有效团队的显著特征,也就是说,每个成员对其他人的品行和能力都确信不疑。我们在日常的人际关系中都能够体会到,信任这种东西是相当脆弱的。它需要花大量的时间去培养而又很容易被破坏。而且,只有信任他人才能换来被他人的信任,不信任只能导致不信任。所以,维持群体内的相互信任,还需要引起管理层足够的重视。

3. 相关的技能

高效的团队是由一群有能力的成员组成的。他们具备实现目标所必需的技术和能力,而且相互之间有良好合作的个人品质,从而能出色完成任务。后者尤为重要,但却常常被人们忽视。有精湛技术能力的人并不一定就有处理群体内关系的高超技巧,而高效团队的成员则往往兼而有之。

4. 一致的承诺

高效的团队成员对团队表现出高度的忠诚和承诺,为了能使群体获得成功,他们愿意去做任何事情,我们把这种忠诚和奉献称为一致承诺。对成功团队的研究发现,团队成员对他们的群体具有认同感,他们把自己属于该群体的身份看做是自我的一个重要方面。因此,承诺一致的特征表现为对群体目标的奉献精神,愿意为实现这一目标而调动和发挥自己的最大潜能。

5. 良好的沟通

毋庸置疑,这是高效团队一个必不可少的特点。群体成员通过畅通的渠道交流信息,包括各种言语和非言语交流,此外,管理层与团队成员之间健康的信息反馈也是良好沟通的重要特征,它有助于管理者指导团队成员的行动,消除误解。就像一对已经共同生活多年、感情深厚的夫妇那样,高效团队中的成员能迅速而准确地了解彼此的想法和情感。

6. 谈判技能

以个体为基础进行工作设计时,员工的角色由工作说明、工作纪律、工作程序及其他一些正式或非正式文件明确规定。但对高效的团队来说,其成员角色具有灵活多变性,总在不断进行调整。这就需要成员具备充分的谈判技能。由于团队中的问题和关系时常变换,成员必须能面对和应付这种情况。

7. 恰当的领导

有效的领导者能够让团队跟随自己共同度过最艰难的时期,因为他能为团队指明前途所在,他们向成员阐明变革的可能性,鼓舞团队成员的自信心,帮助他们更充分地了解自己的潜力。优秀的领导者不一定非得指示或控制,高效团队的领导者往往担任的是教练和后盾的角色,他们对团队提供指导和支持,但并不试图去控制它。这不仅适用于自我管理团队,当授权给小组成员时,也适用于任务小组、交叉职能型的团队。对于那些习惯于传统方式的管理者来说,这种从上司到后盾的角色变换,即从发号施令到为团队服务实在是一种困难的转变。当前很多管理者已开始发现这种新型的权力共享方式的好处,或通过领导培训逐渐意识到它的益处。但现实中仍然有些脑筋死板、习惯于专制方式的管理者无法接受这种新观念,这些人应当尽快转换自己的老观念,否则就将被取而代之。

8. 内部和外部的支持

要成为高效团队的最后一个必需条件就是它的支持环境。从内部条件来看,团队应拥有一个合理的基础结构。这包括适当的培训、一套易于理解的并用以评估员工总体绩效的测量系统以及一个起支持作用的人力资源系统。恰当的基础结构应能够支持并强化成员行为以取得高绩效水平。从外部条件来看,管理层应给团队提供完成工作所必需的各种资源。

第二节　团队内部的有效沟通

团队内部有效沟通的重要性众所周知。因为几乎所有的矛盾都是由于沟通不畅而产生的,如果沟通不好的话,就无法在团队内部进行有效的工作,很容易让员工产生消极的心理,严重的削弱了团队的战斗力,那么如何保证团队内部的有效沟通呢?

1. 管理者角度的有效沟通

(1) 管理者以身作则

管理者希望打造一个健康、积极的沟通氛围,反而忽略了自己可能就是沟通的障碍。很多企业的领导者因为权力和地位的关系,在与员工的沟通中以自我为中心,居高临下,缺乏诚意。沟通是一个公平、客观的过程,管理者态度高傲则无法从员工那里得到真实的反馈,使沟通双方失衡,最终不仅没有达成有效沟通,甚至可能对整个团队产生影响,造成恶性循环,危及整个团队。企业要想打造有效沟通的氛围,领导者首先要以身作则,将理念逐渐延伸到组织的各个脉络中去。

(2) 向成员展示清晰的团队目标

在团队里,要进行有效地沟通,必须明确目标。对于团队领导来说,目标管理是进行有效沟通的一种解决办法。在目标管理中,团队领导和团队成员讨论目标、计划、对象、问题和解决方案。由于整个团队都着眼于达成目标,这就使沟通有了一个共同的基础,彼此能够更好地了解对方。即便团队领导不能接受下属成员的建议。他也能理解其观点,下属对上司的要求也会有进一步的了解。沟通的结果自然得以改善。如果绩效评估也采用类似的办法的话,同样也能改善沟通。

(3) 建立良好的团队内部建设性意见交流的气氛

企业的领导者要为员工打造良好的工作氛围。努力营造公平、公正、自由的企业氛围,尤其是领导者与员工之间;要体现以人为本的思想,只有尊重员工。在团队内部,要允许不带个人冲突和偏见的不同意见存在,支持在可接受的范围内进行不同的实验。鼓励团队成员间坦诚交流、信息共享,建立定期的信息反馈机制。

(4) 用好"刺头"兵

团队中的刺头成员会促使领导者不断完善自己的团队。每个团队里都有可能有一些狂妄自负、恃才傲物的成员。哲学人或拥有某方面不可替代的资源(比如背景),或聪明、好动,是某一方面或某几个方面的专家,充满创新精神或者野心勃勃,对成功以及成功相关的定性(金钱、地位、职位、权利等)具有极其浓厚的兴趣。他们不循规蹈矩,也不会轻易被权威所折服。最令管理者头痛的是,这些人不仅仅在专业上有一套,往往在团队内"兴风作浪"也很在行。

对于前者,团队领导者应在与之保持一定距离的同时,充分利用其资源,并对其工作中的上佳表现给予适当的表扬;对后者,领导者应给予足够的重视,为他们提供施展才华的机会。

> 1860年,林肯当选为美国总统。有一天,有位叫巴恩的银行家到林肯的总统官邸拜访,正巧看见参议员萨蒙·蔡思从林肯的办公室走出来。于是,巴恩对林肯说:"如果您要组阁的话,千万不要将此人选入您的内阁。"林肯奇怪地问为什么?巴恩说:"因为他是个自大成性的家伙,他甚至认为他比您伟大得多。"林肯笑了:"哦,除了他以外,您还知道有谁认为他自己比我伟大得多?""不知道,"巴恩答道,"不过,您为什么要这样问呢?"林肯说:"因为我想把他们全部选入我的内阁。"事实证明,巴恩的话是有道理的。蔡思果然是个狂妄自大而且妒忌心极强的家伙。他狂热地追求最高领导权,本想入主白宫,不料落败于林肯,只好退而求其次,想当国务卿。没想到,林肯却任命西华德为国务卿,无奈,只好坐第三把交椅——当了林肯政府的财政部长。为此,蔡思一直怀恨在心、激愤不已。不过,这个家伙在金融方面确实是个不可多得的人才,在财政预算与宏观调控方面很有一套。林肯一直十分器重他,并通过各种手段尽量减少与他的冲突。后来,目睹过蔡思种种表现并搜集了很多资料的《纽约时报》主编亨利·雷蒙顿拜访林肯的时候,特地告诉他蔡思正在狂热地上蹿下跳,以谋求总统职位。林肯以他一贯特有的幽默对雷蒙顿说:"亨利,你不是在农村长大的吗?那你一定知道什么是马蝇了。有一次,我和我的兄弟在肯塔基老家的农场里耕地,我赶马,他扶犁。偏偏那匹马很懒惰,老是磨洋工。但是,有一段时间它却在地里跑得飞快,我们差点儿都跟不上它。到了地头我才发现,有一只很大的马蝇叮在它的身上,于是我把马蝇打落了。我的兄弟说:'哎呀,就是因为有那家伙,这匹马才跑得那么快。'"然后,林肯意味深长地对雷蒙顿说:"现在正好有一只名叫'总统欲'的马蝇叮着蔡思先生,那么,只要它能使蔡思那个部门不停地跑,我还不想打落它。"林肯的胸襟和用人能力,使他成为美国历史上最伟大的总统之一。

(5) 拓宽沟通渠道

企业中的沟通渠道往往分为正式和非正式渠道,正式渠道通常在传达重要的信息和文件或组织决策时采用,能够保证信息的权威性,非正式渠道则不受组织监督,形式多变,直接明了。除此之外,企业还应该扩展沟通渠道,建立向下沟通渠道、向上沟通渠道和水平沟通渠道,使管理者与员工都能主动的与对方进行沟通,保障信息及时得到反馈。

2. 团队的个体成员之间有效沟通的方法

(1) 明确沟通的目的

目标的明确是沟通的前提,有了清晰的目标,由于整个团队都着眼于达成目标,这就使沟通有了一个共同的基础,彼此能够更好地了解对方。如果目的不明确,就意味着你自己也不知道说什么,当然也就不可能让别人明白,当然也就无法达到沟通的目的。

(2) 把握沟通时机

掌握好沟通的时间,在沟通对象正大汗淋漓地忙于工作时,你要求他与你商量事情,显然不合时宜。所以,要想达到沟通的效果,必须掌握好沟通的时间,把握好沟通的时机。

(3) 明确沟通对象

沟通中必须要明确沟通的对象:虽然你说得很好,但你选错了对象,自然也达不到沟通的目的。

(4) 掌握沟通的方法

假如你知道应该向谁说、说什么,也知道该什么时候说,但你不知道怎么说,仍然难以达到沟通的效果。沟通时要用对方能听懂的语言——包括文字、语调以及肢体语言等,而我们要学的就是通过对这些沟通语言的观察来有效地使用它们进行沟通。

3. 团队沟通应注意的问题

在现实中,很多的团队沟通都不顺畅,存在许多的问题,在沟通过程中粗心大意、马马虎虎,无视规章制度的存在,无法达到沟通应有的效果。因而需要注意一些细节问题。

(1) 沟通协调一定要及时。团队内必须要做到及时的沟通,积极引导,求同存异,把握时机,适时协调。唯有做到及时沟通,才能最快求得共识,保持信息的畅通无阻,而不至于导致信息不畅、矛盾积累,给团队带来更多的伤害。

(2) 不要带个人情绪,克制感情,保持冷静。领导和普通员工都在沟通时都要保持冷静,克制个人感情,因为带有太多个人感情色彩,就无法客观公正地看待问题,对信息的接受与理解就会产生偏差。同时还需要注意非语言提示,比如,眼色、面部表情、肢体语言等,从细微处着手。

(3) 团队的领导和成员都要学会倾听。积极地倾听是对信息进行积极主动地搜寻,而单纯的听则是被动的。积极倾听表现为接受,即客观地倾听内容而不作判断。因为当我们听不到不同意见的观点时,会在内心阐述自己的想法并反驳他人所言,这样会漏掉一些信息。积极地倾听者就是介绍他人所言,而把自己的判断推迟到说话的人说完以后。团队成员如果能做到积极倾听,往往可以从沟通中获得说话者所要表达的完整的信息;反之只能得到只言片语,错失至关重要的部分。这是需要团队负责人和组织者刻意去培养的习惯。

三个小金人

曾经有个小国派使者到中国来,进贡了三个一模一样的金人,金碧辉煌,把皇帝高兴坏了。可是这小国不厚道,同时出一道题目:这三个金人哪个最有价值?皇帝想了许多的办法,请来珠宝匠检查,称重量,看做工,都是一模一样的。怎么办?使者还等着回去汇报呢。泱泱大国,不会连这个小事都不懂吧?最后,有一位退位的老大臣说他有办法。皇帝将使者请到大殿,老臣胸有成竹地拿着三根稻草,插入第一个金人的耳朵里,这稻草从另一边耳朵出来了。第二个金人的稻草从嘴巴里直接掉出来,而第三个金人,稻草进去后掉进了肚子,什么响动也没有。老臣说:第三个金人最有价值!使者默默无语,答案正确。

这个故事告诉我们,最有价值的人,不一定是能说会道的人。老天给我们两只耳朵一个嘴巴,本来就是让我们多听少说的。善于倾听,才是成熟的人最基本的素质。善于倾听,才能成为聪明的人,优秀的人。

(4) 所有人都要积极换位思考。换位思考是一种先进的管理理念和有效地沟通手段。因而领导和员工都应该积极地换位思考,把自己置身于说话者的位置上,努力去理解说话者想要表达的含义。不要轻易打断说话者的讲话,从说话者的角度调整自己的所观所感,这样就可以进一步保证自己理解说话者的本意。如果领导做决策之前考虑周全,尤其是多想想员工的利益,这样就能起到积极地作用,工作开展也会容易很多。作为员工也应多站在领导的角度,考虑一下全局利益,这样就能相互理解,沟通才能畅达。

(5) 确认信息无误。选择合适的时机要求说话者"复述"。在沟通过程中,有时听不清楚说话者的讲话,所以请求说话者多说几遍有很大好处。据统计,很多沟通问题是由于误解或不准确造成的,解决这一问题的最好办法就是注重反馈,即让接受者用自己的话复述信息,如果传递者听到的复述恰如本意,则可增强理解与准确性。而说话者也可感觉对方确实在认真听自己的讲话,自尊心得到满足,这样一举多得。

(6) 合理利用并控制非正式沟通。非正式沟通的好处也显而易见。比如,一些正式的场合不好沟通的问题可以通过私下的一些非正式的沟通来予以解决,达到团队的目标。但是非正式沟通的弊端也是很明显的,因为虽然在有些情况下,非正式沟通往往能实现正式沟通难以达到的效果,但是它也能成为散布小道消息和谣言的渠道,产生不好的作用,所以,为使团队高效,要适当地控制非正式沟通。

第三节 有效处理团队冲突

1. 解决团队冲突的步骤

成功地解决团队冲突需要既关注问题本身又要关注人们的感受。成功解决团队冲突的步骤主要有以下几步:

(1) 确认冲突的存在

在团队沟通中,有些团队冲突是表面现象,不是真正的存在沟通的障碍。因而要处理团队沟通就必须要确认冲突是否真实存在。花时间去处理实际上并不存在的冲突会耗费大量的人力、物力、财力。

(2) 核实信息无误

在团队沟通中,要处理冲突,就需要在确认了团队冲突存在的情况下进一步核实信息的准确性。以保证团队内沟通信息的准确,这样才能为冲突分析奠定基础。信息的准确性事进行成员需求分析的前提。

(3) 分析成员需求

团队虽然有统一的目标、方向,但是每个成员都有自己的特性,也有自己个性化的需求,这些需求会通过的一定的方式或语言表现出来,要很好的处理团队冲突就需要分析成员的个性化需求。一般团队成员有五种个性化的需求:① 物质和精神的需求;② 学习需求;

③ 能力锻炼需求；④ 交友需求；⑤ 自我实现需求。

（4）寻求变通方法

通过团队成员需求的分析，只要这些个性化需求是合理的，是有利于或不影响团队目标实现的，领导就应该尽可能寻求变通的方法，采取必要的措施予以满足。

（5）消除不良情绪

最好的步骤就是尽可能地消除团队冲突带来的不好的影响，让团队重新高效运转。

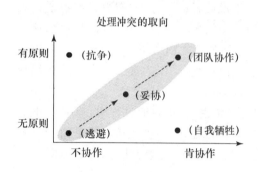

2. 有效解决团队冲突的办法

每一个商务人员每天都生活在一个团队中，不可避免地，团队成员之间会发生很多冲突，那么如何处理这些冲突，是每个成员都要了解的，作为管理者更要学会处理冲突。

一般团队冲突解决的方法有五种：

（1）竞争方式

竞争方式适合于紧急又重要的事情，它能节约时间，节省决策成本，可以尽快地达成一个结论，以优先保证重要的紧急的工作。一提起竞争，就让人想到两败俱伤的结局，就认为竞争是不好的，不可取的。其实并非如此，并不是在任何情况下采取竞争的方式都是不可取的。在某些情况下，采取竞争策略是行之有效而且是十分必要的，在有些情况下必须使用竞争方式。其优点是：迅速，能立即做出决定。缺点是，解决任何问题凭借的是权威，不考虑他人的利益和感受。

那么，在什么情况下应采取竞争的策略呢？

① 处于紧急情况下，需要迅速果断地作出决策并要及时采取行动时；例如"有一份重要合同明天就要与其他公司签约了，你们部门如果不管这件事，我们部门就要管了"。

在这种情况下，最好的策略就是竞争。假如双方都采取回避的策略，你们部门不管，我们部门也不管，势必会影响公司按时签约，从而使公司的利益受到损失。假如其中一个部门想与另一个部门进行合作，但首先需要两个部门进行沟通，而沟通本身要花费时间。在明天就要签合同的紧急情况下，没有时间等两个部门沟通好了再来合作。

② 你想要实施一项不受团队成员欢迎的重大措施时。例：财务部决定缩减公司开支，严格公司报销制度。

在这种情况下财务部必须采取竞争策略。对于公司员工来说，没有哪一个员工不希望公司的规章制度松一些，但公司要缩减开支就必须这样做。这时假如财务部采取迁就或妥协的策略来对待公司的财务制度，就是对公司不负责任。久而久之，必定会造成公司制度的混乱，甚至给公司带来财务危机。

③ 在你知道自己是正确的情况下，并且问题的解决有益于团队，需要对付那些从非竞争性行为中受益的人。

例：在一段时间内部门有几名员工无法到岗，工作计划就要拖延，整个公司计划受影响，这是绝对不允许的。如果这时采取回避、迁就、妥协的策略，工作可能就会被拖延，就会使公司的利益受到损害。这时也就需要采取竞争方式解决冲突。

(2) 回避方式

处理事情时不合作也不武断,你不找我我也不找你。使用于不紧急也不重要的事情。其优点是不发生冲突、避免矛盾、个人得益;缺点是公司利益受损,很多工作没有人去处理。

不要以为回避就是不负责任,其实并非如此。在处理不重要也不紧急的工作的时候,回避的效果往往是最好的。有些没必要今天去做的事情可以放到明天去处理。因为人的精力有限,解决的问题也要有先后的顺序,先解决重要紧急的,其他不重要、不紧急的事情,可以采取回避的方式解决。这在实际工作中,许多时候采取回避的策略会得到意想不到的结果。

什么情况下应采取回避的策略呢?

① 发生冲突的事情微不足道,或者是还有更紧迫、更重要的问题需要解决。例:行政部下达通知,销售部经理问:"这个通知别的部门都是十五日收到,我们怎么是十六日收到?"

② 当你认识到不可能满足你的要求和愿望时。例:我今年关心的是能否提干,而今天是讨论日常的工作,我并不感兴趣,所以我不关心,也就没有劲头去跟他们争论。

③ 当收集信息比立刻决策更重要时。例:我们感觉销售部在东北区的市场推广计划中存在问题,没有按计划来做。这时如果直接指责他们,会引起冲突,所以我们要事先搞清楚是怎么回事。

④ 当一个问题是另一个更大问题的导火索时。例:销售部的销售奖励政策大家都很不满意,以前讨论过多次要改,这时,如果销售部经理提出对手下的某一个特别优秀的或特差的业务员,采取特别的奖励或惩戒办法,就会引起更大的冲突。所以经理不急于处理某个业务员。

⑤ 当你认为部门之间职能划分不清楚,但现在又不影响工作时。例:在一个新成立的公司,财务部就年度审计问题给各部门下达了详细规范的要求,但目前各部门还没有搞,双方不必现在就纠缠此事。

这时假如利用竞争的方式解决部门之间的冲突,就不太合适。因为公司刚刚成立,要做的事情很多,这时部门职能划分与公司的其他事情比起来是小事,没有必要在这点小事上花费太多的时间和精力。

⑥ 当发现不是解决问题的最佳时机。例:人事部经理没有按计划为软件开发部招聘到程序员。软件开发部经理正想去找他问。走到路上,他听说人事部经理正在为某某事情生气呢!于是决定不去了。

如果软件开发部经理采取竞争的方式与人事部经理正面接触,去谈为软件开发部招聘的事,本来人事经理心里正有气没有地方撒,搞不好会把矛盾引到自己身上,甚至还会产生更大的冲突,会成为其他问题的导火索。在这种情况下,最好是采取回避的策略,暂时先回避一下,以后再说为好。

(3) 迁就方式

这种方式就是牺牲一方的利益,满足对方的需求。它适合于紧急而不重要的工作。其优点是:尽快地处理问题,可以私下解决,不用找领导,可以维护较好的人际关系。缺点是:本身并没有解决问题,岗位职责没有得到执行。

不要以为迁就说明自己软弱,就是害怕对方。迁就往往是先退一步,为的是后进一步。

什么情况下可以采取迁就的策略呢?

① 当你发现自己是错的。例：市场部本月有好几次加班，由于他们没有把加班单及时交给人力资源部，所以加班费没有按时发下来。这显然是市场部的责任，这种情况下市场部应该去找人力资源部说明是自己没有及时交加班单引起的，并承认错误。

② 当你想表现出自己通情达理时。例：像前面的例子，既然市场部已经承认是自己的错，责任在自身，以后早点把加班单送过来，人力资源部就应该原谅对方，表现出自己的通情达理。

③ 你明知这个问题对别人比对你更重要。例：前面例子中人力资源部坚持的是公司的考勤制度，制度是绝对不能随便受到破坏、受到挑战的。显然制度比几十元钱的加班费更为重要，你显然应该知道不要向制度挑战。这时，你可以迁就人力资源部的态度不好等。

④ 当别人给你带来麻烦，但这种麻烦你可以承受时。例：本月销售部交来的报表，有许多格式填得不对，财务部人员想销售部也不常犯这种错，于是他们就花了一个多小时的时间改报表。

⑤ 当融洽和稳定至关重要时。例：公司进行一项重大的推广计划，这项计划关系到公司的生死存亡问题，市场部和软件开发部为谁写这个产品说明书争论不休，这是没有必要的。这时采取迁就策略是最恰当的。

⑥ 当你允许别人从错误中得到学习和经验时。例：人力资源部收到各部门报来的人员需求表，看到上面填得五花八门。这时，可以采取迁就的办法，以后在适当的时候再和他们讲清楚应该怎么填写。

⑦ 为了对以后的事情建立起责任感时。例：刚刚来到公司的任经理为软件开发部招聘软件工程师，但由于任经理对情况不熟悉，结果招来的人软件开发部不满意。任经理主动上门检讨自己，听取软件开发部对招聘工作的意见和要求。

（4）妥协方式

也就是双方各让一步，在一定程度上满足双方的一些要求。它同样适用于解决紧急而不重要的工作。其优点是：双方的利益都照顾到，比较快的达成共识。缺点是：一些根本性的问题无法解决。

妥协表面上看是双方都后退了一步，好像是双方都吃了亏，实际上是双方都达成了目标。

什么情况下应采取妥协的策略？

① 当目标十分重要，但过于坚持己见可能会造成更坏的后果时。例：计算机公司的软件开发一部、二部就联合开发一种新软件的具体合作事宜想达成一个协议，由于种种原因一直没有达成，而双方又都不具备独立开发的实力。这时国家一项重点工程正准备招标这种新软件产品，于是两个软件开发部决定在双方合作条件上各做出一些让步，使双方达成协议共同开发这种新软件产品，以便在竞标中获胜，从而使双方获利。

在这种情况下，如果软件开发一部、二部采取竞争的策略，双方谁也不让步，双方的实力又都不够，可能中标的就是其他具有实力的公司。最后的结局会是双方都劳民伤财，而没有结果。

如果两个部门都采取回避的策略。两个部门谁也不理谁，自己又都知道自己没有竞标的实力，而默默地放弃参加竞标。这样两个部门都会失去一次发展自己公司的机会。

最好的办法就是双方都采取妥协的策略,你让三分,我让三分。从而使两个部门增加了竞标的实力,使双方都能获利或减少损失。

② 当对方做出承诺,不再出现类似的问题时。例:如果销售部的报表需要财务部花很大的力气来修改,这时如果销售部经理承诺以后不再发生此类问题,财务部可以采取的办法是:"好,这次就算了,下不为例"。

③ 当为了对一个复杂的问题达成暂时的和解时。例:由于用人部门对于职位说明书的填写不准确,往往使人力资源部招来的人,不能满足用人部门的准确要求。但是,如果要解决这个问题,就需要公司进行整体的组织设计和职位分析,而这项工作没有几十万元和几个月的时间是完不成的。这时用人部门可以和人力资源部达成暂时的和解:由用人部门先提出招聘的条件,由人力资源部进行修改完善,再由用人部门加以确认之后即可。

④ 当时间十分紧迫需要采取一个妥协方案时。例:我们经常在工作中会出现第一套方案、第二套方案、第三套方案,就是为妥协用的。

(5) 合作方式

合作即双方彼此尊重,不牺牲任何一方的利益的方式。它适合于解决不紧急而重要的工作。其优点是:能够彻底地解决冲突双方的问题,并找出解决此类问题的方法,而且通过事先的约定,防止下一次类似问题的发生。缺点是:成本太高,双方需要来回地沟通。

合作是五种冲突处理策略中最好的一种。通过事先的沟通达成共识,既满足了自己的愿望,同时也站在对方的立场上为对方的利益考虑。对于很重要,但不是特别紧迫的,有时间进行沟通的问题,必须采取这种策略。

什么情况下可以采取合作的策略?

① 当你发现两个方面都很重要并不能进行妥协时。例:财务部要出台新的财务管理办法,这件事与销售部、行政部的关系最为密切,因为销售部和行政部在费用方面比较特殊。财务部事先与这两个部门进行沟通,为的是既能坚持财务制度,又便于这两个部门报销费用。这两个部门要考虑怎样才能既使本部门报销时方便又要遵守公司的财务制度。

在这种情况下,如果采取回避、迁就、妥协的策略来处理冲突,都会使双方的利益,以致公司的利益受到损害,造成公司的财务制度不够严密,或是销售部、行政部的工作效率被人为地降低。

② 当你需要了解、综合不同人的不同意见时。例:公司将进行整体的品牌推广,这件事不只是企划部的事情,它涉及产品开发、市场定位、销售、企业文化等,也就是说,需要听取发展部、市场部、销售部、人力资源部的意见。这就需要合作。

③ 当部门之间在主要的职责上相互关联时。例:市场部作一个大的推广计划,这个计划的成败实际上要在销售的业绩上得到体现和检验,而销售业绩又是销售部工作的结果,这时市场部不能离开销售部。两个部门的业绩是相关的,这时就必须采取合作的方式。

④ 当有可能扩大双方共同的利益时。例:前面例子中软件一部、二部可以不合作,各自有各自的业务范围,但是合作可以扩大双方的利益。对于软件一部、二部来说,及早建立合作关系和战略,比应急的妥协要好得多。

合作需要成本,需要时间和精力,所以应该处理不紧急的工作。另外,合作的方式是用来解决原则性的重要的工作,事先要规定一些重要的内容,把合作的模式建立起来,以达到更好的管理和团队合作的目的。

第四节　团队沟通的误区

　　一个优秀的企业，强调的是团队的精诚团结，这其中，如何沟通是一个大学问。对于企业管理者来说，要尽可能地与员工们进行交流，使员工能够及时了解管理者的所思所想，领会员工的所思所想，明确责权赏罚；而平级之间及下属与上级之间的沟通则消除彼此之间的误解，或者了解彼此心中的真实意图，使团队在工作中发挥出更大的效能。

　　可是，在现实生活中，领导与员工之间相互沟通并不是一件容易的事，由于受等级观念、官本位思想、趋炎附势心态的影响，往往存在一定的误区。

　　沟通是企业员工之间的互动交流，沟通可以消除误会，增进了解，融洽关系。如果彼此缺乏沟通，就会产生矛盾，酿成隔阂，形成内耗，影响企业的正常运转。可现实中，员工之间相互沟通也不是一件容易的事，由于受等级观念、官本位思想、趋炎附势心态的影响，往往存在一定的误区。

　　1. **不敢主动与上级沟通**

　　上下级之间虽早已没了君臣之礼，但那条无形的鸿沟还是时时提醒你上下有别。作为部下，自觉地尊重领导，有利于上下级之间开展工作，有利于保持和谐的工作关系，有利于维护统一意志，搞好配合。但一味地盲目顺从，表面上看似维护了领导形象和权威，看似对领导尊重，其实是不负责任，实质上是对领导的不尊重，也可说是对领导的另一种欺骗。不少人存在对老板和上司的畏惧心理，大都是有事情才找上司沟通，平时好像井水不犯河水，老死不相往来。这其实是一种消极的沟通心态，极不利于自己的成长和发展。

　　许多不敢主动与上级沟通是缘于陈旧的等级观念，不敢主动与上司沟通。一般的员工总是认为沟通是上司对下级，哪有下级主动去找上司沟通的。这种偏见贻误了员工主动与上司沟通的机会，结果是背着沉重的十字架而不能自拔。因此，企业员工要去掉"怕"字，主动大胆地与上司沟通，征求上司对自己的意见，及时消除上司对自己的误解，或者了解上司的真实意图，以便更好地工作。例如墨子的学生耕柱就做得非常好，他能大胆主动地与老师沟通，消除了心中的郁闷。

墨子与耕柱

　　春秋战国时期，耕柱是一代宗师墨子的得意门生，不过，他老是挨墨子的责骂。有一次，墨子又责备了耕柱，耕柱觉得自己真是非常委屈，因为在许多门生之中，大家都公认耕柱是最优秀的人，但又偏偏常遭到墨子指责，让他面子上过不去。一天，耕柱愤愤不平地问墨子："老师，难道在这么多学生当中，我竟是如此的差劲，以至于要时常遭您老人家责骂吗？"墨子听后，毫不动肝火："假设我现在要上太行山，依你看，我应该要用良马来拉车，还是用老牛来拖车？"耕柱回答说："再笨的人也知道要用良马来拉车。"墨子又问:"那么,为什么不用老牛呢?"耕柱回答说:"理由非常的简单,因为良马足以担负重任,值得驱遣。"墨子说:"你答得一点也没有错,我之所以时常责骂你,也只因为你能够担负重任,值得我一再地教导与匡正你。"耕柱从墨子的解释中得到欣慰,放下了思想包袱。

2. 平级沟通缺乏信任

古代寓言《偷斧子的人》说的是一个人丢了斧子,怀疑是他的邻居偷的。当他看见邻居时,发现邻居走路像偷斧子的,说话像偷斧子的,一举一动没有不像偷斧子的。后来,他在山谷里找到了斧子,再看到邻居时,发现邻居走路、说话一点也不像偷斧子的了。

这个故事也可以看作是在影射平级之间缺乏交流沟通而引起猜疑。而现实生活中,平级之间以邻为壑,缺少知心知肺的沟通交流,因而相互猜疑或者互挖墙脚。这是因为平级之间都过高看重自己的价值,而忽视其他人的价值;有的是人性的弱点,尽可能把责任推给别人;还有的是利益冲突,唯恐别人比自己强。

一个优秀的企业,强调的是团队的精诚团结,密切合作。因此平级之间的沟通十分重要。平级之间要想沟通好,必须开诚布公,相互尊重。如果虽有沟通,但不是敞开心扉,而是藏着掩着,话到嘴边留半句,那还是达不到沟通的效果。

有一家企业,财务部和营销部长期缺乏沟通,有时候开联席会议,也是各怀鬼胎,没有诚意。因而在一些事情上,两个部门长期扯皮,影响了企业的声誉。心细的老总发现了这个症结,他把两个部门的头头找到一块,叫他们推心置腹地沟通。原来两个部门长期有隔阂,是因为他们的部属背地里都在说对方的坏话,财务部说营销部做烂好人,总是把客户直接带到他们办公室讨债。财务部想把公司的流动资金多周转一次,对外谎称公司账户上暂时没有钱,而营销部的人却拆他们的台。经过老总做工作,两个部门的头头都作了自我批评,相互赔礼道歉,表示要严格管束自己的手下人,团结一致,为公司的共同利益而密切合作。从这以后,这两个部门经常密切沟通,工作非常协调。

3. 对下沟通缺乏真诚

杰克·韦尔奇说:"企业领导人的工作成效与能否同下属沟通具有成百上千倍的正效用。为此,我每天都在努力深入每个员工的内心,让他们感觉到我的存在。即使我出差在很远的地方,我也会花上 16 个小时与我的员工沟通。"

有些企业领导人错误地认为:决策是领导做的,部下只需要执行上级决策,不需要相互沟通。其实沟通是双向的。领导要使决策合理和有效必须要广泛搜集信息、分析信息,才能做出科学判断。

如果企业管理者不信任自己的员工,不进行必要的沟通,不让他们知道公司的进展,员工就会感觉自己被当作"外人",轻则会打击员工士气,造成部门效率低下;重则使企业管理者与员工之间,形成相互不信任的敌意,产生严重隔阂,无法达成共识,有时候甚至会误解领导的意图而消极抵抗。因为决策是领导的事,与员工无关。

在实际生活中,影响对下沟通的主要因素就是领导没"心",缺少热忱。一些企业领导人也注意跟员工的沟通,但是由于没有交心,隔靴搔痒,沟通的效果也就大打折扣。上级对下沟通,关键是要一个"诚"字,用心去沟通。

作为一名企业管理者,要尽可能地与员工们进行交流,使员工能够及时了解管理者的所思所想,领会上级意图,明确责权赏罚。避免推卸责任,彻底放弃"混日子"的想法。而且,员工们知道得越多,理解就越深,对企业也就越关心。一旦他们开始关心,他们就会爆发出数倍于平时的热情和积极性,形成势不可挡的力量,任何困难也不能阻挡他们。这正是沟通的精髓所在。

沃尔玛公司的股东大会是全美最大的股东大会,每次大会公司都尽可能让更多的商店经理和员工参加,让他们看到公司全貌,做到心中有数。萨姆·沃尔顿在每次股东大会结束后,都和妻子邀请所有出席会议的员工约2500人到自己的家里举办野餐会,在野餐会上与众多员工聊天,大家一起畅所欲言,讨论公司的现在和未来。为保持整个组织信息渠道的通畅,他们还与各工作团队成员全面注重收集员工的想法和意见,通常还带领所有人参加"沃尔玛公司联欢会"等。

萨姆·沃尔顿认为让员工们了解公司业务进展情况,与员工共享信息,是让员工最大限度地干好其本职工作的重要途径,是与员工沟通和联络感情的核心。而沃尔玛也正是借用共享信息和分担责任,满足了员工的沟通与交流需求,达到了自己的目的:使员工产生责任感和参与感,意识到自己的工作在公司的重要性,感觉自己得到了公司的尊重和信任,积极主动地努力争取更好的成绩。

总　　结

团队沟通是指在团队成员之间交换可以正确地合理地传播、接收和执行的信息。无论哪种类型的团队,都必须是高效的团队。它有赖于团队精神的塑造、团队内部的有效沟通和团队冲突的有效解决。

一支沟通顺畅的团队,必须保持良好的协作能力,打造良好的团队精神,并正确处理团队精神与个人英雄主义之间的关系。

团队内部的有效沟通是团队建设极其重要的内容,无论是团队负责人,还是团队成员,都必须掌握内部沟通技巧和艺术,并有效处理团队冲突,避免团队沟通的误区。

 复习与思考

1. 一支高效的团队应该具备什么特征?
2. 什么是团队精神,它有什么作用?
3. 团队如何才能进行有效沟通?
4. 阐述处理团队冲突的五种方式,它们适用于什么情况?

案例分析

为了提高软件部的开发能力,阮经理向人力资源部提出了用人申请,很长时间过去了,人力资源部都没有能够提供这样的程序员。看看阮经理和人力资源部的任经理是怎么对待这件事的?

(1) 如果采用竞争方式,情景如下:

阮经理	任经理
阮经理当仁不让:"开始让你们招时,你们可没说这么多,你们也没说招不到。这么长时间,才招到一个人,真不知你的人力资源部整天都在忙什么!" 阮经理生气地吼道:"不管怎么说,软件开发部要是完不成任务,你们人力资源部有不可推卸的责任……"	任经理辩解道:"现在做广告效果也不好,人才交流会哪有什么好人才。请猎头公司招,老总又觉得费用高,不同意。让我们怎么办?" "你们部门提出的用人要求不对,条件太高了,你们要求的那种人以咱公司的薪资水平人家根本不来。招到的人,你们又不满意"。

以上情景通常会出现什么结果?

(2) 如果采取回避的方式

阮经理	任经理
"你们人力资源部不能按时给我招聘到程序员,我也不去找你要。我该怎么干还怎么干,软件开发部现在有几个人,我们就干几个人的活,那没办法,谁让招不来人啊!到时候完不成任务公司总经理问起来,我也有的说,是人力资源部招不来人,不是我们软件开发部不干活。"	"我也不说你软件开发部职位描述不清楚等问题。我就按你提出的条件帮你招,招来你愿不愿意留下,那是你软件开发部的事。反正省下招聘费用也是公司的,我自己一分钱也拿不回家。只要有人才招聘会,能给你招尽量给你招,这也是对工作负责任,但实在招不到我也没办法!到时候公司总经理问起,我就实事求是。现在人才市场竞争这么激烈,软件开发方面的人才本身就少,再说软件开发部要求又那么高,招不来是正常的。我也尽心尽力了,也对得起公司了!"

以上情景通常会出现什么结果?

(3) 如果采取迁就的方式

阮经理	任经理
软件开发部阮经理对人力资源部不能按时招到五位程序员,采取迁就的态度,在公司总经理面前为人力资源部任经理说好话:"任经理他们也不容易,又是联系打广告,又是上人才交流会,连星期六、星期日都不能休息,还要忙着面试。虽然只招到一个人,也比一个没招到强。现在人才市场竞争这么激烈,软件开发人员本来就缺乏,再加上咱公司给的工资也不多,哪么么容易招?他们也确实尽力了,再给他们一个月时间吧!"	任经理对阮经理在总经理面前为他们人力资源部说好话毫不领情:"我们每次有招聘会都会为你们招,实在招不到我也没办法,不用说再给我一个月的时间,你就是再给我十个月的时间,就是把我们杀了,该招不到也招不到"。

以上情景通常会出现什么结果？

（4）如果采取妥协的方式

阮经理	任经理
阮经理找到人力资源部任经理："你们虽然没有按时为我们招到人，我们也很清楚你们也确实做了许多工作。你不知道，这一阵要开发新软件，每天一大堆事，又是技术问题，又是人员安排问题，手底下的人手又不够用，事太多，真是忙不过来！我抽时间把职位描述写得再清楚点，这事就先这样吧！招来一个人先让他干着，下个月你们一定得尽量帮我们招到人。否则到时候完不成工作任务，公司老总怪罪下来，我们谁都不好交代。你说是吧？"	任经理见阮经理很给自己留面子，也表现得很有风度："上个月没给你们招到五个人，真是不好意思，影响你们工作了，我有责任。你可能不知道现在人才市场竞争有多激烈，新成立了许多软件公司，你知道本来软件开发人才就缺乏，再加上咱公司给的工资又不算高。我说咱们用人这么急，又想要水平高的，就找猎头公司帮我们招，可老总又嫌费用高！这个月我再去找老总说说，多拨点招聘费，努力一把争取这个月把人招到。你看怎么样？"

以上情景通常会出现什么结果？

（5）如果采取合作的方式

阮经理	任经理
软件开发部阮经理抱着一种为解决问题而来的平和心态事先找到人力资源部任经理："你们人力资源部一向对我们软件开发部的工作很支持，我们真是从心里表示感谢！可这次招聘程序员的事可能有些问题，比如：软件开发部对职位描述得不太清楚，我回去把职位描述重新写一份。你看你还有什么不太清楚的地方，或是需要软件开发部配合的地方，你别不好意思说，咱们不都是为把工作做好吗！"	人力资源部任经理："招聘的职位描述是写得简单了点，其实，这也不能全怪你们。我向搞人力资源管理的专家咨询了一下，关于职位描述说明书的事，应该由人力资源部来组织，总经理参与，并组成包括你们软件开发部专家在内的专家组来评议。这件事我马上就办。我也向总经理请示，这个月全力以赴为你们招人，为你们解决人手不够的问题。放心吧！你们的任务也是我们的任务。"

以上情景通常会出现什么结果？

第九章

商务组织内部沟通

一个优秀的商务团体,强调的是团队的精诚团结,这其中,如何沟通是一个大学问。对于企业管理者来说,要尽可能地与员工们进行交流,使员工能够及时了解管理者的所思所想,并领会员工的所思所想,明确责权赏罚;而平级之间及下属与上级之间的沟通则消除彼此之间的误解,或者了解彼此心中的真实意图,使团队在工作中发挥出更大的效能。

商务组织内部沟通按照信息流向划分,可以将沟通分为:上行沟通、下行沟通,平行沟通和斜向沟通,即在不同系统的不同管理层次之间进行的沟通。

第一节 上行沟通

上行沟通也就是与自己的上司(领导)或更高一级的领导进行沟通。

> 罗军是某公司的销售主管,他能力出众、性格热情,刚到公司半年就成了公司里的销售明星,颇得大老板赏识,大老板总在会议上夸赞他,并号召大家向他学习。这种情况下,直接上司的态度越来越古怪了,在公司里对罗军是爱理不理;但罗军只要出了公司,不管是在拜访客户还是在去拜访客户的路上,甚至在晚上10点请客户吃饭的时候都会接到他的"关心"电话:"这个客户联系到哪一步了?他觉得我们公司怎样?他对合同还有什么不满意的?他对价格还有异议吗……"。
>
> 最初的抱怨过后,罗军开始想办法。鉴于上司是怕自己弄权,所以他的第一招就是主动接近上司,把自己的每一个计划告诉上司,并故意留下破绽装成很笨的样子请教上司;老板再夸他的时候,罗军就谦虚地归功上司,说强将手下无弱兵,自己的业绩都是上司教出来的等客套话。种瓜得瓜,慢慢的罗军发现上司的态度多云转晴了,似乎放了心的上司,开始告诉罗军,不要这么婆婆妈妈的,大部分事他自己可以作决定——当然,罗军也懂得,作完决定再到上司那里备个案,一直遵循着多汇报工作进展,不擅自做主等明哲保身职场潜规则的罗军在后来成了上司最倚重的下属。

本案例中,罗军能够重新获得上司的信任,并成为上司最倚重的下属。这得益于罗军根据上司的性格特点和管理风格,有效地运用了与上司沟通的策略。

一、领导行为方式分析

1. 领导行为方式的含义

领导行为方式,是一种具有权威性与结果性的组织行为方式和社会行为方式,是领导主体以其特定的作风、习惯、性格、态度、倾向、思想和教育素质在特定的领导环境制约下形成的、对领导客体做出反应并施加影响的基本行为定式。

2. 领导行为方式的类型

① 按照权力的控制程度来划分,可以分为集权式、分权式和均权式领导。

② 按照领导者所管理的重点来划分,可分为重事式、重人式和人事并重式领导。

③ 按照领导者的领导风格划分,可分为:专断式、民主式和放任式。

3. 领导行为理论

(1) 利克特的领导模式

1961年,利克特在《新管理模式》一书中把领导方式归纳为四种基本模式。

① 专权独裁式

是指权力集中在最高一级,下属无任何发言权。管理者对下属缺乏信任,商务组织的目标设置和决策都由领导者决定,直接布置任务让下级执行。下属只是执行一系列的命令,而无权参与决策,上下级之间缺乏信任,很难进行有效地沟通。这种领导作风要求下级绝对服从与忠诚,并认为决策是领导层的事情,下级只要执行就好。

② 温和独裁式

这种领导方式,权力虽然控制在最高一层,但中下层也能得到部分的授权,管理者和下属之间有一种"主仆"般的信任,下属可以部分地参与决策。

③ 协商式

是指商务组织中重要的决策权仍在最高一级,次要的问题交给中下层去做决定。上司对下属有相当程度的信任,上下级之间的沟通较多。

④ 参与式

这种类型的领导完全信任下属,上下处于平等的地位。出现矛盾与问题,双方民主讨论协商,员工可以广泛地参与商务组织决策、报酬制定、方法改进、实施评估等整个活动过程。领导者能够发动下级讨论,共同商议,集思广益,然后决策。参与式的领导风格能够做到上下融洽,左右协调,齐心协力地工作。

(2) 勒温的领导性格类型

德裔美籍心理学家勒温等人,把领导人物的性格划分为三种类型:专制型、民主型和放任型。

专制型领导的特点:在决策方式上,把权力完全集中在自己手中,实行个人独裁领导;在组织方式上,个人独断专行,一切由个人决定,对下属实行命令主义,不重视下属的意见,下属只能执行他的决定;在工作指导方式上,主要依靠个人的能力和知识经验来指导团体和下属的工作,而下属往往不了解工作的全过程与最终目标;在评估方式上,主要依靠个人去检查工作执行情况,并根据个人的好恶,表扬或批评下属的工作成果。

由专制型领导领导的团体的特点:经过严密的管理,在机械化、程序化的作业中,团体的工作效率较高;在领导与团体成员之间,社会心理距离很大,领导对团体成员麻木不仁,成员对领导存有戒心和敌意,团体成员之间缺少人际沟通的机会,彼此之间表现冷漠,关系紧张,合作性较差;团体成员对领导往往唯唯诺诺,缺乏主动性和创造性;领导一旦离开,团体常常会陷入混乱,甚至导致瓦解。

民主型领导的特点:在决策方式上,鼓励下属最大限度地介入和参与决策,所有的目标、方针和策略均由团体集体讨论确定,领导以平等的身份参加讨论,并积极加以指导;在组织方式上,领导把权力下放,努力避免阶梯式多层次的权力结构;在工作指导方式上,领导重视其下属的能力和知识经验,让团体成员了解工作的目标、内容和程序,并让成员有一定的工作自主权,领导以自己的人格和心理品质影响团体成员,成员愿意听从领导的指挥和领导;在评估方式上,领导依据团体的意志和客观的事实评价成员的工作成果。

由民主型领导领导的团体的特点:团体成员具有责任感和主人翁感,有较强的工作动机,可以在一定程度上自己决定工作的方式和进度,因而工作效率较高;在领导与团体成员之间,社会心理距离很近,双方是民主与平等的关系,能够互相尊重;由于团体成员积极参与,因而表现出的主动性、创造性和满意感较高;在团体成员之间,有较多的人际沟通和交流的机会,因而减少了团体内部的紧张与冲突,人际关系协调,合作性较强;这种团体具有较强的稳定性和凝聚性。

放任型领导的特点:对工作缺乏积极性和主动性,把权力下放给每一个团体成员,采取无为而治的态度,实行无政府管理,在决策过程中放弃领导职责,缺乏个人远见,一切措施由团体成员自我摸索,自行确定,领导不插手,不干扰;他们只布置工作任务,在工作中放任自流,既不监督执行情况,也不检查评估工作成果。

由放任型领导领导的团体的特点:团体成员缺乏责任感和工作动机,放任自流,毫无组织性和纪律性;团体活动只达到社交目标,而达不到工作目标;工作效率很低,人际关系混乱。

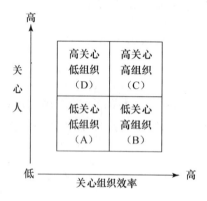

图9.1 领导四分图

(3)领导行为四分图理论

这是美国俄亥俄州大学提出的一种领导方式的理论,又称俄亥俄模式。从1945年开始,以斯多迪尔等人首先展开了对领导行为的研究。研究组使用了1790多种刻画领导行为的问题以收集被试者的反应,最后统计出两个基本的领导行为维度,即"关心人"(关怀维度)和"关心组织"(结构维度)。用这样的标准进行划分,可以非常容易地将任意领导者的行为投影在一个"四分图"上。

从图9.1中可以发现,关心人和关心组织虽然是相互独立的两种领导行为维度,但领导功能的两个维度并不互相排斥,它们可以任意搭配的。人们经过研究发现,越是在两个维度上的值均高的领导者,其领导效能越好。换而言之,既重视人际关系,又重视抓工作组织的领导行为将收到最佳效果。

(4)领导方格图理论

1964年,美国得克萨斯大学的布莱克(Black)和莫顿(Mouton)在领导行为四分图理论基础上提出反映领导方式的理论。他们按照对员工的关心和对工作的关心的两个变量画成如图9.2所示的领导方格图。

在5种领导类型中,9.9型的领导方式最有效,因此,领导者应客观地分析自己的领导方式,将自己的领导方式转化为9.9型。

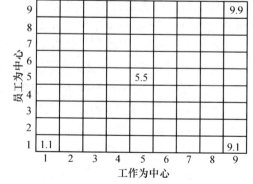

图9.2 领导方格图

二、领导性格分析

性格是指一个人与其他人不同的心理特征,是指每个人在现实中与环境相适应的习惯化了的行为方式。

性格表现既包括行为的方式又包括实践的方式和思维、意志、情感等心理活动的方式。这些心理特征在类似的情境中不断出现,具有一定的稳定性,这便形成人们独特的性格。性格是个性最鲜明的表现,是个性心理特征中的核心特征。性格不仅与气质、智力(综合能力)的关系非同一般,而且,性格还具有情感特征和意志特征。

领导们也有着各自不同的才智、个性、身体特征,现在让我们来看看领导的性格有哪些类型。

(1) 安全保守型

这是最常见的领导类型。他们通不愿在决策时冒风险,不求有功、但求无过;愿意先看准一件事情,做好各种计划之后再开始实施;愿意一步一个脚印,稳扎稳打。这种领导适合守业。他们可以和生意上的客户建立良好的人际关系,但有时太本本主义和经验主义,反而会失去判断的准确性。这种领导为了在工作上不出错,对上级领导言听计从。虽然这种领导很能取信于他的领导,但可能会招致下属的不满。

(2) 优柔寡断型

这种领导常常因为思虑过度而错过了决策的时机,虽然理想和设计是好的,但付诸行动时却非常困难。因此,工作上易产生焦虑感,面对这样的领导,部下容易心生不满或看穿上司的心态而阳奉阴违。而且这种领导让他的部属很难掌握他的想法,无法全身心地投入工作致使部属丧失工作的冲劲。

(3) 刚愎自用型

这种领导过度自信。无论是对自己的能力还是对自己的事业,凡事都想尝试,做任何事都有良好的自我感觉,但有时缺乏自知之明。做事情太过强硬,虽然有冲劲、有胆量,令人敬佩,但由于过分自信,会显得目中无人、自以为是,不太容易听进去别人的建议和意见。这种行事风格易引起部属的反感,会发生人际关系问题。

(4) 性格粗犷型

性格粗犷的领导凡事显得大大咧咧,有的时候还不拘小节,可能还会显得健忘。但是这样的领导做事干脆,勇于创新,有胆量,有魄力,胸怀宽广,对事情不会斤斤计较。性格粗犷的领导喜欢用豪爽的干部。但这种领导有时对下属的体谅不够。

(5) 作风细腻型

作风细腻型的领导观察问题细心周到,对下属也是非常地体贴,这种领导稳重可靠,有的时候可能会缺乏一点冒险的精神。这种领导喜欢用稳重的干部。

(6) 理想完美型

所谓理想完美型的领导,是说这种领导的性格完美无缺,既不乏冲劲,也不乏细心周到,这种领导非常难得,所以称之为完美型的领导,是因为他们只存在于理想中。面对重大问题他可以正确分析周围情况,找出最好的解决方法,所以,深受下属的信赖。

三、如何与上司沟通

1. 与上司沟通的基本原则

（1）尊重而不吹捧

作为下属,要充分尊重上司,在各方面维护上司的权威,支持上司的工作,这也是下属的本分。首先,对上司工作上要支持、尊重和配合;其次,在生活上要关心;再次,在难题面前解围,有时上司处于矛盾的焦点上,下属要主动出面,勇于接触矛盾,承担责任,排忧解难。

（2）请示而不依赖

该请示的不能擅自做主,该做主的不能事事依赖上司,要把握好这个度。一方面,下属不能事事请示,遇事没有主见,大小事不做主。另一方面,该请示汇报的必须请示汇报。

（3）主动而不越权

对工作要积极主动,敢于直言,善于提出自己的意见。不能唯唯诺诺,四平八稳。在处理同上司的关系上要克服两种错误认识:一是上司说啥是啥,叫怎么着就怎么着,好坏没有自己的责任;二是自恃高明,对上司的工作思路不研究,不落实,甚至另搞一套,阳奉阴违。但是,下属的积极主动、大胆负责是有条件的,要有利于维护上司的权威,维护团体内部的团结,在某些工作上不能擅自超越自己的职权。

（4）灵活变通

概括地讲,就是面对不同风格和不同性格的领导,应注意采取不同的沟通策略。例如,对待专权独裁型领导,要尊重其权威,如果想提出自己的建议和意见,就要十分讲究策略,最好从侧面提出;对待温和独裁型领导,要明确自己的授权范围,凡事多向上司汇报,多让上司审核,学会将原则性、规范性和灵活性、主动性很好地结合起来;对待协商型领导,要多采取非正式的沟通形式,要把握好向上司进言的方法和时机,要努力在上司和下级员工之间搭起沟通的桥梁;而对待参与型领导,商务管理人员不妨适当地提出对公司、单位的意见、建议,可表现出自己的工作能力,但是,不能践踏其权威。

（5）简约沟通的和多渠道沟通相结合

一是商务管理人员与上司沟通时应言简意赅,应努力提高信息交流的质量,事先要将信息加工、提炼、压缩,并采取多种沟通方式进行沟通;二是不能局限于就事论事式的沟通,应该尽量拓宽沟通渠道并采用多种方式沟通。

2. 与上司沟通的技巧

由于个人的素质和经历不同,不同的上司就会有不同的风格。仔细揣摩每一位上司的不同性格,在与他们交往的过程中区别对待,运用不同的沟通技巧,会获得更好的沟通效果。这里仅列举几种主要的类型及沟通技巧。

（1）与专权型上司沟通的技巧

对这类人而言,与他们相处,重在简明扼要,干脆利索,不拖泥带水,不拐弯抹角。面对这一类人时,无关紧要的话少说,直截了当,开门见山地谈即可。

此外,他们很重视自己的权威性,不喜欢部下违抗自己的命令。所以应该更加尊重他们的权威,认真对待他们的命令,在称赞他们时,也应该称赞他们的成就,而不是他们的个性或人品。

(2) 对待温和独裁型领导

要明确自己的授权范围,凡事多向上司汇报,多让上司审核,学会将原则性、规范性和灵活性、主动性很好地结合起来。

(3) 与协商型上司沟通的技巧

要多采取非正式的沟通形式,要把握好向上司进言的方法和时机,要努力在上司和下级员工之间搭起沟通的桥梁。

(4) 与参与式上司沟通的技巧

面对这一类型上司,切记要公开赞美,而且赞美的话语一定要出自真心诚意,言之有物,否则虚情假意的赞美会被他们认为是阿谀奉承,从而影响他们对你个人能力的整体看法。

要接近这一类人,应该和蔼友善,也不要忘记留意自己的肢体语言,因为他们对一举一动都会十分敏感。另外,他们还喜欢与部下当面沟通,喜欢部下能与自己开诚布公地谈问题,即使有对他的意见,也希望能够摆在桌面上交谈,而厌恶在私下里发泄不满情绪的部下。

3. 说服上司的技巧

对于上司的指示,要认真执行。那么,怎样说服上司,让上司理解自己的主张、同意自己的看法呢?

(1) 选择恰当的提议时机

刚上班时,上司会因事情多而繁忙,到快下班时,上司又会疲倦心烦,显然,这都不是提议的好时机。总之,记住一点,当上司心情不太好时,无论多么好的建议,都难以细心静听。那么,什么时候会比较好呢?应该在上司刚刚处理完清晨的业务,有一种如释重负的感觉,同时正在进行本日的工作安排时,适时的以委婉方式提出自己的意见,会比较容易引起上司的思考和重视。还有一个较好的时间段是在午休结束后的半个小时里,此时上司经过短暂的休息,可能会有更好的体力和精力,比较容易听取别人的建议。总之,要选择上司时间充分、心情舒畅的时候提出改进方案。

(2) 资料及数据都应具有说服力

对改进工作的建议,如果只凭嘴讲,是没有太大说服力的。但如果事先收集整理好有关数据和资料,做成书面材料,借助视觉力量,就会加强说服力。

> A主管:关于在通州地区设立灌装分厂的方案,我们已经详细论证了它的可行性,大概3~5年就可以收回成本,然后就可以盈利了。请董事长一定要考虑我们的方案。

> B主管：关于在通州地区设立灌装分场的方案，我们已经会同财务、销售、后勤部门详细论证了它的可行性。根据财务评价报告显示，该方案在投资后的第28个月财务净现金流由负值转为正值，这预示着该项投资将从第三年开始盈利，经测算，该方案的投资回收期是4—6年。从社会经济评价报告上显示，该方案还可以拉动与我们相关的下游产业的发展。这有可能为我们将来的企业前向、后向一体化方案提供有益的借鉴。与该方案有关的可行性分析报告我已经带来了，请董事长审阅。

上述两位主管的报告，显然B主管更具说服力，所以，上司感到比较满意。只有摆出新方法的利与弊，用各种数据、事实逐项证明，才能让上司不认为你没有头脑发热、主观臆断的嫌疑。

(3) 设想上司质疑，事先准备答案

上司对于你的方案提出疑问，如果你事先毫无准备，吞吞吐吐，前言不搭后语，自相矛盾，当然不能说服上司。因此，应事先设想上司会提什么问题，自己该如何回答。

(4) 说话简明扼要，重点突出

在与上司交谈时，一定要简单明了。对于上司最关心的问题要重点突出、言简意赅。如对于设立新厂的方案，上司最关心的还是投资的回收问题。他希望了解投资的数额，投资回收期，项目的盈利点，盈利的持续性等问题。因此你在说服上司时，就要重点突出，简明扼要地回答上司最关心的问题，而不要东拉西扯，分散上司的注意力。

(5) 面带微笑，充满自信

在与人交谈的时候，一个人的语言和肢体语言所传达的信息各占50%。一个人若是对自己的计划和建议充满信心，那么他无论面对的是谁，都会表情自然；反之，如果他对自己的提议缺乏必要的信心，也会在言谈举止上有所流露。试想一下，如果你的下属表情紧张、局促不安地对你说："经理，我们对这个项目有信心。"你肯定从他的肢体语言上读到了"不自信"这三个字，因此也不太敢相信他的建议是可信任的。同样道理，在你面对自己的上司时，要学会用你自信的微笑去感染上司，征服上司。

(6) 尊敬上司，勿伤上司自尊

最后要注意一点，上司毕竟是上司，因此，无论你的可行性分析和项目计划有多么完美无缺，你也不能强迫上司接受他们。毕竟，上司统管全局，他需要考虑和协调的事情你并不完全明白，你应该在阐述完自己的意见之后礼貌的告辞，给上司一段思考和决策的时间。即使上司不愿采纳你的意见，你也应该感谢上司倾听你的意见和建议，同时让上司感觉到你工作的积极性和主动性即可。

四、如何与上级部门沟通

上级部门是以部门为单位，组织与组织的业务往来。工作中避免不了地要代表组织与上级职能部门进行沟通，这种沟通不存在个人的感情，所以如何顺畅地进行沟通、交流，应把握以下方法。

1. 永远懂规矩，下级服从上级

俗话说"没有规矩无以成方圆"，不管在任何组织、任何地方，都要有个规矩。尤其是与上级部门沟通时更应该"遵规守纪"。懂得规矩主要体现在以下几个方面。

（1）绝对服从。没有服从就没有管理，这是对领导权力的尊重，是最大的规矩。在一般情况下，下级无权判断上级的对错，上级的对错由上级的上级来决定。

（2）要摆正位置，分清主次。尤其是在公开的场合，如，在系统的会议上上级部门公布一项政策，你觉得某些地方很不合理，千万不要立刻当着同仁的面对上级部门公布的政策提出反对意见。

（3）做事要有章法。做任何事情，心中必须有上有下，要有理节，不卑不亢，既不要恃才傲物，也不要卑躬屈膝。

2. 选择合适的沟通时机

把握沟通时机就是说与上级沟通要注意场合、时间。如对上级部门的做法、行为等方面有意见，不是不可以与上级沟通，但是要注意把握沟通的场合。如，在某个活动中，大家都在专注于活动的进行，就不适合给上级部门提建议。在与上级沟通时还要注意领导的心情。如果领导遇到了很悲伤或是很棘手的事情，这时候你要跟他沟通某些问题，那会出现最糟糕的结果。

3. 学会主动沟通

与人坦诚相待，体现了一个人的优良品格。下级在工作中要赢得上级的肯定和支持，很重要的一点是要让领导知道你在干什么。不仅要做好事，更要把做的好事让领导知道，这就要求下级要学会主动与上级沟通。现在工作中，有好多的人，工作很出色，对工作也很有想法和创意，也做了很多实际的工作，但是为什么领导不知道，原因就在于没有学会主动沟通。

> 2004年的潍坊国际风筝会期间，具体负责外事接待工作的干事小王由于一时疏忽把几位外国友人的国籍和名字给弄混了，这让前来会见的市长大人很是难堪。正待准备提拔的小王当然能够意识到错误的严重性，如果处理不好，不但不能得到提拔，恐怕连现在的职位也难保。好在小王研究过心理学，于是他借着午餐前与市长、外宾接待的机会，主动向他们检讨了自己的错误。外宾们为小王的坦诚态度所打动，在市长面前连连称赞小王诚恳而且友好，市长也为小王能够在外宾面前承认错误，挽回面子感到高兴，并对小王留下了深刻的印象。两个月后，小王不但没有被降职，反而经市长的直接点名，调到市长办公室担任了办公室科长。

由此可见，主动沟通的重要性。

4. 学会换位思考

你可能会有这样的感受，遇到意见分歧，或是错误的事情，总会有这样的声音，他们为什么要这样做呢？怎么会有这样的想法呢？有这样疑问的人其实不懂得换位思考，每个人做事情都是从自己的利益角度出发，一旦出现与自己理想偏差的结果，疑问、抱怨就随之而来。

在工作中,为自己的利益着想是对的,但是如果自己的想法与上级领导的想法不一致的时候就要站在领导的角度想想问题。如,有好多的老师反映学校对老师教学方面的事务性规定太多,造成老师做了好多无用功,随之就抱怨学校管理者的无能。我们来从领导的角度再看一看这个问题,一个老师遵纪守法并不能代表整个学校所有的老师遵纪守法,就像犯罪的人很少,但还是有各种法律一样。所以从管理者的角度,他要考虑的是各种可能发生的情况,而不是个案。

第二节 下行沟通

下行沟通即是与自己的下属沟通,一个优秀的管理者,与下属沟通总是很畅通的。

今天的商务组织面临的是一个瞬息万变的环境,商务组织的管理者面临的是许多不确定的问题和大量复杂的信息。不同的下属需要不同的沟通技巧。有经验的主管会针对下属性格、情绪的不同,有的放矢地进行沟通与批评。国内企业的基层主管在与下属的沟通、批评、协调方面,方式单一直接,不仅达不到预期效果,反而使下属产生抵触情绪。因此,如何与不同的下属进行沟通,是领导必备的一项基本技能。

一、与下属沟通的意义

商务组织领导深入实际,实行与下属的直接沟通,具有十分重要的意义:

(1)加强沟通,有利于商务组织的信息反馈和跟踪,为下属营造良好的工作氛围。

企业中的一般员工都会有沟通的欲望,不管他们沟通的目的是什么,他们都渴望获得企业内部更多的信息,无论这信息是好是坏。而一般管理者虽然都认为沟通很重要,但在实施时却思虑再三,生怕一个信息的发布会引起员工不同程度的反弹,从而影响自己的工作。一般来说,沟通的主导方在领导层,一般员工更多的是接受和被指引。沟通需要多途径、多通道,但关键是沟通是否畅通。管理者需要做的,一是搭建适合企业的沟通平台,二是做好信息反馈与跟踪。

> 三星电子CEO尹钟龙说:"我花了很多时间巡视公司在国内外的工作场所,从基层开始检查运营情况,听取面对面的报告,表扬他们取得的进展。这使我有机会畅所欲谈地与直接参与者讨论事务,从高级管理层到较低级别的职员我都能接触到。尽管许多人认为,数字技术的发展为打理全球企业业务提供了便利,但我仍认为没有任何革新能够取代通过直接讨论得到的信息真实。"

(2)加强沟通,有利于得到下属对商务组织决策和组织变革的认同、理解和拥护。

只有实现了有效的下属沟通,才能创造良好的内部环境,只有拥有了良好的内部环境,真实的信息才能够畅通地流动,管理者与下属之间才能建立相互间的信任,组织的各种创新和改革才能得到下属的理解和拥护。

(3) 加强沟通,有利于发扬商务组织内的团队精神。

良好的下属沟通有助于让下属了解商务组织经营活动存在的问题及追求的目标。可以让每个下属都清楚地了解和掌握商务组织的现状,以及与他们有关的事项的重大进展,可以诱导和激励下属发扬团队精神,谋求组织目标和个人目标的实现。

二、与下属沟通的环节

商务组织的管理者需要努力强化与下属在如下四个环节中的沟通:

(1) 开始阶段。利用招聘广告、交谈、商务组织简介以及传布等方式吸引、选择、教育新下属。

(2) 工作阶段。在这一阶段可通过多次直接和间接的沟通,提供指导及与下属有关的信息。

(3) 鉴定与报酬。包括对有关奖赏、升迁、福利、特殊事项以及优胜奖励等的条款解释。

(4) 解雇或中止工作。包括解雇、罢工、设备损坏、自然灾害、职务的裁减或单位的撤销的说明解释工作。

此外,应通过让下属了解商务组织经营活动存在的问题及追求的目标,掌握商务组织管理现状和了解商务组织的远景规划,强化下属对商务组织的归属感和认同感。

三、与下属沟通的方法

(1) 积极地倾听

通过积极地倾听,管理者可以获取重要的信息,可以了解下属所需要的信息,同时感受到下属的情感,还可以据此推断其性格、目的、需要和忠诚度。耐心地倾听,可以减少下属自卫意识,管理者所传达的思想、要求就能得到下属的认同,甚至产生知音的感觉,促进彼此的沟通了解。耐心的倾听可掩盖沟通者自身的弱点,如果管理者对下属所谈问题一无所知,或未曾考虑,保持沉默是上策。如果管理者以一种消极、抵触的情结倾听下属谈话,他自己的发言就会毫无针对性和感染力。管理者耐心地倾听,能激发下属的谈话欲望,让下属觉得自己的话有价值,他们会愿意说出更多更有用的信息。称职的倾听者还会促使下属思维更加灵活。倾听中管理者能发现下属的出发点和弱点,充分了解下属的需要和见解,这样才能有效地说服下属,并消除下属的不满和报怨,从而获取他们的信任。

(2) 坦诚地对话

① 使用多渠道的内部联系

商务组织的下属来自于不同的部门,要和他们很好地沟通,商务组织的管理者必须利用多种多样的手段。例如,小型和大型会议、专职小组和团队小组的汇报、录像带和录音带、电子邮件、电视和传真、内部通信和公文函件、简报通告和白板通告等都是有效交流的工具。有效地使用多渠道内部通信系统的关键是使信息简单化。真诚、坦率和明确的信息才是最有效的,中间媒介工具的选择不是问题的关键。更多的时候,管理者应选择与下属进行面对面的交流。

② 鼓励双向交流

真正的交流只能在活跃的双向交流气氛中才能出现。目前,许多商务组织仍然将传统的、单向的、由上而下的沟通方式作为主要的组织沟通形式,如果管理者真正要和下属建立良好的关系,他们一定要从办公室里走出来,抱着真诚的愿望和下属进行交流。商务组织的领导必须要将传统的单向沟通改变为灵活的双向沟通。

③ 及时反馈

当下属们未能及时得到反馈信息时,他们往往会向最坏处想,他们会认为自己的意见和建议得不到应有的重视。不及时反馈信息甚至会产生谣言,下属们会因为不能及时得到准确消息,而产生各种各样的猜想。及时的反馈信息可以缓和由于谣言引起的关系紧张,及时报告和反馈信息能建立领导和下属们之间的有力联系,还能防患未然。

四、如何与下属单位沟通

在正常的工作中,不仅要与自己的下属搞好关系,还要与下级单位顺畅沟通。与下级单位沟通,看起来很简单,关系处理起来也不是容易的事情,主要存在权的应用和度的把握问题。

1. 与下级单位沟通主要把握以下几个原则

(1) 人格平等原则。上级在心理上必须认定下级是你的重要伙伴,是为你执行任务,落实责任,帮助你成功的人,不可以认为下级低你一等,以盛气凌人、高高在上的姿态与下级沟通。

(2) 信任与授权原则。当给下级下达命令时,要给下级尽量大的自主权,遇到问题时共同探讨状况、提出对策,不是抛出问题,只追求结果。

(3) 避免"色难"原则。"色难"一词出自《论语·为政》。孔子的几位弟子向孔子问孝。有个学生叫子夏,子曰:"色难,有事弟子服其劳;有酒食,先生。曾是以为孝乎?""色难"是指态度不好,现在用于各职能部门及上级单位接待中。不要以一副冷脸色面对下级,要态度和善,用词礼貌。

(4) 讲究民主原则。对某个问题,当下级有不同的意见时,允许下级对上级下达的任务,提出疑问,不要武断地一棒子打死不同声音。

2. 掌握赞美下级的技巧

当下级很好地完成任务时,要适时、适度地表示赞美。

(1) 赞美下属的态度要情真意切。赞美要发自内心的,不要做表面上的应付。

(2) 赞美内容要翔实具体。赞美时不要出现张冠李戴或空中楼阁现象,一定要针对某个具体的事情,实事求是地陈述和赞美。

(3) 要注意赞美的场合。如果能够,最好是在会议或团体活动上,对好的做法、好的经验向大家公开提出赞美,下级单位的领导也是有虚荣心的,也渴望得到上级的认可。

3. 掌握批评下级的技巧

(1) 要尊重客观事实,对事不对人。在批评下级时,一定要做到客观、公正,不允许公报私仇的现象,做到对事不对人。

(2) 要注意批评的方法。在批评下级时,可以采取宽容型批评、表样式批评、安慰型批评等方法,不要居高临下,遥不可及的态度批评下级。

(3) 要注意批评的场合。与赞美相反,批评时要注意在私下进行,除非是造成重大的事故。而且批评前一定要弄清楚事情的来龙去脉,责任归属,不要轻易地草率地下结论、做决定。

第三节 平行沟通

一、平行沟通的概念与作用

1. 平行沟通的概念

什么是平行沟通？所谓的平行沟通即横向沟通，指的是没有上下级关系的部门之间的沟通。因部门和平级之间沟通经常缺乏真心，没有肺腑之言，没有服务及积极配合意识，所以水平沟通存在很多障碍，最常见的就是"踢皮球"了。在全球企业视野内，这样的障碍无处不在。正因如此，水平沟通对双方的沟通能力提出了很高的要求。

2. 平行沟通的作用

平行沟通的作用很多，主要有：

（1）办事程序和手续简便，节省工序和时间，办事效率高；

（2）可以加强各职能部门之间的相互了解和协调，消除相互之间的冲突、扯皮，增进团结；

（3）可以增进组织之间和组织成员之间的合作和协助，培养集体主义精神，克服本位主义和个人主义的弊病。

二、平行沟通策略

1. 主动

> 在单位，王经理与同级领导的关系非常紧张，他为此感到很苦恼。这一天，他向朋友诉说心中的苦闷，朋友给他讲了一个"让地三尺"的故事：
>
> 古时候，一个丞相的管家准备修一座后花园，希望花园外留一条三尺之巷，可邻居是一名员外，他说那是他的地盘，坚决反对修巷。管家立即修书京城，看到丞相回信后的管家放弃了原计划，员外颇感意外，执意要看丞相的回信。原来丞相写的是一首诗：
>
> 千里家书只为墙，
>
> 让他三尺又何妨。
>
> 万里长城今犹在，
>
> 不见当年秦始皇。
>
> 员外深受感动，主动让地三尺，最后三尺之巷变成了六尺之巷。王经理听了很受启发，现在，他和同级领导相处得非常融洽，且配合默契，工作效率也大大提高了。

平行沟通第一个要求是主动。案例中王经理前后的变化，道出了一个永不磨灭的真理：只要主动与同级部门沟通，自然就会拥有博大的胸怀。

2. 谦让

在企业里，凡是比你先进来的人，都是你的前辈。日本人遇到这种情况，他们有一句话叫："先进。"无论谁进入企业工作，面对其他部门的同事要谦虚，多称他们为"先进"，多称他们为前辈，这对你没有任何坏处。你为什么要人家记得你是大学高才生？这种高傲的态度很难让人家帮助你。一个人只有学会了谦虚，在需要帮助的时候才会容易得到别人对你的支持。

3. 体谅

> 一个业务经理跟厂长说："厂长，这个订单你给插个单吧！"插单，就是在生产计划中，临时来了一个订单把它插进去。
>
> 厂长不能够接受，说："这样插来插去，乱七八糟的，这个工厂还能干什么？"
>
> 业务经理："厂长你不想插，我也无所谓，公司都不在乎，我也不在乎，反正你看着办。"说罢，就走了。
>
> 厂长心想："跟我来这套，我就不插！"
>
> 这时，另一个业务经理也要插单，他去找厂长时完全不是刚才那位那样的态度。他说："厂长，我刚刚坐上这个职位，好不容易抢了一个订单，看起来是个小订单，但对我来讲是拼了半条老命才拿到的。厂长，我知道您的工作很满，但是我已经查了一下，下个礼拜二、礼拜三、礼拜四，您分别各有两个小时的空档，我这张小单四个钟头就可以做完了，您看，下个礼拜二到礼拜四，我能不能用你其中四个钟头，比如说礼拜二两个钟头，礼拜三两个钟头？"
>
> 厂长还在犹豫。业务经理又说道："厂长，我的员工我会叫他过来帮忙，你看是搬材料还是搬机器？还有，厂长，我手上有一点点预算，两万块钱，我打算拨个五千给你的员工们，加加菜，喝喝汽水，你看怎么样？"
>
> 厂长一听，笑了笑说："好吧，你的员工不用过来。"
>
> 当然不用过去，去了也是白去，他们又不懂工厂生产，但是那五千块不要忘记。

为什么前一个业务经理插单不成，后一个业务经理就成功了呢？一个人跟别的部门沟通的时候，不但要主动地帮别人把事情分析好，还要想方法让人家只说："是"、"可以"，这叫做体谅。而不是说："厂长，你不在乎，我也不在乎，公司无所谓，我也无所谓。"这是烂招，人家根本不怕，有本事去和董事长告状好了。何必要弄成这样呢？所以一个人要多体谅别人，从他的角度去替他着想，替他排时间，替他去找预算，这才叫做真正解决问题。

4. 协作

人都是先帮助别人，才能有资格叫人家来帮助你，这就叫做自己先提供协作，然后再要求人家配合。我们不妨借用团队管理的例子，来说明这一道理。令人欣羡的高绩效团队都是一支常胜军，他们不断破纪录，不断改造历史，创造未来。作为伟大团队的一分子，每个人都会骄傲地告诉周围的人说："我喜欢这个团队！我觉得自己活得意义非凡，我永远不会忘记和那些人心手相连、共创未来的体验。"

"国际21世纪教育委员会"报告《学习:内在的财富》中指出:"学会共处"是对现代人的最基本的要求之一。这是人与人之间、民族与民族之间、国家与国家之间互相依存程度越来越高的时代提出的一个十分重要的教育命题。学会共处,就要学会平等对话,相互交流。平等对话是互相尊重的体现,相互交流是彼此了解的前提,这不但是人际、国际和谐共处的基础,也是水平沟通的重要特征。

5. 双赢

跟平行部门沟通的时候一定要双赢,我们叫做"WIN WIN"。这个名词最近很流行,但大家都只会讲这句话。双赢以前一定要有个利弊分析,这是为什么呢?我们可以这样来设想:如果你与别人沟通的时候,你对他说这东西对他很有帮助,人家会笑:对我有帮助?人不自私天诛地灭,不会吧?所以"对你有帮助"这句话最好不要讲,因为太虚假。另外有一句话也不要讲——"这个东西对你很重要。"应该说"WIN WIN",即两边都有好处。

第四节 斜行沟通

一、斜行沟通的概念和特点

1. 斜行沟通的概念

所谓的斜行沟通又称斜向沟通,它是指组织内部既不属于同一隶属序列,又不属于同一等级层次之间的信息沟通。斜行沟通通常在不能通过其他渠道进行有效沟通的情况下发生,例如本部门员工与另一部门的经理进行的沟通。见图9.3。

从效率和速度看,斜向沟通是有益的。尤其是信息系统和电子邮件的普及,更是促进了斜向沟通。

2. 斜行沟通的特点

(1) 主动性。斜行沟通常常是自发地或者说主动地发生。例如一名新入职的员工因为迟迟分不到宿舍,在多次催问顶头上司无果或者漠不关心的情况下,常常会主动去找后勤部门的主管去沟通,以便尽快解决宿舍问题。又如某部门领导因为事情紧急,也会主动联系另一部门的主管人员沟通工作。

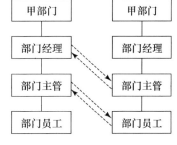

图9.3 斜行沟通

(2) 协商性。由于一个部门的领导与另一部门的员工不存在隶属关系,不便于直接发出指令或者不存在请示汇报的义务,因此双方的沟通常常是协商式的。

(3) 互助性。斜行沟通往往是为了提高效率或者更快捷地相互传递信息,以便更快地解决问题而发生的,因此它具有互助性特点。

(4) 复杂性。斜向沟通的双方由于部门不同、层级不同、各自的视野和观点不同,彼此没有隶属关系,信息也常常不对称,因此,沟通过程相对于上下行沟通和平行沟通来讲,沟通过程往往较为复杂。如果沟通方法应用不当,或者遇到沟通障碍时,则可能出现更多更复杂的问题。

二、斜行沟通的原则和艺术

1. 斜行沟通的原则

鉴于以上特点,斜行沟通主要把握三个原则。

(1) 尊重原则。由于不存在隶属关系,级别较高的一方,往往会注意到对方对自己是否尊重。如果感觉对方对自己不够尊重,沟通的大门就会立即关闭。级别较低的一方,也同样会敏感于对方是否尊重自己。如果发现对方高高在上、颐使气指,通常就会不买账。因此,斜行沟通的成功,首要原则就是相互尊重。

(2) 简明原则。尽管斜行沟通的双方往往相互不很了解,但沟通仍然要尽量简单、明了。尤其是不能故意套近乎以营造沟通氛围,那样极可能招致对方反感。级别较低一方尤其不能对自己的上司有半句微言,级别较高一方也不能对对方上司有任何不满的言论。

(3) 速达原则。斜行沟通往往有着明确的任务和目标。沟通中应尽快就沟通的内容和信息传递清楚,尽快达到目标。如果发现沟通的内容比较复杂,一时解决不了问题,层级较高的一方应停止沟通,转而寻求对方的上司沟通,以免使问题复杂化。

2. 斜行沟通艺术

(1) 就事论事,绝不扩大话题。斜行沟通是超越常规组织程序进行的正常活动,但一旦沟通的内容超出了范围,则可能被对方甚至第三方(例如层级较低一方的上司)误解,导致事情复杂化。因此,斜行沟通的话题应该集中在既定的沟通内容范围内,就事论事。沟通目标一旦达到,沟通立即就结束。

(2) 适当表达对对方部门或个人的欣赏或钦佩。任何部门或个人,都希望本部门或本人的工作得到他人的认可。因此,斜行沟通中应适当地对对方予以肯定,将使沟通更顺畅。但这种肯定必须适度,不可肆意夸张,否则对方感受到的不是好意,而是虚情假意,不利于双方真诚地沟通。

(3) 必要时向层级较低一方的上司知会沟通的内容。斜行沟通超越了隶属关系,如果沟通的内容很重要,或者附加了新的内容,则有必要向层级较低一方的上司知会沟通的内容。尤其在中国,组织里对超越隶属关系的交往很敏感,因此斜行沟通时要特别注意这一点。

总　　结

一个商务组织,其内部的沟通是否顺畅,决定了该组织的凝聚力、工作效率和战斗力。其主要内容,就是上行沟通、下行沟通、平行沟通和斜向沟通。

处理好各种方向的沟通,通过顺畅、有效的沟通渠道,使得工作做得更圆满、更有效。

商务人员要与上级进行有效沟通,必须了解不同类型、不同性格的领导,然后有针对性地运用相应的沟通技巧,以期顺利地完成工作任务。

管理者要明白与下级人员沟通的意义所在。一个好的管理者,必须努力强化与下属在各个环节中的沟通,学会倾听下属意见,与下属进行坦诚对话,并掌握批评下属的艺术。

同事间要进行平行沟通,虽然没有太多的礼节顾虑,但是要想顺利、高效地把事情做好,学会平行沟通的方法很重要。

商务活动中,除了上行沟通、下行沟通、平行沟通以外,还有斜行沟通。斜向沟通涉及的部门多,人员杂,沟通起来更是困难,要做好斜向沟通,尤其要注意其艺术性。

复习与思考

1. 商务组织内部沟通有哪几种类型?
2. 领导性格有哪几种类型?
3. 如何与上司沟通?
4. 如何与上级部门沟通?
5. 与下属沟通的方法是什么?
6. 平行沟通的作用与特点是什么?
7. 平行沟通的策略有哪些?
8. 谈谈批评下属的艺术。
9. 斜行沟通的策略有哪些?

实训练习

参加学校或班级的活动时,请你观察班级间或本班成员中存在哪些负面现象(如误会、不合作、冲突等),并积极参与进行沟通,力图获得积极的效果(配合、协作、化解冲突等)。事后请进行书面总结,谈谈沟通后的效果,总结获得的经验和存在的教训。

案例分析

案例一 希和果尔公司的解散

希和果尔公司是美国一家著名的律师事务所,1960年代的时候创立。它是以两个创始人的名字来命名的,一个是希和,一个是果尔。希和很有领导才干,而果尔则是著名的律师,他俩共同发起建立了这支杰出的工作团队。到1994年,公司已经拥有80名合伙人,200名律师,在当地的政界、银行界、地产界等很多领域影响都很大。但1994年公司合伙人投票表决,使得公司解散了。

导致公司解散的原因并不是财政问题。1993年的时候公司收入为8.5亿美元,高于1992年8.3亿这个数字。也就说对于合伙人来说,这个公司非常有利可图的。导致灭亡的真正原因其实是合伙人的内部冲突。1990年,一些年轻的合伙人联合起来,反对年长的合伙人。他们在公司理念方面存在很大分歧,然而没有任何一派强大到可以控制这个公司。

1993年开始,冲突再次升级,五个合伙人宣布退出这个公司,而其余的合伙人纷纷计划自寻出路。1994年合伙人通过表决解散了这家公司。

事后一位资深的顾问评价说,这家公司在基本的运营理念上,存在明显的差异,这也是无法调和的矛盾。他们之间没有经济问题,有的只是个性上的问题,彼此之间甚至相互憎恨。

分析与讨论:

请分析这个案例,谈谈导致这家公司解散的实质原因是什么?这家效益很不错的公司在过去的几十年里缺少些什么?

案例二　迪特尼公司的企业员工意见沟通制度

迪特尼·包威斯公司,是一家拥有12000余名员工的大公司,它早在20年前就认识到员工意见沟通的重要性,并且不断地加以实践。现在,公司的员工意见沟通系统已经相当成熟和完善。特别是在20世纪80年代,面临全球的经济不景气,这一系统对提高公司劳动生产率发挥了巨大的作用。

公司的"员工意见沟通"系统是建立在这样一个基本原则之上的:个人或机构一旦购买了迪特尼公司的股票,他就有权知道公司的完整财务资料,并得到有关资料的定期报告。

本公司的员工,也有权知道并得到这些财务资料,和一些更详尽的管理资料。迪特尼公司的员工意见沟通系统主要分为两个部分:一是每月举行的员工协调会议,二是每年举办的主管汇报和员工大会。

(一)员工协调会议

早在20年前,迪特尼·包威斯公司就开始试行员工协调会议,员工协调会议是每月举行一次的公开讨论会。在会议中,管理人员和员工共聚一堂,商讨一些彼此关心的问题。无论在公司的总部、各部门、各基层组织都举行协调会议。这看起来有些像法院结构,从地方到中央,逐层反映上去,公司总部的协调会议是标准的双向意见沟通系统。

在开会之前,员工可事先将建议或怨言反映给参加会议的员工代表,代表们将在协调会议上把意见转给管理部门,管理部门也可以利用这个机会,同时将公司政策和计划讲解给代表们听,相互之间进行广泛的讨论。

在员工协调会议上都讨论些什么呢?这里摘录一些资料,可以看出大致情形。

问:公司新设置的自助餐厅的四周墙上一片空白,很不美观,可不可以搞一些装饰?

答:公司在预算,准备布置这片空白。

问：管理部门已拟定工作8年后才有3个星期的休假,管理部门能否放宽规定,将限期改为5年?

答：公司在这方面作了很大的努力,诸如团体保险、员工保险、退休金福利计划、增产奖励计划、意见奖励计划和休假计划等。我们将继续秉承以往精神,考虑这一问题,并呈报上级,如果批准了,将在整个公司实行。

问：可否对刚病愈的员工行个方便,使他们在复原期内,担任一些较轻松的工作。

答：根据公司医生的建议,给予个别对待,只要这些员工经医生证明,每周工作不得超过30个小时,但最后的决定权在医师。

问：公司有时要求员工星期六加班,是不是强迫性的?如果某位员工不愿意在星期六加班,公司是否会算他旷工?

答：除非重新规定员工工作时间。否则,星期六加班是属于自愿的。在销售高峰期,如果大家都愿加班,而少数不愿加班,应仔细了解其原因,并尽力加以解决。

要将迪特尼12000多名职工的意见充分沟通,就必须将协调会议分成若干层次。实际上,公司内共有90多个这类组织。如果有问题在基层协调会议上不能解决,将逐级反映上去,直到有满意的答复为止。事关公司的总政策,那一定要在首席代表会议上才能决定。总部高级管理人员认为意见可行,就立即采取行动,认为意见不可行,也得把不可行的理由向大家解释。员工协调会议的开会时间没有硬性规定,一般都是一周前在布告牌上通知。为保证员工意见能迅速逐级反映上去,基层员工协调会议应先开。

同时,迪特尼公司也鼓励员工参与另一种形式的意见沟通。公司在四处安装了许多意见箱,员工可以随时将自己的问题或意见投到意见箱里。

为配合这一计划实行,公司还特别制定了一些奖励规定,凡是员工意见经采纳后,产生了显著效果的公司将给予优厚的奖励。令人欣慰的是,公司从这些意见箱里获得了许多宝贵的建议。

如果员工对这种间接的意见沟通方式不满意,可以用更直接的方式来面对面和管理人员交换意见。

(二) 主管汇报

对员工来说,迪特尼公司主管汇报、员工大会的性质,和每年的股东财务报告、股东大会相类似。公司员工每人可以接到一份详细的公司年终报告。

这份主管汇报有20多页,包括公司发展情况、财务报表分析、员工福利改善、公司面临的挑战以及对协调会议所提出的主要问题的解答等。公司各部门接到主管汇报后,就开始召开员工大会。

(三) 员工大会

员工大会都是利用上班时间召开的,每次人数不超过250人,时间大约3小时,大多在规模比较大的部门里召开,由总公司委派代表主持会议,各部门负责人参加。会议先由主席报告公司的财务状况和员工的薪金、福利、分红等与员工有切身关系的问题,然后便开始问答式的讨论。

这里有关个人问题是禁止提出的。员工大会不同于员工协调会议,提出来的问题一定要具有一般性、客观性,只要不是个人问题,总公司代表一律尽可能予以迅速解答。员工大会比较欢迎预先提出问题的这种方式,因为这样可以事先充分准备,不过大会也接受临时性的提议。

下面列举一些讨论的资料:

问:本公司高级管理人员的收入太少了,公司是否准备采取措施加以调整?

答:选择比较对象很重要。如果选错了参考对象,就无法作出客观评价,与同行业比较起来,本公司高层管理人员的薪金和红利等收入并不少。

问:本公司在目前经济不景气时,有无解雇员工的计划?

答:在可预见的未来,公司并无这种计划。

问:现在将公司员工的退休基金投资在债务上是否太危险了?

答:近几来来债券一直是一种很好的投资,虽然现在比较不景气,但是立即将这些债券脱手,将会造成很大损失,为了这些投资,公司专门委托了几位财务专家处理,他们的意见是值得我们考虑的。

迪特尼公司每年在总部要先后举行 10 余次的员工大会,在各部门要举行 100 多次员工大会。那么,迪特尼公司员工意见沟通系统的效果究竟如何呢?

在 20 世纪 80 年代全球经济衰退中,迪特尼公司的生产率每年平均以 10% 以上的速度递增。公司员工的缺勤率低于 3%,流动率低于 12%,为同行业最低。

许多公司经常向迪特尼公司要一些有关意见沟通系统的资料,以作参考。

分析与讨论:
1. 迪特尼公司的意见沟通系统有什么特点?
2. 在你看来,迪特尼公司的意见沟通系统能发挥什么作用?
3. 与本案例相比,我国大部分企业在建立内部沟通机制方面有哪些不足?

第十章

商务组织外部沟通

第一节　与传统媒介的沟通

新闻媒体是所有企业和其他组织都必须面对的,它是组织的外部环境的重要因素。作为引导社会舆论的大众传播工具,新闻媒体对某商务组织的正面报道,可以极大地提升企业形象,从而享誉天下。但如果是对商务组织不利的舆论,则可能遏制一个企业生存和发展,甚至导致企业声名狼藉,最后破产关门。

某些时候,有些待在办公室里的企业家们总是担惊受怕:或许某天早晨,一份报纸或杂志上关于本公司的报道或许会搅乱公司的融资计划,或者影响管理层的士气,甚至一篇客观冷静的分析性文章也会带来灾难性的后果。企业家们神经紧张地浏览资讯,有时,他们不得不面对一个新闻纸上的魔鬼般的公司形象而吃惊不小。有不少公司首脑认为拒绝媒体或保持相当冷淡的距离,会省去不少麻烦。事实上,只是为媒体获取信息关闭了一个正面和直接的渠道。消息总是像流水一样从其他方面渗漏出来,而且变得更加曲折甚至失真。有时候,一家公司的公众形象与其在办公室里想象的是那样不同,甚至于同样的事实组成了美女与野兽的孪生形象。因此,企业与媒体的关系令大多数企业家感到不安,还被业界比喻为是一种又爱又怕、又喜又惧的"情妇关系":想接近又怕被伤害,原以为少接触为妙,但不接触比接触还糟。

因此,我国商务组织加强与大众媒介的沟通,对企业的重要意义日益重要。

一、传统媒介的种类

1. 书籍

书籍具有专门性、深入性、系统性等特点。它可以对一定的对象陈述其观点和方法;由于它篇幅长,因此信息量也比较大,所以可以对某些问题进行深入的研究和探讨,并进行系统性的分析。书籍保存价值是最高的,在读者眼里书籍的权威性是高于报纸和杂志的。

2. 报纸

报纸可分为权威性、质量较高的报纸和大众化的报纸。在我国像《人民日报》,它具有权威性,主要是刊载党和政府的方针政策,对重大的国际、国内事件加以报道。《光明日报》是面向广大知识分子的具有权威性报纸。

大众化的报纸,像各种《晚报》、《晨报》、《家庭报》等。报纸主要有消息的传播功能、知识传播功能、娱乐的功能、社会服务的功能、经济功能等。

报纸和其他大众传播媒介有很多优越性,如:读者广泛而稳定,流传迅速,反应及时,容易给人留下明确的印象,制作较为简易、灵活,费用相对比较低廉。报纸的缺点是他的生命力较短,属于"快餐媒介";再是内容比较庞杂,往往分散人的注意力。

3. 杂志

杂志具备大众传播媒介的五种功能，即：探测、协调、教育、娱乐及经济的功能。杂志在协调和教育方面的功能更为突出。杂志发展的趋势是：售价较低，大众可以负担起；发行量增大，由于内容越来越具有吸引力。加之推销的成功，发行量不断增加；新闻性加强，因为杂志的有关新闻的题材是读者最关心的；大众杂志的出现，如《读者文摘》类的杂志，读者群增加；内容适应广大读者的需要和兴趣；由于发行量的增加，广告的地位的确立，引起许多企业的青睐。

杂志的缺点是：缺乏灵活性、阅读范围的局限性、反应不及时、传播较慢。

4. 广播

无线电广播已将人类传播活动由印刷媒介拉回到口头传播时代，它使所有人类接受新闻和娱乐的习惯发生了及其显著的变化，今天其发展已投向调频电台、电视及电传报纸等更为进步的电子媒介传播，传播者也具有更大的力量及影响力。广播作为电子媒介之一，他的优越性表现为：广泛性和普及性、时间迅速、及时性、较高的灵活性和适应性、接近性（本地新闻）、反馈性、非独占性（可以边听边做事）、广告价格低廉。广播的局限性表现为：信息流失快、威望程度较低、听众难做确切统计。

5. 电影

电影作为一门艺术进步，它实际上已成为一种特殊的具有艺术感染的力量，具有广泛的国际影响，能迅速进行传播的世界性视听艺术和大众传播媒介之一。它对社会的作用有：传播作用。世界的社会制度、民族文化传统、生活方式、道德伦理、心理、艺术欣赏趣味，习惯不尽相同，但是，通过电影能产生理解和通融性。还有电影的娱乐作用，审美作用以及教育作用、认识作用等。电影还有独特的优越性，如：屏幕大，音响效果好，使人产生身临其境的感觉；不受电视节目时间的限制，什么时候演都可以。它的局限性是观众较少，方便性较差，广告效果不好。

6. 电视

电视集空间、时间、综合艺术之长，被人称为"综合的艺术"。电视作为传播工具，它以屏幕影像为主，辅以语言、音响效果，成功地实现了人类视觉与听觉的延伸。它视听兼备，声色并茂，兼有电影、戏剧、报纸、广播的特点，成为一种既具有新闻属性，又具有艺术属性的传播工具。可以说，电视是新闻、文化、教育、通讯、服务等工具的综合体。

电视的技术优势，使它能够面向群众，跟上时代，能够更迅速、更及时、更真实、更亲切地反映现实生活，在制作过程中更容易多快好省地完成任务。电视的优势还在于表现形式的多样化与服务的广泛性。

电视的局限性有：报道缺乏记录性、深度性、看时缺乏选择性。

7. 网络传播

1998年5月，联合国新闻委员会年会正式宣布，互联网被称为继报刊、广播、电视等传统媒介之后新兴的第四媒体。它区别于传播文字信息的报刊，传播声音信息的电台，传播动画信息的电视，它的载体是上网的计算机，传播的是同时以文字、声音、动画形式反映出来的数字信息。人们把这种新媒体叫做网络媒体。网络是以计算机、光纤、卫星、电话以及各种各样的通信手段为基础,以数字化的形式将各自独立的计算机通过线路相互连接而成的系统。信息高速公路是指全国或全球性的通过卫星、光缆和计算机组织起来的四通八达的电子通信网,它是为声音、图像、资料等多媒体信息提供和交换的信息网络系统。由于国际互联网具有交互式和集成式两大特点,使其特别适用于大众传播。近年来全球各新闻机构建立网站,通过各自的网页发布新闻信息,形成了因特网新闻服务系统。

网络媒体有如下特点。

(1) 速度快。它能像广播、电视一样进行实时、实况报道。

(2) 容量大。网络媒体存储数字信息用硬盘,一个10G的硬盘可以储存45亿个汉字信息量。这是其他媒体不能比拟的。

(3) 滚动化。网络新闻传播是24小时不间断。

(4) 范围广。通过网络可以连接千家万户,没有国界,形成全球性的媒体,大幅度地提高新闻传播的范围和时效。

(5) 开放性。因特网打破了传统地域文化概念,超越时空界限,形成了以传播信息为中心的跨国界、跨文化、跨语言的全新传播方式。

(6) 可检索。凡是在数据库中存储的资料,网民只要输入关键检索词,便可根据自己的需要随意查询。

(7) 可复制。网络媒体复制功能,快捷方便、价格低廉。

(8) 多媒体。网上的音频、视频、图片节目,等于开办了网上电台、电视台、图片社。

(9) 超文本。这种特性实际上是在网络媒体上建了一个大图书馆或许多大型数据库,根据需要对一些重要人物、事件、地名进行链接。网民单击所链接的名词后,窗口便可弹出相关的全部信息,网络就变成了大词典、大书库。

(10) 互交性。网络可以提供一种开放的双向信息流通方式,传者和受众之间可以直接交流信息。

(11) 导航性。网站把域名集中链接到页面的某一位置,单击这里便可以走向世界的四面八方。

(12) 丰富性。由于网络容量大,交互性强,发布主体多,第一手信息多,被过滤的可能性小一些,所以其信息显得更丰富、更全面、更客观一些。

(13) 市场化。作为媒体,广告是其主要收入来源。在多种媒体共存的格局下,现代媒体的广告经验,将面临更加激烈的市场竞争。网络由于信息发布快,广告商逐步重视网络。计算机网络逐步成为人们生活不可缺少的组成部分。网络的优越性有:网络是以电脑为主体,多媒体为辅助功能的信息互动传播,它的信息量大,传播速度快;网络的信息种类多,可选择的余地大。网络的多媒体的声音图像逼真,对人有更直接、更强烈的刺激力;网络能够激发兴趣、强化个性,它在满足人的需要方面更方便,更快捷,可以改变人的交往方式和生活方式,可以扩展人们交往的空间,受众范围广泛。

网络也有一定的局限性,例如,传播环境混乱,信息缺乏必要的选择、过滤、把关和审核的过程。另外网络的价格高、费用大,要求使用者具有一定的知识技能。

二、媒体关系管理

媒体关系是新闻发布和事实报道的良性优先合作关系,媒体关系管理能够确保现代企业面对一个健康、积极的传媒界面,提高与传媒打交道的专业水准,协助企业建立与媒体的友善关系,并引导公众关注和实现自身的宣传目标。

媒体关系对商务组织可以产生着巨大的正面效果。

> 著名的美国公司AT&T(美国电话电报公司)始终积极地投入到媒体关系管理的事务中。AT&T的投资者分布广泛,有330万个个人投资者,他们持有公司45%的股份,剩余55%的股份由机构投资者持有。AT&T保持着与媒介的紧密联系,通过几个渠道和投资者广泛沟通:媒体报道、举行会议、季度报告、产品投放市场等。AT&T投资者关系网站有侧重地为不同的群体提供不同的信息。分析员对媒体报道、季度报告等信息比较敏感,而投资者则更关注新产品和服务方面的信息。
>
> AT&T认为让投资者知道公司决策背后的原因是很重要的,它决定了投资者对公司的信任程度。因此,公司在任何转型中必须确保其投资者了解所有变化和所有举措发生的原因。AT&T的投资者关系管理部门和投资者间的沟通早在业务转型之初就得到体现,1999年初公司要与TCL合并,有75%的投资者参加了投票,而参加投票的人中有99%表示赞同,这两个数字都创下历史之最。如果没有很强和有效的沟通,就没有这样的结果。在不到两年的时间内,公司股价从1997年的32美元上涨到1999年的80美元。
>
> 与AT&T公司取得的佳绩对应的是,更多的公司还摆脱不了惶惑的阴影,只是被媒体牵着鼻子。三株口服液是一个惨痛的反面教训。这家保健品公司名噪一时,1998年,一条新闻结束了这个拥有40多亿资产和600多个子公司的企业。有关企业产品和服务的新闻报道从来都是些深水炸弹。"东芝笔记本风波"、"三菱帕杰罗事件"、"日航事件",以及不久前的"奔驰事件"不断地刺激着大楼里的董事会,引起企业家们对媒体世界的思考。(资料来源:《中国公关营销论坛》http://www.pr1ad2.com)

在我国,媒体开始渗入商业社会的每个角落;公众公司的属性也为此提供着实际需要;已经打开了胃口的公众注意力推动着这些机制向深层次发展。原则上,每个部门都要为媒体提供所需要的真实信息,因为没有什么能够阻挡住这一信息流动,它不是以真实的适当的方式,就是以与之相悖的方式反映出来。

来自外部的媒体的冲击,使企业承受着一份难以预料的风险。企业家们有了新的任务:不但要管好自己(企业),还要管好自己的影响。媒体有自身独立运作的原则,其本身并不与企业目标相对峙。相反,由于沟通障碍产生出的困扰和信息不对称,才真正威胁到企业安全。能够与媒体形成畅通

的互动关系,是为了保证企业不至于因为一些瑕疵而变得乱成一团,并且由于了解而受人尊重。正面和积极地搭建媒体关系可以使新闻媒介成为塑造企业形象的重要工具;成为企业与企业家与外界沟通的中介;也是纠正偏见和澄清事实的途径。

目前,我国一些商务组织几乎总是在各种事情发生之后才去和新闻界发生联系。一个相对闭塞的渠道,对企业宣传和形象是相当不利的。

商务组织必须担负起管理媒体关系的责任,通过行之有效的双向沟通建立起良性关系。这方面有些企业已经取得了一些成效。

> 在全球三地上市的中石化,前不久获得了"亚洲最佳投资者关系奖"。为外部关系管理做出了一系列举措:中石化董事局专门设立了投资者关系部,该部门共由7人组成,国内总部有4人,通过电话和网络全天候与全球投资者热线联系。公司"投资者关系"网站更是提供了丰富详细的财务报告、公告、热点问题和疑问解答,专门人员负责协调媒体关系。中石化的做法开始被更多企业效仿,许多组织尤其是商务组织将媒体关系管理提到了日常管理层面。

1. 我国商务组织与媒体沟通的误区

整体上看,我国许多企业在与媒体沟通方面很不成熟,存在许多的误区:

(1) 没有应对媒体选择、采访、撰稿、投放、效果评估的完善流程和制度,导致媒体沟通活动缺乏效率;

(2) 缺乏接受媒体采访经验和技巧而导致错误信息的传递;

(3) 缺乏对外信息控制,没有统一的宣传口径,内部意见不统一而给媒体传递相互矛盾的信息;

(4) 对于不利于自身的消息采取消极回避的态度,导致媒体胡乱猜测,甚至与媒体关系恶化,导致信息无法发布。

综观这些误区产生的原因,在于公司对媒体不熟悉、公司没有形成一套应对媒体的流程和制度,仓促上阵,不但乱了阵脚,有时还露了"马脚"。

2. 建立媒体关系管理机制

在商务组织内部建立起一套媒体关系管理机制涉及两个主要部分:建立核心媒体关系,变被动为主动、完善日常媒体联系制度。

(1) 建立核心媒体关系

商务组织面对无孔不入的各种媒体,要想变被动为主动,首先必须了解媒体的本质和需要,消除对媒体的陌生感和抵触。其实,企业是商业新闻的原产地,媒体是新闻的加工厂和传播载体。作为公众企业,一举一动自然吸引很多注意力,媒体作为公众的代言人很自然要刨根问底。此时,商务组织应该明了自己是否可以提供这些资料,对媒体代表——记者务必尊重,记者在那里只是工作。从某种角度讲,大家之间还是一种工作的配合和支持。

其次,根据与自身关系的紧密程度,将媒体进行分类管理。和媒体记者保持长期的工作关系也很重要。中国的媒体记者都是分片分口进行工作,企业与之打交道时,辅之以民众情感。另外,最好与那些核心媒体记者组成企业媒体俱乐部,提供一个企业与媒体紧密沟通的平台,同时为相关媒体创造一个尽可能平等的沟通机会,使自身一直处在新闻汇集的中心,而不是事外。这样企业所面对的可能多是一些熟脸孔,对企业的信息传播也多几分掌控。

(2) 建立媒体日常联系制度

有很多公司认为与媒体沟通不畅,感觉媒体对其报道有失全面和公允,因而与媒体沟通存在着种种误区。这是我国大多数公司没有应对媒体选择、采访、撰稿、投放、效果评估的完善流程和制度,导致媒体沟通活动缺乏效率而造成的。

建立与媒体沟通的制度是有备无患,构架一套媒体工作的系统方法,一套较完备的媒体关系管理系统包括:完善公司媒体沟通制度,细化媒体沟通流程,分立日常和危机两种应对,责任和分工到人;进行媒体分析和调研活动,了解不同媒体操作风格和受众特点;把自身拥有新闻资源和所需媒体资源不断拓展深入,并将媒体资源整合,使之完成统一声音和信息的传播;对每一次的沟通活动都进行可量化的效果评估;日常在企业中高层进行媒体沟通策略和技巧的培训,增强应对媒体的意识。

三、与传统媒体沟通的策略

建立完整的日常媒体关系维护和管理体制,可为媒体关系管理奠定稳固的基础,使企业免于无谓的口水战,但要在舆论的暴风雨下安然度过,正确运用与媒体沟通的策略也很关键,尤其是接受采访时的表现,可以反映一个公司的整体媒体关系管理水平。

1. 建立新闻发言人制度

> 千龙网2003年12月9日消息:某国内著名的家电企业在即将上市的节骨眼上,遇到了危机:有媒体曝光称,下属某公司存在做假账问题。消息一出,引来了媒体多方面的采访,该企业似乎一下子被打懵了,竟然没有人主动出来澄清事实,但由于记者们对信息的饥渴,就通过企业的经销商、办公室人员、被开除的人员等各色人等来阐释传言,因为没有统一的说法,这些人的回答也就五花八门,使危机被进一步放大,结果本来要上市的这家企业不得不面临重新审查。

在西方发达国家,新闻发言人制度十分普遍,这项制度是推动政务公开和透明,增进执政部门与普通老百姓之间联系的重要手段。稍有规模的企业都会设立专职的新闻发言人,即使是十来个人的小企业,也会有兼职的新闻发言人。在各种场合:新闻发布会,客户见面会,广告商见面会,合作伙伴见面会……我们可以看到新闻发言人(可能是CEO也可能是公关经理)训练有素的语言,不卑不亢的态度,统一的口径……

我国公众对于新闻发言人制度的理解往往是在重大国际国内事件中的郑重表态。1983年,我国设立了新闻发言人制度,初衷是为了满足中央政府对外宣传工作的需要,以展现中国政府自信、务实、开放、负责的形象。近年来国外对于中国企业的反倾销,版权起诉等危机更使得很多中小企业关门,很多大企业活得战战兢兢。但是在大干快上的同时很少有企业注意到了应对危机的制度建设,更不用说需要系统训练的新闻发言人制度了。就是虽然少数优秀企业意识到了这一点,在对外宣传口径方面有所授权和严格规定,但是往往在专业化、系统化方面缺乏训练。这和国外连十几人的中小企业都设立发言人的情况还有很大距离。

2. 接受采访前索取采访提纲

接受采访之前向采访者索取一份采访提纲,它会帮助你了解以下的事情:

为什么要接受采访？采访者想要的是什么？采访者会着重关心哪些事情？

采访是现场直播还是事先录好再播放？

采访将持续多长时间？如果采访者只需要30秒钟的节目,聊上2分钟是毫无用处的。

观众将会是哪些人？知道观众的情况,可以帮助你选择他们能理解和适应的方式来表达。例如,地方电视台上的采访节目,主要面对乡镇观众,谈话的重点和在国家电视台或城市电视台上有所不同。

如果访问前有空余时间,留出让自己"养精蓄锐"的时间,比如静静地坐着。当摄制组或记者就座后,不要认为你必须礼貌地开点玩笑。回答问题时尽量不要用"无可奉告"。

找出访谈的要点,并作记录。把你必须说的和如果有时间想说的问题排出先后次序。欠准备的访谈经常在被采访者还未谈到要点之前就结束了。

3. 充分重视影像媒体的采访

据洛杉矶加利福尼亚大学研究发现,观众了解和接受的信息90%以上来自影像媒体,来自书面文字只占7%。只能记住口头沟通内容的10%,与沟通相比,口头视觉沟通的记忆率是50%,效果上提高了5倍。电视作为中国目前最强势的媒体,其传播的广度和深度令人注目,同时接受电视采访也是禁忌最多的。

在电视上被采访,细微俱显,所以需要检查一下你的仪表,装束是否合适？头发是否梳过,领带正不正,外套上是否有绒毛。

4. 与媒体合作举办各种具有广泛社会影响的活动

新闻媒体是一种特殊的文化组织,它没有雄厚的资金储备。因此,当它发起一项规模较大的社会公益活动时,必然求助于社会各界特别是企业的支持。对企业来说,此时适当的投入可谓"一箭数雕":既在公众面前树立了良好的形象,又和媒体建立了良好的合作关系,还为本企业做了广告。

第二节　政府沟通

菲利普·科特勒1984年以来提出了一个新理论,他认为企业能够影响自己所在的环境,而不是单纯地顺从和依赖环境。因此,在市场营销组合的"4P"之外,还应加上两个"P",即权力(power)和公共关系(public relations),成为"6P"。

科特勒所说的power,即是由政府所代表的。因此,企业如何加强与政府的沟通,谋求好的经营环境,是十分重要的。

一、现阶段我国的政企关系

改革开放以来,一方面,我国政府与企业之间的关系发生了巨大变化,另一方面,大量外资进入、民营企业的兴起,又给政企双方的沟通提出了新的课题。概括地说来,目前,我国的政企关系呈以下格局:

1. 政企关系类型日趋多样化

当前世界各国政府与企业关系大体上有三种:第一种是"警察与司机关系",政府与企业没有隶属关系,政府只需要告诉企业什么是不该做,企业其余事情政府一律不过问不干涉。这种政企关系在欧美发达国家比较普遍。第二种是"手足关系",即政府与企业之间相互依赖,官商一体。日本的政企关系属于该种类型。第三种是"父子关系",企业隶属于政府,不是独立的市场主体政府对企业的一切活动都拥有决定权。改革开放前中国的政企关系大致属于这种类型。

我国经过二十多年的改革,政企关系有了很大的变化,不再是原来的纯粹的"父子关系",而是在逐步向包括上述三种类型的混合型政企关系过渡:政府与部分国有企业之间、一些乡镇政府与其所辖的乡镇企业之间依然保持着"父子关系";政府与民营企业、三资企业之间是监督与被监督的"交通警与司机"的关系;一些地方政府与其所办的企业、部分乡镇政府与乡镇企业之间则形成了利害相关、生死与共的"手足关系",政府与企业一体,政府具有企业化倾向。

2. 政府职能部门与企业的关系日趋突出

以前,每当谈起政府与企业关系,首先想到的就是政府专业经济管理部门与国有企业之间的关系。但是经过二十多年的改革,其他所有制企业迅速发展,乡镇企业、民营企业、三资企业成为中国经济发展重要支柱。政府与企业关系不再局限于专业经济管理部门与国有企业之间的关系,而政府职能部门与包括国有企业在内的企业整体之间的关系日益引起关注。这是因为职能部门与企业之间的关系具有特殊性:首先是职能部门与企业的关系涵盖所有专业领域;其次是职能部门仅仅在某些特定职能上与企业发生关系;第三是职能部门与企的关系是随机的,非紧密性的;第四是职能部门视企业为均质的,不论企业性质如何,规模多大,都按同等方式平等对待;第五是职能部门与企业的关系多为由法律调整的法律关系,这种关系很难由行政手段调整。因此,职能部门与企业之间的关系是现阶段政企关系中的基本关系,在国有企业改革进展到一定阶段后,职能部门与企业之间的关系将是政府与企业关系的全部内涵。

3. 企业与所在地政府之间的关系重要性增强

随着国有企业改革的深入,国有企业与上级主管政府之间的关系逐步理顺,而越来越多地与所在地政府之间发生关系,如就业、税收、企业社会负担的转移、企业支援地方建设等关系。同时,大型民营企业、三资企业也面临如何与所在地政府打交道、建立良好关系的问题。这些企业绝大部分的日常经济活动都发生在所在地,要受所在地政府约束与管辖。当地政府对企业的态度直接影响着企业的生产经营能否顺利进行,对企业的生存与发展发挥着至关重要的作用;而企业对当地政府的支持也会促进当地的社会经济良性发展。

4. 政企双方在职责上越位与缺位行为同时并存

政府的越位行为表现在与国有企业政企不分、干涉企业经营、乱收费等方面。其缺位行为表现在国有资产出资者缺位、公共服务提供者缺位、市场竞争监督者缺位等行为。企业的越位行为表现是一些国有企业私自处置企业资产导致国有资产流失、强迫企业职工购买企业股份等行为。其缺位行为表现有国有企业没能实现国有资产的保值增值功能、企业不能按国家政策规定保障下岗职工权益、不履行保护环境职责产生严重污染以及偷税漏税等行为。

5. 政企关系的当事主体呈现多元化状态

在社会主义市场经济体制下,政府与企业关系不再仅限于政府与国有企业之间的关系,而是政府与国有企业、乡镇企业、民营企业、三资企业之间的关系;企业与政府之间的关系也不只是企业与专业经济管理部门之间的关系,还要处理与政府职能部门的关系,不仅要与主管政府打交道,还要处理好与企业的本部以及各分支机构所在地政府的关系。政企关系主体日益向多元化方向发展。

企业与政府之间的关系所呈现出的上述变化是改革开放的必然结果,是建立社会主义市场经济体制过程中必经的阶段。对于我国的各级政府和各类企业来说,这些变化是新生事物,在处理双方关系过程中必然会出现种种问题,这些问题如果解决不好,会影响良好政企关系的建立,从而影响社会主义市场经济体制的健康运行。

二、企业与政府沟通的策略

一个成功的企业,至少必须兼备两种能力,一种是把企业内部运营好的能力,另一种是与政府沟通的能力,成功地与政府沟通可以让企业的发展事半功倍,这对于任何国家的企业来说都是如此。对于第一种能力,通过近二十多年的摸爬滚打,中国很多企业已基本具备。联想、海尔、华为等一批知名企业的出现就是例证。但第二种能力就明显欠缺或者陷入了沟通误区。

一般来讲,企业与政府沟通,有以下策略:

1. 遵循与政府利益趋同的原则进行沟通。

政府是公众利益的代表,担负着发展国家或地方经济的使命。企业作为社会经济的细胞,和政府有着部分相同的目标。政府必须在辖区内大力支持企业的发展,从而增加税收,用于发展地区经济和建设,提高本地区人民物质和文化生活水平。

随着政府职能的不断转变,政府对于企业而言,既是监管者、管理者,某些时候也是利益共享的伙伴。所以,跨国企业会以新的角度看待自身与政府之间的关系,在企业运营中考虑政府自身的一些需求与利益,在企业的经济利益和政府的社会利益中寻求平衡点,使双方都能得到实惠。

总的来说,企业所追求的经济效益和政府追求的社会效益和地方经济繁荣是一致的,譬如企业寻求丰富的劳动力来源与地方政府解决就业问题、地方政府寻求农产品、矿产品销路和企业寻求原材料供应,尤其是企业的发展策略尽量符合政府政策的发展方向等等,企业应努力寻求和政府的共同利益点,从而获得政府更多的支持。

> 20世纪80年代末,正值中国市场"疲软"之时,安利公司却决定选择中国为新的目标市场,并于1990年开始构思。1991年8月安利公司获中国政府有关部门批准立项,1992年8月签订合同,1993年开始在广州经济技术开发区建设厂房,首期工程于1995年1月竣工,每年可生产价值超过2亿美元的产品。安利公司进入中国市场的过程,时间跨度有5年之久,历经中国宏观经济政策的三次调整、中国的三次起落,最后终于达到了其进军中国市场的目的。
>
> 安利公司为了进入中国市场,除了努力取得有关政府部门的支持外,还认真研究了中国的市场营销环境,充分运用经济的、心理的、政治的和公共关系技能,赢得若干参与者的合作。安利公司针对所谓中国的市场壁垒,采取了如下战略:(1)物尽其用。安利公司(向中国政府)表示将逐步从中国国内采购所需的原材料,积极开发中国原材料市场,推动国内原料工业的发展。(2)人尽其才。安利公司宣称安利绝对是一个正当的事业,启动资金少、风险低,给每一个普通的中国人提供了开展个人事业的机会。(3)符合政策。安利公司表示尊重中国政府对"三资"企业的政策,作为一个合资企业,努力提高外销比例,力求形成原材料成品出口外销的良性循环。(摘自 郭国庆《市场营销通论》中国人民大学出版社)

> 美国人欧思文最近一段时间频繁地飞行在北京与常驻地新加坡之间的航线上,让他如此忙碌的最主要原因是正在进行的中美双边航权谈判。他是UPS亚太区公共事务副总裁。
>
> 谈判之外,欧思文还有很多工作安排,譬如说在北京大学做主题为《公共事务在私营领域中的角色》的演讲,阐述他的雇主UPS在公共事务工作领域的方法和立场,

> 他还与美中关系全国委员会杰出青年论坛中的一些中美政界和商界青年领袖进行了非正式会面。不难看出,他的行动都是围绕着他正在进行的重要工作——争取更多的航权——而进行的外围公关。
>
> "我们在任何国家公共事务的角色都是向当地政府说明:'我们的立场为什么最符合你们的公众利益'。而我们目前面对的挑战是要知道当地的政府和人民究竟是怎样想的,我们才能找到当地对公众利益的确切定义。"欧思文对记者说。
>
> 这里,涉及的是跨国企业进行政府公关活动时涉及的一个最核心的问题——你的原则是什么?安利公司全球副总裁在接受记者采访时,突出强调了两个原则,一是公开性原则,就是要在不同的场合向不同的对象都要传递同样的信息。另外一个就是"投其所好",也就是说要弄明白政府在想些什么。
>
> (伊士曼柯达全球副总裁)叶莺对此有进一步的诠释,她认为,政府是公共利益的代表,企业要对政府面对的挑战和政府采取的方向有敏锐的思考和清晰的理解。"你必须要明白它的道理,还要知道它为什么要这样做。企业的思想、理念、基本的平台和政府的政策是永远一致的,这个一致,不是说我们一定要迎合政府,而是思路上的契合。"她说。这显然是找到企业与当地社会共同利益的一个最好方式。

以上两个例子只是众多的跨国公司在中国与政府进行有效沟通的缩影,它非常值得我们思考和借鉴。

2. 与政府保持良好的双向互动关系,建立互信基础。

中国政府机关正在转变职能,变管理企业为服务于企业。政府领导也将与企业的沟通当成了一件重要事来抓。这些都为了企业建立与政府的双向互动沟通机制提供了良好的机遇。互动的含义,对政府一方就是经常听取企业的呼声,了解企业的困难,给予足够的支持;对于企业一方来说,就是了解政府对自己所处行业的政策,这一点的意义在于,企业在制定战略的时候就有把握和不盲目。另外,企业应该经常向政府汇报自己的发展方向。

与政府经常性沟通的渠道建立起来之后,自然就要选择沟通的方式。这里面包括直接沟通与间接沟通两种。直接沟通主要的方式方法比如:通过企业设立的公共事务部门进行日常的沟通工作以及让公司的最高首脑定期的来访等。UPS亚太区公共事务副总裁欧思文曾向新闻媒体透露,UPS公共事务部门工作主要有两个方面,一个是与政府打交道,向政府阐述UPS在政策方面面临着哪些问题,需要在哪些方面进行改进;另一方面,在UPS内部,向本身的管理人员介绍政府是怎样运行的,政府的政策究竟是怎么样的,以便他们根据有关的政策和法规制定公司的策略。

> 1998年中国政府下达传销禁令,对于中国境内所有以传销方式进行销售的公司全部进行停业整顿,禁止传销。消息一出,以直销作为企业主营模式的美国安利受到严重的打击,每月的亏损额惊人。

第十章 商务组织外部沟通

> 在这一种情况下,安利高层迅速启动政府公关以挽救企业危机。在安利公司游说安排下,美国贸易谈判代表巴尔舍夫斯基借约见国务委员吴仪的机会,提出有关3家美资的直销公司在中国的出路问题。同时,安利借克林顿即将访华的机会,再次就直销转型问题与中国相关部门进行磋商。
>
> 在安利的努力下,中国相关政府部门迅速成立专项小组,协助安利等外资直销公司进行转型。不久,安利(中国)以"店铺销售加雇佣推销员"的方式完成转型经营,出色的政府公关使安利在中国化解了一场灭顶之灾。
>
> 与安利一样,摩托罗拉、微软等跨国巨头自进入中国以来,最重要企业战略之一就是构筑良好的政府关系。
>
> 摩托罗拉:摩托罗拉在其未来5年的"2+3+3"发展战略中公布,其核心内容是就是双赢、扎根中国和做社会好公民——所有战略每一项都体现了摩托罗拉对中国市场的长期承诺以及希望与中国政府建立稳定良好互动关系的意愿。同时,摩托罗拉积极游说美国国会给予中国经济最惠国待遇,通过此项行动,摩托罗拉向中国政府表达了彼此利益相通的意愿。
>
> 微软:微软董事长比尔·盖茨先后9次访华,并出席了系列政府活动。同时,微软加大在中国的投资,向中国政府表示出为中国谋求利益的诚意。(2005年11月07日新浪财经)

从以上我们可以看出,跨国企业将与政府沟通提升到企业战略的层面予以重视。同时,在了解中国政府的需求基础上,结合企业实际情况,积极采取多种措施去构建良好的政府关系,而良好的政府关系建立对于企业进行危机处理、企业发展都有着积极重要的促进作用。

通过企业内刊、新闻报道、座谈会、公关活动等多种形式向政府传达企业的良性信息。同时,定期由企业高层领导统筹带头,主动约请政府相关主管部门来企业参观或举行会议,了解政府对企业的一些指导政策,以利于企业采取措施去维持良好的政府关系。

一个成功的企业,至少必须兼备两种能力,一种是把企业内部运营好的能力,另一种是与政府沟通的能力,成功地与政府沟通可以让企业的发展事半功倍。

让公司首脑定期来访直接与政府以及市场进行沟通也是非常有效的方式。柯达CEO郑凯达,几乎每一年固定到中国两次。

与政府间接沟通的方式,主要包括企业参加或举办各种公益活动,提升社会形象,在自己的发展策略制定方面符合政府政策发展的方向等等。

此外,对外资来说,将自己在海外发展中获得的经验及时地与政府部门分享也是一个非常好的做法,这种经验分享的行为非常有利于企业所处行业的主管和监管部门思考整个监管环境和政策制定,从而为企业提供较好的政策环境。

3. 为政府分担社会责任。

跨国企业会积极响应政府的号召或者以主动的姿态为政府分担在社会责任上的重任,并为此做出一系列书面或口头承诺,并以自己的行为履行诺言,赢得政府部门的信任。宝洁自进入中国以来,多次主动向中国政府捐赠了巨额资金用以捐建希望学校,目的就是通过实际行动表现企业的社会责任感,赢取政府的好感与信任。

许多跨国企业积极参与某些政府技术攻关项目、社会公益事业,目的就是在满足政府社会利益的同时,建立促进与政府的良好关系。

4. 运用行业组织的力量。

行业组织包括各种行业协会、商会等中间性组织。企业可以在需要的时候与同业者结成联盟,发出共同声音。根据了解,安利公司在中国进行政府公关工作的重要做法就是借助世界直销联盟的力量与中国政府对话。

在中国,过去行业协会和商会没有起到应有的作用。但近几年,各种民间的商会组织纷纷建立,切实起着维护商家权益,做沟通企业与政府的桥梁。

据《现代快报》2005年06月30日报道,纺织服装业历来是江苏出口创汇大户,所以江苏省进出口商会也就成了纺织服装业内企业与企业、企业与政府沟通的平台。该商会新闻发言人张伯春告诉记者,进出口商会的职责就是向省内的纺织企业提供行业内信息和政策解读。每当国家新政出台时,他们又会将企业的困难和疑惑反馈给主管部门。"实际上行业协会就是一座桥。"张伯春称,早在去年11月13日,商会就收到了美国某律师事务所传来的信息,其中明确提出,国内出口的化纤针织衬衫、精梳棉纱将有可能被设限。于是商会将这一消息传达给了省内一些纺织企业,结果促使不少相关企业及时调整了经营方向,从而降低了今年遭遇设限时的损失。

又据《金羊网—民营经济报》2005年12月1日报道,"浙江人爱抱团,哪里有商机,亲朋好友老乡们'一窝蜂'地来了,更可贵的是内部不争斗,有钱大家赚",一路上随民企培训班学习考察,参观罢成百上千家"小车间"聚集成的一个个皮鞋、领带、打火机、煤气灶、电动工具……专业村、专业镇、专业县,民营企业家对浙江民企的"抱团儿"颇为艳羡。而最能体现浙江民企"抱团儿"精神的,当属浙江民间商会和行业协会组织。

除了维护本行业利益,在浙江,这些自发的商会和行业协会不但很好地起到与政府及外界沟通的作用,更重要的是进行行业自律。

2001年11月12日,温州五金商会的锁具维权委员会成立。随之,发起举行"独立开发创新,决不模仿他人"大型签字仪式,制定了《锁具维权条例(公约)》,规定每月10日为维权日。国家专利局认为这是"对专利法的有益补充"。

五金商会主要对新产品的"外观设计"、"结构设计"及"包装设计"进行维权认定。企业研制的新产品,经商会维权委员会登记、调查、测试合格后,由专家鉴定委员会审定通过,确定维权期限,并在报刊上进行公示、通告,发给维权证书。

据了解,维权几年以来,商会共维权280多起,但是仅发生侵权行为12件,而且通过维权委员会调解,侵权单位都是主动销毁模具。

让人惊奇的是,一些商会主动邀请质监部门直接上门来年检,温州的眼镜、皮革、化工等商会,甚至与质监部门或相关科研院所、大专院校合作,分别建立各自的质量检测中心站。这在一些政府性行业协会看来都是躲还躲不及的事情。

"温州商会的维权是一种自发性的行为,根本不像其他地方,由政府出面进行维权,"浙江省工商局个体私营经济管理局副局长张志益在为浙江省民企培训班授课时如此介绍。在这个过程中,行业协会所起到的作用往往比政府部门更好,违规企业害怕行业协会更甚于政府部门。此外,商会的会长以及副会长多是当地经商成功的人士。在他们的帮助之下,后来者能够有比较好的发展平台。这也是温州乃至浙江行业协会遍布全国各地的原因。

三、中国企业与政府沟通存在的误区

毋庸讳言,现阶段中国许多企业在与政府沟通方面,还存在许多误区。主要表现在两个方面:

1. 以拉关系代替沟通

对于与政府沟通这种能力,中国一些企业似乎并没有取得"真经",只知道简单地和政府部门"搞关系",热衷于请客送礼、吃吃喝喝,以至这种关系越搞越复杂,企业最终成也"关系",败也"关系"。这方面的例子也常见诸于报端。

新华网 2005 年 11 月 19 日消息:郑州市委托民间机构于近日完成的一项调查显示:今年当地企业用于请吃饭、送红包、报销单据等与政府部门"搞关系"的非正常支出,比去年几乎翻了一番。郑州市副市长孙新雷表示"对这样的调查结果,我深有同感,市直有关单位的工作作风和服务态度确实该改改了。"其实,类似的问题在其他地方也都不同程度的存在,也不仅反映了服务环境有待改善的问题。企业与政府部门"搞关系"支出翻一番的新闻,使我不禁想到了山东省省长韩寓群讲的一个关于风筝的故事:事情要追溯到 10 年前。1993 年,山东省组织了一个代表团到新加坡举办经贸洽谈会,新方派出一位政府高级公务员协同。这天,这位新方官员很高兴地向我方人士谈起,他在代表团举办的展销会上悄悄买了一只风筝,他已有两个

月没有与家人团聚了,买这只风筝是给孩子的礼物,相信孩子一定会很开心。我方的同志一听,"哎呀,不就一只风筝,你怎么不说一声,还买什么呀?"随即慷慨表示,要送他

> 十只八只的风筝。可是,这位新方官员不仅急忙婉拒,还表现得十分紧张,他再三说:"千万使不得。我知道山东人豪爽热情,说话算数,可是按照新加坡的法律规定,公务员一旦在公务往来活动中接受礼品就会被开除,至少3年内不得录用。"这位新方公务员的举动给在场的代表团成员留下了深刻印象,也让韩省长记到了现在。对比企业"搞关系"支出翻一番与省长讲的"风筝故事",所折射反映出的问题确实令人深思。

当然,这些现象也反映了企业对处理好"政商关系"的困惑。虽然企业与政府部门"搞关系"的支出翻了一番,但其中的多数企业并不一定是出于自愿。因此,建设社会主义法制社会,提高全民的依法办事观念和行为任重而道远。

2. 与政府沟通只重"潜规则",置法规法纪于不顾,诱发腐败现象

当前我国正处在体制转轨、经济结构调整和社会变革时期,一方面法规法纪不断完善,另一方面,所谓官场"潜规则"大行其道。《潜规则》的作者吴思曾经说过:"每个中国人心里都明白,明文规定的背后往往隐藏着一套不明说的规矩,一种可以称为内部章程的东西。不明白这一点就难免要吃亏。"后者固然与部分公务员自身素质不高有关,但与部分企业在与政府联络沟通中,不走正道,偏爱邪门歪道也有直接关系。

第三节　跨文化沟通

一、文化与沟通

1. 什么是跨文化沟通

跨文化沟通指信息的发出者是一种文化的成员而接受者是另一种文化的成员。在沟通过程中,信息的发出者和接受者,编码和译码都受到文化的影响和制约,而且不同文化的各方的行为方式、价值观、语言、生活背景存在着差异,给沟通造成了困难。其表现为语言沟通障碍;非语言沟通障碍;跨国企业与当地组织和企业间的沟通障碍。

广义地讲,跨文化沟通不仅指在不同文化环境内的沟通,还包括跨地域沟通,跨时代沟通和不同角色间的沟通。本书主要介绍第一种沟通,即不同文化环境下的商务人员之间的沟通。

2. 跨文化沟通的意义

经济全球化的发展使得全球内的任何一家公司或企业集团都有不同文化背景的员工共同工作,或者打破地域限制进行跨国经营,因此商务人员的跨文化交往活动日益频繁,使得经济生活中的跨文化沟通成为必要。对商务人员来说,如果跨文化沟通不当,轻则造成沟通无效,重则造成误解和关系恶化,使企业经营目标无法实现。因此,跨越文化障碍进行商务活动的问题成为国际化经营管理中的重要课题。

文化是人类社会实践中创造的物质财富和精神财富,包括语言文字、社会意识形态、价值观念、道德理想、风俗习惯等方面;一个企业要进入一个区域市场,是为了让当地的消费者购买和消费你的产品和服务。而当地的消费者能否接受你的产品和服务,关键在于这些产品和服务是否符合当地消费者的文化传统、消费心理、购买习惯。美国营销学家科特勒教授曾不无惋惜地指出,在国外莽撞犯大错的就是那些在国内获得巨大成功而又忽视文化因素的企业。通用汽车公司一度颇受欢迎的雪佛莱-罗弗汽车在墨西哥销售时遇到了麻烦。因为罗弗(NOVA)这个词在当地使用的西班牙语中听起来是"不能移动"之意。与此类似的是,百事可乐公司曾经走红一时的"与百事共同生存"的主题广告并未像预期的那样在泰国获得成功,原因是,这句话用泰语翻译出来就有"与百事一起从坟墓中出来"的意思。所以,在国际市场营销中,文化因素的敏感性更大,对文化环境的漠视便成了一些公司失败的决定性原因。

3. 多元文化团队和跨国企业

所谓多元文化团队是指一个团队内部其构成人员的文化背景至少有两种或两种以上。多元文化团队的沟通障碍,主要发生的团队内部不同文化背景的成员之间。随着各外国企业在中国陆续建立子公司,以及中国本土企业的国际化,越来越多的大中型企业公司内出现了多元文化团队的沟通问题。

跨国企业就是在不同国家拥有子公司或其他商业机构的企业集团。跨国企业在作跨国经营时,必须针对与母国文化完全不同的东道国环境,进行不同方式的"跨文化管理"策略。

二、影响跨文化沟通的主要因素

1. 感知

感知是对我们感觉到的事物的解释和再认识,它包括物理的、生理的、神经的、感官的、认知的和感情的成分。感知既受文化影响,又反映文化特点。文化是造成感知差异的一个原因,而选择什么内容感知、如何解释、认识评价等,又都反映着不同文化。

美国的萨姆瓦在其《跨文化传通》一书中,认为存在 5 种主要的社会文化因素对感知的意义起直接而重大的影响,即信仰、价值观、心态系统、世界观和社会组织。

(1) 信仰。一般而言,信仰可以看成是"某种客体或事件与其他客体或事件或某种价值观、概念及其属性相联系"这样一些独特的主观可能性。信仰可以分成三种:一种是经验性的信仰,它很少受文化影响;第二种是信息性的信仰。它是由我们所信赖的某种外部信息源提供的信息而形成的,它深受文化影响;第三种是推理性信仰,神经质形成过程涉及内部逻辑体系的运用。内部逻辑体系从一种文化到另一种文化其差别就更大了。

(2) 价值观。价值观是后天可得的,他们因文化的不同而不同。在跨文化企业中,这种不同是跨文化管理所遇到的最难解决的问题之一,也是造成文化冲突的根源之一。

(3) 心态系统。心态是以一贯的方式对特定的取向物做出反应的一种可得的倾向。心态是建立在可得的信仰和价值观基础上的。心态的强烈程度来源于对自己信仰和评价的正确性的信赖程度。心态是在文化环境中可得的。不管是什么文化环境都影响到我们形成心态和对外界做出反应的状态和最终的行为。

(4) 世界观。世界观是指一种文化对于诸如上帝、人、自然、宇宙以及其他与存在概念有关的哲学问题的取向。世界观对文化产生极其深刻的影响。它以各种微妙而常常并不显然的方式在跨文化沟通中发挥强大的影响。

(5) 组织。与跨文化沟通相联系的社会组织形式有二：其一，地理性文化，由地理界域所限定的国家、部落、种姓和宗教派别之类；其二，角色文化，这种文化中各成员的社会地位是区别分明的，人们在沟通中有特定行为举止的具体规范。

2. 成见

成见涉及我们对不同个人组成的群体的信仰，这些信仰基于先前形成的看法、观念和态度。成见在跨文化沟通的背景中是十分常见的现象。成见作为我们头脑中的图像，常常是僵化的，难以改变的，对于成功地进行跨文化的沟通是无益的。

3. 种族中心主义

种族中心主义是一种以自身的价值标准来解释和判断其他文化背景中的群体、环境及沟通的一种趋向。由于种族中心主义通常是无意可得的，并且总是在有意识地层面反映出来，它使跨文化沟通的过程遭受到破坏。

4. 共感

共感是设身处地地体味别人的苦乐和遭遇，从而产生情感上共鸣的能力。沟通过程中缺乏共感的主要原因是人们经常站在自己的立场而不是他人的立场上去理解、认识和评价事物。缺乏共感是由许多原因造成的，首先，在正常情况下，设身处地地站在他人的立场上想象他人的境地是非常困难的；其次，显示优越感的沟通态度，也阻碍了共感的产生；第三，缺乏先前对于某个群体、阶层或个人的了解也会阻碍共感的发展。如果没有在国外的企业工作过，也就没有机会了解他人文化，我们就很容易误解他人的行为；最后，我们头脑中所具有的与人种和文化相关的成见也是制约达到共感的潜在因素。

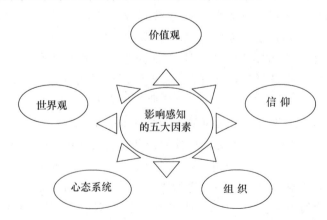

三、跨文化沟通障碍的主要表现及其解决办法

跨文化沟通障碍的主要表现如下:

1. 语言文字差异产生沟通障碍

语言反映一个民族的特征,它不仅包括该民族的历史文化背景,而且蕴藏着该民族对人生的看法、生活方式和思维方式。由于文化的差异,编码者和译码者所拥有的沟通行为及其意义在概念和内容上也有差异。例如,中国人在实际生活和语言习惯中往往自觉不自觉地抹杀男女两性区别。过去一个"他"字,在过去既可指男人也可指女人。现代汉语虽然引进了"她"字,但发音仍与"他"一模一样。又如,农民互称老乡,工人互称师傅,党内互称同志,夫妻互称爱人,教育界互称老师。平时同事之间也是"小王"、"老李"的叫,不知底细绝对听不出男女。总而言之,是男是女似乎不很重要。在习惯了这种中性词的文化氛围后,初到西方世界,就会觉得很不习惯,因为这里几乎所有关于人的称谓都男女有别。比如法国,像"我不是法国人"、"她是个学生"这类简单句子,用法语讲出来稍不小心就会出错。

有个西方人住在广州市一坐大厦内,每天听见一个悲哀的声音,走街串巷地呼喊到:"Mine——,I am sorry——!"这句英语翻译过来也可以解释为:"我的人哪,我是多么伤心难过!"

这位西方人每天被那拖长了音尾的"Mine——"所惊醒,又每天万分感动地聆听着这忧伤难过的懊恼(sorry)声提升八度后戛然而止。终于有一天,这位西方客人忍不住从大楼里走出来,想看看这位失恋的小伙子,到底有一个什么样的爱情悲剧故事。等他顺着声音找过去,才发现原来是一个小贩在吆喝着"卖咸砂栗"(用咸砂翻炒的板栗)。原来,广东话的"卖"字,拖着尾音很像"Mine——(我的人啊)",而那个"咸"字,广东话读"含姆",拉长声音后则与"I am"相近,至于"砂栗",与"sorry"咬字几乎完全相同。这个障碍造成的误会不仅有趣,而且也算是罗曼蒂克透顶了。

在国际市场营销活动中,语言文字的差异对其营销效果的影响是巨大的。如可口可乐(Coca-Cola)打入中国市场时,拟用四个谐音的汉字来称呼这种不含酒精的西方饮料,开始选译的是"蝌蚪嚼蜡"。在中国人眼里,又是动物又是蜡烛,无味加不干净的印象,因此无人问津。后转用"可口可乐"这个汉译名称,美味可口,开心快乐,从此销路大增。

在商务组织中,不同文化背景的团队成员由于所习惯使用的母语不同,因此会造成语言沟通的困难。即使团队成员中可以保持使用一种通用的语言,例如英语,然而对于那些并非以该种语言为母语的团队成员来说,他们在团队交流中表情达意常常不能到位,很可能造成与其他团队成员沟通的误会。

2. 体态语言差异产生沟通障碍

在体态语言沟通方式中,不同文化背景的人们对声音的质量(音量、速率和音高)、面部表情、手势、身体的动作以及时空的态度等理解不同,由此产生沟通障碍。反之,如果理解其中的差异,则有助于我们更有效地进行跨文化交流。例如,各国欢迎客人的表达方式是不同的。印度人常常双手合拢放在胸前,如同祈祷。但在泰国,这一姿势却表示谢谢。而在西班牙、意大利,第一次与异性见面,互相亲吻两侧面颊以示候是常有的事,并没有特殊含义。英国人只在家庭成员或亲密朋友之间互相亲吻。日本人打招呼时,对长者、同事甚至朋友却习惯于鞠躬行礼。在英国,人们只在第一次见面,或是久别重逢时才握手。而在欧洲南部的国家,人们即使天天见面,也会不厌其烦地握手示意。

在与外商的谈判中,如果看到说英语的一些国家的人拉拉耳垂,他们暗示着"这是我们之间的秘密"。同一举止,西班牙、意大利、希腊人却认为是侮辱、蔑视对方。

谈成一项条款,兴奋之余我们也许会伸出右手,把拇指与食指做圈状,表示"很好,同意"。日本人对此则理解为"钱",因它看起来像个铜板。可法国人却会认为谈了半天等于"零"。荷兰和哥伦比亚的商人也许会误认为,你感到他讨厌可憎。在突尼斯,这个手势是向对方发出警告:小心点,否则我杀了你。

如果想称赞你的荷兰客户聪明、机智,你可伸出食指,指向头的一侧,但千万不要对以英语为母语的人这样表示,他会以为,你在指责他脑子出了问题,有些疯狂,或是骂他笨蛋。

轻轻拍拍鼻子,在说英语的各个国家有着各异的解释。如:这是秘密;别那么好奇,关注你自己的事;这事看来有些可疑。与外商的交往中,我们应注意举止,不要使自己的下意识动作令人误会。

酒席间,主人不断敬酒、敬菜。客人酒足饭饱后便婉言谢绝。说英语国家的客人常常边说:"谢谢",边摇头,或是轻轻摆摆手。印度尼西亚人则伸出手,掌心朝外。阿拉伯人微微低下头,把右手放到胸前。

谈天说地之间,往往互相祝福交上好运。用食指与中指交叉在一起,就表达了这一愿望。但这仅限于说英国英语的国家。对另外一些国家,这一手势则表明,另外两个人被人谈论着有着非常亲密的关系。

有的业务员与外商谈论价格时,为把数字搞精确,喜欢打手势,比如表示"8",就把大拇指与食指伸出,向外张开,这反倒使外商摸不着头脑,因为在他们看来,这并不表示任何意思。要知道,外国人数数是数几伸出几个指头。比如表示"8",就直直地伸出八个手指来。

"V"字形手势人人皆知。做这一手势时,千万要手背对着自己。因为在英国,"V"字形手势手背面向对方,意味着粗暴、放肆。

尼克松第一次访问巴西,走出机舱的时候,频频使用着他最习惯、最喜欢的也是他的标志性手势:高举双手做 ok 状。这一手势在美国文化里是代表胜利和友好,然而,在巴西就不然了。在巴西文化这是最下流的手势,等于美国文化里竖起中指的手势(下流意义的手势)。于是第二天,巴西所有的媒体都刊登了这么一幕:尼克松在

> 巴西面对全巴西人民和世界媒体,高举他那双手,打着 ok 手势,还不断前后摇摆,就像他赢得竞选胜利一般。尼克松这一错误所造成的影响,不言而喻。

3. 思维及生活方式差异产生沟通障碍

由于东西方文化背景和生活习惯的差异,不同文化背景的人受其母体文化的影响,具有不同的思想、思维方式和世界观。人们在交往过程中往往存在着沟通的障碍,而人们又通常忽视这种差异的存在,直到真的出现了问题,他们才幡然醒悟,可惜悔之晚矣。新浪网曾有一则报道,说是一美籍华人男子因拍美国男同事的肩膀而惹上"性骚扰"官司,从而身陷困境。由此可见,思维方式和生活习惯的差异造成的误会一类的例子在多元文化的团队中是经常出现的。

> 日本人 Masako Seto 与美国人 Bob Jones 从未见过面,对对方国家的文化背景了解甚少。
> 这次两人都是第一次到新加坡参加商务会议。两人约好开会前在大厅先会晤交谈。双方都别着胸牌。9时,他们准时到达。Seto 很快注意到 Jones 比自己年长,而且身穿高质量西装,他准备以日本最礼貌的方式问候 Jones。Seto 在离 Jones 两步之遥时,突然停住,双手扶膝,在 Jones 的正前方鞠躬90度。与此同时,美国人却准备握手,伸出的手一下刺着了他的眼睛。对此,Jones 深感不安,不停地道歉,忙上前扶住了 Seto 的肩膀。这在日本是从未有过的。为了不丢面子,挽回第一次失误,Seto 摆脱了 Jones 的手,又一次站在 Jones 的正前方,更加深深鞠了一躬。见状,Jones 还以为 Seto 因刚才的疼痛要跌倒,这次急忙抓住了 Seto 的双肩,并扶他坐在邻近的椅子上,然后自己也坐下,并又一次伸出了手。这次 Seto 干脆拒绝与 Jones 握手。他感到自己在公众场合丢了脸,受到了侮辱,因为竟有人抓住他的双肩。Jones 也很沮丧,一是他的手碰到了 Seto 的眼睛,二是这位日本人不接受他表示友好的握手。双方的第一次会晤对以后的业务开展产生了极为不利的影响。

4. 信仰及风俗习惯差异产生沟通障碍

多数国家历史上信仰某种宗教,宗教信仰构成了其文化的重要组成部分。由于传统上的支配地位,宗教信仰对一国的国民性的塑造起了重要作用,国民性表现为一个稳定的价值观体系。基督教倡导节俭和勤奋工作,易导致追求效率的氛围,并易产生实用主义人生哲学。佛教强调精神修养,贬低物欲,易导致对技术的忽视和对和谐的人际关系的追求。这些价值观的形成并渗透到人们的日常生活当中,对消费需求的内容结构以及消费模式产生了或明或暗的影响,这种影响是持久的强烈的。一些风俗习惯源自宗教活动。风俗习惯可以转化为特殊的商业规范。宗教都有其特有禁忌,伊斯兰教最多。印度教崇拜牛,忌食牛肉,伊斯兰教忌讳妇女抛头露面,不允许其出现在商业图像中。基督教认为"13"为不吉之数。

在多元文化团队建设中要注意不同文化背景的团队成员的宗教信仰和生活方式的差异。所以在多元文化团队中一旦由于团队成员彼此的不了解,造成对他人宗教信仰的侵犯,可能会引起冲突,严重影响团队的团结,甚至延误团队工作的顺利进行。

中国一家公司将一批皮鞋出口到埃及,为使皮鞋更加迎合当地的风俗人情,这家公司在鞋底制作了几个阿拉伯文。非常令人遗憾,由于设计者不懂阿拉伯语,而是随手从一本资料上抄了过来,这些字竟是"真主"。因此惹出的麻烦令中国驻埃及大使馆颇费周折。

---

5. 民族心理差异产生沟通障碍

不同的民族在不同的社会背景下繁衍生息,形成了不同的价值判断和道德规范。这些也在不同程度上影响到跨地域的市场营销。一家瑞典公司的英文产品目录因把朝鲜称为北韩,而不是朝鲜民主主义人民共和国,从而不得不修改其目录。1997年前,有一家西方公司的推销小册子声称它在100个国家里派有代表,接着把香港列在其中。问题何在?中华人民共和国理所当然地认为香港是一个地区,而不是一个国家。不了解民族的差异,好心也能办坏事。

1963年道氏啤酒厂曾在加拿大魁北克省推销一种名为"克北克"新啤酒,推销中使用了加拿大国旗,以激发当地人的民族自豪感,但是事与愿违。当地一些主要社区反对这种亵渎"神圣"标志的行为,十五天后推销活动被迫停止。同样,当麦当劳1998年在盘托上使用墨西哥国旗图案时,遭到了地方当局的强烈反对,墨西哥人根本不喜欢让番茄酱在它的民族标志上滴的到处都是,因此,盘托被没收。虽然这次冒犯是无意的,但麦当劳还是进行了赔礼道歉。

许多商品消费中体现着民族精神文化。各个国家、民族在长期发展过程中形成了热爱祖国、热爱民族的情感,这种情感会通过种种形式表现出来,体现出民族精神。在商品消费中民族精神的作用不可小视。新中国成立前,著名的东亚毛纺织公司,生产的毛绒以两羊顶角图案为标志并命名为"抵羊"牌,"抵羊"暗含抵制洋货的含义,恰好符合当时举国上下抵制洋货的群众心理,这种体现"国人资本,国人制造"的毛绒一经问世便备受欢迎。

6. 审美心理差异产生沟通障碍

审美心理指一定人群的审美标准和审美能力,它潜移默化地来源于造型、表演以及文学等艺术形式,对营销活动影响显著。美国人在选择服装时注重张扬个性,追求标新立异;中国人则不同,追求典雅含蓄、合群合体。一些事物在一定文化背景中有着独特的象征意义,而且,在不同国家或地区,其象征意义可能会完全不同。中国人喜爱荷花,因为它出污泥而不染,象征高洁,但不喜欢乌龟,因为其形象粗陋。日本人则不同,他们常把荷花与死亡联系在一起,象征不幸,却认为乌龟善于忍耐且象征顽强和长寿。这种在历史上形成并积淀在当代人头脑中的美学追求还很多,如意大利人忌讳送菊花给别人。亚洲人往往把灰色与廉价联系起来,这恰恰与美国人相反,后者认为灰色贵重而且有高品质。亚洲人认为紫色为富贵色,美国人却认为紫色有廉价感。不过,蓝色、红色、黄色与黑色不约而同地分别与高品质、爱、幸福及力量联系在一起。一般绿色被认为象征着纯洁与值得信赖,而法国人不喜欢绿色,美国人喜爱牛仔形象等。中华民族有崇尚黄色的传统。如黄钟、黄花、黄发、黄海(中央之海),甚至黄泉,因为加一个"黄"字,便都成了美称。在国际营销中,企业必须谨慎地评估这些审美心理可能产生的影响,针对不同的美学追求对商品的造型、包装以及广告艺术形式作出适应性调整。

解决跨文化沟通的办法如下:

1. 加深了解,加强培训

对于多元文化团队,应该让团队各成员相互了解对方的文化背景、宗教信仰、生活习惯等,同时作为团队的领导者也要及时发现团队成员在跨文化交流所遇到的困难,因人而异的施以疗救之法。不要等到问题越来越大之时,才想起要拿起"灭火器"去"灭火",结果是东边刚扑灭,西边又起火,团队工作由此陷入停滞。

另外,公司还应该聘请有经验且文化背景丰富的专业培训师做跨文化沟通的内训,以便较好地调整多元文化团队的内部关系。

2. 进行跨文化整合

所谓跨文化整合,就是在两个文化背景完全不同的企业之间找到"公约数",实施统一的人事安排、薪酬设计、行为规范、企业理念及文化建设。如联想对IBM的文化整合,TCL对汤姆逊的文化整合,都属于典型的跨文化整合。而且这些文化的跨度还非常大。联想和TCL是东方文化的代表,IBM和汤姆逊是西方文化的代表。东西方文化融合本身就存在着很深的鸿沟。

有些管理者片面地以为,把不同文化背景的人放在一起,他们就会自然而然地相互学习,队员就会变得更加多元化,各自文化中的东西也会越来越少。其实这是一个很大的误区。多项研究表明,跨文化团队里,在有压力的情况下,队员会更趋于本国化,如中国人会变成更加中国化,美国人更加美国化。管理不好,团队的绩效会变得很糟。

企业整合和输血是一个道理,不能说把两套班子合在一起办公就完事了,企业要想健康运行,必须实施内部改造和调整,建立基于一个共识的行为规范。

一般来说,同一文化背景下的企业整合要容易一些,因为不存在价值观巨大差异化问题。跨文化整合则不然,它往往要触动民族文化层面的东西,而民族文化是一个国家、一个民族文化的基础,是价值观形成的根基,也是最难改变的。

在中国,老板让员工加班是经常的事情,员工往往并不觉得有什么。但是,西方企业员工不这么认为,他们认为那是他们休息的时间,休息的时间是不可以用来工作的,这和加班费高低没有关系。对此,TCL集团总裁李东生多有感慨:中方管理人员如果工作没做好他会觉得很惭愧,但是外方员工如果工作没做好他会很坦然,并找到各种理由给自己开脱责任。为什么会出现这种情况呢?原因很简单:价值观不同。你不能说外方员工做得不对,你更不可以粗暴地以中方员工的方式要求外方员工。(选自人民网 2005 年 12 月 1 日《跨文化整合到底整合什么?》)

具体可以从以下几个方面进行整合:

(1) 解决语言沟通关。外语水平,对于高科技企业也许这不是一个难题,但是,对于大多数非高科技企业来说,却是一个相当关键的问题。因此,在多元文化团队里,提高员工的外语水平是必修课(包括中方员工的外语水平和外方员工的汉语水平)。

(2) 薪酬设计要适当兼顾中外员工利益。目前,中国大多数企业采取的是两个标准的做法,就是两套薪酬体系并行,国内员工较低,国外员工较高。这也是目前的中国国情决定的。

(3) 尽可能尊重外方员工价值观。外国员工没有加班的习惯,他们不习惯拿奖金,企业就要充分考虑到这些差异性,不要把我们的习惯做法强加给他们。

(4) 领导方法要与国际接轨。中方领导往往是从国内市场打拼出来的英雄,领导国内员工没有问题,但是,当下属有一些是外方员工的时候,领导就要考虑改变自己了。因此,以国际化的管理方式管理国际化的企业,是中方领导必须具备的能力。

3. 注重团队建设,磨合一支高效的多元文化团队

具体做法是:

(1) 执行任务前,让团队成员共同参与准备工作;

(2) 在项目实施前,在团队内部建立彼此间的信任关系;

(3) 设立共同的目标和远景,激发所有成员为实现目标而奋斗;

(4) 激发每个队员对任务的参与感及对结果的责任感;

(5) 让每个成员都清晰地了解项目的组织结构和个人的角色。

四、跨国经营企业的跨文化沟通策略

1. 主动熟悉异域文化

(1) 跨国企业的商务人员可以参加一些相关的培训。在欧美,有各种各样的、时间长短不一的跨文化培训。通过培训,有助于熟悉东道国商业和国家文化的背景信息以及有关公司的经营情况,学习有关东道国文化的一般知识和具体知识,尽快能与东道国国家文化、商业文化和社会制度融合。

(2) 聘请文化顾问进行指导和训练。通过训练,熟悉对当地的文化,学习如何跨越不熟悉的文化领域,缩短适应时间。有许多大的跨国企业运用"文化翻译",帮助新的外派经理和家人解决刚到不同文化中所遇到的问题。文化翻译有助于外派经理顺利过渡到东道国社会,并解释出现的误解,更快地协助外派经理融入东道国的文化与生活。

（3）自我训练。公司商务人员到不熟悉的环境之前应做好各方面的准备，了解新地方的风土人情、文化、政治、经济等知识，加强外语学习，与那些在目标国家生活过的人交谈、学习，在思想上和心理上做好应对新环境的准备，并以开放的心态接受新的文化和结交那里的人们。

2. 本土化

本土化策略是20世纪90年代跨国公司在"无国籍化"经营战略基础上的发展。80年代，伴随着地区经济一体化浪潮，来自不同国家或地区的跨国公司，在它们的海外投资过程中，如果带有更多来自母国的政治、经济与文化色彩，很容易受到东道国的排斥、疑忌和限制。当跨国公司在发展中国家投资时，这种现象表现得尤为突出。因此，通常跨国企业在海外进行投资时，就雇用相当一部分的当地职员。这是因为一方面，各国政府为了保护当地劳工，增加就业机会，许多国家都在法规上规定了跨国企业必须在当地雇用相当数量的当地雇员。另外最主要的一方面是，由于当地雇员熟悉当地的风俗习惯、市场动态以及政府方面的各项法规。雇用当地雇员无疑方便了跨国企业在当地拓展市场、站稳脚跟。挑选和培训当地管理人员，依靠当地管理人员经营国外子公司，是许多跨国公司人事管理的基本指导思想。"本土化"有利于跨国公司降低海外派遣人员和跨国经营的高昂费用、与当地社会文化融合、减少当地社会对外来资本的危机情绪，有利于东道国经济安全、增加就业机会、管理变革、加速与国际接轨。"本土化"衔接了当事双方的利益，也就成为跨国公司解决异国环境障碍的核心。

3. 文化移植或渗透

文化移植就是跨国公司在世界各地的子公司的重要职位的管理人员都由母国人员担任。由于子公司经理与母国公司不存在文化差异，便于子公司与母公司之间在经营活动中信息的沟通。母国企业通过向开发国或东道国派出高级主管和管理人员，把母国的文化习惯全盘移植到开发国或东道国的子公司中，让子公司里的当地员工逐渐适应并接受这种外来文化，并按这种文化背景下的工作模式来运行公司的日常业务。这种模式适合于无差异策略推广单一产品的特大型跨国公司，即人力资源管理政策统一由母公司制定，在世界范围内的子公司只是严格地执行这些已经标准化的管理政策。运用这种模式的跨国公司其经济实力必须是强劲的,其民族文化属于强势文化,其企业文化已被世界各国广泛认识并且能够被其他民族所接受。典型例子如美国麦当劳公司。

文化渗透就是跨国公司派往东道国工作的管理人员,基于其母国文化和东道国文化的巨大不同,并不试图象文化移植那样在短时间内迫使当地员工服从母国的人力资源管理模式,而是凭借母国的强大的经济实力所形成的强势文化,对子公司的当地员工进行逐步的文化渗透,使母国文化在不知不觉中深入人心,东道国员工逐渐适应这种母国文化并慢慢地成为该文化的执行者和维持者。

4. 文化嫁植

这种方法即以母国的文化作为子公司主体文化的基础,把开发国或东道国的文化嫁植到母国的文化之上。也就是说,人力资源政策以母公司制定的大政策框架为基础,海外子公司根据当地情况,制订具体的政策和措施。在人员配置上就是:母公司的高级管理人员由母国人担任,而子公司的高级管理人员大部分由母国人担任,少部分由当地人担任。人员选用原则:(1) 尽量选用拥有当地国籍的母国人;(2) 选用具有母国国籍的外国人;(3) 选用到母国留学、工作的当地外国人;(4) 选用到当地留学、工作的母国人;等。

文化嫁植的优势为兼顾全球统一战略和东道国文化背景之不同而采取的灵活策略。劣势在于两种文化的嫁接是否成功就如两种植物的嫁接是否成功那样有很多方面的具体要求。

5. 文化相容策略

按两种文化相容的程度又可以细分为以下两个不同层次:

(1) 文化的平行相容策略。这是文化相容的最高形式,在习惯上我们称之为"文化互补"。就是在跨国公司的子公司中并不以母国的文化或是开发国的文化作为子公司的主体文化。母国文化和东道国文化之间虽然存在着巨大的文化差异,但却并不互相排斥,反而互

为补充,同时运行于公司的操作中,充分发挥跨文化优势。如在 2000 年时,中国政府评选该年度中国经营最成功的食品公司时,获得第一名的不是任何的一家中国籍企业,而是来自美国的肯德基公司。虽然中美之间在政治制度、文化传统、信仰习俗等方面的文化差距很大,然而跨文化优势在于巨大的文化差异使得两种不同的文化之间存在着极强的互补性。一种文化的存在可以充分地弥补另外一种文化的许多不足及其比较单调的单一性。美国肯德基公司在中国经营的巨大成功可谓是运用跨文化优势,实现跨文化管理成功的典范。

(2) 隐去两者的主体文化,和平相容策略。就是虽然跨国公司中的母国文化和东道国文化之间存在着巨大的"文化差异",而两者文化的巨大不同也很容易在子公司的日常运作中产生"文化摩擦",但是管理者在经营活动中却刻意模糊这种"文化差异",隐去两者文化中最容易导致冲突的主体文化,保存两者文化中比较平淡和微不足道的部分。由于失去了主体文化那种对不同国籍的人所具有的强烈影响力,使得不同文化背景的人可以在同一公司中和平相处,即使发生意见分歧,也很容易通过双方的努力得到妥协和协调。

6. 文化规避

这是当母国的文化与东道国的文化之间存在着巨大的不同,母国的文化虽然在整个子公司的运作中占了主体,可又无法忽视或冷落东道国文化存在的时候,由母公司派到子公司的管理人员,就必须特别注意在双方文化的重大不同之处进行规避,不要在这些不同之处造成彼此文化的冲突。特别在宗教势力强大的国家更要特别注意尊重当地人的信仰,即使不小心冒犯了东道国人民的信仰也会造成严重的后果。

7. 借助第三方文化

跨国公司在其他的国家和地区做跨国经营时,由于母国文化和东道国文化之间存在着巨大不同,而跨国公司又无法在短时间内完全适应由这种巨大的"文化差异"而形成的完全不同于母国的东道国的经营环境。这时跨国公司所采用的人事管理策略通常是借助比较中性的,与母国的文化已达成一定程度共识的第三方文化对设在东道国的子公司进行控制管理。用这种策略可以避免母国文化与东道国文化发生直接的冲突。如欧洲的跨国公司想要在加拿大等美洲地区设立子公司,就可以先把子公司的海外总部设在思想和管理比较国际化的美国,然后通过在美国的总部对在美洲的所有子公司实行统一的管理。如美国的跨国公司想在南美洲设立子公司,就可以先把子公司的海外总部设在与国际思想和经济模式较为接近的巴西,然后通过巴西的子公司总部对南美洲其他的子公司实行统一的管理。这种借助第三国文化对母国管理人员所不了解的东道国子公司进行管理可以避免资金和时间的无谓浪费,使子公司在东道国的经营活动可以迅速有效地取得成果。

总　　结

处在多变的外部环境下的商务组织,必须加强与外部组织的沟通,为组织营造良好的经营管理环境。本章主要介绍了商务组织如何与媒体、政府进行沟通以及在不同文化环境下的沟通策略。

新闻媒体是所有企业和其他组织都必须面对的,它是组织外部环境的重要因素。商务组织的管理人员必须了解各类媒体及其不同特点,除了善于应对各类媒体以外,更要建立良好的媒体关系管理机制,变被动为主动、完善媒体联系制度,为组织营造良好的舆论环境。

很多时候,商务组织活动必须与政府沟通协调,在中国尤其是如此。商务组织的管理者必须了解我国现阶段的政企关系的表现形态,运用正确的策略与政府进行有效沟通,而不是陷于误区。

经济全球化的发展,使商务人员的跨文化交往活动日益频繁,也使得经济生活中的跨文化沟通成为必要。无论是跨文化团队,还是跨国经营组织,商务人员都必须了解跨文化沟通障碍的主要的表现并予以克服,在多元文化共存的环境里,以良好的沟通进行合作。

复习与思考

1. 大众传播媒介包括哪些？
2. 加强与大众传播媒介的沟通的意义何在？
3. 我国商务组织与媒体沟通存在哪些错误认识？
4. 与媒体沟通应该采取一些什么策略？
5. 现阶段我国的政企关系是怎样的？
6. 企业与政府应该如何沟通？
7. 目前,中国企业与政府沟通存在哪些误区？
8. 什么是跨文化沟通？它有什么意义？
9. 跨文化沟通的障碍有哪些？
10. 多元文化团队内部应该如何加强沟通？
11. 跨国经营企业的跨文化沟通的主要策略有哪些？

 实训练习

从全班同学中,选出几名"企业新闻发言人",其他同学充当记者,举办一场模拟新闻发布会。

 案例分析

本土化与国际化平衡之道

2004年联想收购IBM全球个人电脑,华为获得欧洲WCDMA大单,加上此前TCL收购汤姆逊,好像告诉全世界,中国企业已经拥有一批国际化的商业领袖,柳传志、任正菲、李东生以及张瑞敏……在人们一片赞美声中,我们仿佛忘记不久前我们曾经对中国企业国际化中企业家能力的一系列疑问。其实本土化与国际化依然是中国许多企业家未来的重要挑战,这包括了出师告捷的联想柳传志与华为任正菲。

在联想收购IBM个人电脑的兴奋中,我们仍然要理性看到联想国际化道路上的风险,现在摆在柳传志面前的就是如何让美国人接受联想品牌,如何让IBM员工与联想员工可以分享联想"家"的亲情文化,如何将联想国际化战略执行下去,这正如他本人所说的一样:"风险在于就是未来的市场承认不承认我们,人家买IBM的东西,将来是要买你们公司的东西,人家承认吗,员工呢,那些员工本来是为IBM工作感到自豪的,现在到了这个公司他们还愿意效劳吗？第三就是业务上能对接吗,能磨合吗,文化能磨合吗？深层次和浅层次的风险都存在。"

众多中国商业领袖与柳传志所面临的问题是一样,在本土企业家积极国际化路途上,战略的国际化让他们面临巨大的挑战,他们很快就会发现原来他们对中国商业环境的熟悉并不能在国际化给予太多的帮忙,相反思维的惯性可能导致他们决策的局限性,毕竟中国商业环境和美国、欧洲的相关太大,从杨元庆改任联想集团董事局主席,再到史蒂芬·沃德出任联想集团新CEO这点可以看出柳传志的担心。

这实际就是:"中国企业是用管理兔子的方法好,还是用管理骆驼的方法合适"的问题。在我们看来,其实这两种方式各有利弊,单一分析那一种好坏是没有意义的。

用管理兔子的方法求生存,用管理骆驼的方法求发展!这就是中国企业鱼与熊掌兼得的平衡之道。

对多数中国企业来说,目前可能摆在他们面前的现实问题是怎么生存的问题,而不是如何与跨国企业竞争的问题,所以一味强调跨国企业与中国企业之间的差距是没有什么实际意义的,那只能是少数中国真正称得上大型企业的事情。

因此兔子的灵活与生存的哲理更具有普遍性。

但任何事物都不是绝对的。如果骆驼要跑起来,相信兔子也未必是赢家!

所以一味强调灵活,为生存而生存的策略毕竟是短期之计。为了今天能生存而放弃明天的机会,相信未必是中国企业家真正所需要的。但没有今天的生存就肯定不会有明天的机会,这是现实的存在。

而骆驼也不是傻子,它知道始终有一天它的干粮储备也会用光。所以如何适合环境采取灵活的措施也是它必然要考虑的因素之一。

骆驼学习兔子的例子很多,如跨国家电巨头伊莱克斯就提出"把洋品牌做土"、"向海尔学习"的口号,本土化已经成为跨国公司重点强调的一项投资策略,也是中国这个未来全球最大市场的召唤。

兔子不能永远只是求生存,而骆驼也不会长期靠储备。

因此今天的兔子是今天中国企业的需要,而骆驼才是中国企业长期发展的榜样。

这个道理大多数中国企业家都懂得其中的奥秘。

联想在1987年中关村5000多家企业都在倒卖光碟的时候,他们也是什么好卖就卖什么,不然他们生存不下去。但是后来国家抓倒卖光碟之后,许多企业就跨了,而联想却能生存到现在,并成为中国著名的企业。这就要归功于当初他们在企业求生存的时候,并没有为求生存而生存,而是提前做战略的规划,提出了联想的战略思想。

第一,联想要办成一个长期的公司。第二,联想的规模要大得能够跟世界500强相比。第三,联想不在发展领域中发展,要在高新技术领域中开拓。

同时还提出了联想的中远期目标是2000年要做到30亿美元。

这就是成功企业的特点,这才有了现在联想收购IBM全球个人电脑的壮举。

不在生存中求生存,而在生存中求发展!

生存下来要靠兔子的灵活,发展就要以骆驼为榜样。

这就是中国企业未来在本土化与国际化挑战中的应然之义。(2005年12月5日《新浪财经》报道)

相关链接：

目前已经发生的几起跨国并购，比如 TCL 对汤姆逊彩电业务的并购、对阿尔卡特手机业务的并购，联想对 IBM PC 业务的并购，基本上都属于弱势企业（中方）对强势企业（外方）的并购。无论 TCL 还是联想，在全球的影响力和他们并购的企业相比，都要弱得多。我们知道，强势文化对弱势文化具有侵略性，反过来就是弱势文化对强势文化具有依归性。这可以用来解释，要联想人接受 IBM 的文化容易，让 IBM 的人接受联想的文化难。让 TCL 人接受汤姆逊的文化容易，让汤姆逊人接受 TCL 的文化难。事实也证明了这一点，TCL 与汤姆逊彩电业务合并之后，原汤姆逊彩电业务负责人不愿意在 TTE（TCL 汤姆逊电子公司）任职。

虽然从道理上讲，两个企业的文化融合，不是一个企业的文化吃掉另一个企业的文化，但是，在实际操作中，还是有主有次的。一般来说，兼并方的文化将扮演新公司文化的主角，而被兼并方的文化则扮演新公司文化的配角。这实际上等于说，无论 TCL 还是联想，在合资公司里，都将以中方文化为主体框架。这样一来，问题就出来了：作为强势文化一方的外方，会心甘情愿地接受自己的价值观被弱势文化方价值取代的安排吗？一定是很难的。所以，中外企业并购发生之后，往往会发生一次外方人员流失潮，原因就在于他们难以接受将被弱势文化同化的现实。（2005 年 12 月 1 日《人民网》作者：刘步尘）

分析与讨论：

2005 年，属于相对弱势的企业联想公司，并购了强势企业 IBM 的全球 PC 业务。

（1）并购后的数年内，公司内部会不会发生因文化背景不同而发生管理方面的冲突？

（2）讨论中国企业在开拓国际市场中应该怎样进行跨文化沟通？

第十一章

客户沟通

第一节 客户分类

一、客户分类

客户分类是基于客户的属性特征所进行的有效性识别与差异化区分。客户分类以客户属性为基础的应用。客户分类通常依据客户的社会属性、行为属性和价值属性。

1. 顾客分类
(1) 按是否直接与客户接触,发生直接的关系可以分为直接客户与间接客户。
(2) 按客户自身的实力来划分可以分为大型客户、中型客户、小型客户。
(3) 根据客户的心理特点可分为以下几种。
① 理智型客户

这类客户办事情比较理智,有原则,有规律,这类客户不会因为关系的好与坏而选择信息商或供货商,更不会因为个人的感情选择合作对象,这类客户大部分工作比较细心,比较负责任,他们在选择合作对象之前都会做适当的心理考核比较,得出理智的选择。

② 任务型客户

这类客户一般在公司的职务不会是股东级的,他们只是在接受上级给予的任务,而且这个任务也不是自己的工作职责范围之内的,所以这样的客户一般对任务只是抱有完成到比上不足比下有余的效果就可以了,不会有太多的要求,也不会有太多的奢望。

③ 贪婪性客户

这类客户一般在自身公司的关系比较复杂,做事的目的性比较强,对价格压得比较厉害,对质量和服务也要求比较高,但这类型的客户很容易稳定,只要和对方的关系发展到一定程度就很容易把握住对方需求。这类客户时常也会主动要求和接受贿赂。

④ 主人翁型客户

这类客户大部分是企业的老板,或者非常正直的员工,这样的客户只在乎追求价格、质量、服务的最佳结合体,尤其价格最为关注,所以对于这样的客户首先要在价格上给予适当的满足,再根据质量回升价格的战略。要让对方感觉你做的东西就是价格最便宜的,质量最好的。对于这样的客户可以适当地玩些隐蔽性的花样。

⑤ 抢功型客户

这类客户一般不会是公司的大领导,也不会有很大的权利,但是这样的客户有潜力,地位一般是处于上升趋势。这样的客户眼光重点定位在质量上。在价格只要适当就可以了。这样的客户有的时候会出现自己掏钱为公司办事情的情况。在公司为了表现经常自己吃哑巴亏。

⑥ 吝啬型客户

这样的客户一般比较小气,想赚这样客户的钱不容易,这样的客户不会因为稳定、因为信任、因为关系而选择一个固定的供应商。他们会首先比较价格,而且比较的结果是让你没有利润,然后再要求质量。这样的客户经常会隐瞒事实,夸大自己,很多时候还会选择货比货,搞一些根本就不需要招投标的招投标形式,以此来压价满足自己的虚伪的吝啬心理。

⑦ 刁蛮型客户

这样的客户在第一次交往中会表现得很好,显示自己是很好很有信誉很有实力的公司。有时甚至会出现你开 800 他给你 1000 价格的情况,这样的客户在和我们交谈的过程中基本上是不会准备好资料的,希望所有的资料由我们来为之准备,也不会在价格上和我们斤斤计较,在质量上也不会告诉你苛刻要求。他们会想方设法设置自己的陷阱,找借口说时间非常着急,其实真正等你做完了,他一点也不着急了,往往是想通过一些毋须有的问题干扰你的视线,尽量使制造操作出现些问题,到时候好抓把柄找麻烦。

⑧ 关系型客户

这样的客户是在先有朋友关系后成业务交往,这样的客户操作如果不把握好一个介于朋友和客户之间的度,就很容易导致业务没有做好,朋友关系搞砸了,客户关系也丢失了。尤其在服务行业,朋友介绍朋友,朋友需要帮忙等等的业务时常会出现。

⑨ 综合型客户

这样的客户在交往中没有一定性格模式,特定的环境下会演变成特定类型的客户,这样的客户一般非常老道,社会经验非常丰富,关系网也比较复杂,他的生活轨迹也不容易把握,思想活动很难认清。

(4) 按照客户发展期间根据客户跟公司业务的接近程度,可以将顾客分为潜在客户、试用客户、意向客户、准客户、正式客户等几种类型。

① 潜在客户。潜在客户范围很广,不了解我们、或者是曾经接触过,但是后来没有再度接触的客户,或者是听说过也或者了解我们,但是并没有跟我们接触的客户,都称为潜在客户。潜在的意思就是等待发掘的意思。

② 试用客户。这类客户抱着试试看的思想,初次使用产品或享受服务。

③ 简单意向客户。这类客户实际上就是在试用客户的基础上向再度合作的方向迈进了一步。双方谈到了合作以及服务的产品、权限、价格,并且对方清楚地肯定了这些需求和价格。能够有合同的当然是更加肯定对方会成为我们的意向客户。

④ 准客户。准客户的条件是服务价格和服务内容都已谈妥,合同已经传真或者已经回传合同,对方也已经开始打款的客户。

⑤ 正式客户。即合作成功,付费并认可我们服务的客户。

二、客户关系分类

1. 客户关系的类型

科特勒区分了企业与客户之间的五种不同程度的关系水平,如下。

类型	特征描述
基本型	产品销售出去与顾客关系结束
被动型	销售人员将产品销售出去并鼓励顾客在遇到问题或意见的时候和公司联系
负责型	销售人员在产品售出以后还联系客户,询问产品是否符合顾客要求;销售人员同时要询问有关产品改进的各种建议,以及任何特殊的缺陷和不足,以帮助公司不断地改进产品使之更加符合客户需求
能动型	销售人员不断联系客户,提供有关改进产品用途的建议以及新产品的信息
伙伴型	公司不断地和客户共同努力,帮助客户解决问题,支持客户成功,实现共同的发展

2. 客户关系类型选择

科特勒曾经根据企业的客户数量以及企业产品的边际利润水平提供了一个表格,将顾客分为五大类型:基本型、被动型、负责型、能动型、伙伴型。从而帮助企业选择合适的客户关系类型,如下图所示:

如果企业在面对少量的客户时,提供的产品或者服务边际利润水平相当高,那么它应当采取"伙伴型"的客户关系,力争实现客户成功地同时,自己也获得丰富的回报;但如果产品或服务的边际利润水平很低,客户数量极其庞大,那么企业会倾向于采用"基本型"的客户关系,否则可能因为售后的服务成本较高而出现亏损;其余的类型则可由企业自行选择或组合。因此,一般来说,企业对客户关系进行管理或改进的趋势,应当是朝着为每一个客户提供满意服务并提高边际利润水平的方向。

第二节 客户服务与沟通

21世纪的市场结构,是客户导向的市场,任何商务组织要长期与客户建立商业联系,不在于其商品本身或销售能力,而是在于能否满足客户的需求,甚至在于提供的服务能否超出客户的期望,让客户有惊喜的感觉。

所谓的客户服务,其实说起来也就是"给客户帮忙"。应该承认,几乎所有的商务组织都树立了"以客户满意为中心"的客户服务理念,但具体做起来却是五花八门,效果不一。究其原因,仍是服务中与客户如何沟通的问题。

一、客户服务

客户服务是一种无形产品,其服务质量难以具体评估。一般来说,优质的客户服务可以从以下方面来衡量。

(1) 用不同的方法与不同的客户沟通。不同的客户对于服务有着不同的看法,而优质的服务又要求商务组织用不同的方法满足不同客户的需求。

中国移动公司曾推出过这样的几条广告:① 在中国移动营业厅中,进来一位很时尚的年轻人(衣着、举止都很怪异),然后营业厅里的服务代表就跟着这个年轻人一

> 起唱和跳;② 在中国移动的营业厅中,进来一个人,一张嘴就是唱越剧,唱着越剧来提要求,然后服务代表也马上回应,用唱越剧的艺术形式来服务;③ 一位客户打着快板走进来,说话的形式也是快板的形式,服务代表一开始有点儿傻眼了,然后马上也掏出一个快板来,也用说快板的艺术形式和客户进行交流。这三条广告的理念就叫做"用你的方式与你沟通"。

上例中,中国移动公司用不同的方式和不同的客户进行沟通,充分地提供了个性化的服务,尽量去满足客户的要求。作为一名客户服务人员,所要做的就是竭尽全力地满足不同客户的需求。

(2) 永远通过客户的眼光看待服务。客服人员永远要站在客户的角度,自觉地通过客户的眼光来看待自己的服务。很多服务不能令客户满意的原因就是客服人员只是用自己的眼光看待服务,去选择自认为合适的服务方式和内容,而不是自觉地站在客户的角度,通过客户的眼光来看待整个的服务。

(3) 必须根据客户的具体情况提供具体的服务内容。为客户提供服务,客服人员就必须先去了解客户的具体需求,征求客户的意见,看看提供的服务是否让客户满意,不满意的原因是什么。客服人员只有设身处地去了解客户的需求,并根据他的具体情况来配置最佳服务方式和内容,这样的服务才算是真正意义上的优质服务。

二、服务水平与客户沟通

商务组织提供的是什么水平的服务,给客户带来的就是什么感受。也就是说,成熟的商务组织,往往善于通过服务来与客户进行单向或双向的沟通。具体来说,客户对商务组织的服务主要有以下五种看法,从而不同程度地影响着公司与客户的沟通。

客户对服务的五看法:产品或服务的外在表现同理度专业水准服务速率信誉度

1. 产品或服务的外在表现

客户对商务组织提供服务的印象,一开始是通过外在表现形成的。

例如去一家餐厅吃饭。客人从来没有进过这家餐厅,但他会去猜测这里面的服务究竟怎样或这里的菜会不会好吃。那他通常是通过什么来判断呢? 一是人气,二是环境。如果一进去就发现这里面很脏,碗有缺口,壶掉了一个嘴等,客人马上就会觉得外面都这么脏,里面的厨房就会更脏,做出来的菜也就好不到哪里去。于是客人就会考虑在不在这家餐厅就餐了。原因正是这家餐厅外在表现导致了客人的犹豫。这也说明这家餐厅不善于以外在表现架起与客户沟通的桥梁。

又如某 IT 公司的工程师应邀为客户去排除系统故障,工程师带着工具就去了指定的位置。客户一见工程师蓬头垢面,胡子拉碴,皮鞋上沾满了土,客户就觉得这个人怎么这么邋遢,认为这个人在生活中不注重小节。然后就联想到他为我修东西时,会不会也很马虎呢? 很不细心呢? 再来看一看这个工程师所带的包,上面都是油条滴的油,很脏很破的黏在一块,里边的笔记本电脑掏出来一看上面贴满了胶布,不知道已摔过多少次了……客户就会觉得这是从哪儿来混饭吃的一个家伙?这是因为这家IT公司不重视服务人员外在形象而形成了客户与公司的沟通障碍。

2. 同理度

客服人员究竟能在多大程度上理解客户的需求、想法,这就叫做同理度。服务工作中的同理度体现在。

(1) 理解客户的心情。当客户需要帮助时,服务代表关注客户,或及时地向客户道歉,理解客户为什么着急。

(2) 理解客户的要求。服务代表能够迅速地通过提问的方式,知道客户想要的东西是什么。

(3) 客服人员是否充分地关心和尊重客户。同理度决定了与客户沟通的质量。

3. 专业水准

客户在选择一个企业时,往往要看这个企业是不是很专业。如很多餐厅会把它的厨师长的照片和他的背景都贴出来,告诉你他怎么样;医院会把他的主治大夫的事迹、照片和学历背景都尽可能多地挂出来,以便让患者慎重地选择大夫。为什么?因为客户在选择服务时非常关心他的专业水准,就像你通常洗胶卷时会到柯达的专洗店去洗,因为你觉得那里非常专业。

客户认可了企业的专业水准,就很乐意与公司沟通,不会存在很多的沟通障碍。

但专业水准并非指客服人员一味地用一些所谓的"行话"或不加解释的专业术语与行外人士沟通,那样只会额外地制造许多麻烦。

小 D 的"专业"服务

(1) 用户甲:我买了你们的上网卡,怎么用啊。

小 D 了解了一下,发现对方对电脑知识了解不多,就很耐心的从头教起:"请打开'我的电脑'"。

用户甲:咦,你的电脑我怎么能打开呢?

小 D(差点晕倒):那就打开你的电脑。

用户:我的电脑就是打开的啊!

小 D:(彻底晕倒)。

后来小 D 和用户花费了很长时间纠缠于"你的电脑""我的电脑"。

(2) 用户2:我怎么总是上不去网啊?

小 D 询问了一下情况:"可能是你的'猫'(Modem,调制解调器)的问题"。

用户2:"好,你等一下……好啦,我家的猫已经让我关门外头了。"

小 D:……

4. 服务速率

服务速率就是服务的速度和效率。客户一般很关心在他提出要求后,客服人员能用多长时间帮他解决问题。

服务速率的另外一种体现就是客服人员的语言表达。比如当你在餐厅吃饭时你对服务员说,小姐麻烦你帮我拿点儿牙签,然后服务代表会说稍等一下,这是一种回答;还有一种回答是,请稍等,马上给您拿。"马上"这两个字,会带给你一种很强的、很快的反应度,感觉餐厅服务员愿意迅速地帮你去解决问题。

良好的服务速率有助于保证商务组织与客户的沟通效果。

5. 信誉度

信誉度是一种品牌,一种持续地提供优质服务而带来的一种能力。当然这种品牌它不是企业一朝一夕就可以轻易地培养出来的。例如,当你想冲洗胶卷时,看到那个黄色底红色字的招牌,你会知道那里是柯达,尽管你从来没有到那里去洗过胶卷,但你还是会去那儿冲洗的,因为你知道那儿的质量有保障;当你要维修汽车时,看到这里面挂着一块广州本田特约维修站的牌子,尽管你从来没有在这里修过车,但是你会想到:在这里准不会得到假的零配件,在这种想法支配下,你就会放心地把自己的汽车交给他们修理。

信誉度给客户带来的影响是非常大的。通常客户在选择企业时,他最看重就是信誉度。一家商务组织的客服人员在客户面前有了信誉度,客户就会认为他在其他方面也一定能做得很好,就愿意无保留地说明自己的需求,从而使组织与客户间的沟通保持顺畅。

由此可见,客户在选择企业时,是根据该企业的外在表现、同理度、专业水准、服务速率和信誉度来进行选择的。在这五个方面,客户最关心的是信誉度,因为信誉度是其他四个方面的优质服务的前提。同样,这五个方面的好坏程度决定了公司与客户沟通的距离和有效性。

第三节 客户沟通策略

一、与直接客户沟通的策略

直接客户就是商务组织直接服务的终端用户,比如,消费者、生产企业、机关和事业单位等。与这类客户沟通的策略有以下几点。

(1) 先做朋友,后做生意,让沟通充满人情味。与客户的沟通不应该是死板的公事公办,而应尽量人情味一些,先做朋友,后做生意。即使有的生意不能成交,也要"散买卖不散交情"。与这类客户除了上班时间的正常业务往来以外,在工作之余,也应该多交流多来往,努力成为朋友。

(2) 要建立详细的客户档案。现代营销中很关键的一种手段就是关系营销,那么要进行关系营销就要建立详细的客户资料,成立客户数据库。这些资料包括:

① 基本资料:年龄、性别、职务;

② 教育情报：学历、获奖、擅长；
③ 家庭情报：家人生日、特殊纪念日、子女教育；
④ 人际情报：交友情况、人际观点；
⑤ 事业情报：就业经历、事业目标、现职态度；
⑥ 生活情报：健康状况、餐饮喜好、休闲习惯、运动喜好、成就感；
⑦ 内涵情报：个性分析、宗教信仰、个人禁忌、书与电影的喜好。

（3）主动承认并弥补失误。"客户就是我们的上帝"，在与直接客户交往的过程中，分歧与失误在所难免，那么商务组织就要敢于面对失误，主动承担责任，其实就算真有失误，只要能主动承担责任，并积极快速的弥补，客户就会对你尊敬有加，而且这也是我们变一般顾客为忠诚顾客的机会。

（4）移情于顾客，不强加自己的想法于顾客。我们商务组织在与直接客户进行沟通时一定要移情于顾客，从顾客的角度出发，设身处地地为顾客着想。很多也许是很好的想法、意见，但是顾客未必就觉得是好的想法。如果我们一味解释，逼着顾客接受我们的观点意见，那么就会让顾客难以接受。

沟通是技巧，沟通是艺术，见仁见智，各显神通。但最根本的是"诚""信"。只有讲究"诚""信"才能使公司与直接客户沟通时取得成功。

二、与中间商客户沟通的策略

中间商是帮助商务组织销售产品或服务的商务组织，他们和本公司的目标是一致的，就是将产品或服务想方设法的销售给消费者。因此，同中间商沟通的策略有以下几点。

（1）和中间商坐下来，共同拟定市场计划。不管这个计划实行起来多么困难，只要你能和他坐下来共同协商，拟定有关内容，就会让他感觉到你对他的器重。一般来说，这些计划包括：推销访问的时间与方法、应付竞争对手的措施、新产品推广计划、采取何种价格策略，等等。

（2）经常给中间商邮寄信件。这些信件可以是业务上的往来信件，如销售手册、促销方案、推销刊物等等，只要对他们有帮助，就会增加感情。当然也可以是个人信件，这也有助于增加商务组织与中间商之间的感情，从而达到更好的沟通。

（3）用良好的服务让中间商保持愉快的心情。比如，帮助他们尽快获得他们需要的资料；邀请中间商一起出去吃饭并主动承担费用；不拖欠他们应得的佣金。

（4）邀请中间商到公司参观访问。让顾客参观你们的工厂、生产工艺过程、并与技术人员交谈。了解你们的产品性能、质量、结构等，让他们对我们生产的产品有好感甚至是依赖感，也让他们掌握更多的产品知识，增加销售成功率。中间商参观工厂时，合理安排行程，做好食宿的安排，让他们参观顺利舒心。

（5）定期召开某地区的中间商会议。如果在某地区有本企业的许多中间商，那么就应该定期的召集中间商会议，让中间商有机会一起讨论本企业的营销政策以及有关问题。你还可以借此机会介绍本企业将推出的新产品，传授一些新的营销方法，鼓励中间商们就各自的代理或经销工作提出问题，发表意见，这样的会议将能够在愉快的气氛中达到交流的目的。培养企业与中间商的感情，培养顾客的忠诚度。

三、与客户沟通的其他策略

1. 主动与客户保持联系

相信学生时代大家都有过这样的经历:当一位老师在课堂上向所有学生讲话时,一位学生思想开了小差,走神了。这时,目光敏锐又富有经验的老师就会慢慢走到这个同学的旁边,但并不停止讲课。老师的靠近使得走神的学生变得紧张起来,最终的结果就是他重新集中起自己的注意力,又开始听老师的讲课了。

当然,客户经理和客户的关系与老师和学生的关系还有着一定的差别。但在沟通的过程中我们发现,对于客户来说,客户经理靠近他们,缩短和他们之间的物理距离也同样会起到极强的暗示作用:这表明客户经理愿意和客户协调互动,并且希望了解更多客户的愿望和感受。

与客户保持联系,经常去拜访客户非常重要,拜访并不一定是为了销售,主要目的是让客户感觉到销售人员和企业对它的关心,同时也是向客户表明企业对销售的商品负责。销售人员拜访客户时不一定有明确的目的,也许只是为了问好,也许是顺道拜访。主要把握一个原则,即尽可能使拜访行为更自然一些,不要使客户觉得销售人员的出现只是有意讨好,更不要因拜访而干扰客户的正常生活。

许多经销商认为没有用户投诉是一件非常好的事情,这样可以使经销商腾出更多的精力来销售产品,甚至许多厂家也在拼命地降低客户的投诉,将客户零投诉作为追求的目标。

但是,事实上,客户零投诉并不见得是一件好事,反而在背后预示着客户的不断流失,因为,很多客户并不会主动地与商家建立反馈的渠道,除非对客户的产品或者服务非常不满,才会主动打电话、写投诉信来反馈信息。更多的情况是客户觉得不满意,就会失去对这个品牌产品或者服务的兴趣,进而转移到其他的品牌和企业,寻求满足需求的产品或者服务。零投诉,实际上是隔断了客户和经营者之间的联系,经营者越来越不清楚客户的消费需求,消费者也越来越不信任经营者的产品和服务,最终对经营者造成严重的损失。

可怕的零投诉

在 Acer 经销商的眼中,Acer 的产品性能稳定,很少出问题,这是一件好事,对经销商来说,可以减轻服务的压力。但是,问题也随之出现,经销商和用户的沟通不再紧密,许多经销商在销售过程完成之后,后续的主动服务跟不上,如果产品没有什么问题,经销商和客户之间的联系就会很少,一旦有另外的经销商介入,客户很可能就会丢失。西安中柏数码就是意识到这一点的 Acer 经销商。

在经营 Acer 产品之前,他们曾经是国内某一品牌电脑的授权经销商,在经营这一品牌的过程中,由于该品牌产品性能不稳定,因此客户服务的压力很大,但正是因为这样频繁的客户服务,形成中柏数码与客户的良好关系。在代理 Acer 产品之后,由于 Acer 品牌性能较好,销售出去的产品很少有客户要求服务,客户服务部门的压力迅速降低,客户服务部门也随之缩减。公司管理层为此颇感欣慰,因为客户服务压力的减小,使公司更多的员工可以投身到销售的工作中去,因此,经营的成本下降了,而经营规模更大了。经营了一段时间之后,中柏数码在偶然的一个机会,发现过去的一个行业客户已经选择了另外一家经销商作为供货商,究其原因,发现在很长的一段时间内,中柏数码没有和这个客户联络过,更没有主动上门了解情况,虽然这个客户对中柏数码提供的 Acer 产品并没有什么不满,但是也没有感受到很多超过预想的东西,而后来选择的这个经销商,是一家时常到这个客户处了解情况的经销商,因为客户认为这个经销商比中柏数码更了解自己的应用,所以做出了这样的选择。

这件事情对中柏数码的影响很大,使他们意识到了主动客户服务的意义所在,虽然良好的产品带来了更多的客户满意,但是这个满意仅仅停留在产品上面,而不是经营者上面。

因此,如果经营者错把客户对产品的满意当作客户对经营者的满意,就会出现潜在的客户流失。这个事件也促使中柏数码重新完善起了客户服务部门,对重点客户进行阶段性的上门调查,对中等客户定期电话询问应用情况,在这些措施建立以后,中柏数码的客户流失率明显的下降了。(华宏网站 http://www.huahongmba.cn)

2. 注重应酬场合的沟通

在与客户交往中,酒宴应酬是其重要方式之一。应酬场合如何运用沟通技巧,也是商务人员必须注重的问题。

现在一般的应酬都少不了酒。酒作为一种交际媒介,迎宾送客,聚朋会友,彼此沟通,传递友情,发挥着独到的作用。这是几乎所有的商务人员都有过切身体会的。

概括起来说,酒席上应酬和沟通,应注意以下几个方面。

(1) 与众同乐,切忌私语。大多数酒宴宾客都较多,所以应尽量多谈论一些大部分人能够参与的话题,得到多数人的认同。因为个人的兴趣爱好、知识面不同,所以话题尽量不要太偏,避免唯我独尊,天南海北,神侃无边,忽略众人。

席间,尽量不要与人贴耳小声私语,给别人一种划小圈子的神秘感,影响宴席气氛和沟通效果。

(2) 分清宾主,理解主题。大多数酒宴都有一个主题,也就是宴席的目的。赴宴时首先应环视一下各位的神态表情,分清主次,不要单纯地为了喝酒而喝酒,而失去交友沟通的机会。

(3) 语言得当,诙谐幽默。酒桌上可以显示出一个人的才华、常识、修养和交际风度,有时一句诙谐幽默的语言,会给客人留下很深的印象,使人无形中对你产生好感。所以,应该知道什么时候该说什么话,语言得当,诙谐幽默很关键。

(4) 饮劝适度,不可逞强。中国大多数地方(尤其是北方)都盛行劝酒,有的人总喜欢把酒场当战场,想方设法劝别人多喝几杯,认为不喝到量就是不实在,这样酒量小的客人就会很为难。有时过分地劝酒,会将原有的朋友感情完全破坏,收不到沟通的效果不说,还起负面作用。

同样,如果自己酒量不大,也不要逞能,以免酒醉失态,影响个人和公司形象。

(5) 敬酒有序,讲究主次。敬酒也是一门学问。一般情况下敬酒应以年龄大小、职位高低、宾主身份为序,敬酒前一定要充分考虑好敬酒的顺序,分明主次。如果是与不熟悉的人在一起喝酒,也要先打听一下身份或是留意别人如何称呼,做到心中有数,避免出现尴尬或伤感情的局面。

酒席上要言行自律,避免失控……

(6) 察言观色,顺畅沟通。要想在酒桌上与人顺畅沟通,就必须学会察言观色。因为与人交际,就要了解人心,左右逢源,才能演好酒桌上的角色。

(7) 言行自律,避免失控。以联络感情为目的的酒宴,心情比较放松,话题也比较容易失控,因此,要特别注意自己的言行。应避免的话题有个人对公司某些人事的不满,自己所在公司经营管理方面的缺失,公司市场营销方面的策略和技巧,公司未来发展计划,等等。

四、客户沟通中的电话接听技巧

(1) 重要的第一声。当我们打电话给某单位,若一接通,就能听到对方亲切、优美的招呼声,心里一定会很愉快,使双方对话能顺利展开,对该单位也有了较好的印象。所以说,商务人员在电话中只要稍微注意一下自己的行为就会给对方留下完全不同的印象。一句声音清晰、悦耳、吐字清脆的"你好,这里是××公司",一定会给对方留下好的印象,对方对本公司也会有好的印象。因此接电话时,应有"我代表公司形象"的意识。

(2) 要有喜悦的心情。打电话时我们要保持良好的心情,这样即使对方看不见你,但是从欢快的语调中也会被你感染,给对方留下极佳的印象,由于面部表情会影响声音的变化,所以即使在电话中,也要抱着"对方看着我"的心态去应对。

(3) 端正的姿态与清晰明朗的声音。打电话过程中绝对不能吸烟、喝茶、吃零食,即使是懒散的姿势对方也能够"听"得出来。如果你打电话的时候,弯着腰躺在椅子上,对方听你的声音就是懒散的、无精打采的;若坐姿端正,身体挺直,所发出的声音也会亲切悦耳,充满活力。因此打电话时,即使看不见对方,也要当作对方就在眼前,尽可能注意自己的姿势。声音要温雅有礼,以恳切的话语表达。口与话筒间,应保持适当距离,适度控制音量,以免听不清楚、产生误会。或因声音粗大,让人误解为盛气凌人。

你好,这里是××公司!

(4) 迅速准确地接听。现代工作人员业务繁忙,桌上往往会有两三部电话,听到电话铃声,应准确迅速地拿起听筒接听电话,以长途电话为优先,最好在三声之内接听。电话铃声响一声到 3 秒钟,若长时间无人接电话,或让对方久等是很不礼貌的,对方在等待时心里会十分急躁,你的公司会给他留下不好的印象。即便电话离自己很远,听到电话铃声后,附近没有其他人,我们也应该用最快的速度拿起听筒。这样的态度是每个人都应该拥有的,这样的习惯是每个办公室工作人员都应该养成的。如果电话铃响了五声才拿起话筒,应该先向对方道歉,若电话响了许久,接起电话只是"喂"了一声,对方会十分不满,会给对方留下恶劣的印象。

(5) 认真清楚的记录。随时牢记 5W1H 技巧。所谓 5W1H 是指① When 何时,② Who 何人,③ Where 何地,④ What 何事,⑤ Why 为什么,⑥ How 如何进行。在工作中这些资料都是十分重要的。对打电话,接电话具有相同的重要性。电话记录既要简洁又要完备,有赖于 5W1H 技巧。

(6) 有效的电话沟通。上班时间打来的电话几乎都与工作有关,公司的每个电话都十分重要,不可敷衍,即使对方要找的人不在,切忌草率答复"他不在"即将电话挂断。接电话时也要尽可能问清事由,避免误事。对方查询本部门其他单位电话号码时,应迅即查告,不能说不知道。

接听电话首先应确认对方身份、了解对方来电的目的,如自己无法处理,也应认真记录下来,委婉地探求对方来电目的,就可不误事而且赢得对方的好感。

对对方提出的问题应耐心倾听;表示意见时,应让他能适度地畅所欲言,除非不得已,否则不要插嘴。期间可以通过提问来探究对方的需求与问题。注重倾听与理解、抱有同理心、建立亲和力是有效电话沟通的关键。

接到责难或批评性的电话时,应委婉解说,并向其表示歉意或谢意,不可与发话人争辩。

电话交谈事项,应注意正确性,将事项完整地交待清楚,以增加对方认同,不可敷衍了事。

如遇需要查寻数据或另行联系的查催案件,应先估计可能耗用时间之长短,若查阅或查催时间较长,最好不让对方久候,应改用另行回话的方式,并尽早回话。以电话索取书表时,应立即录案把握时效,尽快地寄达。

(7) 挂电话前的礼貌。要结束电话交谈时,一般应当由打电话的一方提出,然后彼此客气地道别,应有明确的结束语,说一声"谢谢""再见",再轻轻挂上电话,不可只管自己讲完就挂断电话。

五、客户沟通中拒绝的技巧

在与客户沟通的过程中,总有些要求企业是无法做到,无法满足客户需求时,不得不拒绝时,应是服务性、礼貌性的,不可生硬。具体方法有以下几种。

(1) 转移视线法。虽然提供的做法不能立即解决问题甚至不是客户所需要的,但可以给客户以希望,至少可以减少客户的沮丧心理。比如:我们现在没有货,但是我们可以给您登记;这个产品是有问题,但是我们可以给你更换。

(2) 借口法。对方或者来头很大;或者过去曾经有恩于你;或者是你非常要好的朋友、来往密切的亲戚,如果简单地拒绝,那么很可能你的企业会遭到报复性打击,或者背上忘恩负义的恶名。对付这类对象,最好的办法是用借口法来拒绝他们。

> 上海某合资针织企业的产品销路非常好。有人拿了某领导的批条来找销售经理,要以低于批发的价格购买一大批。销售经理看日近中午,灵机一动,先把来人让进饭厅,招待吃饭,并对来人说:"你要的东西数量大,批价低,已经超出我的权限。不过你放心,这件事我马上全力去办。你先吃饭。"饭后,他又对持条人说:"你的条子,要我们总经理批。可总经理刚到北京开会去了。你是否先回去,过两天再打电话来问问。"这家伙碰了个软钉子,发不出火,只好怏怏而返。
>
> 过了两天,此人打电话去问。销售经理告诉说,他向总经理汇报过了。总经理答复:这种大事要开董事会研究。他安慰持条人说他会尽力向董事会争取的,要持条人过两个星期再打电话问情况。持条人一听这么麻烦,心里早就凉了半截。他明白要董事会里那些外国人点头同意是不可能的事,所以再也不打电话问结果了。

销售经理巧妙地把对方的注意力从自己身上转移到总经理身上,再转移到外国董事身上,叫他有气也无处发。

(3) 幽默法。有时会遇到不好正面拒绝的事情,可以不直接拒绝,相反全盘接受。然后根据对方的要求或条件推出一些荒谬的、不现实的结论来,从而加以否定。这种拒绝法,往往能产生幽默的效果。

> "好吧!我同意你们提出的价格。如果我公司不同意这个价格,我愿意用自己的工资来支付差额。但是,这自然要分期付款。"对方自然不好把你逼到这个地步,一笑之后,也就不再提那个苛刻的要求了。

第四节 客户投诉处理技巧

一、客户投诉的内容及处理客户投诉的意义

顾客由于自身素质修养或个性原因,提出对企业的过高要求而无法得到满足;当顾客购买商品时,对商品本身和企业的服务都抱有良好的愿望和期盼值,如果这些愿望和要求得不到满足,就会失去心理平衡,由此产生的抱怨和想"讨个说法"的行为,这就是顾客的投诉。

1. 投诉的内容

(1) 产品质量问题

很多类的顾客投诉可能针对的就是产品质量问题。产品的使用寿命,使用效果等质量方面的问题,是顾客关注的一个重点。

(2) 服务态度

客服人员在服务过程中的服务态度对顾客尤其重要,如果客服人员的服务态度存在问题,那么这也是顾客投诉的一个方面。而且随着产品本身质量的不断上升,生活品质的不短提供,顾客对客服人员的服务态度的要求也越来越高,因而,对于客服人员来说,良好的态度显得至关重要。

(3) 售后服务维修质量

很多的产品并非一次性使用产品,在产品的安装、调试、使用等过程中,随手都会需要售后服务人员提供服务,那么售后服务维修的质量好坏也是顾客关注的一个问题,较差的售后服务必然遭到顾客的投诉。

(4) 客户服务人员工作的失误

客服人员在服务的过程中,由于一些客观或主观的原因,可能造成一定的工作失误。这些失误如果对顾客造成了一定的损失,或影响了顾客的话就会遭到顾客的投诉。

(5) 店员及其他工作人员的服务质量问题

对于一个组织来说,虽然直接面对顾客的可能只是客服人员,但是其他人员的工作或行为也会对顾客造成一定的影响。如果其他人员的工作让顾客反感或使顾客蒙受损失,那么这些人员的服务质量也会成为顾客投诉的内容之一。

(6) 顾客对企业经营方式及策略的不认同

一个顾客可能对企业的经营方式及策略有自己的看法,这些顾客的投诉往往是善意的指导建议,有时顾客的这些看法可能会给企业带来意想不到的效果。

(7) 顾客对企业的要求或许超出企业对自身的要求

随着顾客的要求的不断提高,有些企业或组织在提供服务时的标准可能还没有达到顾客的要求,这时,顾客也可能会对组织提出投诉。

(8) 顾客对企业服务的衡量尺度与企业自身的衡量尺度不同

顾客更多的是从自己的角度看问题,看到企业提供的服务,然而企业也是从企业自身的角度出发看待问题,顾客与企业衡量服务的尺度也就会存在一定的差别,这也是顾客投诉的内容之一。

2. 处理客户投诉的意义

(1) 处理好客户投诉可以取得顾客的信任

如果一个企业对投诉采取消极态度,就会打击客户的积极性,对企业的信任就没有了。会认为你广告做得很好,产品外观也很好,卖给我之后就不管了。

"海尔集团"前些年推出一款洗衣机叫"小小神童"洗衣机。推出时,它的设计存在一些问题,当时这款洗衣机的返修率相当高的。"海尔"怎么处理这件事情的呢?他调集了大量的员工,然后承诺客户"接到投诉电话以后,24小时之内上门提供维修"。很多客户的洗衣机都是经过海尔连续3～4次甚至于5次上门的维修才解决问题的。最终这个事件的结果是什么呢?有很多客户反映说:"任何新的产品都会存在这样那样的问题,但对海尔的服务,我们是满意的。"因为,他们看到了一个企业对客户的这种尊重和重视。

(2) 正确处理投诉能赢得顾客的忠诚

作为顾客去投诉,很重要的一点是需要问题得到解决,此外顾客还希望得到企业的关注和重视。有时顾客不投诉,是因为他不相信问题可以得到解决或者说他觉得他的投入和产出会不成比例;而投诉的客户往往是忠诚度很高的客户。总之,正确地处理顾客投诉,能有成效地为企业赢得客户的高度忠诚。

美国消费者调查统计

即便不满意,但还会在你那里购买商品的客户有多少?	
不投诉的客户	9%(91%不会再回来)
投诉没有得到解决的客户	19%(81%不会再回来)
投诉过但得到解决的客户	54%(46%不会再回来)
投诉被迅速得到解决的客户	82%(18%不会再回来)
注:这里的客户是指虽然进行投诉(损失超过100美元)但还会在你那购买商品的客户。4%的不满意客户会投诉,而96%的不满意客户通常不会投诉,但是会把这种不满意告诉给1620个人。	

从以上资料可以看出,那些向企业提出中肯意见的人,都是对企业依然寄有期望的人,他是期望企业的服务能够加以改善,他们会无偿地向你提供很多信息。因此,投诉的客户对于企业而言是非常重要的。有效处理客户的投诉,能有效地为企业赢得客户的高度忠诚。

(3)正确处理投诉可以很好的维护企业的形象

客户服务人员应该具备的一个重要的技巧就是客户投诉的有效的处理,有些时候投诉处理不好,不仅仅给企业的形象、品牌带来影响,甚至会给企业的利润带来很大的影响。比如说一些大的投诉,可能会打官司,会拖很长时间,有些企业甚至因为某一个投诉而垮掉。

三株在全国,很边远的山区都能够看到三株口服液的广告。这个广告是谁刷上去的呢?当地的村民,当地的营销人员。三株的营业代表每天穿梭于各家医院的病房,向病人推销产品。上大街做各种形式的义诊活动、咨询活动,搞得轰轰烈烈。现在却不如以前了。什么原因?是一起投诉。当时二十几家新闻媒体报道这件事情。在陕西咸阳有一个人服用三株的"腹心康"致死,这件事情迅速被媒体炒作。三株在这个事情上没有马上做出反应。后来被告上法庭,法院的判决结果是服用"腹心康"死亡的这个人不是因为服用"腹心康"致死的,是因为其他疾病。这个结论出来和一开始媒体炒作这件事情的间隔将近一年的时间,而这一年"三株口服液"的销量急剧下滑。企业很多营销人员离开了,因为根本就挣不到钱,最基本的生活都维持不了。虽然这起投诉案件三株最后胜诉了,可最终给企业造成很大的打击和创伤。这个例子说明,不能有效处理投诉会给企业带来严重的危害。

(4)投诉隐藏着无限的商机

有一些客户投诉,实际上并不是抱怨产品或者服务的缺点,而只是向你讲述对你的产品和服务的一种期望,或者是提出他们真正需要的是一种什么样的产品。这样的投诉,会给企业提供一个发展的机遇。像美国的戴尔,在IT笔记本市场竞争这么激烈的情况下,依然能做得那么出色,是因为它提供给客户一个更好的营销手段——客户定制。

在IBM公司,40%的技术发明与创造,都来自客户的意见和建议。当前绝大多数企业都已经认识到企业的一切活动要"以客户为导向",并且在努力从客户的角度出发重组业务和管理流程。但是所有的努力毕竟都是按照企业的内在运作逻辑和体系实施的,与客户真正的需求不可避免地会存在差异。客户投诉是一个企业发现客户的真正需求,尽可能消除差异、贴近市场的机会。

二、处理客户投诉的原则

1. 顾客投诉的定义

当顾客购买商品时,对商品本身和企业的服务都抱有良好的愿望和期盼值,如果这些愿望和要求得不到满足,就会失去心里平衡,由此产生的抱怨和想讨个说法的行为,这就是顾客投诉。

2. 正确处理客户投诉的原则

许多商务人员都经历过这样的情景,客户极为情绪化,故意挑剔我们的产品,指责我们的服务,近乎无理取闹,他们的"不满意"比什么都重要,却总是在我们的意料之外。当客户的投诉排山倒海骤然而至的时候,许多商务人员难免惊慌失措、狼狈不堪。因此,如何有效地处理客户的投诉,是每一个商务人员,尤其是客户服务人员必须具备的技能。总的来说,面对客户的投诉,应该遵循以下原则。

(1) 先处理感情,后处理事件

美国有一家汽车修理厂,他们有一条服务宗旨很有意思,叫做"先修理人,后修理车"。什么叫"先修理人,后修理车"呢?一个人的车坏了,他的心情会非常不好,你应该先关注这个人的心情,然后再关注汽车的维修,"先修理人,后修理车"讲的就是这个道理。可是这个道理很多服务代表都忽略了,往往是只修理车,而不顾人的感受。因此正确处理客户投诉的原则,首要的就是"先处理情感,后处理事件"。

(2) 耐心倾听,避免争辩

顾客的投诉就是企业改进水平的重要来源。只有认真听取顾客的抱怨,才能发现问题的实质原因。一般的投诉客户多数是发泄性的,情绪都不稳定,一旦发生争论,只会火上浇油,适得其反。真正处理客户投诉的原则是,开始时必须耐心倾听客户的抱怨,避免与其发生争辩,先听他讲。待客户叙述完后,复述其主要内容并征询客户意见,对于较小的投诉,自己能解决的应马上答复客户。对于当时无法解答的,要做出时间承诺。在处理过程中无论进展如何,到承诺的时间一定要给客户答复,直至问题解决。

(3) 平息抱怨,消除怨气

客户在投诉时,多带有强烈的感情色彩,具有发泄的成分,他们可能会将自身身上的一些不好的情绪发泄到客户服务人员身上。因此要尽量平息怒气。在客户盛怒的情况下当客户的出气筒,安抚客户、承认错误、平息怒气,待顾客怒气消退,心理平衡后,在理智的情况下共同分析解决问题。

(4) 设身处地,换位思考

漠视客户的痛苦是处理客户投诉的大忌。要能站在顾客立场上将心比心,诚心诚意地去表示理解和同情,承认过失。因此,要求所有的客户投诉的处理,无论已经被证实还是没有被证实,都不是先分清责任,而是先表示道歉,并站在客户的立场上为其设计解决方案。对问题的解决,也许有三到四套解决方案,可将自己认为最佳的一套方案提供给客户,如果客户提出异议,可再换另一套,待客户确认后再实施。当问题解决后,至少还要一到两次征求客户对该问题的处理意见,争取下一次的合作机会。

(5) 承受压力,用心处理

当客户的利益受到损失时,着急是不可避免的,以至于会有一些过分的要求。作为客服人员此时应能承受压力,面对客户始终面带微笑,并用专业的知识、积极的态度解决问题。

(6) 有理迁让,超值善后

纠纷出现后要用积极的态度去处理,不应回避。在客户联系你之前先与客户沟通,让他了解每一步进程,争取圆满解决并使最终结果超出客户的预期,让客户满意,从而达到在解决投诉的同时抓住下一次商机。

(7) 长期合作,力争双赢

在处理投诉和纠纷的时候,一定要将长期合作、共赢、共存作为一个前提,以下技巧值得借鉴:

① 学会识别、分析问题;
② 要有宽阔的胸怀,敏捷的思维及超前的意识;
③ 善于引导客户,共同寻求解决问题的方法;
④ 具备本行业丰富的专业知识,随时为客户提供咨询;
⑤ 具备财务核算意识,始终以财务的杠杆来协调收放的力度;
⑥ 有换位思考的意识,勇于承担自己的责任;
⑦ 处理问题时留有回旋的余地,任何时候都不要将自己置于险境;
⑧ 处理问题的同时,要学会把握商机。

通过与对方的合作达到双方共同规避风险的共赢目的。

此外,客服人员应明白自己的职责,首先解决客户最想解决的问题,努力提升公司在客户心目中的地位及信任度,通过专业知识的正确运用和对公司政策在不同情况下的准确应用,最终达到客户与公司都满意的效果。

处理投诉十句禁语:

> 这种问题连小孩子都会
> 你要知道,一分钱一分货
> 绝对不可能有这种事情发生
> 这不是我们的事
> 嗯,我不太清楚
> 我绝对没说过这种话
> 我不懂,我不会
> 公司的规定就是这样的
> 你看不懂中(英)文吗
> 改天再联系(通知)你

三、处理客户投诉的流程和要点

1. 处理客户投诉的流程
(1) 记录投诉内容

利用客户投诉记录表详细地记录客户投诉的全部内容如投诉人、投诉时间、投诉对象、投诉要求等。

(2) 判定投诉是否成立

了解客户投诉的内容后,要判定客户投诉的理由是否充分,投诉要求是否合理。如果投诉不能成立,即可以婉转的方式答复客户,取得客户的谅解,消除误会。

(3) 确定投诉处理责任部门

根据客户投诉的内容,确定相关的具体受理单位和受理负责人。如属运输问题,交储运部处理;属质量问题,则交质量管理部处理。

(4) 责任部门分析投诉原因

要查明客户投诉的具体原因及具体造成客户投诉的责任人。

(5) 提出处理方案

根据实际情况,要查明客户投诉的具体原因及具体造成客户投诉的责任人。

(6) 提交主管领导批示

对于客户投诉问题,领导应予以高度重视,主管领导应对投诉处理方案一一过目,及时做出批示。根据实际情况,采取一切可能的措施,挽回已经出现的损失。

(7) 实施处理方案

对直接责任者和部门主管要按照有关规定进行处罚,依照投诉所造成的损失大小,扣罚责任人的一定比例的绩效工资或奖金;同时对不及时处理问题造成延误的责任人也要进行追究。

(8) 总结评价

对投诉处理过程进行总结与综合评价,吸取经验教训,提出改进对策,不断完善企业的经营管理和业务运作,以提高客户服务质量和服务水平,降低投诉率。

2. 处理客户抱怨与投诉的细节

(1) 耐心多一点

在实际处理中,要耐心地倾听客户的抱怨,不要轻易打断客户的叙述,不要批评客户的不足,而是鼓励客户倾诉下去,让他们尽情发泄心中的不满,当耐心地听完了客户的倾诉与抱怨后,当他们得到了发泄的满足之后,就能够比较自然地听得进服务人员解释和道歉了。

(2) 态度好一点

客户有抱怨或投诉就是表现出客户对企业的产品及服务不满意,从心理上来说,他们会觉得企业亏待了他,因此,如果在处理过程中态度不友好,会让他们心理感受及情绪很差,会恶化与客户之间关系反之若服务人员态度诚恳,礼貌热情,会降低客户的抵触情绪。俗话说:"伸手不打笑脸人",态度谦和友好,会促使客户平解心绪,理智地与服务人员协商解决问题。

(3) 动作快一点

处理投诉和抱怨的动作快,一来可让客户感觉到尊重,二来表示企业解决问题的诚意,三来可以及时防止客户的负面影响对企业造成更大的伤害,四来可以将损失降至最少,如可能影响下一个订单意愿等。一般接到客户投诉或抱怨的信息,即向客户电话或传真等方式了解具体内容,然后在企业内部协商好处理方案,最好当天给客户答复。

(4) 语言得体一点

客户对企业不满,在发泄不满的言语陈述中有可能会言语过激,如果服务人员与之针锋相对,势必恶化彼此关系,在解释问题过程中,措辞也十分重要,要合情合理,得体大方,不要一开口就说出伤害顾客自尊的语言,尽量用婉转的语言与客户沟通,即使是客户存在不合理的地方,也不要过于冲动,否则,只会使客户失望并很快离去。

(5) 补偿多一点

客户抱怨或投诉,很大程度是因为他们采用该企业的产品后,利益受损,因此,客户抱怨或投诉之后,往往会希望得到补偿,这种补偿有可能是物质上如更换产品,退货,或赠送小东西使用等,也可能是精神上的,如道歉等。在补偿时,应该尽量补偿多一点,有时是物质及精神补偿同时进行,在维护企业利益的前提下多一点的补偿金,客户得到额外的收获,他们会理解企业的诚意而对企业再建信心。

(6) 层次高一点

客户提出投诉和抱怨之后都希望自己和问题受到重视,往往处理这些问题的人员的层次会影响客户的期待解决问题的情绪。对于比较大的客户,如果高层次的领导能够亲自到客户处处理或亲自给电话慰问,会化解许多客户的怨气和不满,比较易配合服务人员进行问题处理。因此处理投诉和抱怨时,如果条件许可,应尽可能提高处理问题的服务人员的级别,如本企业业务经理出面等。

(7) 办法多一点

很多企业处理客户投诉和抱怨的结果,就是给他们慰问、道歉或赠小礼品等。其实解决问题的办法有许多种,除上所述手段外,可邀请他们参加企业内部讨论会,或者给他们奖励等。

3. 如何平息顾客的不满

(1) 让顾客发泄

顾客的愤怒就像充气的气球一样,当你让他发泄后,他就没有愤怒了。毕竟客户的本意是:表达他的感情并把他的问题解决掉。

当顾客发泄时,最好闭口不言、仔细聆听。当然,不要让客户觉得是在敷衍他。要保持情感上的交流。认真听取顾客的意见,把顾客遇到的问题判断清楚。

(2) 充分的道歉,让顾客知道你已经了解了他的问题

道歉并不意味着你做错了什么。顾客的对错并不重要,重要的是我们该如何解决问题而不让他蔓延。我们不要像某些公司一样花费大量的时间去弄清楚究竟是谁对谁错,这样对己对人都没有好处。很多时候就是为了一个小小的对错问题,丢掉了很多客户。要善于把顾客的抱怨归纳起来。

(3) 收集发生问题的有关信息

顾客有时候会省略一些重要的信息,因为他们以为这并不重要,或者忘了说。当然,也有的顾客知道自己也有错而刻意隐瞒的。这事客服人员的任务就是要了解当时的实际情况。

客服人员要搞清楚顾客到底要的是什么。顾客是想换成什么样的产品或者有其他什么想法和要求。

（4）提出解决办法

对顾客的问题提出解决办法才是我们的根本。想想,当你在饭店等候多时饭菜才来时饭店老板是如何做的?可能是给你一盘小菜或者是一杯免费的酒,对吗?作为公司可以有更多的选择,比如：打折、免费赠品、包括礼物、对顾客的意见表示感谢、私交、以个人的名义给予顾客关怀。

（5）询问顾客的意见

顾客的想法有时和公司想象的差许多。你最好在提供了解决方案后再询问顾客的意见。如果顾客的要求可以接受,那最好的办法是迅速、愉快的完成。

我们都要记住：开发一个新客户的费用是维护老客户费用的五倍甚至更高!

"当所有的投诉发生时,解决问题的关键是——干净彻底地、令顾客满意地处理掉。"

（6）跟踪服务

是否处理完成后就万事大吉了呢?只有继续跟踪顾客,才能真正地留住顾客的心。给顾客一个电话或者传真,当然,亲自去一趟更好,看顾客对该解决方案有什么不满意的地方,是否需要更改方案。

总　　结

与客户的沟通,多数都是与客户关系的管理及服务紧密联系的。商务人员必须了解客户对得到的服务的看法以及有效地对客户进行分类,并真正建立客户关系数据库,才能有效地运用相应的沟通策略,包括与中间商客户的沟通策略、与直接客户（包括大客户）的沟通策略。

与客户沟通的另一项重要内容是,处理客户投诉的技巧。商务人员必须掌握处理客户投诉的准则,从而圆满处理客户投诉,维护好客户关系。

实训练习

课堂实训

1. 假设你所在的IT公司为客户维修的显示器刚过了两天又出现了同样的问题,客户非常生气,一打电话过来就是要找经理拼命的语气,而且口气里尽是不礼貌的责骂。请问你如何接听这个电话?

2. 在接听客户的技术咨询的电话中,很多客户因为不熟悉电脑,服务人员解释了一遍客户还弄不清楚,服务人员往往就会产生烦躁情绪,就会问客户："我讲了这么多,你听明白了没有?"这时很多客户就会怕服务人员认为他很笨而不敢再问。请问,你觉得应该如何处理?

第十一章 客户沟通

案例分析

案例一

业务员小王早早地来到了一家烟酒店,希望能拜访一下这家店的老板,由于第一次相见,小王很不熟悉店老板,进店之后,小王与老板寒暄了几句之后,说明了来意,顺便花了三分钟时间介绍了公司的产品,本来还想继续说下去,但是看到老板很不耐烦的样子,也就不好意思再说了。于是,小王赶紧接着说:"老板,我这次来拜访您,主要是向您推荐一下我公司的最新产品,价位88元,零售可以卖到98~108元,而且公司还有促销,力度很大,一箱赠送价值50元的可乐,您看,要不来一箱,试试看?"老板只是轻描淡写地说了一句:"哎呀,现在业务员比顾客还要多呀!你看,我这哪有地方摆放啊?等有地方再说吧!"说完,指指堆满白酒的货架,示意小王自己去看。小王看了一眼,的确是这样,到处都是酒啊!无奈之下,小王向老板告辞后,走出了这家烟酒店。

分析与讨论:
小王为什么会无奈地离开这家烟酒店?你认为应该如何与这家烟酒店老板进一步沟通?

案例二

今年2月的一天,晚上6:00时,浙江绍兴某酒店1627房间的房客卢先生打电话到经理值班室,投诉从早上到现在没有服务员来打扫房间卫生,问是怎么回事?

卢先生说,他以前到酒店住过几次,感觉都很好,这次才又来了。自己是昨天开的房,今天一早因事外出,整整一天回来后,房间的卫生仍未打扫。卢先生的情绪非常激动,强烈要求值班经理把此事转告总经理,由总经理给他一个答复。

分析与讨论:
值班经理应该如何处理此事?

第十二章
商务谈判沟通

第一节　商务谈判概述

商务谈判是一项集政策性、技术性、艺术性于一体的社会经济活动,它除了包含一系列经济活动的特点以外,同样具有一般谈判的特征。因此,在讨论商务谈判特点之前,有必要先了解一下谈判的共性。

什么是谈判？按照最一般的认识,谈判是人们为了协调彼此之间的关系,满足各自的需要,通过协商而争取达到意见一致的行为和过程。

一、什么是商务谈判？

1. 商务谈判的定义

商务谈判,是指一切在有形或无形产品的交换中的协商洽谈行为,也指买方与卖方之间为了促成买卖成交而进行的,或是为了解决买卖双方之间的争议或争端,并取得各自的经济利益而进行的一种人际协商行为。

2. 商务环境中的谈判者

(1) 商品的供应者：如经销商、批发商等,自己不生产商品,但为消费者或组织市场提供商品供应。

(2) 制造商：一般是机械设备、零部件和原材料的生产者,通常不通过中间商而直接销售给客户。

(3) 进出口公司：在我国,主要是从事国际贸易的专门机构,打交道的主要是外商。

(4) 经纪人：旧称"掮客",主要是联系买卖,沟通买卖双方,促成交易的达成,从中获取佣金。

(5) 代理人：根据制造商的授权,以制造商的名义开展营销活动,从而获取佣金,同代理人谈判,相当于同其所代表的公司谈判。

供应商主要着眼于和需求方建立长期的合作伙伴关系,因此争取双赢是其谈判的基本原则。也就是说,谈判的关键是要认识到谈判各方所做的让步都是有代价的,以此获得对自己有价值的东西。只有这样,谈判者才感到他们是成功的。要达到这样的效果,就必须明白什么是己方认为有价值而对方认为无价值的东西。胜利是人人都想得到的,在体育竞赛中的双方有输有赢,但谈判可以以双方都胜利而结束。当工会与资方谈判时,他们会为工人赢得更多的报酬,同时资方可获得提高生产率的保证。

3. 商务谈判过程

(1) 准备阶段。这个阶段主要是收集谈判信息、制订谈判计划(方案)、准备谈判人员、设计或协商谈判程序和选择谈判时间与地点。

(2) 开局阶段。谈判开局对整个谈判过程起着至关重要的作用,它往往关系到双方谈判的诚意和积极性,关系到谈判的格调和发展趋势,一个良好的开局将为谈判成功奠定良好基础。因此这个阶段主要是建立谈判气氛、设计开局策略和激发对方的交易欲望。

（3）中局阶段。这个阶段是商务谈判的实质阶段。其主要内容是：处理需求、排除障碍、应变、施加压力、解除压力、让步及妥协、取得进展。

（4）收尾阶段。这个时候双方基本上进入签约阶段了。所以主要工作为：达成协议、解决遗留问题、完善细节、条款确认、草签协议。

二、商务谈判的基本原则

商务谈判中，既要保证自己的合理利益，又要达到预定目标，并不是一件轻松的工作，但是它又是有规律可循的，如果按照一定的原则，就一定能够达到更好的结果。

1. 兼顾双方利益的原则

兼顾双方利益就是要达到双赢。商务谈判并不是在商务冲突出现时才进行。商务谈判是谈判各方当事人在追求共同商业目标，实现双方商业利益整个过程中一个不断地化解冲突、实现谈判者最大利益的手段。实践证明，在竞争越来越激烈的市场上，谁能够有效地掌握这一手段，谁就会在商务活动中顺利地实现自己的商业目标，取得自己期待的主要商业利益。谈判的结果并不一定是"你赢我输"或"我赢你输"。谈判双方首先要树立"双赢"的概念。一场谈判的结局应该使谈判的双方都要有"赢"的感觉。所谓双赢就是你的利益必须从对方利益的存在为前提。你的利益在对方身上体现出来。国际商务活动中，谈判的双方或多方都有着一定的共同利益，但他们之间也存在商业利益的冲突。应该承认，在商务活动中无时无刻不充满矛盾和冲突，而关键是我们如何运用有效的手段来化解这些矛盾和冲突。具体可以通过以下方法达到：

谈判嘛，首先应该追求的是"双赢"！

（1）尽量扩大总体利益。

也就是我们俗称的"把蛋糕做大"。有些人在谈判一开始就急于拿刀去切蛋糕，以为蛋糕就这么大，先下手为强，就可以多切一些。其实，这种做法并不明智。谈判中如果通过双方的努力降低成本，减少风险，使双方的共同利益得到增长，这将使双方都有利可图。

> 有两个人都想要一个橘子，但是让他们头疼的是只有一个橘子。于是他们商量了一会儿，决定最好的方式是从中间分开，各要各的一半。为了保证公平，他们决定一个人切，一个人选。然而当谈论各自的用途时，他们发现一个需要榨汁，另一个需要橘皮做蛋糕。他们奇迹般地发现他们都能赢，没有人输。

（2）分散目标，避开利益冲突。

只有利益分散，各得其所，才不至于产生矛盾。在项目谈判中，应避免选择伙伴单一，而要善于营造一个公开、公平、公正的竞争局面,以利于扩大自己的选择余地,从而在技术方案制订,资金运作,合作伙伴选择等方面获得有利地位,也有利于打破垄断,避免因不了解情况而陷入被动局面。

(3) 不要在立场上讨价还价。

在立场上争执不休,可能会导致:① 会降低谈判的效率,可能会使谈判陷入僵局,甚至使谈判破裂;② 会使谈判变成一种意志的较量,从而严重损害双方关系。

(4) 消除对立。

在谈判中,双方经常由于对同一问题期望的差异而导致谈判进程受阻。事实上,很多情况,双方只要认准最终目标,在具体问题上可以采取灵活的态度,问题就能迎刃而解。

为对方着想,从对方角度设计一个让他满意的方案,达到我的目的,这是上上策。

因此,妥协有时候是种让步,在某些时候则仅仅是为了寻求折中的替代方案。退一步的目的永远是进两步。能够创造性地提出妥协方案,是一个谈判者成熟的标志。当然,也不是任何事情都可以妥协,在原则问题上是不允许退让半步的。但是,在非原则问题上,如果你能找到可以退让的地方,并在适当的时候运用,打破僵局,就能抓住谈判中的主动。

2. 公平原则

同谈判对手进行的竞争应该是一种"公平竞争",同潜在的合作外商的谈判应建立在平等互利的基础上,因为正如博弈中所表明的,一个商人在不公平的竞争中失败了,在今后的合作中一定会采取消极的态度。

但是,世上又没有绝对的公平。就如将一笔财富在穷人和富人之间分配,无论是将财富平均分配还是进行不平均的分配,都各有道理。过程的公平比结果的公平更重要。机会的平等是今天能做到的最大的公平。因此只有在一个公平的机制下进行的谈判,才能使双方信服和共同遵守。

3. 时间原则

时间的价值体现在质与量两方面。所谓质即是要抓住时机,该出手时就出手。所谓量是指谈判中快者败、慢者胜。谈判中切忌焦躁。要懂得慢工出细活。在谈判中装聋作哑,最后使对方问我们"你觉得应该怎样办?"从而达到自己的目的的例子很多。同时要注意时间的结构,凡是我想要的,对方能给的,就先谈,多谈;凡是对方想要的,我不能放的,就后谈少谈。在会谈前先摸清对方的行程时间安排,在看似不经意间安排与会谈无关的内容,最后使对方不得不草草签订有利于自己的协定,这样的例子在商务谈判案例中枚不胜数。

> 1995年4月20日,德国某大公司的总裁带领包括技术、财务等部门的副总裁及其夫人组成了一个高级商务代表团去日本进行一次为期8天的谈判。刚下飞机便受到了日方公司的热情接待。在盛情款待中,总裁夫人告诉了对方接待员回程机票的日期。日本人便安排了大量的时间让德国人到处参观、游览,让其领略东方文化并赠回了大量礼品,直到最后两天,方把一大堆问题摆在谈判桌上去讨论。由于时间仓促,德国人不自不觉地作出了许多不必要的让步。

4. 信息原则

永远不要嫌了解对手太多。对对方了解越多,就越能抓住对方的弱点,从而进行有利的回击。

> 意大利著名女记者奥琳埃娜·法拉奇正是通过这种方法而获得许多重大内幕资料的。有一次,法拉奇采访亨利·基辛格博士说:"你简直变得比总统的名气还大,你有什么窍门?"基辛格不想回答,反问法拉奇:"你的意思呢?"法拉奇说:"我可不清楚,我正想通过这次采访找到其中的奥妙——我的意思是说,就像一名高明的棋手,你走了几手绝招(这里指基辛格的中国行)。"这样一说,基辛格顿时神采飞扬,滔滔不绝地叙述了一些中美外交史中的秘密。见报后,基辛格也不明白自己怎么会泄露这么多的内幕。虽然记者采访时的提问与我们谈判中的提问有很大的不同,但对我们在谈判中如何提问,怎样提问更加有力,更有艺术性是很有借鉴意义的。

(1) 搜集信息,正确反应。

获取信息的途径有很多,无论是公开的,还是隐秘的。但是事实证明,90%的信息可以通过合法渠道获得,另外10%的信息可以通过对90%的信息分析获得。这也就是说,一个具有很强观察力的人,可以对公开的信息进行分析,从而看到隐藏在事实下的内容,从而找到自己想要的答案。

(2) 隐瞒信息,制造假信息。

在懂得如何获取有用信息的同时,还要会制造"迷雾弹",制造假信息,来迷惑对方,或者在似有似无中给对方传递一些使其恐慌的内容,给对方造成压力,从而很好地达到自己的目的。

> 1984年,山东某市塑料编织袋厂厂长获悉日本某株式会社准备向我国出售先进的塑料编织袋生产线,立即出马与日商谈判。谈判桌上,日方代表开始开价240万美元,中方厂长立即答复:"据我们掌握情报,贵国某株式会社所提供产品与你们完全一样,开价只是贵方一半,我建议你们重新报价。"一夜之间,日本人列出详细价目清单,第二天报出总价180万美元。随后在持续9天的谈判中,日方在130万美元价格上再不妥协。中方厂长有意同另一家西方公司进行了洽谈,日方得悉,总价立即降至120万美元。中方厂长仍不签字,日方大为震怒,中方厂长拍案而起:"先生,中国不再是几十年前任人摆布的中国了,你们的价格,你们的态度都是我们不能接受的!"说罢把提包甩在桌上,里面那些西方某公司设备的照片散了满地。日方代表大吃一惊,忙说:"先生,我的权限到此为止,请允许我同厂方联系请示后再商量。"第二天,日方宣布降价为110万美元。中方厂长在拍板成交的同时,提出安装所需费用一概由日方承担,又迫使日方让步。

(3) 注重无声的信息。

如眼、手等肢体语言,这些无声的信息都向我们传递着谈判对手的内心世界。

5. 谈判心理活动原则

谈判中既要具体问题具体分析,满足对方最需要的心理需求,又要善于利用时机"乘人之危""落井下石",揣测对方是怎样的想法。具体表现在慎用负面语言,语言要具有引导性,能用反问的决不用陈述同时还要注意谈判中工作语言一致。

6. 谈判地位原则

所谓谈判地位是指你在谈判对手心目中的地位。谈判中如果双方处于不平等的地位,那么谈判将无法进行。要想提高谈判地位,可以通过暴露专业身份,制造竞争,坚持到底的耐心和放松的心情来达到。

谈判不仅是一门很重要的学问,更是一门艺术。每一次谈判既是一次新的挑战,也是一次新的机会,唯有高度的技巧、圆融的智能以及无数次实战的经验,才能化险为夷,创造双赢的结果。在商务谈判中,只有遵守以上的原则,才能更好地争取合作条件,达到双方满意的目的。

第二节　商务谈判策略

一、计划与准备策略

商务活动中,谈判的计划与准备阶段是最关键的,一个典型的谈判结果如何,有50%在和客户见面之前就已经决定了。

计划与准备阶段如此重要,而许多商务人员进行谈判时仍是仓促上阵,未能做充分的准备,使得谈判结果不能尽如人意。因此,在每一次销售谈判之前做好充分的计划与准备,是我们取得良好谈判结果的基石。谈判的计划与准备阶段涉及以下几项内容:

1. 确定谈判目标

(1) 知道自己需要什么;(2) 知道自己为什么需要它;(3) 如果没有实现自己的目标,将会发生什么事情;(4) 知道自己首要考虑的事;哪一部分首先考虑,哪一部分放在其次,哪一部分最后才考虑;(5) 自己不能接受的是什么;(6) 知道自己的谈判界线:哪些能谈,哪些不能谈;(7) 为自己设定谈判的顶线目标、现实目标、底线目标;(8) 自己能作出什么让步以及有什么拿去作为交换条件而准备让步。

2. 认真考虑对方的需要

谈判的准备工作不能仅仅考虑自己的要求和需要,同时也要考虑谈判的对方可能需要什么。成功的谈判不应该产生失败者与成功者,应力图让双方都取得满意的结果。谈判应以双赢为结局。

为了使谈判双方都有所收获,谈判者必须作换位思考,站在对方的位置上来考虑问题:在谈判中对方需要什么,为什么需要它;对方需要得到这个结果背后的原因可能是什么;什么问题对对方来说最重要;对方首要考虑的是什么;什么问题对方不能作出丝毫让步;对对方来说最糟糕的结果可能是什么;对方的顶线、现实、底线目标可能是什么;对方准备拿来交换的是什么;对方可能会失去什么;对方为了支持自己的立场可能会提出哪些问题;对方是否有足够的事实数据或信息来支持自己的立场与观点。

虽然不能准确地回答上述问题,但经过仔细考虑和推测这些问题,就能更好地把握谈判的进程与方向。

3. 评估相对实力和弱点

本方可能做出的让步和能够交换的项目取决于在谈判中的实力和弱点。实力是指可以对对方的行动施加的支配力或影响力。本方实力的表现形式为:

（1）决策权威:是否拥有作出正式决策的权利。
（2）专家权:对讨论的问题是否具有丰富的知识。
（3）对讨论的问题是否有充裕的时间。
（4）决心与毅力。
（5）是否做有充分的准备。
（6）是否具有丰富的谈判经验。
（7）是否拥有内部消息。
（8）是否认识某个能影响谈判结果的人。
（9）是否拥有使用某些制裁或施压的权利。

4. 制定谈判策略

制定全部战略是谈判准备工作的重要组成部分,其重点如下:

（1）第一次会面时,应当提哪些问题?
（2）对方可能会提哪些问题? 本方应如何回答?
（3）我方是否有足够的事实数据和信息来支持自己的立场? 如果没有,应增加哪些信息?
（4）我方应当采取什么样的谈判风格?
（5）选择谈判地点、时间。
（6）如何开局?
（7）以前的谈判可能对这次谈判产生怎样的影响?
（8）谈判所在地的习惯、风俗以及可能怎样影响谈判双方?

团体间的谈判还应作如下准备:

（1）确定主谈人;（2）确定提问人;（3）确定回答对方问题的人;（4）明确反驳对方观点和缓和紧张气氛的人(即明确唱"黑脸"和"红脸"的人)。

二、谈判进程策略

商务谈判中,谈判的双方毕竟并非敌对的关系,但也并不是不存在利益冲突和矛盾。在没有任何技巧与原则的谈判中,谈判者往往会陷入难以自拔的境地,要么谈判陷入僵局,要么双方在达成协议后总觉得双方的目标都没有达到,或者谈判一方总有似乎失掉了一场对局的感觉。全美首席销售谈判大师罗杰·道森在他的《销售人员谈判训练》一书中谈到这个问题时说：谈判双方"要的不一定是同样的东西。糟糕的谈判对手试图强迫对方改变立场，而高明的谈判对手知道即使立场差别很大，双方的利益也可以是共同的，所以他们通过行动让对方改变立场，关注双方共同的利益"。

在谈判双方彼此存在长期合作诚意的前提条件下，可以遵循以下步骤和原则促使谈判获得成功。

1. 申明价值

申明价值即谈判的开局阶段，谈判双方彼此应充分沟通各自的利益需要，申明能够满足对方需要的方法与优势所在。此阶段的关键步骤是弄清对方的真正需求，因此其主要的技巧就是多向对方提出问题，探询对方的实际需要；与此同时也要根据情况申明我方的利益所在。因为越了解对方的真正实际需求，越能够知道如何才能满足对方的要求；同时对方知道了我方的利益所在，才能满足你的要求。前面两个人都想要一个橘子的例子就说明了这个道理。

因此，需要指出的是，用所谓"商务谈判技巧"在谈判过程中迷惑对方，让对方不知道我方的底细，不知道我方的真正需要和利益所在，甚至想方设法误导对方，生怕对方知道了我方底细会漫天要价，这并不符合产业市场建立合作伙伴关系的谈判原则。如果总是误导对方，那么可能最终吃亏的是误导者自己。

1980年初，北京某手表厂由于受国际市场的冲击，实际生产不能满足生产能力的要求，厂房闲置，人员富余。这时正好有一瑞士"ETA"公司来京寻找合作伙伴。经双方谈判，该厂利用自己的厂房和部分工人，进行来料加工。每装配一个手表的机芯可得加工费1.2美元。这样不但解决了部分人员的工作问题，而且也取得了外汇收入，更主要的是提高了职工的技术水平。

刚进行了一年，老厂长离任。新厂长上任，想一下扭转工厂局面，但不从本厂生产抓起，而是想提高来料加工费。这时和外商的合作合同也快到期，新厂长想在续约时提高加工费标准，由1.2美元提高到1.7美元。当时手表行业正处于低潮期，许多厂都处于半停产状态。

到期谈判时，新厂长没有直接把提高加工费的意见拿出来谈判，而是用"该厂厂房要另做它用"为由，想让外方提出主动提出提高加工费标准。结果，外方很干脆地决定终止谈判，停止合作，马上把这项业务交给南方某市一家小厂去做。北京这家手表厂失去了此项业务，损失严重。

后来得知，外方对北京这家手表厂的工人技术很满意，本来有意续签第二期合同，同时可以增加10%的加工费。由于新厂长没有运用正确的谈判方法，采用了不合适的方法，致使外方感觉新来的厂长不友好、不诚实，无法合作。如果当时坦率交换有关信息，进行沟通，直接谈价格问题，协议很快就会达成。新厂长提出一个不相干的理由，恰好又另有工厂在与外商接触，致使北京这家手表厂谈判失败。（资料来源：《瑞士表在中国的营销案例》《中国经营报》2003年4月7日）

2. 创造价值

在谈判的中局阶段,双方彼此沟通,往往申明了各自的利益所在,了解对方的实际需要。但是,以此达成的协议并不一定对双方都是利益最大化。也就是,利益在此时往往并不能有效地达到平衡。即使达到了平衡,此协议也可能并不是最佳方案。因此,谈判中双方需要想方设法去寻求更佳的方案,为谈判各方找到最大的利益,这一步骤就是创造价值。

创造价值的阶段,往往是商务谈判最容易忽略的阶段。一般的商务谈判很少有谈判者能从全局的角度出发去充分创造、比较与衡量最佳的解决方案。因此,也就使得谈判者往往总觉得谈判结果不尽如人意,没有能够达到"赢"的感觉,或者总有一点遗憾。由此看来,采取什么样的方法使谈判双方达到利益最大化,寻求最佳方案就显得非常重要。

3. 克服障碍

这一般是谈判的攻坚阶段。谈判的障碍一般来自于两个方面:一个是谈判双方彼此利益存在冲突;另一个是谈判者自身在决策程序上存在障碍。前一种障碍是需要双方按照公平合理的客观原则来协调利益;后者就需要谈判无障碍的一方主动去帮助另一方能够顺利决策。

> 第二次世界大战期间,一些美国科学家试图说服罗斯福总统重视原子弹的研制,以遏制法西斯德国的全球扩张战略。他们委托总统的私人顾问、经济学家萨克斯出面说服总统。但是,不论是科学家爱因斯坦的长信,还是萨克斯的陈述,总统一概不感兴趣。为了表示歉意,总统邀请萨克斯次日共进早餐。
>
> 第二天早上,一见面,罗斯福就以攻为守地说:"今天不许再谈爱因斯坦的信,一句也不谈,明白吗?"萨克斯说:"英法战争期间,在欧洲大陆上不可一世的拿破仑在海上屡战屡败。这时,一位年轻的美国发明家富尔顿来到了这位法国皇帝面前,建议把法国战船的桅杆砍掉,撤去风帆,装上蒸汽机,把木板换成钢板。拿破仑却想:船没有帆就不能行走,木板换成钢板就会沉没。于是,他二话没说,就把富尔顿轰了出去。历史学家们在评论这段历史时认为,如果拿破仑采纳了富尔顿的建议,十九世纪的欧洲史就得重写。"萨克斯说完,目光深沉地望着总统。罗斯福总统默默沉思了几分钟,然后取出一瓶拿破仑时代的法国白兰地,斟满了一杯,递给萨克斯,轻缓地说:"你胜利了。"萨克斯顿时热泪盈眶,他终于成功地运用实例说服总统作出了美国历史上最重要的决策。

三、价格谈判策略

在谈判中,双方事先都给自己定下心中的保留价格,即卖方心中的最低售价,买方心中的最高购价。谈判中双方彼此都难于知道对方心中的保留价格,只能是概略地估计。经过双方第一回合的一方报价和另一方的还价的交锋后,双方的临界价格即卖方报出的最高价,买方递出的最低价,就圈定了讨价还价的价格范围。这个价格范围,很显然包括了策略性虚报部分,这就是通俗所说的水分、虚头。讨价还价就是买方需极力减低卖方对于获得高价的期望和估计,卖方则尽量降低买方对于低价的期望和估计,通过争论和策略的运用,以求达到双方共同期望目标的价格。

1. 谈判中的价格表现

(1) 积极价格和消极价格

产品价格使对方敏感的程度,如果大,则是消极价格,如果小,则是积极价格。同一产品的同一价格,不同的买主的敏感度不同。主要根据其需求程度而定。

(2) 实际价格与相对价格

单纯的产品标价即为实际价格,而与产品的有用性(使用价值)相对应的价格则为相对价格。后者使价格与对方即将得到的好处密切联系在一起。

谈判者应努力做到:不让对方的精力集中在产品的实际价格上,而是将其注意力吸引到相对价格上来。

以下十二个方面都存在相对价格的运用:

① 选择支付方式时;
② 小事上的慷慨;
③ 友好相待;
④ 购销差价的大小;
⑤ 产品的科技含量;
⑥ 产品需求的紧迫性;
⑦ 实际价格对价格的影响;
⑧ 产品声誉;
⑨ 安全可靠性;
⑩ 大宗或一揽子交易;
⑪ 心理价格策略;
⑫ 突出介绍产品的功能和优点。

(3) 如何识别和应对对方所说的"太贵"

① 对方说因为"总的经济状况不好"。但很多时候这可能只是一种还价的方法。
② 对方说因为"暂时的经济困难"。你可以提出分期付款,如果仍不响应,则对方所说"太贵"只是一种托词。
③ 对方说因为"资金周转困难"。赊账就可以解决此问题。
④ 对方声明价格超出了他的计划。说明你没有激发对方获得该产品的欲望。
⑤ 对方对价格有他自己的计算方法。你应该比对方拥有更多的该产品信息,所以应该分拆价格内容,让对方自己再次计算。
⑥ 对方将该产品与同类产品和替代品比较。你要做的是强调本产品的优点和功能。
⑦ 对方以竞争者的价格为参照。你应该解释比竞争对手高的原因,强调产品的差异性。
⑧ 从前的价格。你需要解释涨价的原因。
⑨ 习惯性压价。你可以置之不理,或者视为一种玩笑。

⑩ 试探是否有讨价还价的余地。你需要以礼相待不为所动。

(4) 报价

报价要高过所预期的底牌,为谈判留有周旋的余地。谈判过程中,你总可以降低价格,但绝不可能抬高价格。因此,你所要的报价对你最有利,同时买方仍能看到交易对自己有益。

你对对方了解越少,开价就应越高,理由有两个。首先,你对对方的假设可能会有差错。如果你对买方或其需求了解不深,或许他愿意出的价格比你想的要高。第二个理由是,如果你们是第一次做买卖,若你能做很大的让步,就显得更有合作诚意。你对买方及其需求了解越多,就越能调整你的报价。这种做法的不利之处是,如果对方不了解你,你最初的报价就可能令对方望而生畏。

如果你的报价超过最佳报价价位,就暗示一下你的价格尚有灵活性。如果买方觉得你的报价过高,而你的态度又是"买就买,不买拉倒",那么谈判还未开始结局就已注定。你可以通过如下方式,避免开出令对方生畏的高价:"一旦我们对你们的需求有了更准确的了解,也可以调整这一报价。但就目前你们的定货量、包装质量和适时库存的要求来看,我们最低只能出每件2.25美元。"这样,买方可能会想:"要价太高了,但看来还可以谈一谈。我要下点工夫,看看能压到多少。"

在提出高于预期的要价后,接下来就应考虑:应该多要多少?答案是:以目标价格为支点。对方的报价比你的目标价格低多少,你的最初报价就应比你的目标价格高多少。

例如,买方愿出价1.60美元买你的产品,而你能承受的价格是1.70美元,支点价格原理告诉你开始应报价1.80美元。如果谈判的最终结果是折中价格,你就达到了目标。当然,并不是你每次都能谈到折中价,但如果你没有其他办法,这也不失为上策。

概括起来说,报价应当注意:(1) 周密、审慎地确定报价水平;(2) 报价时应坚定果断,不可有半点犹豫;(3) 报价要明白、准确。

先报价的好处是实际上为谈判规定了一个框架,在整个谈判中都会起协调作用。但弊端是对方听后可以从容调整自己的想法,可能获得本来得不到的好处。而且还有可能集中力量对报价发起进攻,迫使报价方一步步降价,而他们究竟打算出多高的价还是个未知数。

(5) 还价

还价在价格谈判中是必然的环节,通常要遵循以下策略:

① 事先对对方的报价表仔细分析、运筹。

② 如果发现对方所开条件和要求差距太大,可以要求对方重新报价。

③ 要求开价方提出其所能提供的最高和最低标价。

④ 探测临界价格(即双方都愿意接受的价格)。

假设策略:假装要购买额外的东西,试探对方的价格是否可以变动。

大宗订单策略:如标价12元/米,则建议以5元的价格全部买下,从而找出卖主的成本或低价。

交易告吹策略：对买主过低的价格表示不能成交，询问买主究竟能出多高的价以便作为参考（当时并不答复，而是借口要请示等），待以后再提出对自己有利的价格。

设托策略：让另一人出低价来试探卖主的反应，然后你再出面和卖主议价。

同时让步策略："我这样做，你那样做"，以让步来交换让步。

诱使撤防策略：先表示浓厚的购买兴趣，然后表示没有能力购买，只是想知道这类产品究竟值多少钱。

升高策略：先和买主谈交易内容，再根据情况叫价格提高。

仲裁策略：快速与对方商谈价格，尽可能使对方作最大让步，即使破裂也无妨，然后再请第三者来仲裁，并且使对方做更大的让步。

合计策略：例如两幅画共值300元，有一幅要价200元，则买者就以100元的基价去商买另一幅画。

（6）让步

在商务谈判中，为了达成协议，让步是必要的。但是，让步不是轻率的行动，必须慎重处理。成功的让步策略可以起到以局部小利益的牺牲来换取整体利益的作用，甚至在有些时候可以达到"四两拨千斤"的效果。让步的一般原则为：

① 不做无端让步；

② 让步要恰到好处；

③ 次要问题上让步，诱使对方在重要问题上让步；

④ 不承诺同等幅度的让步；

⑤ 一次让步的幅度不要过大，节奏也不要太快。

2. 价格谈判应对策略

（1）反向提问策略及其应对

谈判进行到一定阶段，对方不是马上杀价，而是向你方提出一连串的问题，以便寻找更多可能出现的还价机会，以便讨价还价。这就是反向提问策略。

应对：

① 不对对方的设问立刻做出估价。

② 分析对方设问的真正原因，不被其大批量或小批量的声称所迷惑。

③ 以对方先确定定货量为条件再行报价。

④ 回避问题，拖延时间，为报价做好准备。

⑤ 将"球"踢回去，提出种种附加条件请对方考虑。

（2）低价策略及其应对

为防止大力杀价，卖方力图使对方相信所出的价格低廉合理，这就是低价策略。常用方法是：① 以最小或较小计价单位报价；② 用较高的产品价格与所谈的产品价格比较；③ 和劣质产品放在一起示范；④ 列出优点抵销"价格太高"的异议；⑤ 从另一角度讨论价格，如：把价格分摊到每一月甚至每一天，从而使数目变得很小。

买方应对：

① 始终牢记成本是基础；

② 对方进行价格比较，你可以衡量性价比；

③ 不顺着对方的角度单一考虑问题,应放开视野,多角度考虑问题。

(3) 抬价策略及其应对

谈判过程中,卖方有意抬高此前的报价,并使买主相信你的报价是合理的,以此来抵制对方进一步提出的要求。这就是抬价策略。

应对:

① 识破对方的伎俩,直接指出,提议双方开诚布公地谈。
② 让对方在合同上署名的人越多越好,以避免一些不讲信用的人推翻协议。
③ 反抬价,也推翻你和他达成的协议。
④ 在合同签好以前,要求对方做出某种承诺,以防他反悔。
⑤ 考虑退出谈判。

第三节　商务谈判各阶段的沟通

> C公司向D公司进口定做木质宾馆家具700套,合同规定买方发现单货不符时索赔期限为货到目的港的30天内,付款期为90天内。
>
> 由于C公司的客户E宾馆尚未建好,家具无法安装。两个月后,待宾馆完工,家具就位,发现某些家具发生起壳,就向D公司提出拒付,但D公司依据合同规定的单货不符时索赔期限为货到目的港的30天内,如今D公司发现单货不符(家具起壳)提出拒付的时间已是货到目的港的两个月(即60天)以后了,这早已超过了合同规定的单货不符的索赔期限。最终D公司理由充足地拒绝了索赔。

这是一个谈判中沟通不足造成无法索赔的例子。商务人员作为谈判的主体,在形成良好融洽的气氛中应发挥自己的主观能动性,有意识地营造一个和谐、舒适、坦诚、亲切的谈判氛围,为双方制造一个良好的幽雅环境,推动谈判气氛向着融洽、友好、富于建议性和创造性的方面发展,为顺利地完成谈判和执行合同创造有利条件。

一、开局阶段的沟通

进行谈判要有一定基础,在正式谈判之前,大家有一个互通信息、互相摸底的阶段,即开局阶段。这个阶段对以后谈判的发展有着非常重要意义。在谈判开局阶段,我们应做好以下几方面的沟通工作:

1. 创造和谐的谈判气氛

创造和谐的谈判气氛要想获得谈判的成功,必须创造出一种有利于谈判的和谐气氛。任何一方谈判都是在一定的气氛下进行的,谈判气氛的形成与变化,将直接关系到谈判的成败得失,影响到整个谈判的根本利益和前途,成功的

谈判者无一不重视在谈判的开局阶段创造良好的谈判气氛。

谈判者的言行,谈判的空间、时间和地点等等都是形成谈判气氛的因素。谈判者应把一些消极因素转化为积极因素,使谈判气氛向友好、和谐、富有创造性方向发展。

要想形成一个和谐的谈判气氛,要把谈判的时间,环境等客观因素与谈判者自身的主观努力相结合,应该做好以下几方面的工作:

(1) 谈判者要在谈判气氛形成过程中起主导作用。形成谈判气氛的关键因素是谈判者的主观态度,谈判者积极主动地与对方进行情绪、思想上的沟通,而不能消极地取决于对方的态度。例如,当对方还板着脸时,你应该率先露出微笑,主动地握手,主动地关切,主动地交谈,都有益于创造良好的气氛。如果谈判者都能充分发挥自己的主观能动性,一定会创造出良好的谈判气氛。

(2) 心平气和,坦诚相见。谈判之前,双方无论是否有成见,身份、地位、观点、要求有何不同,一旦坐到谈判桌前,就意味着双方共同选择了磋商与合作的方式解决问题。因此,谈判之初就应心平气和,坦诚相见,这才能使谈判在良好的气氛中开场,这就要求谈判者抛弃偏见,全心全意地效力于谈判,切勿在谈判之初就以对抗的心理出发,这只会不利于谈判工作顺利进行。

(3) 不要在一开始就涉及有分歧的议题。谈判刚开始,良好的气氛尚未形成,最好先谈一些友好的或中性的话题。如询问对方的问题,以示关心;回顾以往可能有过交往的历史,以密切关系;谈谈共同感兴趣的新闻;幽默而得体地开开玩笑等。这些都有助于缓解谈判开始的紧张气氛,达到联络感情的目的。

(4) 不要刚一见面就提出要求。如果这样,很容易使对方的态度即刻变得比较强硬,谈判的气氛随之恶化,双方唇枪舌剑,寸步不让,易使谈判陷于僵局。由此可见,谈判尚未达成必要的气氛之前,不可不讲效果地提出要求,这不仅不利于培养起良好的谈判气氛,还会使得谈判基调骤然降温。

2. 正确处理开局阶段的"破冰"期

我们把谈判进入问题前的准备时间称之为"破冰"期。谈判开局的准备时间与谈判前的准备阶段不同,它是谈判已经进入开始阶段的短暂的过渡时间,谈判的各方见面、寒暄、握手、笑谈等都是在此期间进行的。正确把握"破冰"期,有利于谈判期的自然过渡,但应如何来把握"破冰"期呢?

"破冰"期是谈判开局阶段的准备,那么这种准备时期应该把握多长时间为宜呢? 这需要根据谈判的具体情况而定,通常情况看"破冰"期一般可控制在全部谈判时间的2%~5%为宜。长时间或多轮谈判,"破冰"期可以相对延长,例如,谈判双方在异地的大型会谈,可用整天的时间组织观光,沟通感情、增进了解,为正式谈判创造良好的气氛。

"破冰"期是走向正式谈判的桥梁。如何掌握好"破冰"期的"火候",也是谈判者的一种艺术,成功的谈判者无一不正确处理好了"破冰"期。"破冰"期延续的长了,会降低谈判效率,增大成本投入,甚至会导致谈判者乏味,产生适得其反的后果;"破冰"期进行的短了,会使谈判者感到生硬,仓促,谈判起来,没有"水到渠成"的感觉,达不到创造良好开端的目的。至于"破冰"期究竟进行到何种状态才算适宜,这不仅要以时间的长度加以考虑,更重要的是靠谈判双方面的经验,直觉来相互感应:到谈判该是进入正题的时候了。在"破冰"期中间,

应注意如下几个问题:

(1) 行为、举止和言语不要太生硬,谈判"破冰"期应是感情自然流露。谈判双方的言行,举止,都应当是随和而流畅的,切不可语言生硬、举止失度,如说话粗俗,拉拉扯扯等不良行为,都不利于创造"破冰"期的和谐气氛。

(2) 不要紧张。许多性格内向,或初涉谈判者,由于心情紧张,在面对谈判对手时,手足无措,不知说什么好、结果使对方也很不自然。谈判者必须力克心情紧张,特别在一些涉外谈判中,不可面对高鼻梁,蓝眼睛外国人自惭形秽、唯唯诺诺、缩手缩脚。

(3) 说话不要唠叨。有些谈判者虽然快言快语,但却唠唠叨叨,一句话重复很多遍,在这惜时如金的谈判桌前是最惹人反感的,特别在谈判的一开始,即刻会给人留下不好的印象,谈判者在"破冰"期内的用语必须注意效果,简洁、精练。

(4) 不要急于进入正题。在创造气氛中我们已经谈到,谈判者初见面时不宜急于切入正题,而应首先沟通感情,增进了解、否则便犯了"破冰"期约大忌。俗话说"欲速则不达"就是告诉我们办任何事情都要循序渐进,不可心急,谈判亦是如此。

(5) 不要与谈判对方较劲。"破冰"期内的交谈,一般都是非正式的,通常采用漫谈的形式。因此,语言并不严谨。谈判者不可对对方的每一句话都仔细琢磨,这会影响感情交流。如对方有哪句出言不周,切不可耿耿于怀,立即回敬,这只能弄巧成拙、招致蔑视。

(6) 不要举止轻狂。"破冰"期是展示双方气质、姿态的第一回合。谈判是一种文明竞争的方法。谈判举止的第一印象,是影响对方对你所持态度的关键因素,如果谈判者在谈判的一开局就举止轻狂,甚至锋芒毕露地炫耀自己,这在富有经验的谈判者面前就是一个初涉谈判的小丑形象。

当然,要很好地度过谈判"破冰"期、不要忘了微笑的幽默。

3. 在谈判开局阶段,探测对方情况,了解对方虚实

在谈判的开局阶段,不仅要为转入正题创造气氛,做好准备,更重要的是,谈判的双方都会利用这一短暂的时间,进行事前的相互探测,以了解对方的虚实,所以,这段时间也被称为探测期。

在这一期间,主要是借助感觉器官来接受对方通过行为、语言传递来的信息,并对其进行分析、综合,以判断对方的实力、风格、态度、经验、策略以及各自所处的地位等等,为及时调整己方的谈判方案与策略提供依据。当然,这时的感性认识还仅仅是初步的,还需在以后的磋商阶段加深认识。老练的谈判者一般都以静制动,用心观察对手的一举一动,即使发言也是诱导对方先说,而缺乏谈判经验的人才抢先发表己见,主张观点。实际上,这正是对方求之不得的。

如果谈判者不想在谈判之初过多地暴露弱点,就不要急于发表己见。特别不可早下断语因为谈判情势的发展,往往会使你陷于早下结论的被动。

正确的策略是,在谈判之初最好启示对方先说,然后再察言观色,把握动向;对尚不能确定,或需进一步了解情况进行探测,这就涉及谈判正式开始时的启示、察言观色、探测对方的问题。

(1) 要想启示对方先谈谈看法,可采取几种策略,灵活、得当地使对方说出自己的想法,又表示了对对方的尊重。

① 征询对方意见,这是谈判之初最常见的一种启示对方发表观点的方法。如"贵方对此次合作的前景有何评?""贵方认为这批冰箱的质量如何?""贵方是否有新的方案"等。

② 诱导对方发言,这是一种开渠引水,启示对方发言的方法。如"贵方不是在传真中提到过新的构想吗?""贵方对市场进行调查过,是吗?""贵方价格变动的理由?"……

③ 使用激将的方法。激将是诱导对方发言的一种特殊方法,因为运用不好会影响谈判气氛,应慎重使用。如"贵方的销售情况不太好吧?""贵方是不是对我们的资金信誉有怀疑?""贵方总没有建设性意见提出来"。

在启示对方发言时,应避免使用能使对方借机发挥其优势的话题,否则,则使己方处于被动。

(2) 当对方在谈判开局发言时,应对对方进行察言观色。因为注意对方每一句话的意思和表情,研究对方的心理、风格和意图,可为己方所作的第一次正式发言提供尽可能多的信息依据。

在谈判桌上,不仅要注意观察对方发言的语义、声调、轻重缓急;还要注意对方行为语言,如眼神、手势、脸部表情,这些都是传递某种信息的符号。优秀的谈判者都会从谈判对手起始的一举一动中,体察对方的虚实。

(3) 要对具体的问题进行具体的探测。在有些情况下,察言观色并不能解决问题,这就要进行一些行之有效的探测了。例如,要探测对方主体资格和阵容是否发生变化,可以问:"××怎么没来?"要探测对方出价的水分,可以问:"这个价格变化了吧?"要探测对方的资金情况,可以问:"如果 c 要我们付现金呢?"要探测对方的谈判诚意,可以问:"据说贵方有意寻找第三者?"要探测对方有否决策权,可以问:"贵方认为这项改变可否确定?"等。

此外,谈判者还可以通过出示某些资料,或要求对方出示某些资料等方法来达到探测的目的。

4. 为了处理好谈判的开局,还要注意防止两种倾向

(1) 切忌保守。因为,人们在陌生的环境中与他人发生联系时,处事往往是较为谨慎小心的。所以,谈判的开局阶段,谈判者通常是竞争不足,合作有余,更易保守,唯恐失去一个合作的伙伴或一个谈判的机会,如果因此一味迁就对方,不敢大胆坚持己方的主张,结果必

然会被对方牵着鼻子走。开局阶段的保守,将会导致两种局面:一是一拍即合,轻易落于对方大有伸缩的利益范围,失去己方原来应该得到的利益;二是谈判一方开局就忍让,迁就对方,使对方以为你的利益要求仍有水分,而把你的低水平的谈判价值保守点作为讨价还价的基础,迫使你做出更多的让步。

所以,在谈判的开局阶段要敢于正视对方,放松紧张心理,力戒保守。

为了防止谈判开局中的保守所导致的上述两个局面,就必须坚持谈判的高目标。谈判目标定的高低,将直接影响谈判的成果,没有远大的目标,就没有伟大的创举。只有将谈判的目标定在一个努力弹跳能摸到的位置,才是恰当的。

在谈判开局中,坚持在一个高目标的基础上进行,就会避免出现不利情况,使谈判者在以后的谈判中获得适合的利益。

(2) 切忌激进。我们强调谈判的开局要有一个高目标,但高目标不是无限度地高,更不能把己方的高目标建立在损害对方利益的基础之上。

如果谈判一方单纯考虑自己的利益,而忘记了谈判是双方或多方的合作。由于自己的要求过高而损害别人的利益,则会出现两种不利的局面:一是对方会认为你没有诚意以至破坏了谈判的必要性,因此,谈判者在开局阶段,不仅要力戒保守,而且也要防止因提出过分的要求而破坏谈判的气氛;二是对方为了抵制过高的要求,也会"漫天要价",使谈判在脱离现实的空中楼阁中进行,只能导致徒劳无功浪费时间。这就是所谓的"以其人之道,还治其人之身。"使谈判陷于僵局。

在谈判的开局阶段,谈判者既要有一个高目标,又要防止不切实际的"漫天要价"。在处理谈判开局阶段中的竞争与合作、索取与退让的关系以及把要求的目标限定在一个科学、适度的范围内的过程中,我们应科学地分析和预测彼此价值要求的起点、界点、争取点,从而找到谈判的协作区,以决定计划中的利益要求的限度。

二、中局阶段的沟通

开局过后,即转入正面交锋,也就是进入中局阶段。在此阶段,谈判的双方唇枪舌剑,左冲右突,从自己的利益出发,抓住一切有利于自己的因素,竭力说服对方,使谈判朝着有利于自己的方向发展,这是整个谈判的决定性阶段和实质阶段。这个阶段的沟通技巧尤其不能忽视。

1. 探测对方的需求

对方的需求究竟在哪里,是商务人员始终关心的问题。谈判中,应通过以下沟通方式进行探测:(1) 通过提问了解;(2) 通过聆听了解;(3) 通过对方的体态语言了解。

2. 提出本方需求

一般有以下两种方法提出本方需求:

(1) 根据本方的实力和地位提出需求;

(2) 通过提出极端的需求来降低对方的期望。

3. 满足需求

一般包括以下几个方面:

(1) 满足对方的基本需求;

(2) 适当满足对方的经济利益需求;

(3) 满足对方的归属需求,比如按对方的意愿认可对方是一家著名企业;

(4) 满足对方获得尊重的需求,比如认可对方某主谈人员的名气或在公司里的地位。

4. 激将法

有时可以适当地激怒对方,对方通常会为了赢得你的尊敬而竭尽全力。

5. 调动对方的技巧

具体做法有:

(1)采取低姿态,令对方的强势无用武之地;
(2)大智若愚,在一些小问题上装糊涂,让对方放松警惕;
(3)看准时机发出最后通牒。

6. 排除障碍

可以从以下几方面排除障碍:
(1)避免争论;
(2)避开枝节问题;
(3)排除障碍但不要伤害感情;
(4)多多赞美对方;
(5)尽量先发制人排除障碍;
(6)不可对对方的心理障碍大做文章。

7. 灵活应变

面对不断变化的局面,要运用一定的应变技巧:
(1)不理会对方的大声叫嚷;
(2)接受对方的正确意见并立即采取行动;
(3)反击污蔑不实之词;
(4)要善于缓和气氛;
(5)该撤退时就撤退;
(6)转移话题;
(7)主动承担无关紧要的责任。

8. 对待竞争者的策略

对方有时会通过提及竞争者,企图以此获得利益。对此,可以运用以下策略:
(1)赞扬竞争者但尽量回避;
(2)用有力的证据批判竞争者的产品;
(3)承认竞争者的存在,但不轻易攻击。

三、结束阶段的沟通

谈判进入结束阶段时,商务人员应该注意:
(1)正确选择结束谈判的时机。
原则,目标的临界点即将到达时,可提出结束谈判。
(2)结束时,谈判者应该用巧妙的方法祝贺对方做了一笔好生意,不要令对方有后悔的感觉。
(3)重要的谈判圆满结束后,双方应尽量地一起轻松地交流一下,一是消除一下疲劳,二是为今后的合作(合同的履行)营造更好更融洽的关系基础。

第四节 商务谈判的语言和行为沟通艺术

一、语言沟通艺术

前面的内容中已经从不同侧面地涉及了谈判中的语言运用技巧。现将谈判中的语言沟通艺术归纳如下：

1. 商务谈判的十大规则

(1) 说话过多和要点过多会影响交易的达成；
(2) 不要泛泛罗列太多产品的优点；
(3) 逐一介绍产品的优点比一句话介绍好几种优点效果要好；
(4) 说话时多用主动语态；
(5) 不要表现出过分的热情；
(6) 谈话中穿插提及双方有关人员的名字，既可以帮助彼此记忆，也可以增添谈话的亲切感；
(7) 你的谈话要点被对方接受才有助于谈判的进行；
(8) 对方的认真倾听不代表他真的同意你的大部分观点；
(9) 正确使用停顿；
(10) 说话不应该是经过准备的讲演或个人独白，谈判不是表演。

2. 谈判中应当避免的词句

(1) 尽量避免以"我"为中心的词句，如："我认为……"、"我的看法是……"、"如果我是你的话……"、"我要你说的是……"、"我可不这么看……"、"考虑一下我所说的话……"。
很多情况下，把"我"改成"您"效果会好很多。

(2) 避免言之无物的词句，如："我想顺便指出……"、"正像我早些时候说过的……"、"或者，换句话说……"、"事实上……然而……所以说……"、"在不同程度上……"。

(3) 没有影响的"行话"。特别是那些属于自己公司的语言或者属于本行业的语言，不能用。

3. 提问技术

(1) 提问的种类

① 引导性提问，如"违约要受惩罚，你说是不是？"
② 间接提问，如"××先生也这样认为吗？"
③ 直接提问。
④ 挑战性提问。
⑤ 突然提问。
⑥ 澄清式提问，如"您刚刚说上述情况没有变动，这是不是说你们可以如期履约了？"
⑦ 探索式提问，如"什么保证能证明贵方可如期履约呢？"

⑧ 强迫选择提问,如"原定的协议,你们是今天实施还是明天实施?"
(2) 提问的原则
① 不要审问式提问;
② 不要随便或故意提问;
③ 可以用虚心的态度提问;
④ 可以向对方的其他人员(部门经理、秘书等)提问,答案可能更令你满意。

4. 回答技巧
(1) 不可随意回答;
(2) 不一定要全部回答;
(3) 顾左右而言他;
(4) 寻找某一借口(资料不全等)拖延回答;
总的原则:知道应该说什么,不应该说什么。

5. 说服技巧
(1) 充分运用各种工具进行说服,如:印刷品、可视媒介物、模型及样品、宣传、证明材料等。
(2) 先讨论容易解决的问题,再讨论容易引起争论的问题。
(3) 强调彼此的一致,比强调彼此的差异更能令对方接受。
(4) 先透露一个对方感兴趣的消息,再设法说服他。
(5) 多次劝诱不成,可适当采用威胁策略进行说服。

二、行为沟通艺术

1. 从容对付僵局

所有的谈判似乎都会出现僵局,那怎么办呢?首先,为谈判作准备时,应假设这个时刻迟早会到。到来时,不要心慌不要气馁。设想任何谈判都会出现分歧,出现似乎不能解决的问题。第二,渡过这种情况的关键是感情上的反抗。谈判人员必须面对似乎不能解决的僵局,然后退回来休整五分钟、一小时、或几天。可以暂停休息一会儿、出去走走或离开产生僵局话题,或换一个新环境,改变谈判背景。当与对方重新聚集在一起时,双方或许都带着解决问题的新办法回来。

> 美国 ITT 公司著名谈判专家 D. 柯尔比曾讲过这样一个案例:柯尔比与 S 公司的谈判已接近尾声。然而此时对方的态度却突然强硬起来,对已谈好的协议横加挑剔,提出种种不合理的要求。柯尔比感到非常困惑,因为对方代表并非那种蛮不讲理的人,而协议对双方肯定是都有利的,在这种情况下,S 公司为什么还要阻挠签约呢?柯尔比理智地建议谈判延期。之后从各方面收集信息,终于知道了关键所在:对方认为 ITT 占的便宜比己方多多了!价格虽能接受,但心理上不公平的感觉却很难接受,导致了协议的搁浅。结果重开谈判,柯尔比一番比价算价,对方知道双方利润大致相同,一个小时后就签了合同。

2. 学会应付难堪的局面

谈判中有时会出现难堪局面。应付难堪的局面,需要有理智和控制局面的能力。作为商务人员,由于其工作场所的公开性,因此就更应注意。

生活中,面对复杂的社会人际环境,机智和幽默是应付难堪局面的最佳的方法。国外一位学者讲述过这样一个故事:

> 一位作家刚刚写完一本书,聚会时朋友和同行们都在赞扬他,气氛很是融洽、愉快。这时,另一位作家站起来说道:"我也很喜欢这本书,是谁替您写的?"这时,只见作者从容地、微笑着站起来答道:"我很高兴您喜欢我写的书,那么是谁替您读的呢?"机智和幽默使作家摆脱了难堪,并保持了尊严和优雅的风度。
>
> 著名剧作家萧伯纳的名作《武器与人》首演大获成功。演出结束后,剧场内热情的观众纷纷要求剧作家上台亮相,给观众说几句话。当萧伯纳走到舞台中央,正要给观众讲话时,突然观众席上有一个人站起来冲他大叫:"萧伯纳,你的剧本糟透了,谁也不想看,赶快收回去吧,停演吧!"面对突如其来的袭击,真让人难堪。然而,萧伯纳一点也不生气,反而极有绅士风度地向那位反对者深深鞠了一躬,彬彬有礼一说:"我的朋友,你说得好,我完全同意你的意见。但是光我们两个人反对这么多的观众有什么用呢?"观众仍然报以热烈的掌声。萧伯纳的机智和幽默,使自己立即摆脱了尴尬和难堪的境地,变被动为主动。

谈判中,假如你遇到难堪的场面,采用以下方法也许能够帮助你走出困境:
(1) 充满信心,大方从容,用微笑和其他身体语言表明你的态度和风度。
(2) 设法转移话题。
(3) 采用巧妙的"封堵"方式,让对方把不该说的话留在喉咙里。
(4) 巧用"潜台词",让对方心领神会。
(5) 学会装糊涂来避其锋芒。
(6) 运用自我嘲弄的幽默感。
(7) 准备好中止交谈的说辞。
(8) 率直地说出自己的感受。
(9) 故意曲解对方的意思。
(10) 给自己找个台阶下。

3. 用创新来避免失败

永远不要将一场完全失利的辩论进行到底,当开始面临僵局,已经知道不能赢时,可以抽身而回,争取想出一个新方法来解决问题。

4. 将一次谈判看做是整个合作过程的一个部分

合作伙伴关系更多的是战略性的,所以,要照顾全局和整体关系,特别是长远利益。不能因一次不完全满意的谈判结果而失去合作前景。

5. 先框架后细节

很多时候,双方为了让协议完成,会提出一些让步。缔结协议的一个方法可以是首先达成一个仍有点粗略的整体框架,然后完成协议的各个细节部分。因为此刻,合作关系已取代对抗,双方放下了武装。

6. 庆祝协议的达成

一旦协议达成,合同签定,可以举行简单的庆祝活动,双方庆祝一下,一起吃晚饭,一起喝上一杯,互赠礼物,做些什么来纪念一下,使之成为特别时刻,让双方谈判人员获得一定的成就感。这对合同的顺利履行、对双方今后的合作是非常有利的。

总　　结

商务谈判是指一切在有形或无形产品的交换中的协商洽谈行为,它必须遵循一系列的基本原则来进行。

如何通过谈判尽可能地争取本公司的最大利益而又能让对方乐于接受,这需要正确的沟通策略和丰富的实践技巧,包括谈判的计划与准备、谈判的进程以及谈判的重要内容——价格谈判。这些策略和技巧贯穿于商务谈判的开局、中局和结尾阶段,而且各阶段的侧重点不同。

在商务谈判的全过程中,商务人员必须讲究沟通的艺术性,其主要表现为语言沟通艺术和行为沟通艺术。

 复习与思考

1. 什么是商务谈判?
2. 商务谈判应遵循哪些基本原则?

3. 商务谈判进程中应讲究什么策略?
4. 价格谈判时应讲究什么策略?
5. 商务谈判各阶段都有哪些策略?
6. 商务谈判的语言沟通艺术有哪些?
7. 商务谈判的行为沟通艺术有哪些?

实训练习

(一)课堂实训

1. 你的一位客户不接受你所开出的价格,但他只是抱怨价格太高,而没有提出任何具体的建议。面对这种情况,你怎么办?

2. 你公司有一辆半新不旧的轿车想出售,经研究能卖5万元即感满意。就在你准备寻找买主的当天下午,即有人介绍说,某单位可出6万元的价格购买一部同样的车。此时,你认为最明智的选择是什么?从以下方面选择,并说明理由:

(1) 毫不犹豫地接受这家公司的报价,向领导光荣交差。
(2) 告诉对方三天后再答复他,因为你想看看自己再寻找其他买主的效果如何。
(3) 跟对方讨价还价。

3. 商务谈判到一定阶段(比如中局阶段或结尾阶段),对手的话往往或多或少有了一些伸缩性,或者说有了一些弦外之音。下面这些话是你的谈判对手说的,这些话到底暗示着一些什么意思?

(1) "你所给的期限太短,我们很难接受。"
(2) "我无权议价。"
(3) "本公司从来没有以价格作为谈判的标准。"
(4) "根据公司的政策,我们是不打折扣的。就是打折扣,也不会超过10%。"
(5) "在这样的订货量下,我们的价格是300元。"
(6) "这是很合理的价格。"
(7) "这是我们标准的签约条件。"

(二)课余实训

请利用购物之机到不标价的商场进行下列两项实践,并形成书面总结:

(1) 询价、报价与还价;
(2) 以探测货主的临界价格为目的,有意识地使用相关策略与技巧进行讨价还价。

(三)模拟商务谈判

请反复阅读以下给定的情景资料,然后组织一次模拟的商务谈判活动。

提示:1. 阅读时最好记一下笔记,记录一些相关数据;

2. 凡是情景里没讲到的东西,都假设是不存在(或不会发生)的,切不可另外增加情况以适应本方的设想。

白石粉供需合作谈判

金星公司是Y省最大的石材加工企业,长期销售白石块和白石粉。金星公司控制Y省30%的白石矿,而Y省的白石矿储量占全国总储量的60%以上。其余的白石矿控制在其他几家企业手中。由于国际市场的石粉价格飙涨,金星公司看准机会新建了一个大型石粉加工厂,目前经营状况良好。白石块的利润没有白石粉高,因此金星公司更希望向火星公司供应石粉而不是石块,同时希望火星公司投资,合作在金星公司建立新的石粉生产线。

火星公司是全国最大的石粉使用企业,长期向金星公司(火星公司的采购经理和金星公司的销售经理因此十分熟悉、关系良好)和其他企业购买石块,但没有购买石粉,因为火星公司已经有一条自己的生产线,但现在已经不能满足生产需要了。

最近白石粉涨价,火星公司专程赴Y省,与多家供应商商谈如何长期合作以降低成本。同时火星公司也在积极从其他省份寻找白石矿,已经找到了一小部分。

白石是一个供需双方的竞争都很激烈的行业,供需双方都很透明,金星、火星公司都不是对方唯一的合作商。金星公司的资金实力不如火星公司,但火星公司的资源实力不如金星公司雄厚。

金星、火星两家公司在金星公司会面,参观完工厂后在会议室开始谈判。双方面临以下合作方式:

1. 签订长期供货合同,锁定供货价格。这可以保证双方的生产稳定。
2. 双方合作投资。金星公司和火星公司合资,在金星公司兴建新的石粉生产线。但金星、火星两家都想控股。

案例分析

案例一　厚此薄彼

1992年上海甲公司引进外墙防水涂料生产技术,日本乙公司与香港丙公司报价分别为22万美元和18万美元。经调查了解,两家公司技术与服务条件大致相当,甲有意与丙公司成交。在终局谈判中,甲公司安排总经理与总工程师同乙公司谈判,而全权委托技术科长与丙公司谈判。丙公司得知此消息后,主动大幅度降价至10万美元与甲签约。

分析与讨论:
1. 如何评论甲公司安排谈判人员的做法?
2. 如何评论丙公司大幅度降价的做法?

案例二　卡耐基与饭店老板

戴尔·卡耐基曾亲身经历过这样一件事。

他曾向纽约某家饭店租用大舞厅,每一季用二十个晚上,举办一系列的讲课。

在某一季开始的时候,他突然接到通知,说他必须付出几乎比以前高出三倍的租金。卡耐基得到这个通知的时候,入场券已经印好,发出去了,而且所有的通告都已经公布了。

当然,卡耐基不想付这笔增加的租金,可是跟饭店的人谈论不要什么,是没有什么用的,他们只对他们所要的感兴趣。因此,几天之后,他去见饭店的经理。

"收到你的信,我有点吃惊,"卡耐基说,"但是我根本不怪你。如果我是你,我也可能发出一封类似的信。你身为饭店的经理,有责任尽可能地使收入增加。如果你不这样做,你将会丢掉现在的职位。现在,我们拿出一张纸来,把你可能得到的利弊列出来,如果你坚持要增加租金的话。"

然后,卡耐基取出一张信纸,在中间画一条线,一边写着"利",另一边写着"弊"。

他在"利"这边的下面写下这些字:"舞厅空下来"。接着说:"你有把舞厅租给别人开舞会或开大会的好处,这是一个很大的好处,因为像这类的活动,比租给人家当讲课场能增加不少收入。如果我把你的舞厅占用二十个晚上来讲课,对你当然是一笔不小的损失。

"现在,我们来考虑坏处方面。第一、你不但不能从我这儿增加收入,反而会减少你的收入。事实上,你将一点收入也没有,因为我无法支付你所要求的租金,我只好被逼到别的地方去开这些课。

"你还有一个坏处。这些课程吸引了不少受过教育、修养高的群众到你的饭店来。这对你是一个很好的宣传,不是吗?

"事实上,如果你花费五千美元在报上登广告的话,也无法像我的这些课程能吸引这么多的人来看看你的饭店。这对一家饭店来讲,不是价值很大吗?"

卡耐基一面说,一面把这两项坏处写在"弊"的下面,然后把纸递给饭店的经理,说:"我希望你好好考虑你可能得到的利弊,然后告诉我你的最后决定。"

第二天卡耐基收到一封信,通知他租金只涨百分之五十,而不是百分之三百。

分析与讨论:
在这件事情上,戴尔·卡耐基是如何成功地与对方沟通的?

案例三 利益上的谈判

约翰逊是一个在当今商业界声誉卓著的"投资家",他已经搞到了一批不同类型的企业——旅馆、实验机构、自动洗衣店及电影院等。出于某些适当的理由,他决心要挤入杂志出版界。

一名"牵线人"替约翰逊同罗宾逊的杂志发行人拉上了关系。多年来,罗宾逊一直在发行和编辑一份挺不错的杂志,内容涉及某个日趋发展的专业领域。这份杂志从未"畅销",但由于罗宾逊自己承担了大部分工作,成本低廉,所以他的日子过得还算小康。他在那个出版界里,是一个出色的人物,也许是最优秀的人物。一些大的出版商都主动争取他那份杂志,但由于这样或那样的原因,他们都一无所获。

约翰逊决意要获得那份杂志,更确切地说,他要罗宾逊为他做事,并以罗宾逊为核心发展起一套专业丛刊。经过两次午餐聚会,他们认为可以进行认真的谈判。

约翰逊通过调查和自己的观察,了解到有关罗宾逊的一些事情。罗宾逊恃才傲物,这一点无可非议。他一向不喜欢那些大出版社——他管它们叫工厂。此外,罗宾逊已经有了妻室,并开始添丁增口,做一个独立经营者所具有的那种高度冒险的乐趣,对他已渐渐产生吸引力。在办公室里开夜车,特别是把时间花在毫无创造性的簿记工作上,已使他感到厌倦。而且,罗宾逊不相信局外人——那些与他的创造性领域不相干的人,尤其不信任那些"生意人",特别是那些毫无创造性的出版商。

谈判一开始,约翰逊就坦率承认,对杂志出版业务一窍不通。对他来说最大利益之一,就是将有一个指挥全局的行家。接着,约翰逊掏出一张 25000 美元的支票,他说:"自然,在股票和长期利益方面,我们还会赚到更多的钱。但我觉得,任何一项协议——就像我希望和你达成的这项协议,都应当有直接的,看得见的好处。"

约翰逊向罗宾逊介绍了他的一些同事,特别是他的业务经理,这些人将听从你的差遣,并将承担你希望摆脱的一切琐碎杂务。

罗宾逊坚持要做一笔直接的、"干净的"交易——现款结算,不接受带有附加条件的母公司股票。但约翰逊强调长期保障,他指出,近年来母公司的股票正在不断增值,而且股票的利息将与他们休戚与共。他进一步强调说,他需要罗宾逊的创造力,不能让别的工作、对退休的考虑或其他任何事情削弱这种创造力。

最后,罗宾逊同意把自己的杂志转让给约翰逊,为期五年,并在此期间为他做事。他得到的现款支付为 40000 美元,其余部分则为五年内不能转让的股票。

分析与讨论:
(1)约翰逊掌握那么多罗宾逊的个人情况,其目的是什么?
(2)约翰逊是如何满足对方需要又完满实现自己的扩展目的的?

第十三章

公共关系危机沟通

第一节　公共关系及公共关系危机

> 2010年2月,丰田"刹车门事件"爆发,这家全球的新汽车老大立即陷入巨大的危机漩涡之中。
>
> 2010年3月,央视3·15晚会点名批评惠普笔记本存在质量问题,舆论的怒吼很快将惠普这家中国最知名的外企、全球IT巨头吞没。惠普品牌危机排山倒海而来。
>
> 2010年6月,富士康员工"13连跳"惊动了整个中国社会、震动中国制造业、极大损害了富士康这家全球最大IT消费电子制造企业的声誉。
>
> 2010年11月,腾讯与360之间商业恶战,引发了中国互联网业的"第一次世界大战",导致网民怨声载道、工信部采取严厉措施制裁两家企业,企业声誉受到严重影响。
>
> ……
>
> 2010年,企业危机连发,而且危机事件的影响力越来越大,对企业造成的负面影响是巨大的,在这个充满了火药味的商业竞争世界里,企业的危机随时有可能牵一发而动全身,引发整个行业的动荡和地震。

一、什么是公共关系

公共关系是组织运用传播沟通手段,通过跟公众进行双向的信息交流来协调各种社会关系,树立良好组织形象的一门管理科学和经营艺术。公共关系不仅对外而且对内,着眼于内求团结、外求发展。

公共关系的基本特征是以公众为对象,以美誉为目标,以互惠为原则,以长远为方针,以真诚为信条,以沟通为手段。

公共关系由主体(社会组织)、客体(公众)、手段(信息传播)三大要素构成。公共关系的工作手段是传播沟通,公共关系的本质是双向的信息交流,公共关系的目的是与组织有直接和间接关系的公众其态度、行为朝着组织期望的方向转变、巩固和保持或提高,从而有利于组织的生存与发展。公共关系强调信息的管理,公关是信息的管理者,有效的信息传播使得事态趋于好的方向。

二、公共关系危机的概念

所谓"公共关系危机",是指组织在生存发展过程中,由于主观或客观的原因,组织与公众的关系处于极度紧张的状态,组织面临十分困难的处境。当组织发生公关危机时,组织就处于高知名度、低美誉度的状态。危机往往给组织带来巨大伤害,使组织不得不正视危机公关管理。

危机意味着两层含义,即"危险和机遇",是组织和个人命运"转机和恶化的分水岭",究竟转机还是恶化,就要看危机公关是否成功了。

三、公共关系危机的特征

公共关系危机作为一种组织特殊的公共关系状态,有着自己的特征。

(1) 潜伏性与突发性

公共关系危机的爆发是一个从量变到质变的过程,如果酿成组织公共关系危机的因素在一定的潜伏期内未能得到有效控制就会继续膨胀,累积渐进到一定程度后就会爆发公共关系危机,并迅速蔓延,产生连锁反应,往往使组织措手不及,受到很大冲击。

危机的潜伏性是指组织的危机在一定的时期和环境之下不易为人察觉。公共关系危机爆发之前,有一个由弱到强、由隐蔽到外显的逐步积累和发展的过程。爆发之前,不易被察觉,不易引起重视。公共关系危机的潜伏性不仅存在于逆境之中,也存在于顺境之中,而且后一种情况往往更隐蔽,更能麻痹人。

危机的突发性是指公关危机在意想不到、没有准备的情况下突然爆发。危机的突发性是指危机是否发生、何时发生、发生的情况和程度都是不确定的,危机一旦发生,就非常突然,使组织措手不及。

危机的突发性与渐进性有联系。认识这一特征,一方面可以加强预防工作,另一方面则应随时准备应付突如其来的危机事件。

(2) 危害性与关注性

危机的危害性是指危机不仅给组织造成财物的损失,而且更会严重损坏组织形象,使组织陷入困境。

危机的关注性是指危机一旦爆发即造成巨大影响,使组织成为社会舆论关注的焦点和热点。在一段时间之内,它会成为新闻界追寻报道的内容,成为主管部门检查批评的对象,成为公众街谈巷议的话题,成为竞争对手发现破绽的线索等。因此,若控制不力或行动迟缓,必定产生严重后果。

(3) 未知性和可测性

组织是个开放的系统,它时刻都在和外界进行着多种方式的联系,并始终处于不断的运动和变化之中。组织管理工作中,发生对组织形象和声誉产生不利影响的事件是不可避免的;组织危机事件到底何时发生、何地发生、发生在谁身上都是难以准确预知的。这是组织作为开放系统存在的特性所决定的。但组织的一些危机事件的发生又是可测的,如对食品卫生的监督与管理,对安全设施的及时维护与保养,对产品质量的关注与监控等,都是行之有效的。

(4) 紧急性和机遇性

危机事件的紧急性是指危机一旦爆发,其长期积累的破坏性会在一个极短的时间内快速释放,迅速蔓延,而且危机爆发后,人们决策、处理的时间极其有限。如飞机坠毁、地震、火灾、汽车相撞等危机事件,发生时间都很短暂。但由于这时组织的知名度非常高,一旦危机处理得当,立刻会引来众人的原谅甚至赞赏,能极大提高组织的美誉度。

> 公关危机有以下特征:
> 潜伏性与突发性
> 危害性与关注性
> 未知性和可测性
> 紧急性和机遇性

第二节　公共关系危机沟通

一、公众沟通技巧

组织与相关公众的沟通技巧,直接影响到组织公关策略的实施,以及公关危机处理的效果。因此必须引起高度重视,与不同公众的沟通,有不同的侧重点,需要不同的技巧。大体包括如下几个方面:

（1）与组织内部员工的沟通技巧:统一认识,保持稳定。

先应把事故情况及组织对策告诉全体员工,鼓励员工同心协力、共渡难关;如果是本组织生产的产品质量所引起的恶性事故,应通知销售部门立即停止销售这类产品,并立即收回不合格产品,或立即组织检修队,对不合格产品逐个检验,详细追查原因,立即加以改进。

（2）与受害者的沟通技巧:冷静宽容,承担责任。

认真了解受害者的情况,冷静地倾听受害者的意见,实事求是地承担相应的责任。要向受害者诚恳地表达歉意,给受害者以安慰和同情,尽最大努力做好善后处理工作。要尽快向受害者及家属公布补偿方法及标准并尽快实施,对受害家属提出的过分要求,一定要大度、忍让,避免在事故现场与受害者发生争辩,要坦诚、冷静地与他们交换意见,谈话中务必避免给人造成推卸责任、为本组织辩解的印象。在处理事件的整个过程中,要保持各级分工人员的稳定性,不要无故更换负责处理事故的人员,以保持处理意见的一致性和操作的连续性。

2010年1月至6月,一共有13位年轻的富士康职工选择跳楼结束他们鲜活的生命,富士康被贴上血汗工厂的标签。2010年5月26日,在深圳龙华厂,富士康科技集团总裁郭台铭首度公开面对数百家媒体。当着千余人,他深深三鞠躬,"除了道歉还是道歉,除了痛惜还是痛惜"。

郭台铭鞠躬道歉的形象被境内外媒体所广泛报道,"精神血汗工厂"等名词出现在境外媒体上。作为全球最大的IT、消费电子产品代工企业,富士康的连续的自杀现象让苹果、惠普等全球知名IT企业发表声明表示高度关注,富士康连跳事件已经成为境内外舆论所广泛关注和探讨的话题。

面对汹涌而来的危机,富士康一开始采取回避与沉默姿态。但随着自杀人数的不断攀升,董事长郭台铭终于坐不住了。2010年5月26日,11跳后,郭台铭终于亲临深圳,陪同媒体参观工厂,召开新闻发布会,鞠躬道歉。

> 随着富士康开展系列的危机公关策略：主动配合政府彻查事件；宣布为所有员工加薪30%以上；成立庞大的心理咨询团队进驻富士康，定期为员工提供心理咨询；邀请外部专家成立企业监察团，监察富士康用工情况，同时为富士康企业管理提供决策参考；在全工厂加装防自杀防护措施等。在事件的整个过程中，始终有政府部门在参与，这体现了政府负责任的态度，也为企业增添了更强的说服力和可信度。

(3) 与新闻界的沟通技巧：口径一致，积极配合。

首先在危机情况下一定要统一发言口径，保持宣传口径的一致。如何向新闻界公布事故，公布时如何措辞，应事先在组织内部统一认识、统一口径，并尽可能由组织发言人以最有利于组织的形式来公布。作为公司的直接领导人和组织老总千万不能随意发表言论，以免给媒体和大众留下误解。要谨慎传播，在事实未完全明了之前，不要对事件发生的原因、损失以及其他方面的任何可能性进行推测性地报道，不轻易地表示赞成或反对的态度，以阻止谣言传播，防止事态的蔓延。其次，成立临时记者接待机构，专人负责发布消息，集中处理与事件有关的新闻采访，给记者提供权威材料和准确消息，公开表明组织机构的立场和态度，以减少新闻界的猜测，帮助新闻界做出正确的报道。另外，对重要事项应以书面材料的形式发给记者，避免报道失实。不可采取隐瞒、搪塞、对抗的态度。对确实不便发表的消息，亦不要简单地"无可奉告"，而应说明理由，求得记者的同情、理解与协作。第三，引导新闻报道的走向。注意引导新闻界以公众的立场和观点来进行报道，不断提供公众所关心的消息，如补偿方法和善后措施等。第四，及时采取新闻补救措施。当记者发表了不符合事实真相的报道时，可尽快向该报提出更正要求，指明失实的地方，并提供全部与事实有关的资料，或派遣重要发言人接受采访，表明立场。必要时，可在刊登有关消息的报纸上以歉意广告的形式，向公众说明事实真相，并向有关公众表示道歉及承担责任。

(4) 与上级主管部门的沟通技巧：真实汇报，及时联系。

首先及时准确进行汇报。事故发生后，及时向组织直属的上级主管部门汇报，不能文过饰非，更不能歪曲真相、混淆视听。其次定期和及时联系。事件处理中，应定期报告事态发展，及时与上级主管部门取得联系，求得上级主管部门的指导和支持。第三，总结报告。事件处理后，形成详细报告，包括处理经过、解决方法以及今后的预防措施。

(5) 与业务往来单位的沟通技巧：加强联系，求得理解。

组织在发生危机后，应尽快如实地传递事件发生的信息，通报正在采取何种对策。如有必要，选派职员到各单位巡回解释，可寻求业务往来单位的支持，以使组织顺利渡过难关。

(6) 与组织所在社区居民的沟通技巧：表达歉意，赔偿损失。

首先组织可以发表道歉广告。全国知名组织，发生影响面比较大的危机后，可以在全国性和地方性报纸上分别刊出道歉广告，面向所有公众，告诉大家急需了解的情况，明确表示出本组织敢于承担责任、知错必改的态度；其次组织出面登门道歉。例如火灾、爆炸、毒物泄漏等突发事件给所在社区居民带来损失，组织应向居民登门致歉并根据实际情况，赔偿必要的经济损失。

组织制定出危机处理的对策后,就要积极组织力量迅速实施。这是工作的中心环节,在实施过程中应注意以友善的态度、高效的工作赢得公众的好感和信任,促使危机向好的方向转变。

在危机处理中,组织必须树立强烈的重建良好公关形象的意识,要有重整旗鼓的勇气和再造辉煌的决心。确立重建组织良好形象的明确目标,采取建立良好组织形象的有效措施。

对内,要保证信息畅通无阻,增强组织管理的透明度和员工对组织组织的信任感;动员全体员工制定组织在新的环境中的生存与发展计划,让全体员工形成乌云已散、曙光在前的新感受;进一步完善组织管理的各项规章制度,有效地规范组织行为。

对外,要针对组织组织公关形象受损的内容与程度,重点开展某些有益于弥补形象缺损、恢复公关状态的公共关系活动,与广大公众全面沟通,设法提高组织组织的美誉度,争取拿出过硬的服务项目和产品,从本质上改变公众对组织的不良印象。

二、公关危机处理的原则

1. 迅速及时原则

危机处理的目的在于尽最大努力控制事态的恶化和蔓延,把因危机事件造成的损失减少到最低限度,在最短的时间内重塑或挽回组织原有的良好形象和声誉。为此,危机一旦发生,组织要争取在短时间内控制局面,赢得时间就等于赢得了形象。所以,在进行危机处理时,组织传播要迅速及时。

危机爆发的24小时是最关键的。危机产生后,因为掌握的确切消息并不多,原因也正在调查当中,假如组织逃避或保持沉默,则会被怀疑是隐瞒,或跟新闻界不合作,同时也引发他们通过其他非正式途径去寻找信息,最后导致流言蔓延。这势必使事件雪上加霜,处理更加困难。危机产生后争取主动,及时报道,既可引导舆论,又可消除谣言和猜测。所以,一旦危机发生,面临极大舆论压力的组织,必须尽快做出适当反应,对于外界信息的反馈,应及时做出判断,抓出解决问题的最佳时机,事发后24小时内,尽快传播。使公众能及时了解事件的真相和组织正在和将要采取的各项措施,争取公众的原谅和理解。因此,与其消极让别人来揭露,不如积极地把情况说明。而且在时间上,晚公布不如早公布,晚对外公布,容易让人猜测,早公布相关信息,减少了信息空白。

> 20世纪80年代初期,美国保健产品龙头组织强生公司中的一种止痛药泰诺中混入了有毒物质导致7人死亡。在政府正商讨对策、传媒尚未大肆报道前,强生公司抢先一步,在第一时间向消费者开诚布公的解释症结所在,迅速收回市面上出售的该种止痛药,并迅速向社会公众公开道歉以表明诚意。虽然这场风波让强生公司损失了一亿美元,但短期内强生就平息了风波,夺回了市场。(张岩松、王艳清、郭兆平编著.公共关系案例精选精析[M].北京:经济管理出版社,2001年)

2. 口径一致原则

在危机情况下一定要把握住宣传口径的一致,作为组织的领导人千万不能随意发表言论,以免使危机人为扩大。坚持所有对外信息只能来自组织的权威部门的对外发言人。危机处理的传播工作很重要,因为一言既出,驷马难追,传播出去,事关全局。所以,必须注意统一口径,避免组织人员的言辞差异。坚持统一口径原则还能给公众留下组织是团结战斗的整体,组织领导人有能力、有诚意处理好这一危机事件的美好印象。如何向新闻界公布事故,公布时如何措辞,应事先在组织内部统一认识、统一口径,并尽可能由组织发言人以最有利于组织的形式来公布。组织在处理危机过程中应保持各方面的一致性,最重要的就是言行一致。不发布猜测和不准确的消息。

3. 真诚传播原则

真诚是组织发生危机时进行公关传播的绝对前提。面对危机事件应采取开诚布公的态度。组织危机事件大多数情况下关系到受害者双方的切身利益,因而容易引起人们之间的争执和误解;也容易引起新闻媒介的关注。面对这种情况,组织管理者在传播时,应开诚布公地向人们说明事情的真相,这也许是摆脱人们无休止关注的最有效的方法。事实无法改变,但可以改变人们对事件的看法。尤其是事件初期,公众和媒体对事件的判断难免有些感情用事,所以此时最重要的是组织的态度。那种闪烁其词、"无可奉告"的回答只会招来人们对事情的处理失去信心,产生误解和偏见。组织如果表现出应有的诚意,则媒体和公众更愿意从好的角度去看待事件和组织。所以,组织应将消费者的利益置于首位,以诚相待,勇于承担责任,并以适当的方式使目标公众明了组织的态度。当发生重大组织危机时,要解答公众关心的问题。应保证公众的知情权,与受众的知情诉求准确对接。

所以,重大危机发生后要如实地与公众沟通,并主动地与新闻媒介取得联系,公开事实真相,不能弄虚作假,更不能对新闻界的采访设置障碍。诚恳坦率、真实传播才能淡化矛盾,使危机"大事化小,小事化了"。

> 2005年5月25日,浙江省工商局公布了近期该省市场儿童食品质量抽检报告,其中黑龙江双城雀巢有限公司生产的"雀巢"牌金牌成长3+奶粉赫然被列入碘超标食品目录。
>
> 26日,雀巢中国公司给媒体发布声明称,雀巢碘检测结果符合《国际幼儿奶粉食品标准》。并称碘超标是由于牛奶原料天然含有的碘含量存在波动而引起的,并且该成分的含量甚微,雀巢金牌成长3+奶粉是安全的。
>
> 27日,雀巢称中国营养学会公布的《中国居民膳食营养素参考摄入量》,儿童碘摄入量的安全上限为每日800微克。因此,上述检测中所提及的碘含量不会带来任何安全和健康问题。但是业内有关专家指出,中国营养学会公布的《中国居民膳食营养素参考摄入量》只是公布了儿童碘每日摄入量的安全上限,这个衡量标准与雀巢奶产品本身应遵守的国家标准,没有直接联系。
>
> 继全国各大超市将"雀巢"金牌成长3+奶粉全面撤柜后,部分超市开始无条件退货,但雀巢中国公司表示对"问题奶粉"目前尚不实行召回。
>
> 28日,雀巢(中国)有限公司才正式对外公布,出现碘超标质量问题的奶粉批次为:2004.09.21。雀巢公司虽然声称清楚生产数量及销往哪些市场,但拒绝向公众透露具体信息。

> 29日,中央电视台经济半小时播出《雀巢早知奶粉有问题》。
>
> 30日,越来越多知情的消费者到超市要求退货,然而大部分消费者的退货要求却遭到了拒绝。雀巢方面依然没有就问题奶粉事件给出关于召回或者退货的进一步答复,导致大部分消费者退货无门。
>
> 6月1日,雀巢营养谷物早餐部门联合"心系好儿童组委会",启动了"儿童营养配餐知识"教育第二阶段活动,向家庭进行均衡营养教育和强调钙质在儿童生长发育中的重要性。但雀巢方面否认了这次形象公关与碘危机有关联,称是早先约定行事。
>
> 6月5日,雀巢中国有限公司大中华区总裁就雀巢金牌成长3+奶粉碘超标一事向消费者道歉。雀巢中国有限公司大中华区总裁穆立称,"首先就这次碘含量不幸偏离国家标准一事我们向广大消费者道歉。尽管我们一贯承诺全面遵守国家标准,但还是发生了这次偏离。"
>
> 虽然雀巢公司多方游说有关管理部门,6月8日,国家标准委对"婴儿配方乳粉中碘含量"问题公开表态:"碘不符合标准要求的婴儿配方奶粉应禁止生产和销售。"。
>
> 6月15日,雀巢宣布:上海市场上的"雀巢成长3+奶粉"已全部收回。

4. 避免争论原则

一旦情况升级到危机的程度,人们的偏见就是主要的问题。因此,对引起激动情绪的事情进行理智的回答是起不到作用的。组织应该根据人们的情感来做出反应,组织在传播时,不要进行争论式的、理智的讨论。因为不管争辩如何合乎逻辑和充满理智,组织都会被看成是一味地在为自己辩护,讨论和争辩只会使情况更糟。组织应该避免任何争论,而应用关心、同情以及对控制危机的信心去进行传播,通过传播去改变公众对组织的看法。

> 1988年7月20日晚,南京市一用户家中的沙松牌电冰箱突然发生爆炸。《扬子晚报》随即发表了消息,沙市电冰箱总厂立即组织人员火速赶往南京。他们来到用户家中看望,结果发现压缩机工作正常,只有门被炸飞了;而且在他们到来之前冰箱已经收拾干净,调查比较困难,他们考虑到可能是用户在冰箱里存放了易爆品而非冰箱质量问题,他们没有跟客户发生争执,而是耐心、真诚的与客户进行沟通,最后终于感动了消费者,承认是自己在冰箱里放了易燃易爆品丁烷气瓶,爆炸之谜解开了,工厂的声誉挽回了,组织的良好形象进一步树立了。(张岩松编著.企业公共关系危机管理[M].北京:经济管理出版社,2000年)

5. 多方位思考原则

对于每一个组织来说,进行有效的沟通都是最基本的要求。当组织危机发生时,传播沟通是最重要的工具。对于管理者自身而言,每一次危机沟通时都应该考虑:该用什么样的语调来表达?应该表达出什么情感?应该阐述什么事实或何种观点?组织面对的沟通对象是谁,对他们的了解程度又如何?怎样防止出现误解?沟通目的是想劝告顾客,还是想警告他们存在潜在的危险?等,只有将这些问题都全面清楚地考虑之后,管理者的危机沟通才会起到预想的效果。

在危机的传播中,英国危机处理专家里杰斯特提出著名的三T原则:"① 从组织的角度讲述事件的来龙去脉,(Tell your own tale);② 讲清事件的全貌(Tell it all);③ 第一时间对外宣传(Tell it fast)。"从不同的方面概括了以上原则。

第三节 公关危机管理中的沟通策略

一、树立危机意识

危机意识,这里是指能防范和应对危机的思想意识。对于组织来讲,随着市场竞争的加剧,组织的健康发展,将是一个巨大的问题,我国的组织管理中缺乏危机意识是一种非常普遍的现象,从思想上对危机的到来以及影响重视不够,导致危机管理缺乏科学性以及系统性,对危机处理效果往往不太理想。

居安思危是危机管理的一个基本前提。因此,组织应保持对环境的敏感性。向员工传递危机意识是危机管理传播工作中的首要环节。要想使组织的每一个员工都从思想上做好应对各种公共关系危机的准备,树立全体员工的危机意识,关键是开展各种危机教育,让全体员工都了解危机的特征和危害,帮助他们形成预防各种危机的思想。

> 波音公司曾别出心裁地摄制了一段模拟组织倒闭的电视新闻。讲的是在某个天气阴暗的日子,员工们一个个哭丧着脸,耷拉着头,步履沉重地离开自己的岗位,离开自己心爱的工厂。高大的厂房上悬挂着"厂房出售"的招牌,一个沉重的声音在反复宣告着不幸的消息:"今天是波音公司时代的终结,波音公司关闭了最后一个车间……"画面反复播放。这则组织倒闭的电视新闻使员工们强烈地意识到市场竞争残酷无情,市场经济的大潮随时都会吞噬掉组织。组织员工危机感因此大大增强了。
>
> 我国小天鹅集团将自己的管理方式概括为"末日管理",认为组织经营者和所有员工面对市场和竞争,应该时刻充满危机感,都要理解组织有末日,产品有末日。即使"小天鹅"有了很大发展,也照样存在着危机。把这个观念,反复向员工进行宣传,"末日管理"培养了全厂员工的忧患意识,使产品在激烈的市场竞争中立于不败之地。
>
> (资料来源:张岩松编著.组织公共关系危机管理.北京:经济管理出版社.2000年)

总之,组织可从多方面进行危机意识的宣传。让全体员工对出现危机的可能性有足够的了解,使其警钟长鸣。

二、通过模拟训练来进行危机应对措施的宣传

危机模拟训练是构造或设想出危机发生的情境,通过讲授或实际操作,模拟对危机的处理策略,增强组织抵抗危机能力的一种方法。组织危机管理的基础环节是进行预防,其中最卓有成效的是提高员工应对危机的知识和技能,因此应采取多种形式,通过多种渠道对员工进行各种相关危机处理的场景模拟训练,对于组织沉着应对突发事件、尽可能减少事件的负面影响至关重要。为了使危机的处理及时、快捷、又能有条不紊的进行,应对有关人员进行专门的培训,尤其要对负责新闻处理、亲属联络和进行新闻发言的人有针对性地进行接受记者采访和回答电话问询等系统专业知识的培训,以及心理承受能力和在压力条件下的工作能力的培训。为了能更好地掌握危机管理的实际操作方法,可以通过危机模拟训练的形式来进行演习。危机模拟训练是组织对内传播危机应对方法的重要而有力的途径。危机模拟训练主要通过以下几方面展开:心理训练,知识训练,基本功训练,应对媒体训练。

(1) 心理训练

通过让员工了解危机的特性,具有防范危机和承受危机的心理准备,从心理上不惧怕危机、保持镇静。因此,可以通过加强危机意识来进行锻炼心理承受能力的心理训练。

(2) 知识训练

知识训练是指关于危机识别、防范、处理、恢复等方面的科学知识的训练,主要通过讲座、研讨等形式进行危机发生前的多种防范措施、危机发生后的具体处理方法的传播。有针对性地对相关员工进行思想态度和专业知识等方面的培训,包括危机意识,危机管理的重要性,危机对组织的影响,沟通技巧等.。

(3) 基本功训练

基本功训练是对危机处理方法的技能培训,尤其需要注意以下方面能力的培养:信息收集和分析技能。在危机管理中信息发送接收的速度和准确性关系到反应的成败,因此,这些技能尤为重要。

准确接收信息的技能。应进行用清楚明了的语言进行沟通的培养。方法是让发送人重复话语或者让接收人重述发送的信息,以使危机中组织传播的信息真实可靠。在培训中要学会删掉不必要的语言冗余,运用有效冗余。(语言冗余是指为了能使接收人的确明白重要的信息并用至少两种方式进行叙述,有效的冗余包括重复要点,进行总结和让接收人重复收到的信息。)

当通过电话或无线电进行沟通时,要注意态度的冷静、声音的平稳和词语的选择上。危机管理系统中的传达人和接收人要相互合作,帮助对方集中在他们自己想提供的信息上。

(4) 应对媒体训练

媒体训练是指设计好回答媒体提问的策略,以及如何将组织的信息传递给媒体的策略,以便在关键时刻能够实现有效的媒体管理。

应当进行新闻发布会上的技巧训练。例如避免与新闻人员发生冲突的技巧:

① 不要说"无可奉告"。因为这种回答隐藏了信息。应把紧急事件的发生原因、正在采取的措施、当前的状况和紧急救援后的效果进行妥善的说明。如果刻意回避某些问题,将会使媒体无法获得权威的消息来源,便可能导致记者对事件及相关问题进行臆测或根据错误信息进

行分析评论。2002年初发生的天津艾滋病患者扎针事件引发的公众恐慌,便是因为权威信息缺乏造成的。因此,正面面对媒体,显示组织的诚意,争取大众传播媒介的认同非常重要。

② 不做失实报告。必须报告目前所知的事实,不要夸大或缩小危机情形。

③ 不要指责媒体。任何指控媒体报道有失客观的行为,都会促使所有媒体团结一致捍卫整体"利益"。这种集体防卫的结果总是使指控方失败。因为媒体控制着舆论走向,所以对媒介的做法不要予以谴责,而是要采取公布真相的做法予以说明。

另外,还要对新闻发言人进行日常培训,可以组织这些人观看录像、进行案例分析、模仿记者进行提问,并对其进行仪容仪表、言谈举止、答复技巧等的培训,使其面对镜头,接受大众传播媒体访问时,沉着诚恳,处变不惊。在组织危机处理的过程中,危机处理专门机构的信息要全部汇向指定的发言人,发言人在全面了解组织各方面的情况的基础上,运用恰当准确的表达方式进行发言。语言应简明扼要,尽量避免使用专用术语或晦涩难懂的词句。沟通时新闻发言人的话语方式、行为方式以及情感立场,都应积极取向于与公众诉求的准确对接。要尊重公众的知情权,不要出现信息的隐瞒、缓报。

通过对危机的模拟演习训练,有利于加强组织实际应对危机的能力,更加有效地处理危机。

三、及时探测和传递危机信息

> 2001年9月,中央电视台报道了南京冠生园"用陈年馅料制造新年月饼、用冬瓜代替凤梨"事件后,全国上下一片哗然,消费者对月饼质量信心降到极点,这一事件后来导致了南京冠生园月饼生产厂的关闭。同时,与此同名的上海冠生园集团也因此而形象受损,销售下滑。
>
> 2000年3月,关于PPA危害的研究报告就已问世,可以说禁止PPA的苗头已经展现。在这种情况下,中美史克还一味正常生产,没有采取更新配方等预防措施,结果到政府禁令发布时还有1亿粒的巨大库存。

从公共关系角度来说,传播沟通是公共关系的基本职能,是组织进行危机管理的重要手段,公共关系工作的本质就是通过双向的传播沟通,有效地实现组织与公众之间的信息交流。因此,搜集和掌握与组织有关的各种信息,控制和驾驭信息环境就显得至关重要。上述案例中由于上海冠生园缺乏危机意识,没有及时探测危机信息,最终导致了受到牵连,销售受阻,导致危机的发生。同理,中美史克的巨大库存也是由于缺乏对可能引发危机的信息的正确的预测认识。

信息环境是由多种不同层次的具体信息构成的统一整体。这些具体信息概括起来主要有以下几种:组织发展趋势信息、新闻媒介信息、竞争对手信息、产品形象信息、组织员工信息、外部公众信息等。

从危机管理的角度看,建立有效的危机管理信息系统是十分重要的。这一信息系统也可在危机的早期预警传播方面发挥作用。所有的危机在真正降临之前,都会不断发出一系列的预警信息。如果及时地捕捉到这些信息,对其加以详细分析并采取相应行动,就能成功地避免许多危机的爆发。但是,在很多情况下,这些信息不但微弱而且还充满干扰因素。所以,常常引不起重视,即使有些人强烈地感知到危机的潜伏,但往往却是组织中最没有权力的人,他们的声音不能达到组织最高层以去吸引组织关注此事。

> 挑战者号宇宙飞船的爆炸导致7人丧生。指挥委员会的有关事故起因的调查报告确切地表明,导致事故发生的技术原因是错误地采用了O形环设计方案。然而,这个组织的高层管理者却没能听到人们对这一设计方案的严肃质疑。尽管反对意见很多,但是这些人的反对意见和巨大担忧根本没能传达到那里。因此,挑战者号宇宙飞船爆炸的案例说明,发现"微弱信息"是一回事,而组织阻碍这些信息的传递又是另外一回事。因此,减少信息传播环节,防止信息失真与过滤就显得至关重要。

在危机管理的公关传播计划中,要设定明确的信息处理程序,以便于人们采取相应的行动。应该确保人们一旦探测到预警信息,就能将其以恰当的形式传递给适当的人员。另外,要善于从纷繁复杂的各种信息流中分辨出组织危机的潜在信息,将来自各方面的零散信息联系起来作为信息系统对待,从中发现危机的苗头。要将单个的信息传递到系统中心加以组合,才能准确探测到危机。因为分离的单个信息不管多么强大,它们都很难反映出问题所在。

组织应该重视在日常工作中与员工的密切沟通。员工同实际问题的接触最多,所以他们往往是最早注意到危机产生的人群之一。因此,管理层需要关注员工的意见和想法,应经常与他们及时地沟通,这样,员工就会对组织充满信心,并且组织会从员工那里得到及时可信的反馈信息。一些富有远见的组织已经建立了有效的员工沟通体系。

> 20世纪90年代中期,联合利华和雀巢组织实行拨打免费电话制度,以调查员工对自己的工作、新的福利计划及新产品发布的看法,并要求员工就组织所采取的措施发表意见。

危机的发生既可能是内部原因也可能是外部原因,所以应从内外两方面来获取所需信息。内部信息方面,组织收集质检数据、关注员工动态,定期对这些信息进行分析处理,能及早从内部发现问题,预防危机发生。外部信息中最重要的是环境和客户方面。环境方面,组织可从多种信息渠道获取的环境信息,如权威经济杂志、主要竞争对手的商业行为、政府法令的变化、媒体有关组织的报道等。客户方面,应及时了解客户对产品和服务的反馈信息,发现危机苗头。

四、迅速开放信息传播渠道

组织危机事件的出现,往往会引起广大公众和新闻媒介的关注和瞩目,为了求得公众的准确了解,全面谅解,必须提出一定的传播对策,向广大公众传播有关信息,以确保组织危机处理顺利进行,取得良好的危机处理效果。因此,在危机的处理中,为了增强信息传播的及时性和有效性,组织必须做到迅速开放信息渠道,把必要的信息公之于众,让内外公众及时了解危机事态的发展和组织正在尽职尽责地加以处理的情况。组织如果在这时隐瞒事实,封锁消息,反而会引起新闻界公众的猜疑和反感,导致失实和不利的报道出现,从而给组织的危机处理带来麻烦,给组织造成不利的社会影响。因此,开放信息传播渠道,公布事实真相,填补公众的信息空白,让广大社会公众接受客观真实的信息是一种极其明智的做法。

> 2000年当康泰克"PPA"公关危机发生后,中美史克公司立即组织危机管理领导小组,制定应对危机的立场基调,统一口径,并协调各小组工作;沟通小组,负责信息发布和内、外部的信息沟通;迅速发出了《给医院的信》、《给客户的信》,专门开通了15条消费者热线,专门培训了数十名专职接线员,负责接听来自客户、消费者的问讯电话,做出准确的专业回答并打消其疑虑。

内部员工是处理危机的基础,因此首先要注重跟员工的传播沟通。危机计划启动前的思想准备是做到快速反应不可缺少的条件。在危机面前,组织必须与管理层和全体员工进行有效的沟通。首先是内部与中高层管理人员的沟通。管理层的首要任务是要通过沟通对事态的严重性以及利益牵连达成共识,定下处理的基调,并将信息逐级传递至全体员工。其次要与全体员工有效沟通,客观及时告知员工危机事件的真相,目前的状况,组织正在采取的措施,以实相告,安定民心,以免引发不必要的猜疑和误传。

在搞好跟内部员工的信息沟通的基础上还要注重跟外部公众的传播沟通。许多组织对外沟通缺乏主动性,在信息的传播,尤其是对外界信息的反馈上比较被动,在组织发展中和政府公众、社区公众、媒介公众以及消费者沟通不力,导致公众误解、形象失调,影响了双边的关系,直接影响到组织的发展,甚至导致恶性事件的发生。公众因信息缺乏或信息失真而对组织形成误解,带来严重的危机。所以,在危机来临时,更要注重及时进行有效的对外沟通,表明组织的态度和行动。

要及时开通消费者热线。消费者热线是与消费者沟通信息、接受消费者投诉、树立组织形象的第一关。通过消费者热线,训练有素的热线工作人员往往能倾听消费者的意见和建议,化解消费者的不满和抱怨,正确处理来自公众的猜疑和批评,从而使负面影响降低到最小。所以,要认真对待,格外重视。

组织应可尽快准备好消息准确的新闻稿。告诉公众发生了什么危机,尽快公布有关的背景情况,以填补信息真空。可向记者提供现场传真、电话、电脑网络等通讯办公设备,并保持与媒体良好的沟通。应公布接受询问的新闻热线,如有必要可24小时开通。要努力让组织成为最权威的信息来源,从而掌握报道的主动权。

危机一旦发生,组织如果没有网站,应抓紧时间建设一个危机新闻网站,在灾难事件发生时用来聚集并控制信息流。对于一些大型组织来说,在互联网上对重要事件做出及时的和全球化的反应是绝对必需的。网站应包含随时更新的官方消息声明,图像和图解,与其他相关网站的链接,与组织沟通或是和其他在线用户相互交流的专栏,以及大量的相关背景资料和免费的信息电话。

在危机中,让所有的人迅速地从组织的官方得到准确的信息是非常必要的。如果不能及时得到消息,谣传和猜疑有可能会成为大多数报道的主要来源。记者、客户和受害者家属经常把互联网看做是获得处于危机中的组织信息的最重要的来源,在这儿组织所有重要的受众都应该能够得到大量的信息,了解危机,并且组织能与客户沟通。互联网是在危机时刻能够连接关键群体的最快捷的路径。互联网应该成为一个运转良好的危机管理计划的关键组成部分。

> 泛美航空组织(TWA)飞往巴黎的800航班在长岛(Long Island Sound)上空遇难,泛美航空组织的网站没有任何关于该事件的信息,甚至连最简单的报道与公告都没有。组织对媒体采取回避的态度,组织没有意识到媒体是组织与远在美国的丧失家属的家庭取得沟通的重要渠道,由于没有及时地更新网站内容,组织看上去对所有的受害者都漠不关心,组织的这种态度引来了大量的负面报道,充斥了大量的新闻版面,对组织产生了很大的负面影响。
>
> 与之相反,瑞士航空组织(Swissair)的航班在Nova Scotia坠毁时,瑞士航空组织把互联网作为重要的危机传达工具,通过互联网及时的向全球传递关于坠机事件的准确消息,组织在事件发生后不久,就在网上发布了大量信息,极大地缓解了组织的不利局面。组织网站每隔4个小时更新一次,记者、受难者家属、关注事件的公众,以及联邦政府和非政府性组织都访问了该网站。(〔美〕唐·米德伯格著.牛宇闳、董险峰、冒大卫译.成功的公共关系[M].北京:机械工业出版社,2002年)

所以,在危机管理的公关传播中,组织的网站应醒目地提供最新的进展消息,并注明最后一次修改的时间。

在时机恰当的时候组织可以利用互联网向新闻记者发送任何与危机有关的多媒体信息。这样能减少在危机中媒体的来电询问,帮助组织及时处理公众认为最急切的危机问题。也可在互联网上召开一个网上新闻发布会,帮助组织进行互联网实况播放。

当然,开放信息传播渠道并不是让组织危机事件及其处理情况的有关信息放任自流,而是要让其有秩序地传播。这样,便要求组织首先做好信息传播的基础工作。

(1) 准备好要传播的信息。这主要包括信息的搜集、整理、分析、加工等内容。一是信息的搜集,要全面搜集组织危机事件及其处理情况的一切信息。主要包括危机事件的原因、有关公众的要求、危机事件的影响情况、危机事件背景信息、危机事件损失信息、危机事件过程信息、危机事件现场信息等。二是信息的整理,对已搜集的信息去伪存真,分析各种信息的真实性、可靠性,如信息来源是否可靠,信息有无掺杂传递者个人期望,分类存档,以备查用。三是信息的分析,即此外还要分析这些信息中哪些应尽早传播,哪些应稍缓传播,哪些应大范围传播,哪些应控制范围传播。四是信息的加工,即对需要的信息进行内容和形式的加工,其目的是确保信息传播的准确性。尤其是要注重国际化组织的多语言沟通。由于国际化组织的品牌具有全球性,所以当组织经历危机时可能会在国际范围内用各种相关语言向公众提供信息。所以,组织要特别地关注不同顾客间的多语言相互沟通。一定要注意对文化上的细微差异保持高度敏感。组织需要注意到客户在地域和文化上的差异,按照各种客户能够理解的方式提供相关信息。

(2)设立一个信息中心,进行信息传播。信息发布中心应包括公众信息中心和媒介信息中心。在组织公关危机事件中,尤其是重大的危机事件发生后,前来采访的记者和前来咨询的公众会很多,这时必须设立一个信息中心。信息中心的任务是负责接待前来采访的记者和前来咨询的公众。公众信息中心为内部和外部公众提供信息,负责向公众解答有关的咨询问题,并将公众的意见做好记录;媒介信息中心为媒体提供新闻信息,回答问讯、澄清问题和抵制谣言的传播。

媒体信息发布中心要指定专人接听电话、专人接待媒体从业人员、专人负责发布消息,以免出现混乱。应当准备好组织或组织的背景信息、情况说明书、主要领导人的个人简历以及照片等。在搜集背景资料的同时,一边必须在事故发生后尽早准备好第一篇关于危机报道的新闻稿。新闻稿应当包括已经清楚知道的所有信息。如危机发生在什么地点、什么时间,由谁引发了什么事件、有多少人与事件有关等,并应尽快澄清问题的真相。此后,信息应该立即发往各大媒体、专业化媒体、组织员工、相关的政府机关等。除此之外,媒体信息发布中心应该频繁地向媒体公布有关事态发展状况的信息,并且安排新闻发言人接受媒体采访。并且需要通过新闻媒介陈述事实真相,表明组织的态度和行动。组织应如实地向他们提供准确可靠的相关信息,并以书面材料的形式、经组织确认无误后分发给媒体,以减少新闻界的猜测,避免报道失实。

五、有效控制新闻传播走向

危机发生时媒体的关注通常会使问题变得更加严重。新闻媒体在信息社会里的地位和作用日趋重要,它们往往会左右着社会舆论。尤其是媒介公众对组织的误解,极易形成对组织不利的舆论环境。

媒体有自己的行业特点,在危机中媒体能够提供信息,引导公众在不同的危机情境中的行动。组织尤其是知名组织一旦出现危机,媒体以此为宣传热点来吸引社会公众的注意力,而且新闻媒体往往会倾向于保护弱者,更多地会为公众说话,会给公众对事件的理解产生巨大的影响。记者会通过各种方法获得与危机有关的信息,如果组织不愿提供相关背景与事实的资料,或刻意地对新闻媒体隐瞒真相,不公正不客观的报道将有可能产生,会对组织形象和信誉产生很恶劣的影响。因此,在真相出来之前,不要躲避媒体或者试图隐瞒,要尽可能地向其主动提供危机真实完整地最新消息,保持畅通的交流。尤其是在危机初期,真正的事故原因尚未完全查明之前,组织一定要提供相关背景资料来填补信息真空,使媒介发布的消息以组织为唯一的权威性来源,同时应注意信息的真实性,一定是经过查实的消息才可以对内对外公布,否则会使局面更糟,甚至引起不必要的法律纠纷,使组织更为被动。

开放的信息传播通道有利于避免新闻记者和广大公众的猜疑、误传,为人们提供可靠的信息来源。但是,由于新闻记者和广大公众对于组织公关危机事件所持的态度不一样,看问题的角度不一样,因此也有可能使信息传播朝着不利于组织的方向发展。所以,在开放了信息传播渠道后,还必须有效控制信息传播的走向。

(1) 尽力进行事前控制。这是指组织在预测到危机信息后,在新闻媒介发布有关信息之前所进行的新闻传播走向控制,它是控制新闻传播走向的最为主动的办法与最为有效的措施。具体办法有:请权威人士发布信息;制作有关事件完整的新闻稿件公布出去,邀请政府官员出面发表见解等。组织若能做好事前控制,对尽快摆脱危机,恢复正常的公共关系状态是十分有利的。

对外进行传播时,我们要充分利用大众媒介的力量,尤其是互联网的力量进行危机预防。互联网这一新兴媒体,传播速度非常快,在很短时间内引起新闻媒介和公众的普遍关注。非常有见识的组织已经在网上采取积极有效的措施来使危机发生之前就得以制止。

> Metabolife 组织获知美国广播组织(ABC)准备播发一则采访,内容是 Metabolife 组织生产的节食药物被认为有可能威胁生命安全,这则新闻对 Metabolife 组织的发展将具有巨大的潜在破坏力。Metabolife 组织认为最好的防御就是网上防御,于是组织立刻在美国广播组织播发经过剪辑的录像之前将未经剪辑的对组织首席执行官的采访录像在网站上向广大观众公布,使组织掌握了主动权。组织这样做,既让大众知道它没有什么可隐瞒的,又消除了美国广播组织通过剪辑和歪曲的录像来破坏组织形象的可能性。在这之后,Metabolife 组织还在《纽约时报》上刊载整幅广告来引导公众访问组织网站。在网上信息公布后的 24 小时内有超过 100 万的访问者下载了采访内容。对于组织来说,这是一场纯粹的利用公共关系传播来化解潜在危机的胜利。([美]唐·米德伯格著.牛宇闳、董险峰、冒大卫译.成功的公共关系[M].北京:机械工业出版社,2002 年)

(2) 积极进行即时控制。这是指组织对新闻媒介即将发布有关信息时进行的新闻传播走向控制。危机一旦发生,相关组织立即会成为新闻媒介追逐的热点。新闻媒介是一把"双刃剑",不仅能创造舆论,还能引导舆论,因此如何在处理危机的过程中。加强与新闻媒介的沟通,掌握舆论的主动权,就成为公关危机处理的重要一环,这种控制一般难度较大,原因是记者如何写的一般不容易知道。所以,必须多动脑筋,可通过向新闻机构及时传达信息,达到对偏向新闻进行及时堵塞的目的。可安排专人查对新闻稿件,注意防止不实报道的出现;可不断提供公众所关心的消息,如补偿方法和善后措施等,注意引导新闻界以公众的立场和观点来进行报道;可拟定好维护被采访人或组织利益的答复,被采访人采访时应把采访引向自己圈定的话题上。

在组织的危机公关传播中,有一个重要的办法是"导势",所谓导势,即是通过引导势局,使组织渡过危机。组织危机发生后,媒介公众此时最大的需求就是获得大量第一手的资料。为此组织必须迅速、全面、准确地提供有关危机事件的资料,向社会公众发布有关危机事件的所有信息,使自己成为信息的唯一的可靠来源,这样也就掌握了舆论的主动权。

在处理危机的传播中,召开新闻发布会或记者招待会是一个很好的方式。它可以面对面与公众和传媒进行双向沟通;还可在一个集中的时间内向媒体说明情况,将组织对危机事件所采取的应急措施、补救方法等对策主动告诉媒介,缓解新闻媒体和公众询问的压力;并且有助于媒体将组织真正地视为信息来源的主要渠道,填补信息"真空",从而使组织掌握传播的主动权。

组织还可通过网站来进行新闻传播走向的控制。比如组织在危机处理中建立起来的网站上应该载明关于危机事件的有关信息,灾难发生时的联系电话,以及关于组织将努力工作以尽快消除危机的保证。这将给新闻媒体以危机事件在组织的控制和指挥之中的印象。这种感觉会在媒体报道中被传递和重复,而这正是灾难控制的一个关键。在危机期间,与网站的链接可以在新闻发布会上由组织发言人提及,这样可以使人们链接到发生危机的组织的自己的新闻网站,了解到相关情况,从而避免媒体偏见可能给组织带来的任何损害。

(3)设法进行事后控制。这是指新闻界在发布了有关偏向信息之后所进行的新闻传播走向控制。及时采取新闻补救措施。这方面的办法主要有:当记者发表了不符合事实真相的报道时,可以尽快向该报提出更正要求,指明失实的地方,并提供全部与事实有关的资料,派遣重要发言人接受采访,表明立场,反映真实情况,要求公平处理,但要注意避免产生敌意。当新闻媒介固执己见,拒不更正时,可在刊登有关消息的报纸上以歉意广告的形式,向公众说明事实真相,表明立场。必要时可借助法律手段,但要慎重采用。另外,也可向政府、行业协会、媒介求助,说明真相,求得帮助。

1999年7月13日,《中国经营报》头版发表了一篇《远铃整体浴室砸住四个亿》的文章,文章中说湖南远大集团耗资4亿元投入的一个项目——远铃整体浴室正面临困境。由于项目启动前,没有做过详尽的市场调查,对市场的判断出现了失误。当时正是民营组织纷纷出现不良情况的时候,文章一出来,对远大集团造成了极为恶劣的影响,情况十分危急。

面对这篇失实的报道。7月20日,张剑接受了中国最有影响力的媒体之一《南方周末》的采访,否定了"远铃整体浴室投资失败"的传言。然后他们与《中国经营报》联系,要求他们更正。

7月27日,《中国经营报》发表了一篇《关于"远铃浴室"砸住四个亿报道的更正》的文章,文章说:"本报记者采用非正式渠道获得、未经远大公司证实的资料,对'远大空调有限公司'及'远铃''集成房屋'等产品进行了失误的报道,给远大、远铃两组织造成了负面影响,对此本报特表示歉意。"同时,对其报道的失误之处还进行了全面的更正。(危机管理之媒介攻略.广州经贸网,2004年8月24日,http://www.gzii.gov.cn/dweb/test/listinfo.asp?classid=171&siteid=23313)

六、危机处理中如何应对谣言

谣言是一种以公开或非公开渠道传播的对公众感兴趣的事物、事件或问题的未经证实的阐述或诠释。很多时候组织危机的发生并不全是自身的责任,来自各种渠道的流言与谣传才是危机深化的罪魁祸首。在这些危机中,谣言的无法控制与肆意传播都是导致危机恶化的重要原因。危机中的谣言如不加以及时而有效的控制,就可在一定阶段形成强大的社会舆论压力,从而给产品形象、组织形象以致命打击。因而,组织如何有效应对危机中的谣言是探讨危机公关传播的时候特别需要关注的问题。

1. 谣言的产生与散布

在完全开放的市场经济环境中,组织在应对激烈的正常竞争时,随时可能遭到一些谣言,导致行业或组织形象严重受损。尤其是组织发生危机后,更是常常遭到谣言的打击。

危机事件中谣言的产生主要有以下几个方面的原因:

(1) 公众缺乏来自正常信息渠道的可靠信息,或者所得信息不完整。这样公众就会向非正常渠道获取信息,导致流言的产生。诺斯科特·帕金森认为,危机中传播失误造成的真空,会很快被流言所占据,"无可奉告"只会引起人们更强烈的好奇心。没有具有权威的主流消息的声音,导致具有不确定性和随意性的传闻被无限夸大、扭曲,谣言满天飞。

(2) 从组织传出的信息口径不统一,导致公众思想产生疑虑,以至于谣言流传。

(3) 危机形势严峻,公众由于担忧和恐惧,对组织前景丧失信心,从而促使各种谣言的产生。

(4) 组织在处理危机时犹豫不决或置之不理,导致谣言四起。

危机的突然发生,会带来一定程度的混乱,往往引起人们心理上的紧张恐慌,导致对组织情况的各种猜测,其内容在传播过程中信息经过过滤会更加失真和扭曲,引起内容的偏激,导致谣言的产生。谣言的传播通过多种媒介,其中,口头传播是最常见的方式,但从效果上看,大众传播的影响要广泛、深刻得多。由于大众传播媒体具有独特的舆论导向功能,因此它们的参与会使谣言越发不易控制,而且更容易取得公众的信任。传播速度较快、范围较广。

2. 谣言的预防与处理

首先,在危机处理过程中,应注意预见谣言产生的可能性,防患于未然,要仔细观察事态的发展,保证信息渠道的通畅,积极进行沟通,组织要全面、清楚地对可能发生的各种危机情况进行全面预测,对可能发生的谣言进行监控,组织应该在刚有苗头时就引起警惕,寻找谣言的来源、影响范围、造谣者的意图背景,以及谣言可能造成的影响,在分析的基础上寻求阻止谣言流传的最佳方案,对不同类型的谣言进行有针对性地控制。比如制止造谣者传谣,或者将谣言涉及事件的真相提前公布出来,以进行预防性制止。谣言传播具有突发性且流传速度极快,通常会经过形成期、高潮期和衰退期三个阶段。对于组织危机管理来说,最好在谣言的形成期就把谣言扼杀。

其次,组织在危机处理中,一旦谣言产生,要沉着应战。动员一切可以动员的力量,通过多种渠道,多层次的宣传,及时提供全面确凿的事件真相,以积极郑重的态度对付谣言,进行辟谣。

要想使谣言的消极影响减少到最低,最根本的办法就是要提高正式沟通的效率,保持正规渠道畅通,保证人们的知情权,多做宣传和解释,能就会稳定社会心理,抵制谣言的进一步传播。组织对于谣言要给予坚决地反击,组织的软弱不但会使中伤更加肆意妄为,而且会招致更多的别有用心的攻击。所以组织要据理力争,要求其收回言论并道歉,承担损害的法律后果,才能避免墙倒众人推。

具体地说，组织要进行辟谣，可以采取以下对策：

在组织内部，可进行各种形式的信息发布，让组织全体人员体会到组织辟谣的决心，加强组织的凝聚力。辟谣方案实施前，应召开基层人员座谈会，听取意见，保证辟谣工作的实施。

在组织外部，要保持外部信息的畅通。要通过媒体及时传达权威的主流消息，及时公布真实情况，发布准确的信息，增加事情的透明度，在危机发生的最初的24小时内，应尽可能向公众提供相关信息，并通过扩大信息量的方法来防止歧义产生，以消除他们对组织相关问题的神秘感，这是减少谣言扩散的重要方法之一。谣言出现后，组织要在最快时间内把组织已经掌握的危机概况和组织危机管理举措向新闻媒体做简短说明，要注意发挥新闻发言人的作用，阐明组织立场与态度，争取媒体的信任与支持，避免事态的恶化。由于媒介对于组织危机的过度关注和敏锐反应，有可能导致报道的失真或非理性化，因而一定要及时与媒体接触，组织要注意及时地把最新情况与进展通报给媒体，也可以设立专门的信息沟通渠道方便新闻媒体和社会公众的探询，争取新闻媒体的真实客观报道，杜绝不利信息在新闻媒体中的传播；组织要注意争取社会公众的理解、支持与信任，防止公众信任的丧失，要积极主动的做出某种表示或说明来挽救组织声誉。其中应特别加强与政府机构尤其是某些行业管理部门的沟通，它们对于组织的往往具有起死回生的力量。

> 杭州"娃哈哈"果奶，产品在南京地方卫生防疫部门抽检时，发现包装上文字注明的"乳酸"含量与测量含量不符，抽检判定为"不合格"，并在媒体上公布。这个消息经多家媒体转载后，"不合格"变为"对消费者有害"了，娃哈哈果奶在当地和邻省销量下滑。眼看着媒体的消息就要向全国扩散，全国市场都要受到影响，娃哈哈立即向新闻媒体的管理部门——新闻出版署求援，向他们仔细地说明了情况，希望他们要求新闻媒体站在保护民族组织的立场，在原因没有查清前，不要以讹传讹，造成公众的恐慌。在新闻出版署的干预下，谣言没有再进一步扩散，几天之后，娃哈哈组织召开了新闻发布会，成功地辟除了谣言。不久，娃哈哈又出现在南京各大商店里，广告又重新出现在电视屏幕上。(易圣华.危机公关传播管理的21条建议.中国新闻研究中心，2005年2月21日 http://www.cddc.nt.)

要加强与公众的双向传播活动，促使组织与公众的沟通渠道保持畅通，以达到相互间的信任与理解。在具体操作上一要注意发挥舆论领袖的作用，如政府机构、行业协会等，利用他们的权威性消除谣言的影响；二要从正面阐述真相，尽快向社会公众提供完整真实的信息资料，必要时可反复传播。组织必要时可采用"严正声明"的公关广告宣传形式，在谣言的主要密集区、在谣言的高潮期之前广为投放，用正确的信息赢得公众。三要尽量避免重复谣言本身，以防公众只获取信息中的谣言片段而强化对谣言的印象。同时也注意适时的司法介入。司法介入主要用以追究造谣者的法律责任，彻底揭穿谣言的真相，同时对其他公众起一种警告和威慑力量，防止谣言肆无忌惮的蔓延。最后要注意发挥接线员的力量。接线员是处理危机中沟通信息的第一道门户，如果处理得当的话，往往会把由投诉引起的谣言危机消灭在萌芽状态。众所周知,PPA 风波让很多人茫然失措,社会上谣言四起,而训练有素的专职接线员,成为中美史克公司与公众沟通的一个极为有效的渠道。在康泰克危机公关中,接线员的作用不可低估,从销售热线险些被打爆的事实可见一斑。

总之,组织要注意通过成功的危机公关传播对谣言予以回应,为自己挽回声誉。对于攻击性谣言,辟谣的关键是清算消息来源,找到造谣者,并对造谣者施加一定影响,促使造谣者不再四处活动传播谣言,成为辟谣的关键。因为这类谣言都有着确定的造谣者与明确的造谣目的,对这种谣言,只要公开了谣言的来源,就能有效地制止其蔓延。

谣言的无法控制与肆意传播,都是导致危机恶化的重要原因。

对于误解性谣言,辟谣的关键是公布事实真相。因为这类谣言完全是传谣者不了解事实真相的情况下负向理解的结果,所以,以最权威的方式向公众最广泛的公布事实真相显得尤为必要。当事实本身有了足够的清晰度、说服力,公众的误解自然就消除了。这类谣言的蔓延就能有效地被制止。

身为全球微波炉产销规模最大的组织格兰仕就曾经受到谣言的伤害,一篇题为《莫忽视微波炉的危害》的小文章像一场瘟疫一样,从 2004 年 4 月份开始蔓延,到 6 月份泛滥全国,整个微波炉行业的销量随之较上年同期下滑 40%! 面对侵袭整个行业的"微波炉有害论"的谣言,格兰仕首先有针对性地在谣言主要密集区的报刊、电视台和互联网站进行正面的消费引导,拿出科学证据,以阐述事实为主,向公众提供他们关心问题的相关信息,并通过扩大信息量的方法来防止歧义产生,以消除他们对相关问题的疑问,从而减少谣言进一步扩散。其次,对造谣者也是给予积极主动的回应。通过各方查证,确定造谣者乃一早两年在中国微波炉市场落马的美国组织,格兰仕没有采取过激的反报复行为,而是冷静地梳理出谣言的"病根"是"不正当竞争",只有纯净竞争环境才能肃清谣言。因此,格兰仕邀请了近十个国家权威机构及协会的领导和专家,几十家传统媒体和热门网站的记者们,在北京举行了"正确引导消费、规范竞争环境"的研讨会,聆听格兰仕忍冤站在一个行业的高度发出的呼吁:"不正当竞争正在摧毁一个行业,规范竞争环境势在必行"。在这场盛会中,格兰仕通过向来自政府部门、行业协会、媒体的"舆论领袖"的及时有效的传播沟通,不但封杀了谣言,而且树立了自身组织诚实信用的形象。格兰仕在整个危机传播活动中充分利用了媒体反击和舆论权威的双重力量,在短时间内给予了造谣者足够的威慑。从传播媒介上看,格兰仕在信息控制上也采用大众媒体与网络媒体交叉进行,对消费者和整个行业的影响无微不至。(游丽敏.一次漂亮的危机公关.2005 年 2 月 28 日 http://www.xxju.net\article\200502\28)

七、危机管理中传播工作应避免的几种错误倾向

1. 组织忽视与公众的信息交流

组织通过和公众之间的信息交流,可以取得公众对组织的谅解和支持,增进人际关系的和谐,减少危机的发生。传播沟通对组织至关重要,如果组织传播沟通意识淡薄,忽视与公众的信息交流,不善于与媒体、公众沟通,没有很好的利用主流媒体的传播资源优势,就会最终酿成危机。

疏于传播沟通主要表现在:重视内部管理,忽视横向联系,缺乏双向传播的主动性;对外界发展变化缺乏迅速反应和反馈的机制,组织发布信息不及时,使公众不能及时地了解到所需要的信息,缺乏沟通意识。在信息爆炸,误会频起的市场经济社会,组织缺乏沟通意识,将给组织带来危机。"华旗"倒旗事件即属此类。

> 2000年9月,彼阳牦牛壮骨粉被卫生部抽检为不合格批次产品,集团总裁得知消息立刻召开董事局会议,向全国各分公司下发紧急通知:不惜一切损失收回该批号产品,责令全公司整顿自查,一切处理得看似井井有条,但是却忽视了在24小时之内把处理结果告知消费者,使消费者认为所有的彼阳牦牛壮骨粉均不合格,导致产品销售明显滑坡。事后经过九个月的努力,"红太阳"才艰难的赢回市场。(殷兴龙."彼阳牦牛风波"启示录.工人日报·天讯在线,2001年6月19日)

2. 组织采取"鸵鸟政策",隐瞒真实信息

在危机发生后,在传播中故意逃避媒体,隐瞒真实信息,把头紧紧埋在沙滩里,两耳不闻窗外事,导致危机的扩大,给组织带来灭顶之灾。

> 在西方,曾经发生一家航空公司因拒绝为新闻媒介提供信息而最终导致破产的案例。泛美航空公司有一天接到了恐怖分子打来的电话,声称从德国经伦敦到美国的一架飞机上装有炸弹,因为许多航空公司都曾接到这样的威胁电话,所以泛美公司只将这个消息告诉了搭乘这架飞机的美国外交官及其家属,而没通知乘坐此次航班的大多数乘客。结果,这架飞机在飞往美国途中爆炸坠毁,导致几百人死亡。泛美公司却认为事故责任不在公司本身,于是决定不向外界透露任何消息,以免遭受攻击。几天后,新闻媒介终于发现事故之前美国外交官及其家属就曾因受到提醒而离开了飞机,这等于说普通人的生命是不受重视的。因此,愤怒的媒介立刻把这一消息见诸报端,人们一致采取行动,拒绝乘坐该公司的飞机,最后,泛美公司因为财政上的困难,终于宣布倒闭。([美]杰里.A.亨德里克斯著.董险峰、牛宇闵、成迅歌等译.公共关系案例[M].北京:机械工业出版社2003年)

想"大事化小,小事化了",结果是"欲盖弥彰",危机越闹越大。

危机发生后，组织往往希望"大事化小，小事化了"，但却往往"欲盖弥彰"，使危机越闹越大。

3. 组织对媒体充满敌意

新闻媒介是专门向社会公众传播信息的机构，它所特别具有的信息传播功能直接关系到组织的信息扩散及组织在公众舆论中的形象，它控制着大众舆论的走向。所以组织必须极其慎重地处理与媒介的关系。尤其是在对待不利于组织的批评性报道的时候，不要进行正面冲突，除非万不得已。组织的正确态度应该是实事求是地说明情况，主动提供客观、公正、全面的事实，抱着"有则改之，无则加勉"的态度，将自己对这类传播的积极反应提供给新闻媒介。但是显然有些组织在危机事件的处理中恰恰与此背道而驰，造成危机进一步扩散。

4. 组织处理与公众关系上缺乏有效的沟通技巧

危机发生后，应该积极向公众介绍真相以及正在进行补救的措施，认真倾听和考虑对方意见，化解积怨、消除隔阂。但是有些组织心中没有顾客，更没有沟通技巧，危机发生后，一味做书面声明，而没有实际的组织行为。陷入被动回应模式，不采取积极主动姿态，在被动回应中，组织往往难以理智的审慎自己的言行方式，使组织处于舆论风浪口上，导致危机升级。另外，使用公众不能理解的语言，如使用行话令公众迷惑不解，这种方式只会使危机更加糟糕。对大多数公众和服务于他们的媒体来说，这些不被理解的语言只会引起他们的疑问，因为他们不是某一领域的专家。粗劣的沟通技巧只会使危机情形更糟糕。

2002年，武汉森林野生动物园砸了自己的奔驰车，引发了大家对奔驰的服务和质量的置疑，后来，全国又陆续发生了几起砸奔驰车的事件，奔驰公司在中国消费者心中的尊贵形象一落千丈。

在"砸奔驰事件"中，奔驰公司的反应让人难以理解。所有声明都有对消费者的指责。第一辆奔驰被砸后，奔驰公司的声明是："极端的、没有必要的行为"、"非理性的而且无意义的举动"、"不必要且侵害我公司的权益的行为"。除了指责，没有实质性的解决措施。在第二辆奔驰被砸后，奔驰的指责几乎升级为外交恐吓："希望王先生的行为不会给正在进行国际化的中国造成不良影响。"对用户无端指责和威胁，使公司很快在公众中形成难以磨灭的傲慢自负的形象。此时，奔驰给人的联想只有蛮横自负和店大欺客。3月25日，梅赛德斯——奔驰（中国）有限公司总裁麦基乐对他的失败公关做出检讨："与客户沟通缺乏技巧"。（孙涛，明月．奔驰的失败危机公关．人民网·市场报．2002年5月24日 http：//www．people．com．cn/GB/paper53/6270/619170．html）

总　　结

组织在发展的过程中会遇到各种危机。这些危机常给组织带来巨大的损失，但机遇往往与危机同在。但只要我们处理好了有关问题，掌握好处理危机的原则与策略，我们就能转危为安,重塑组织形象。危机发生分三个阶段:潜伏、爆发及平息。危机事件处理的过程中,我们要注重事前的预防、事中的妥善处理、事后的分析总结,并且掌握好危机中与不同公众的沟通技巧,作好公关危机管理中的传播沟通工作:建立危机意识、及时探测和传递危机信息、通过模拟训练来进行危机应对措施的宣传、迅速开放信息传播渠道、有效控制新闻传播走向、应对危机处理中的谣言、避免危机管理中传播工作的几种错误倾向。从而使组织能平稳健康的发展。

 复习与思考

1. 简述公关危机处理的策略和措施?
2. 公关危机处理的原则是什么?
3. 组织危机管理中传播工作的实施包括哪几个方面?
4. 如何避免常见的公关危机管理中的错误?

 实训练习

1. 回顾你在生活或工作中是否遇到过危机事件?你是如何解决的?结果如何?有何教训?
2. 以上总结的结果如果是积极的,请分析其原因;如果是消极的,则请写出一个建设性的解决方案。

 案例分析

案例一　腾讯QQ大战奇虎360

2010年9月27日,360安全卫士推出个人隐私保护工具360隐私保护器,目标直接瞄准QQ软件,360与腾讯在客户端领域再起冲突。10月14日,腾讯正式起诉360不正当竞争,360提起反诉。10月27日晚间,腾讯通过弹窗的方式,联合百度等网站发表声明,指责360不正当竞争,并号召同业不与360发生任何形式的商业往来,360随之通过弹窗形式反击,掀起两家弹窗大战。

11月3日,腾讯与360之战爆发最新冲突,腾讯发表公开信称装有360的电脑将停止运行QQ,360表示将保证和QQ同时正常使用,腾讯方暂停WebQQ使用,360下线了扣扣保镖。这是中国互联网史上影响人数最多的一次热点事件。

直到11月7日,腾讯与360同时发表声明:在工信部的调解下,双方决定休战,握手言好——至此,一场惊动中国、震动4亿网民的"鹅虎"之战终于告一段落。

分析与讨论:

从公关危机角度分析腾讯QQ和奇虎360在这次事件中各自的成败得失。

案例二 双汇瘦肉精事件

2011年3月15日,央视3·15特别行动节目抛出一枚食品安全重弹,曝光了双汇在食品生产中使用"瘦肉精"猪肉。

"双汇肉品可能含有瘦肉精"的消息传出后,各大超市卖场一片紧张,对其场内销售的双汇猪肉产品进行紧急排查并急召供应商。农业部也高度重视,在第一时间责成河南、江苏农牧部门严肃查办,严格整改,切实加强监管,并立即派出督查组赶赴河南督导查处工作。

新闻曝光的济源双汇食品有限公司位于河南省济源市,是河南双汇集团下属的分公司,主要以生猪屠宰加工为主,有自己的连锁店和加盟店。据销售人员介绍,他们店里销售的猪肉基本上都是济源双汇公司屠宰加工的,严格按照"十八道检验"正规生产,产品质量可靠。然而,按照双汇公司的规定,十八道检验并不包括"瘦肉精"检测。风波一起,双汇股价午后一路下行至跌停。

针对这次事件,双汇随即发表声明,声称济源双汇食品有限公司是双汇的下属企业,对此事给消费者带来的困扰,深表歉意,并责令济源加工厂停产自查。此举被舆论认为是双汇在推卸责任。

3月31日上午,双汇在河南省漯河市体育馆召开"万人道歉大会"上的标语。参加会议的有双汇集团中层以上代表,供应商、销售商代表,漯河当地的工商、卫生、畜牧等相关单位的主管负责人,双汇集团的30多家投资代表,30多家国内媒体记者,还有建行、中行、汇丰等国内外的23家银行的相关人士,但无消费者代表出席。会上,双汇董事长、71岁的万隆鞠躬道歉。有经销商最后高喊"双汇万岁,万隆万岁"。但许多消费者并不买账,认为只是公关公司策划的作秀行为。

4月上旬,双汇重庆地区经理作出了一个应对最近双汇销量下降的举措——在超市里促销火腿肠,并且亲自试吃、大嚼特嚼。但是这次的危机公关不但没有为双汇挽回什么,还被大家形容为"很愚人很失败"。

分析与讨论:

双汇公司的几次危机公关活动为什么收效甚微?

参考文献

[1] 理查德·吕克,李雪,李飞,安志伟.等.商务沟通[M].北京:机械工业出版社,2005.
[2] 〔美〕杰瑞·魏斯曼著.说服:全球顶尖企业的商务沟通之道[M].北京:科学出版社,2005.
[3] 〔美〕玛丽·艾伦·古费著.商务沟通精要[M].北京:中信出版社,2004.
[4] 王文潭著.商务沟通[M].北京:首都经济贸易大学出版社,2005.
[5] 黄竹英,黄劼.商务沟通[M].重庆出版社,2002.
[6] 梁莉芬.商务沟通[M].北京:中国建材工业出版社,2003.
[7] 〔美〕劳伦·维克、罗恩·海因.商业沟通[M].海口:海南出版社,2002.
[8] 〔英〕Nicky Stanton.商务交流[M].北京:高等教育出版社,2000.
[9] 宝利嘉顾问.营销沟通[M].北京:中国经济出版社,2005.
[10] 申明,姜利民,杨万强.管理沟通[M].北京:企业管理出版社,1997.
[11] 陈春花.管理沟通[M].广州:华南理工大学出版社,2001.
[12] 李谦.现代沟通学[M].北京:经济科学出版社,2002.
[13] 甘华鸣,李湘华.沟通[M].北京:中国国际广播出版社,2001.
[14] 靳西编译.卡耐基人际关系学[M].吉林:延边大学出版社,2003.
[15] 曾仕强,刘君政.人际关系与沟通[M].北京:清华大学出版社,2004.
[16] 任璐璐.客户服务案例与技巧[M].北京:清华大学出版社,2005.
[17] "新经济时代解读哈佛"编委会.商务谈判[M].北京:中华工商联合出版社,2001.
[18] 赵春明.商务谈判[M].北京:中国财政出版社,2000.
[19] 〔美〕彼得·圣吉.第五项修炼[M].上海:三联书店,1998.
[20] 〔美〕汉斯·彼得.布隆德默著.客户关系营销技巧[M].北京:机械工业出版社,2002.
[21] 萨姆瓦等著.陈南等译.跨文化传统[M].上海:三联书店,1988.
[22] 金波.职业经理商务写作能力训练[M].北京:高等教育出版社,2004.
[23] 郭小红,高春玲.商务写作[M].西安:西北大学出版社,2002.
[24] 〔美〕戴尔.卡耐基著.袁玲译.人性的弱点全集[M].北京:中国发展出版社,2002.
[25] 孔祥勇.管理心理学[M].北京:高等教育出版社,2001.
[26] 胡小娟.商务礼仪[M].北京:中国建材工业出版社,2003.
[27] 〔美〕南·利普托特.商战法则:全球商务礼仪透析[M].辽宁:东北财经大学出版社,2003.
[28] 李道平.公共关系协调原理与实务[M].上海:复旦出版社,2000.
[29] 〔美〕大卫·范胡斯.电子商务经济学[M].北京:机械工业出版社,2003.
[30] 张小蒂,倪云虎.网络经济[M].北京:高等教育出版社,2005.
[31] 张岩松.组织公共关系危机管理[M].北京:经济管理出版社,2000.

[32] 李兴国.公共关系实用教程[M].北京:高等教育出版社,2000.

[36] 〔美〕唐·米德伯格著.牛宇闳、董险峰、冒大卫译.成功的公共关系[M].北京:机械工业出版社,2002.

[37] 张岩松、王艳清、郭兆平.公共关系案例精选精析[M].北京:经济管理出版社,2001.

[38] 〔美〕谢尔·霍兹著.吴白雪、杨楠译.网上公共关系[M].上海:复旦大学出版社,2001.

[39] 〔美〕杰里A·亨德里克斯著.董险峰、牛宇闳、成迅歌等译.公共关系案例[M].北京:机械工业出版社,2003.

[40] 张萍.公共关系实务[M].重庆:重庆大学出版社,2004.